Building
Event-Driven
Microservices

이벤트 기반 마이크로서비스 구축

| 표지 설명 |

표지 동물은 노란 뺨 가슴새(*Machlophus spilonotus*)입니다. 이 새는 동남아시아의 인공 정원이나 공원, 활엽수나 잡목이 우거진 숲에서 흔히 볼 수 있습니다.

노란 뺨 가슴새는 까만 볏과 목젖, 가슴과 대비되는 아주 밝은 노란색 얼굴과 목덜미 때문에 눈에 잘 띄는 편입니다. 표지 그림은 수컷으로 회색 몸통과 까만 날개가 하얀 반점과 가로 줄무늬로 덮여 있고, 암컷은 올리브색 몸통과 옅은 노란색 날개깃을 갖고 있습니다.

노란 뺨 가슴새는 작은 무척추동물, 거미, 과일과 열매를 먹고 살며, 숲의 중간 또는 낮은 높이에서 먹잇감을 사냥합니다. 또 다른 박새과 새들처럼 빠르게 날개를 펄럭이고 짧게 요동치며 비행합니다.

노란 뺨 가슴새는 아직 '관심대상종least concern'입니다. 오라일리 표지에 등장하는 동물은 대부분 멸종 위기종입니다. 이 동물들은 모두 소중한 존재입니다.

표지 그림은 『Pictorial Museum of Animated Nature』에 실린 흑백 판화를 바탕으로 캐런 몽고메리Karen Montgomery가 그린 것입니다.

이벤트 기반 마이크로서비스 구축

대규모 조직 데이터를 활용하는 기법

초판 1쇄 발행 2021년 5월 1일
초판 2쇄 발행 2024년 3월 15일

지은이 애덤 벨메어 / **옮긴이** 이일웅 / **펴낸이** 전태호
펴낸곳 한빛미디어(주) / **주소** 서울시 서대문구 연희로2길 62 한빛미디어(주) IT출판2부
전화 02-325-5544 / **팩스** 02-336-7124
등록 1999년 6월 24일 제25100-2017-000058호 / **ISBN** 979-11-6224-417-3 93000

총괄 송경석 / **책임편집** 박민아 / **기획·편집** 박용규 / **진행** 김민경
디자인 표지 박정우 내지 박정화 / **전산편집** 이경숙
영업 김형진, 장경환, 조유미 / **마케팅** 박상용, 한종진, 이행은, 고광일, 성화정, 김한솔 / **제작** 박성우, 김정우

이 책에 대한 의견이나 오탈자 및 잘못된 내용에 대한 수정 정보는 한빛미디어(주)의 홈페이지나 아래 이메일로 알려주십시오. 잘못된 책은 구입하신 서점에서 교환해드립니다. 책값은 뒤표지에 표시되어 있습니다.

한빛미디어 홈페이지 www.hanbit.co.kr / 이메일 ask@hanbit.co.kr

지금 하지 않으면 할 수 없는 일이 있습니다.
책으로 펴내고 싶은 아이디어나 원고를 메일(**writer@hanbit.co.kr**)로 보내주세요.
한빛미디어(주)는 여러분의 소중한 경험과 지식을 기다리고 있습니다.

Building Event-Driven Microservices

이벤트 기반 마이크로서비스 구축

O'REILLY® HB 한빛미디어
Hanbit Media, Inc.

확장을 관리하고 복잡도를 길들이는 인싸들만의 비결!

_스콧 모리슨, PHEMI Systems 최고 기술 책임자(CTO)

이벤트 기반 시스템에 관심 있는 모든 이에게 일찌배기 정보다. 이 책이 나오길 손꼽아 기다렸다!

_벤 스토퍼드, 컨플루언트 수석 기술자, 『Designing Event-Driven Systems』 저자

지은이 · 옮긴이 소개

지은이 **애덤 벨메어**^{Adam Bellemare}

2020년부터 쇼피파이^{Shopify} 데이터 플랫폼팀에 합류한 선임 엔지니어. 2020년 전에는 플립^{Flipp}과 블랙베리^{BlackBerry}에서 소프트웨어 개발자로 근무하며 이벤트 기반 시스템에 처음 눈을 뜨게 됐습니다.

데브옵스^{DevOps}(카프카^{Kafka}, 스파크^{Spark}, 메소스^{Mesos}, 쿠버네티스^{Kubernetes}, 솔라^{Solr}, 일래스틱서치^{Elasticsearch}, HBase, 주키퍼 클러스터^{Zookeeper cluster}, 프로그램식 구축/확장/모니터링) 분야의 전문가로서 기술 리더십(회사가 데이터 통신 레이어를 구축하고, 기존 시스템과 연계하고, 새로운 시스템을 개발하고, 제품을 전달하는 일에 집중하도록 지원), 소프트웨어 개발(빔^{Beam}, 스파크, 카프카 스트림즈^{Kafka Streams} 라이브러리를 이용하여 자바/스칼라 언어로 이벤트 기반 마이크로서비스 구축), 데이터 엔지니어링^{data engineering}(사용자 기기에서 행동 기반 데이터^{behavioral data}를 수집하여 조직 내부에 공유하는 방법) 분야에 많은 노하우를 갖고 있습니다.

옮긴이 **이일웅** leeilwoong@gmail.com

현재 국내 통신사의 차세대 프로젝트에서 카프카 담당 소프트웨어 아키텍트로 일합니다. 2~3년 전부터 이벤트 기반 마이크로서비스 아키텍처에 많은 관심을 갖게 되었으며, 카프카 기술에도 관심이 많아 컨플루언트 인증 아파치 카프카 개발자/관리자(CCDAK, CCAAK) 자격을 취득했습니다. 십수 년간 다양한 엔터프라이즈 프로젝트 현장을 누벼왔고 이제는 어느덧 중년 아재가 되었지만, 아직도 코드와 씨름하며 열정적인 기술자로서 활동 중인 두 딸의 아빠입니다.

'이것'은 참 부자연스럽게 느껴질 것입니다. 사람들은 대부분 질문이나 명령을 던지고 응답을 기다리는 스타일의 프로그래밍에 익숙하기 때문이죠. 이러한 절차적 또는 객체 지향 방식으로 프로그래밍을 하게 된 가장 큰 원인은 아마도 데이터베이스일 겁니다. 거의 50년 동안 데이터베이스는 다른 어떤 도구보다도 우리가 시스템을 설계하고 프로그램을 작성하는 방법에 절대적인 영향을 끼쳤습니다. 어찌보면 참 불행한 일입니다.

이 책을 번역하기 전에 읽은 벤 스토퍼드Ben Stopford의 『Designing event-driven Sytstems』 (O'reilly Media, 2018)[1]에서 인용한 단락입니다. 첫 문장의 '이것'은 이 책의 주제이기도 한 '이벤트 기반 접근 방식event-driven approach'을 말합니다. 책을 번역하면서 다시 한번 절실히 깨달았지만 '이벤트 기반 아키텍처'는 카프카, 플링크, 스파크 등의 오픈 소스를 상황에 알맞게 활용하는 기술적인 내용보다도 지금까지 쌓아왔던 예전 사고 방식을 '이벤트 위주로' 전환하는 것이 훨씬 더 어려운 것 같습니다.

특히, 데이터를 데이터베이스에 담아두지 않고 작은 메시지 형태로 계속 흘려 단일 진실 공급원을 구축하는 '이벤트 스트리밍' 체계는, 저처럼 주로 대기업 SI 프로젝트를 수행해온 개발자 또는 아키텍트 입장에서는 쉽게 받아들이기 어려운 것이 현실입니다. 비즈니스 관점에서 그 무엇보다 중요한 데이터를 믿음직한(?) 데이터베이스가 아닌, 다른 곳에 보관해도 보존성, 가용성, 성능 등의 아키텍처 특성을 보장받을 수 있을까라는 의문이 드는 것도 어쩌면 당연하죠.

하지만 넷플릭스, 링크드인, 스포티파이, 우버 등 굴지의 해외 대기업들의 사례에서 알 수 있듯이, 오랜 시간과 많은 시행착오를 거쳐 이벤트 기반 마이크로서비스 아키텍처로 전환한 효과를 보면 매우 고무적입니다. 물론 세상에 완벽한 아키텍처는 없고, 조직에 따라 비즈니스 요건은 천차만별이기 때문에 정교한 설계, 충분한 컨센서스consensus 없이 생경한 아키텍처와 관련 기술을 무분별하게 도입해서는 안 되겠지만, 주로 대용량 데이터를 다루는 엔터프라이즈 환경에서 기존 데이터베이스 중심으로 데이터를 처리 방식에 이미 여러 가지 어려움과 한계점에 봉착한

---

1 옮긴이_ 컨플루언트에서 PDF 파일을 무료로 다운로드 받을 수 있으니 이 책과 함께 읽어보시면 큰 도움이 될 것입니다(https://go2.confluent.io/wHlXtvrQk00007Gk0062A0h).

상황이라면 진지하게 관심을 갖고 연구할 가치가 있다고 생각합니다.

이 책은 제목에 '이벤트 기반 마이크로서비스'라는 문구가 들어 있다보니 얼핏 또 한 권의 흔한 마이크로서비스 책처럼 보이지만, 실은 이벤트 기반의 시스템 구축 방식이 처음으로 낯설게 느껴지는 분들을 위한 실무적인 개론서에 더 가깝습니다. 현직 카프카 담당 아키텍트로 백엔드 시스템을 설계하고 있는 저에게도 이 책은 전체적인 이벤트 스트리밍 개념과 주요한 토픽들을 살펴볼 수 있는 소중한 자료가 되었습니다. 원문에 수시로 등장하는 전문 용어와 에둘러 표현하는 문장들이 수개월 동안 저를 지치고 힘들게 했지만 이벤트 기반 아키텍처에 입문하는 여러분에게 오래 두고 보고 싶은 좋은 참고서로 남는다면 저에게는 더할 나위 없이 큰 보람이 될 것입니다.

무척이나 포근한 어느 겨울 한낮에
이일웅

서문

제가 이벤트 기반 마이크로서비스의 세계로 첫발을 내딛을 시절에 꼭 갖고 싶었던 책을 이제야 쓰게 됐습니다. 이 책은 개인적인 경험, 다른 사람들과의 토론, 그리고 이벤트 기반 마이크로서비스와 어떤 식으로든 연관된, 무수히 많은 블로그와 책, 메모, 연설, 콘퍼런스, 문서 등을 집대성한 결과물입니다. 전에 읽은 자료들은 대부분 이벤트 기반 아키텍처를 가볍게 언급만 하고 지나가거나 깊이가 부족한 경우가 많았습니다. 그중에는 도움이 되긴 했지만 아키텍처의 특정한 단면만 다루거나 작은 조각 하나만 던져주는 것들도 많았고, 이벤트 기반 시스템이 동기식 요청-응답 시스템을 대체하는 수단으로서 한 시스템이 다른 시스템에 직접 비동기 메시지를 전송할 경우에만 쓸모 있다는 식으로 폄하하는 자료들도 있었습니다. 그러나 이 책에서 자세히 설명하겠지만 실제로 이벤트 기반 아키텍처는 그 가능성이 무궁무진합니다.

우리가 사용하는 도구는 우리 발명에 지대한 영향을 미칩니다. 이벤트 기반 마이크로서비스 아키텍처는 비교적 최근에서야 쉽게 접할 수 있게 된 갖가지 기술 덕분에 사용할 수 있게 됐습니다. 실패를 허용하면서 분산된 구조로, 대용량, 고속으로 실행되는 이벤트 브로커는 실시간에 가깝게 이벤트를 처리할 필요성과 빅데이터 융합을 바탕으로 이 책에서 소개한 아키텍처 및 설계 패턴을 뒷받침합니다. 컴퓨팅 리소스를 요청하고 컨테이너화하는 작업이 용이해지면서 마이크로서비스 역시 사용하기 좋아졌고 수십만 개의 마이크로서비스를 호스팅, 확장, 관리하는 작업도 간단해졌습니다.

이벤트 기반 마이크로서비스를 지원하는 기술들은 우리가 문제를 고민하고 해결하는 방법뿐만 아니라 비즈니스와 조직을 구성하는 방법에도 상당한 영향을 끼칩니다. 이벤트 기반 마이크로서비스는 비즈니스 운영 방식과 문제 해결 방법, 그리고 팀, 사람들, 사업부 간에 소통하는 방법까지 달라지게 합니다. 이런 도구 덕분에 거의 최근까지도 불가능했던 일들을 할 수 있는 새로운 길이 열렸습니다!

감사의 말

컨플루언트Confluent 임직원들 여러분께 진심으로 경의와 감사를 표합니다. 이 회사는 카프카를 발명한, 더불어 이벤트 기반 아키텍처에 대해 특별히 '깨달음을 얻은' 선구자들이 이끌고 있습니다. 그중 운이 좋게도 기술 리더이자 CTO인 벤 스토퍼드Ben Stopford를 알게 되어 풍성하고 값진 피드백을 받을 수 있었습니다. PHEMI Systems의 CTO인 스콧 모리슨Scott Morrison 역시 소중한 지혜와 피드백, 충고를 아낌없이 주셨습니다. 두 분이 아니었으면 이 책은 빛을 보지 못했을 것입니다. 기술 전문가이자 교정자로서 아이디어를 다듬고 콘텐츠 품질을 높이며 부정확한 정보를 전달하지 않고 이벤트 기반 아키텍처 스토리를 잘 풀어나갈 수 있도록 도와주셨습니다.

초고를 읽고 편집해준, 제 친구 저스틴 토카르추크Justin Tokarchuk, 개리 그레이엄Gary Graham, 닉 그린Nick Green에게도 고마움을 전합니다. 스콧, 벤과 더불어 이 친구들은 제 가장 큰 약점인 어눌한 표현을 발견해 부드럽게 고칠 수 있게 해주었고 소재에 대해서도 개인적인 경험이나 지혜를 전해주었습니다.

여러모로 많은 도움을 준 오라일리의 많은 직원에게 감사의 말을 전합니다. 이번에 책을 쓰면서 정말 뛰어난 분들과 작업할 기회가 많았는데, 특별히 제가 난관에 빠져 허우적거릴 때 초심을 잃지 않도록 도와준, 편집자 코빈 콜린스Corbin Collins에게 감사합니다. 이 책을 쓰는 내내 훌륭한 파트너로서 끝까지 저를 지지해준 정말 고마운 분입니다.

교정자 레이첼 모너핸Rachel Monaghan은 빨간 펜으로 표시된 에세이를 선생님께 돌려받던 학창 시절을 떠올리게 해주었습니다. 레이첼의 냉철한 시선과 풍부한 영어 지식 덕분에 이 책을 더 읽기 쉽고 이해하기 쉽게 쓸 수 있었습니다. 고맙습니다, 레이첼!

크리스토퍼 파우처Christopher Faucher는 인내심을 갖고 꾸준히 훌륭한 피드백을 주셨습니다. 덕분에 자칫 중대한 실수를 범할 뻔했지만 마지막까지 꽤 많이 바로잡을 수 있었습니다. 고맙습니다, 크리스!

오라일리 'Content Strategy' 부서의 마이크 루키데스Mike Loukides는 오라일리에 처음 투고할 때 연락했던 분입니다. 엄청나게 장황하고 긴 기획서였지만 마이크는 인내심을 갖고 찬찬히 훑어

보면서 주제를 다시 정리하여 지금 이 책의 모습으로 만들었습니다. 귀한 시간 아낌없이 내주시고 이 책을 낼 수 있게 도와주셔서 감사합니다. 사전처럼 두꺼운 분량의 책이 되지 않으려고 마이크 충고를 귀담아 들었고 최선을 다했습니다.

감사의 말씀에 저의 어머니와 아버지가 빠질 수 없습니다. 늘 한결같은 부모님의 사랑과 지원에 감사할 따름입니다. 아버지는 저에게 마셜 매클루언Marshall McLuhan을 소개해주셨는데, 사실 그분의 작품은 거의 제대로 읽은 게 하나도 없었지만, 미디어가 메시지에 미치는 영향에 관한 생각은 제게 큰 감명을 주었습니다. 제가 시스템 아키텍처를 바라보고 따져보는 방식을 완전히 바꿔놓았습니다.

끝으로 제가 이 책을 집필할 수 있도록 물심양면으로 지원해준 모든 분께 감사의 말을 전합니다. 대화, 블로그 게시글, 프레젠테이션, 오픈 소스 코드, 일화, 개인 경험, 이야기, 즉석 설교 등 방법은 다양하지만 어떤 식으로든 도움주신 분들이 정말 많습니다. 한 분, 한 분께 정말 고마움을 표합니다.

이 책을 쓰면서 기쁨과 좌절을 모두 경험했습니다. 집필을 시작한 제 자신을 저주한 적도 한두 번이 아니었지만, 다행히도 책 쓰길 잘했다고 기뻐하던 때가 더 많았습니다. 이 책이 독자 여러분이 배우고 성장하는 데 작은 도움이 되길 바랍니다.

애덤 벨메어

CONTENTS

CHAPTER **1** 왜 이벤트 기반 마이크로서비스인가?

CONTENTS

CHAPTER **2 이벤트 기반 마이크로서비스 기초**

CHAPTER 3 통신 및 데이터 규약

CONTENTS

CHAPTER 5 이벤트 기반 처리 기본

CONTENTS

CHAPTER 7 상태 저장 스트리밍

CHAPTER 8 마이크로서비스 워크플로 구축

CONTENTS

CHAPTER 9 FaaS 응용 마이크로서비스

CHAPTER 10 기본 프로듀서/컨슈머 마이크로서비스

CONTENTS

CONTENTS

CHAPTER 14 지원 도구

CHAPTER 15 이벤트 기반 마이크로서비스 테스트

CONTENTS

CHAPTER **16 이벤트 기반 마이크로서비스 배포**

CHAPTER **17 총정리**

왜 이벤트 기반 마이크로서비스인가?

미디어는 마사지다The medium is the massage

— 마셜 매클루언Marshall McLuhan

매클루언McLuhan은 인류에게 영향을 주고 사회를 근본적으로 변화하게 만드는 것은 미디어의 콘텐츠가 아니라 미디어에 참여하는 것이라고 주장합니다. 신문, 라디오, 텔레비전, 인터넷, 인스턴스 메시징instance messaging, 소셜 미디어 모두 사람들이 집단적으로 참여한 덕분에 인간 상호작용interaction과 사회 구조가 달라졌다는 말입니다.

컴퓨터 시스템 아키텍처도 그렇습니다. 컴퓨터가 발명된 역사를 돌이켜보면 네트워크 통신, 관계형 DB, 빅데이터 개발, 클라우드 컴퓨팅이 아키텍처를 구축하고 작업을 수행하는 방식에 얼마나 큰 혁신을 가져왔는지 알 수 있죠. 그 하나하나의 발명이 다양한 소프트웨어 프로젝트에서 기술을 응용하고, 조직, 팀, 사람들이 소통하는 방법까지 송두리째 바꿔 놓았습니다. 중앙화centralized(중앙에 두고 별도로 관리하는 – 옮긴이) 메인프레임부터 분산형distributed 모바일 애플리케이션까지, 새로운 미디어는 인간과 컴퓨팅의 관계를 근본적으로 변화시켰습니다.

특히, 비동기 방식으로 생산/소비되는 이벤트라는 미디어는 현대 기술에 의해 근본부터 달라졌습니다. 이벤트는 이제 엄청나게 큰 규모로 무기한 저장할 수 있고 모든 서비스가 필요할 때마다 몇 번이라도 소비할 수 있게 됐습니다. 컴퓨팅 리소스resource를 획득하여 그때그때 릴리스하는 작업이 간편해져 마이크로서비스도 쉽게 생성/관리할 수 있습니다. 과거에 마이크로서비스는 배치 기반의 빅데이터 솔루션에 불과했지만, 이제 그런 제약에서 벗어나 필요에 따라 얼마든지 데이터를 저장/관리할 수 있습니다. 대수롭지 않게 보였던 이벤트 기반 미디어가 발전하면서 컴퓨터 아키텍처는 물론 팀, 사람, 조직이 시스템과 비즈니스를 만들어가는 방식 자체까지 재정립할 정도에 이르렀습니다.

1.1 이벤트 기반 마이크로서비스란?

마이크로서비스와 마이크로서비스 스타일 아키텍처microservice-style architecture는 사실 오래 전부터 다양한 포맷과 다양한 명칭으로 불려왔던 기술입니다. 서비스 지향 아키텍처service-oriented architecture(SOA)는 서로 직접 비동기 통신하는 여러 마이크로서비스로 구성되며, 메시지 전달 아키텍처message-passing architecture도 소비 가능한consumable 이벤트를 주고받으며 서로 비동기 통신을 합니다. 이처럼 이벤트에 기반을 둔 통신 자체는 새로운 기술이 아니지만, 대용량 데이터를 대규모로 확장[1]하고 실시간 처리를 전제로 하는 요건requirement은 전에 없던 기술이라서 기존 아키텍처 스타일은 어떤 식으로든 달라질 수밖에 없습니다.

현대 이벤트 기반 마이크로서비스 아키텍처에서는 시스템이 이벤트를 생산/소비하는 식으로 서로 통신합니다. 이벤트를 소비해도 메시지를 전달한 시스템에서 바로 사라지는 건 아니고 같은 메시지를 필요로 하는 다른 컨슈머도 가져갈 수 있게 보존됩니다. 이것은 아주 중요한 차이점이며, 이 책에서 살펴볼 정말 강력한 패턴들을 가능케 하는 요인입니다.

서비스 자체는 조직이 추구하는 비즈니스 목표를 달성할 수 있게 작은 규모로 만듭니다. 여기서 '작다'는 말은 개발 기간이 2주를 넘기지 않는다는 뜻이고, (개념적으로) '머릿속에 집어넣을 수 있는 정도'라고 말하는 이들도 있습니다. 어쨌든 서비스는 입력 이벤트 스트림event stream에서 이벤트를 받아 특정 비즈니스 로직을 적용한 다음, 출력 이벤트를 내보내서 요청-응답 접근에 필요한 데이터를 제공하거나 서드파티 API와의 통신, 또는 다른 필요한 일을 수행합니다. 나중에 상술하겠지만, 서비스는 상태 저장stateful (스테이트풀) 서비스, 상태 비저장stateless (스테이트리스) 서비스로 분류됩니다. 복잡한 서비스도 있고 단순한 서비스도 있으며, 실행 시간이 긴 단독형standalone (스탠드얼론) 애플리케이션으로 구현할 수도 있고, 서비스로서의 함수function-

---

1 옮긴이_ 스케일링(scaling)은 규모를 늘리거나(확장) 줄이는(축소) 행위를 말하지만, 이 책에서는 편의상 '확장'이라고 옮깁니다. 따라서 이 책에서 '확장'이라고 하면 엄밀히 말해 '규모를 늘리는 것'뿐만 아니라 '규모를 줄이는 것'까지 포함된 '규모를 변경하는 것'이라고 이해해야 정확합니다. 이와 같은 이유로 일부 역서에서는 scalability를 '확장성' 대신 '규모 가변성'이라고 번역한 사례도 있습니다.

^{as-a-service}(FaaS) 함수 형태로 실행할 수도 있습니다.

이벤트 스트림과 마이크로서비스를 조합하면 비즈니스 조직 전반에 걸쳐 서로 연결된 활동 그래프가 완성됩니다. 모놀리스^{monolith}와 모놀리스 간 통신이 버무려진 전통적인 컴퓨터 아키텍처에도 구조가 비슷한 그래프가 있습니다(그림 1-1).

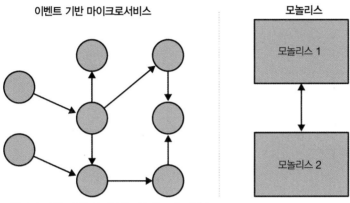

그림 1-1 마이크로서비스와 모놀리스의 그래프 구조

이런 그래프 구조가 물 흐르듯이 잘 굴러가려면 노드^{node}와 연결^{connection}이라는 두 가지 중요한 컴포넌트를 제대로 이해해야 합니다. 하나씩 자세히 살펴보겠습니다.

1.2 도메인 주도 설계와 경계 콘텍스트

도메인 주도 설계^{domain-driven design}(DDD)를 주창한 에릭 에반스^{Eric Evans}는 동명의 저서[2]에서 이벤트 기반 마이크로서비스를 구축하는 데 필요한 몇 가지 주요 개념을 소개했습니다. 쉽게 풀어 쓴 글[3]과 도서[4], 블로그 게시글도 많으니 이 절에서는 간단하게만 정리하겠습니다.

다음은 도메인 주도 설계의 기본 개념입니다.

---

2 https://oreil.ly/3fGwK
3 https://oreil.ly/zAXqd
4 https://oreil.ly/XwjR3

도메인(domain)

비즈니스가 차지하고 솔루션을 제공하는 문제 공간problem space, 규칙, 프로세스, 아이디어, 비즈니스 전문 용어, 그밖에 비즈니스 관심사든 아니든 상관없이 문제 공간과 조금이라도 관련된 것들은 모두 다 포함됩니다. 도메인은 비즈니스 존재 여부와 무관하게 존재합니다.

하위 도메인(subdomain)

메인 도메인을 이루는 컴포넌트. 하위 도메인은 특정한 하위 업무에 집중하며, 일반적으로 (창고, 영업, 엔지니어링 같은) 비즈니스 조직 구조를 반영합니다. 하위 도메인 자체를 하나의 도메인으로 볼 수도 있습니다. 하위 도메인 역시 메인 도메인처럼 문제 공간에 속합니다.

도메인(및 하위 도메인) 모델

비즈니스 용도에 맞게 실제 도메인을 추상화abstraction한 비즈니스에서 가장 중요한 도메인 조각 및 속성들로 모델을 생성합니다. 비즈니스의 메인 도메인 모델은 비즈니스가 고객에게 제공하는 제품, 고객과 제품이 상호작용하는 인터페이스, 그밖에 해당 비즈니스로 명확한 목표를 달성하는 데 필요한 갖가지 프로세스와 기능에 따라 달라집니다. 도메인과 비즈니스 우선순위는 계속 달라지므로 모델을 정교하게 잘 다듬어야 합니다. 도메인 모델은 솔루션 공간solution space의 일부로 비즈니스가 문제를 해결하기 위해 사용하는 구성체construct입니다.

경계 콘텍스트(bounded context)

입력, 출력, 이벤트, 요건, 프로세스, 데이터 모델 등 하위 도메인과 연관된 논리적 경계. 경계 콘텍스트와 하위 도메인이 완벽히 일치하면 이상적이겠지만, 레거시 시스템legacy system, 기술 부채technical debt[5], 서드파티third-party 시스템 연계 탓에 예외적인 경우가 많습니다. 경계 콘텍스트는 솔루션 공간의 속성으로 마이크로서비스가 상호작용하는 방식에 상당한 영향을 미칩니다.

경계 콘텍스트는 응집력이 강해야 합니다. 콘텍스트의 내부 기능은 집약적intensive이고 깊이 연

---

5 옮긴이_ 현 시점에서 더 오래 소요될 수 있는 더 나은 접근 방식을 사용하는 대신 쉬운 솔루션을 채택함으로써 발생되는 추가적인 재작업의 비용을 반영하는 소프트웨어 개발의 한 관점입니다. 기술 부채는 금전적인 채무와 비유될 수 있습니다(출처: 위키백과).

관여되어 있고, 대부분의 통신이 경계를 넘나들지 않고 내부에서만 일어나야 합니다. 할 일이 고도로 응집되어 있으면 그만큼 설계 범위가 좁혀지고 구현하기도 간단해집니다.

경계 콘텍스트끼리는 느슨하게 결합loosely coupled해야 합니다. 어떤 경계 콘텍스트에서 일어난 변경이 인접한 콘텍스트에 미치는 영향을 최소화하거나 아예 없애야 합니다. 느슨하게 결합하면 어떤 콘텍스트에서 요건이 바뀌어도 이웃 콘텍스트가 변화의 영향을 받지 않고 독립적으로 움직일 수 있습니다.

1.2.1 도메인 모델과 경계 콘텍스트 활용

모든 조직은 그 자신과 외부 사이에 하나의 도메인을 형성합니다. 조직 구성원은 각자 맡은 도메인의 니즈를 지원합니다.

도메인은 다시 하위 도메인으로 나뉩니다. 가령, 기술 중심의 기업이라면 기술 부서, 영업 부서, 고객 지원 부서 정도로 나뉘겠죠. 하위 도메인마다 요구 사항과 과업이 있고 더 세부적으로 나눌 때도 있습니다. 사실 하위 도메인 모델은 개발팀이 작고 독립적인 서비스로 옮길 수 있을 정도가 될 때까지 계속 분할됩니다. 경계 콘텍스트는 이런 하위 도메인을 중심으로 형성되어 마이크로서비스가 탄생하는 기초가 됩니다.

1.2.2 비즈니스 요건에 따라 경계 콘텍스트 조정

어떤 제품에 대한 비즈니스 요건은 조직의 변화 또는 새로운 기능 수요로 인해 그 제품이 존재하는 한 계속 달라지기 마련입니다. 하지만 반대로 비즈니스 요건 변경 없이 제품의 근본적인 구현체implementation를 뜯어고치는 경우는 거의 없습니다. 경계 콘텍스트를 기술 요건이 아니라 비즈니스 요건 중심으로 정해야 하는 이유가 바로 이 때문입니다.

경계 콘텍스트를 비즈니스 요건에 맞추면 팀별로 느슨하게 결합하며 고도로 응집된 마이크로서비스 구현체를 바꿀 수 있습니다. 덕분에 비즈니스에 필요한 솔루션을 자율적으로 설계/구현할 수 있고 팀 간의 복잡한 의존 관계도 엄청나게 줄어들어 팀별로 맡은 요건에만 전념할 수 있습니다.

반대로, 마이크로서비스를 기술 요건에 맞추면 문제가 생깁니다. 이런 패턴은 잘못 설계한

동기식 점대점point-to-point 마이크로서비스, 그리고 팀마다 애플리케이션의 특정 레이어를 담당했던 과거 모놀리식 컴퓨팅 시스템에서 흔히 찾아볼 수 있습니다. 기술 요건에 맞추면 생기는 가장 큰 문제점은 여러 경계 콘텍스트에 걸쳐 비즈니스 기능을 수행할 책임이 여러 팀으로 분산돼서 제각기 다른 스케줄로 다른 업무를 진행하게 된다는 점입니다. 어느 한 팀이 100% 책임지고 솔루션을 구현하는 게 아니다 보니 여러 서비스가 서로 팀, API 경계를 넘나들며 결합되어 뭐 하나 고치려면 아주 어렵고 비용도 많이 필요합니다. 언뜻 보기에 별것 아닌 변경, 버그, 서비스 장애가 그 기술을 사용하는 모든 비즈니스 서비스 기능에 심각한 후폭풍을 가져올 수 있겠죠. 따라서 이벤트 기반 마이크로서비스 아키텍처에서는 기술에 맞출 일은 드물고 가급적이면 아예 삼가는 것이 좋습니다. 전체를 아우르는 기술, 팀 간 의존성을 타파해야 시스템의 변경 민감도를 낮출 수 있습니다.

[그림 1-2]를 봅시다. 좌측 그림은 서로 독립적인 비즈니스 요건(경계 콘텍스트)에 따라 두 팀이 구성되고 각 팀이 애플리케이션 코드 및 DB 레이어를 알아서 책임지는 각자 소유sole ownership 구조입니다. 우측 그림은 기술 요건에 따라 팀을 구성하고 애플리케이션 레이어는 데이터 레이어와 전혀 별개로 관리되는 공동 소유cross-cutting ownership 구조입니다. 이런 환경에서는 팀 간에 명확한 의존 관계가 성립되고 비즈니스 요건도 암묵적으로 의존 관계가 발생할 수밖에 없습니다.

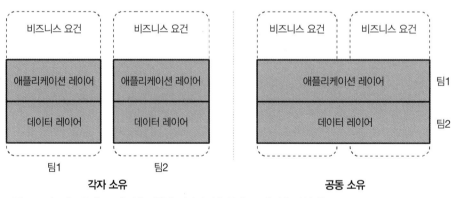

그림 1-2 비즈니스 콘텍스트에 맞출 것인가, 아니면 기술 콘텍스트에 맞출 것인가?

이벤트 기반 마이크로서비스는 비즈니스 요건에 따라 아키텍처를 모델링하는 것이 바람직합니다. 물론 코드가 여러 번 복제되거나 비슷한 패턴으로 데이터에 접근하는 서비스가 증가하는 트레이드오프tradeoff(하나를 얻으면 다른 하나를 잃게 되는 절충 관계 – 옮긴이)는 있습니다.

개발자는 다른 제품과 데이터 소스를 공유하거나 경계를 연결하는 식으로 이런 반복을 줄이려고 애쓰겠지만, 장기적인 관점에서는 이렇게 단단히 결합될 경우 로직을 반복하고 비슷한 데이터를 저장하는 것보다 훨씬 값비싼 대가를 치르게 될 것입니다.

TIP 경계 콘텍스트 간 결합은 느슨하게 유지하고 상호 의존 관계는 최소화하세요. 그래야 필요시 다른 시스템에 해를 끼치지 않고 경계 콘텍스트 구현체를 변경할 수 있습니다.

팀마다 풀스택full stack 전문성을 갖추어야 합니다. 하지만 특화된 스킬 세트skill set와 접근 권한access permission이 필요하기 때문에 결코 쉬운 문제가 아닙니다. 또 이런 수직적인 체계를 갖춘 팀이 자립하려면 조직 차원에서도 일반적인 요건을 충족하면서 필요시 좀 더 전문적인 스킬 세트를 모든 팀에 고루 제공해야 합니다. 이와 관련된 모범 사례best practice는 14장에서 자세히 다룹니다.

1.3 통신 구조

한 조직의 팀, 시스템, 사람들이 모두 원하는 목표를 추구하기 위해 서로 소통하는 과정에서 통신 구조communication structure라는, 의존 관계가 서로 연결된 토폴로지topology가 형성됩니다. 비즈니스를 영위하는 방식에 영향을 주는 세 가지 주요 통신 구조를 살펴보겠습니다.

1.3.1 비즈니스 통신 구조

[그림 1-3]의 비즈니스 통신 구조business communication structure는 팀과 부서 간의 통신을 결정하며, 각 팀에 할당된 주된 요건 및 책임에 따라 달라집니다. 예를 들면 기술팀은 소프트웨어 제품을 생산하고, 판매팀은 고객에게 제품을 팔고, 지원팀은 고객 만족을 위해 최선을 다하겠죠. 주요 사업부에서 개인 팀원까지 팀 구성과 그들의 목표를 제시하는 활동이 비즈니스 통신 구조에 해당됩니다. 비즈니스 요건, 팀별 요건 배정, 팀 구성은 시간이 지나면 모두 바뀌기 마련이므로 비즈니스 통신 구조와 구현 통신 구조 사이의 관계에 상당한 영향을 미칠 수 있습니다.

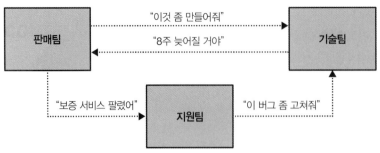

그림 1-3 비즈니스 통신 구조 예

1.3.2 구현 통신 구조

[그림 1-4]의 구현 통신 구조implementation communication structure는 하위 도메인 모델에 대해 조직에서 규정한 데이터와 로직을 이용해 신속하고 효율적인 업무 수행을 위해 비즈니스 프로세스, 데이터 구조, 시스템 설계를 정규화한 것입니다. 구현체가 만족시켜야 할 비즈니스 요건을 다시 정의하려면 로직을 다시 작성해야 하므로 비즈니스 통신 구조의 유연성과는 트레이드오프가 있습니다. 여기서 말하는 재작성은 대부분 하위 도메인 모델 및 그에 관한 코드를 반복적으로 고치는 작업을 말하며 시간이 지날수록 구현체는 새로운 비즈니스 요건을 충족하기 위해 진화evolution합니다.

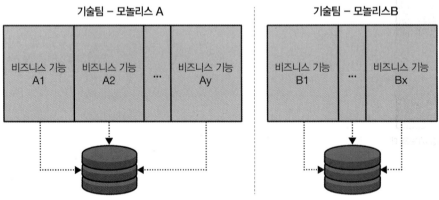

그림 1-4 구현 통신 구조 예

소프트웨어 공학에서 구현 통신 구조의 전형적인 사례는 모놀리식 DB 애플리케이션입니다. 비즈니스 로직이 기능을 호출하거나 상태를 공유함으로써 내부적으로 통신하는 모놀리식 애플리케이션은 결국 비즈니스 통신 구조에 따른 비즈니스 요건을 만족시키는 역할을 합니다.

1.3.3 데이터 통신 구조

[그림 1-5]의 데이터 통신 구조data communication structure는 비즈니스 전반에 걸쳐, 특히 구현체 간에 데이터를 주고받는 프로세스를 말합니다. 이메일, 인스턴스 메시징, 회의 등을 통한 데이터 통신 구조는 비즈니스 변화를 소통하는 수단으로 자주 쓰이지만 소프트웨어 구현에서는 대체로 무시되어온 편이었습니다. 데이터 통신 구조는 일반적으로 한 시스템에서 다른 시스템으로 애드혹ad hoc[6] 통신을 하는 역할에 충실했고, 구현 통신 구조는 본연의 임무 외에도 데이터 통신 기능까지 1인 2역을 소화하는 경우가 많았습니다. 이 때문에 기업이 계속 성장하고 변화하는 과정에서 많은 문제가 불거졌습니다. 구체적으로 어떤 영향을 받았는지는 다음 절에서 설명하겠습니다.

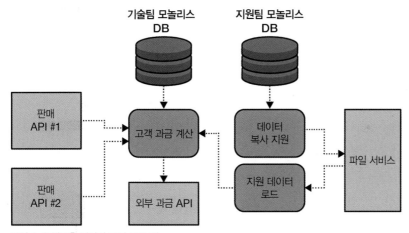

그림 1-5 애드혹 데이터 통신 구조 예

---

6 옮긴이_ '이것을 위해' 즉 '특별한 목적을 위해서'라는 뜻의 라틴어로, 일반적으로 다음을 나타냅니다(출처: 위키백과).
   1. 특정한 문제나 일을 위해 만들어진 관습적인 해결책
   2. 일반화할 수 없는 해결책
   3. 어떤 다른 목적에 적응시킬 수 없는 해결책

1.3.4 콘웨이의 법칙과 통신 구조

> 시스템 구조는 그 시스템을 설계하는 조직의 통신 구조를 그대로 따라갈 수밖에 없다.
>
> – 멜빈 콘웨이Melvin Conway (1968년 4월, 'How Do Committees Invent?')

콘웨이의 법칙Conway's law은 팀이 조직의 통신 구조에 따라 제품을 만든다는 의미입니다. 비즈니스 통신 구조는 사람들을 여러 팀으로 조직하고 이 팀들은 팀 경계에 의해 구분된 제품을 생산합니다. 구현 통신 구조는 주어진 제품의 하위 도메인 데이터 모델로 접근하는 통로를 제공하지만 데이터 통신 기능이 약하기 때문에 다른 제품으로의 접근은 제한적입니다.

도메인은 비즈니스를 포괄하는 개념이므로 도메인 데이터는 대부분 조직의 다른 경계 콘텍스트에서도 필요한 경우가 많습니다. 구현 통신 구조는 그런 통신 메커니즘으로는 적당하지 않지만, 자신의 경계 콘텍스트의 니즈를 충족하는 일에는 탁월하고 제품 설계에 있어서 두 가지 방향으로 영향을 미칩니다. 첫째, 조직 전체에 필요한 도메인 데이터를 통신하는 방식이 비효율적이므로 논리적으로 전혀 다른 신제품을 만드는 데 지장을 초래합니다. 둘째, 기존 도메인 데이터에 쉽게 접근할 수 있지만 새로운 비즈니스 요건을 수용하기 위해 지속적으로 도메인을 확장하는 위험을 무릅써야 합니다. 바로 이것이 모놀리식 설계에 내재된 패턴입니다.

데이터 통신 구조는 제품을 설계/개발하는 방법에 핵심적인 비중을 차지하지만, 이런 구조가 오랫동안 누락된 채 방치된 조직도 참 많습니다. 앞에서도 언급했지만 구현 통신 구조가 자신의 역할 외에 1인 2역을 하는 경우가 비일비재합니다.

그래서 다른 구현체의 도메인 데이터에 접근할 수 없는 문제를 해결하려고 노력한 회사도 있지만 저마다 각기 다른 뚜렷한 단점들이 있습니다. 가령, 아직도 많이 사용하는 공유 DB는 안티 패턴이 발생하기 쉽고 확장을 해도 모든 성능 요건을 충족하지 못하는 경우가 태반입니다. 읽기 전용 레플리카replica(사본)를 제공하는 DB도 있지만 내부 데이터 모델을 불필요하게 노출시킬 필요는 없겠죠. 배치 프로세스가 데이터를 파일 저장소file store에 덤프하면 다른 프로세스가 파일을 읽어가는 방법은 진실 공급원sources of truth이 다수 생성되어 데이터 일관성이 떨어지게 될 것입니다. 무엇보다도 이런 방법은 전부 구현체를 단단히 결합시키고 직접 점대점으로 통신하게 만드는 경직된 아키텍처의 산물입니다.

1.4 기존 컴퓨팅의 통신 구조

한 조직의 통신 구조는 엔지니어링 결과물이 탄생하기까지 막대한 영향을 미칩니다. 팀 레벨에서도 그렇습니다. 팀의 통신 구조는 그 팀에 할당된 비즈니스 요건을 충족하는 해결 방법에 영향을 줍니다. 실제와 가까운 예를 하나 들어 보겠습니다.

단일 데이터 저장소^data store^에 기반한 단일 서비스를 담당하는 팀이 있다고 합시다. 만사가 탄탄하고 그간 자신 있게 서비스를 운영해온 이 팀에 어느 날 신규 비즈니스 요건이 접수됐습니다. 팀원들이 이전부터 해오던 업무와 크게 무관하지 않아 간단히 기존 서비스에 붙이면 될 것 같지만, 한편으로는 따로 서비스를 만들어 구현해도 뭐라 할 사람이 없을 정도로 차이점이 큰 것도 사실입니다.

이 팀은 선택의 갈림길에서 고민합니다. 새로 접수한 비즈니스 요건을 새로운 서비스에 구현할 것인가, 아니면 그냥 있던 서비스에 추가할 것인가?

1.4.1 옵션 1: 서비스를 새로 만듦

비즈니스 요건이 많이 차이나면 서비스를 새로 만들어 구현하는 게 더 나을지도 모릅니다. 하지만 데이터는 어떻게 할까요? 새로운 비즈니스 기능은 옛 데이터도 참조해야 하는데 그 데이터는 아직 기존 서비스에 묶여 있고 완전히 독립적인 신규 서비스를 개시하는 프로세스도 없는 상황입니다. 반면에 팀 규모는 점점 더 커지고 회사는 빠르게 성장을 거듭하고 있습니다. 나중에 팀을 나누어야 할 수도 있으니 모듈화한 독립적인 시스템을 각각 두는 편이 소유권을 분할하기 쉽겠죠.

물론 이 방법도 몇 가지 위험이 따릅니다. 우선 원래 데이터 저장소에 있는 데이터를 가져와 새 데이터 저장소로 복사할 방법을 강구해야 하며, 데이터 구조를 바꾸어도 그 데이터를 가져가는 다른 팀에 영향이 없도록, 내부 로직이 노출되지 않도록 신경 써야 합니다. 그리고 복사한 데이터는 김빠진stale(시간이 지나 오래되어 별로 쓸모없는 – 옮긴이) 데이터가 될 테니 30분마다 실시간으로 (데이터 저장소가 쿼리로 포화 상태가 되지는 않도록 조심해서) 프로덕션 데이터를 복사할 정도의 능력을 갖춰야 합니다. 또 이 과정에서 정확하게 실행되도록 연결을 주의 깊게 모니터링해야 합니다.

새로운 서비스를 만들어 운영하는 작업 역시 리스크가 따릅니다. 데이터 저장소 2개, 서비스 2개를 관리하면서 코딩, 모니터링, 테스트, 배포, 롤백 프로세스를 미런해야 하며, 데이터 구조가 조금이라도 바뀔 경우 의존 관계가 있는 타 시스템에 영향이 없도록 동기화에 만전을 기해야 합니다.

1.4.2 옵션 2: 기존 서비스에 추가

기존 서비스에 새로운 데이터 구조 및 비즈니스 로직을 구현할 수도 있겠죠. 이미 필요한 데이터가 데이터 저장소에 다 있고, 로깅, 모니터링, 테스트, 배포, 롤백 프로세스 역시 이미 사용 중이기 때문에 시스템에 익숙한 팀원들이 바로 로직 구현에 착수할 수 있고 일사불란하게 서비스 설계를 지원할 수 있습니다.

이 방법 역시 리스크는 따르지만 조금 더 복잡하고 미묘합니다. 특히, 여러 모듈이 동일한 코드 베이스에 함께 엮이는 경우가 많아 변경할 일이 생기면 구현체 내부에서 경계가 모호해질 가능성이 있습니다. 경계를 자유롭게 넘나들면서 모듈을 직접 결합시키면 쉽고 빠르게 기능을 추가할 수 있어 유리하지만 결합도는 올라가고 응집도와 모듈성은 떨어지기 마련입니다. 여러 팀이 함께 모여 대책을 마련하고 명쾌한 계획을 수립해서 서로의 경계를 확실히 지킬 수는 있겠지만, 빠듯한 일정과 경험 부족으로 서비스 소유권 이전 과정에서 실패하는 경우가 많습니다.

1.4.3 옵션별 장단점

많은 팀이 기존 시스템에 기능을 덧붙이는 두 번째 옵션을 선택할 것입니다. 모놀리식 아키텍처는 아직도 강력하고 건재하며 비즈니스에 탁월한 가치를 제공하므로 잘못된 선택은 아닙니다. 첫 번째 옵션은 기존 컴퓨팅에 관한 다음 두 가지 경우에 우선 적용됩니다.

- 다른 시스템의 데이터에 안정적으로 접근하기 어렵다. 특히, 대규모 데이터를 실시간 접근하기 곤란하다.

- 서비스를 새로 만들어 관리하는 오버헤드와 리스크를 무시할 수 없다. 특히, 신규 서비스를 관리하는 체계가 조직 내에 아직 확립되어 있지 않다.

로컬 데이터는 당연히 다른 데이터 저장소의 데이터보다 접근하기 쉽습니다. 다른 팀의 데이터 저장소에 캡슐화된 데이터를 손에 넣으려면 구현체와 비즈니스 통신 경계를 오가야 하니 아무래도 어렵죠. 또 데이터, 연결 수가 많아지고 성능 요건이 까다로울수록 관리/확장이 점점 더 어려워집니다.

필요한 데이터를 복사하는 방식은 그만한 가치가 있지만 결코 수월하지 않고 직접적인 점대점 결합이 발생할 수밖에 없습니다. 조직 규모가 커지고, 사업부와 소유권이 바뀌고, 제품이 성숙하고 사라짐에 따라 관리 문제도 불거집니다. 데이터를 저장하는 팀과 그것을 복사하는 팀 모두 기술적으로 구현 통신 구조상 끈끈한 의존 관계가 발생하고, 데이터가 변경될 때마다 팀원들은 그에 따른 동기화 작업을 수행해야 합니다. 또 구현한 내부 데이터 모델이 지나치게 노출되지 않도록, 다른 시스템이 이 데이터 모델에 의존하지 않게끔 각별히 신경 써야 합니다. 데이터 복제 쿼리가 소스 시스템에 과도한 부하를 유발하기 때문에 두 시스템에서 확장성, 성능, 시스템 가용성이 문제가 될 때도 많고 동기화 프로세스가 실패해도 긴급 상황이 발생하기 전에는 알 수 없는 경우도 있습니다. 팀원들은 부족 지식$^{tribal\ knowledge}$[7] 탓에 데이터 사본을 복사하면서도 그것이 원본 소스라고 착각하는 해프닝도 벌어집니다.

쿼리가 완료되고 데이터 전송이 끝날 즈음, 복사한 데이터는 이미 시간이 지나 김빠진 데이터가 되어버리죠. 데이터 양이 많고 소싱이 복잡할수록 원본과 더 많이 어긋나게 됩니다. 특히, 데이터를 주고받는 두 시스템이 서로 상대방이 완벽한 최신 사본을 갖고 있을 거라 안심할 때 문제가 커집니다. 가령, 보고 서비스$^{reporting\ service}$는 이 시차 때문에 과금 서비스$^{billing\ service}$와 다른 값을 보고하게 되어 다운스트림^{downstream}(하류)에서 서비스 품질, 보고, 분석, 기타 돈에 관한 의사결정을 할 때 심각한 결과를 초래할 공산이 큽니다.

---

7 옮긴이_ 부족 내에서는 알려져 있지만 그 외부로는 알려지지 않은 정보나 지식을 말합니다. 여기서 부족이란 일반적인 지식을 공유하는 사람들의 그룹 또는 하위 그룹을 가리킵니다. 기업 관점에서는 부족 지식이나 노하우가 조직의 집단 지혜입니다(출처: https://en.wikipedia.org/wiki/Tribal_knowledge)

회사 곳곳에 정확한 데이터를 전달할 수 없는 까닭은 개념 자체에 근본적인 결함이 있어서가 아닙니다. 실은 그 반대에 더 가깝습니다. 데이터 통신 구조가 취약하거나 전무하기 때문이죠. 앞서 예시한 팀의 구현 통신 구조는 데이터 통신 구조가 지극히 제한적이고 두 가지 일을 동시에 수행하고 있습니다.

> **TIP** 핵심 비즈니스 데이터는 이를 필요로 하는 모든 서비스가 쉽게 획득하고 사용할 수 있어야 합니다. 이것이 이벤트 기반 마이크로서비스의 기본 교리 중 하나입니다. 따라서 예로 든 시나리오의 애드혹 데이터 통신 구조는 정규 데이터 통신 구조로 바꾸어야 합니다. 그래야 타 시스템에 있는 데이터를 어렵게 가져올 수밖에 없었던 이 팀의 고질적인 문제가 대부분 해소될 것입니다.

1.4.4 팀 시나리오(계속)

어느덧 1년이 지났습니다. 이 팀은 두 번째 옵션을 선택했고 기존 서비스에 기능을 추가하기로 했습니다. 작업은 어렵지 않아 빨리 진행되었고 이후에도 꽤 많은 기능을 구현했습니다. 사세가 확장되면서 팀 규모도 더 커졌고 이제는 작고 전문화한 2개 팀으로 조직을 개편하게 됐습니다.

이전 서비스에 있던 비즈니스 기능을 지금은 신설된 두 팀에 각각 할당해야 합니다. 팀별 비즈니스 요건은 가장 주력해야 할 업무 영역을 기준으로 깔끔하게 나눌 수 있지만 구현 통신 구조는 의외로 나누기가 쉽지 않습니다. 예전처럼 두 팀 모두 각각 요건을 이행하려면 동일한 데이터가 엄청 많이 필요할 것 같습니다.

- 어느 팀이 어떤 데이터를 소유해야 하나?

- 데이터는 어디에 두어야 하나?

- 두 팀 모두 값을 변경하는 데이터는 어떻게 처리할까?

두 팀장들은 데이터 대신 서비스를 공유해서 각자 다른 부분을 작업하는 게 최선이라고 결정합니다. 그런데 그러려면 팀 간에 긴밀한 소통을 하면서 작업을 동기화해야 하니 생산성 측면에서 지연 요소가 되겠죠. 나중에 팀 규모가 지금보다 갑절 이상 커지거나, 비즈니스 요건이 너무 달라져 지금과 동일한 데이터 구조로는 처리가 불가능해질 정도에 이르면 어떻게 해야 할까요?

1.4.5 상충되는 압력

진퇴양난에 빠졌습니다. 모든 데이터를 한 서비스의 로컬에 두고 새 비즈니스 기능을 신속 용이하게 추가하고 싶지만 구현 통신 구조를 확장해야 하는 비용을 부담해야 합니다. 팀 규모가 커지면 결국 언젠가는 비즈니스 요건을 새 팀에 재배정하고 비즈니스 통신 구조를 분할할 수밖에 없겠지만, 구현 통신 구조는 현재 모습에서 도저히 재배정할 수가 없으니 여러 컴포넌트로 적절히 세분화해야 할 것입니다. 어느 쪽을 택하든 확장은 안 되니 각각 다른 식으로 처리해야 합니다. 이 모든 문제의 근원은 뭘까요? 구현 통신 구조 간의 데이터 통신 수단이 취약하고 제대로 정의되지 않은 탓입니다.

1.5 이벤트 기반 통신 구조

이벤트 기반 통신은 기존 구현/데이터 통신 구조의 대안입니다. 요청–응답 기반 통신을 한꺼번에 대체할 수는 없지만 완전히 다른 서비스 간 통신 수단을 제시합니다. 이벤트 스트리밍 방식의 데이터 통신 구조에서는 데이터를 생산/소유하는 것과 데이터에 접근하는 행위가 철저히 분리되기 때문에 서비스는 더 이상 직접 요청–응답 API에 얽매이는 일 없이 이벤트 스트림 내부에 정의된 이벤트 데이터를 매개로 소통합니다(이 프로세스는 3장에서 자세히 다룹니다). 프로듀서는 그저 자신이 맡은 이벤트 스트림에 잘 정의된 데이터를 생산하는 일만 책임지면 됩니다.

1.5.1 이벤트는 통신의 근간이다

공유 데이터는 모조리 이벤트 스트림 세트에 발행함으로써 조직에서 일어난 모든 일은 지속적으로 정규화한 형태로 서술됩니다. 이것이 바로 여러 시스템이 서로 통신하는 채널입니다. 단순한 작업부터 복잡하고 상태가 저장되는 레코드까지 거의 모든 것을 이벤트로 주고받는 것입니다. 네, 이벤트가 곧 데이터입니다. 단지 데이터가 어딘가 준비되어 있다는 신호signal나 데이터를 한 구현체에서 다른 구현체로 실어 나르는 수단이 아닙니다. 이벤트는 데이터 스토리지뿐만 아니라 서비스 간의 비동기 통신 수단 역할도 합니다.

1.5.2 이벤트 스트림은 단일 진실 공급원이다

스트림 안에 있는 각 이벤트는 사실 진술서statement of fact입니다. 이것들을 취합하면 조직 내 모든 시스템이 통신하는 근간인 단일 진실 공급원single source of truth이 됩니다. 통신 구조는 정보가 정확할 때에만 유효하기 때문에 이벤트 스트림을 단일 진실 공급원으로 채택하는 것은 큰 의미가 있습니다. 팀마다 상충되는 데이터를 각기 다른 곳에 두면 이벤트 스트림은 조직 데이터의 통신 백본으로서의 기능을 제대로 발휘하지 못하겠죠.

1.5.3 컨슈머가 스스로 모델링과 쿼리를 수행하다

이벤트 기반 데이터 통신 구조는 데이터 쿼리/검색 기능이 있다는 점에서 과도하게 확장된 구현 통신 구조와 다릅니다. 모든 비즈니스 및 애플리케이션 로직은 반드시 이벤트 프로듀서/컨슈머 안에 캡슐화돼야 합니다.

데이터 접근과 모델링 요건은 완전히 컨슈머로 이동해서, 컨슈머는 소스 이벤트 스트림에서 받은 이벤트 사본을 가져옵니다. 쿼리 복잡도 역시 데이터 소유자의 구현 통신 구조에서 컨슈머의 구현 통신 구조로 옮아갑니다. 컨슈머는 여러 이벤트 스트림에서 들어온 데이터를 혼합하거나, 특별한 쿼리를 하거나, 특정한 비즈니스 로직을 적용하는 일을 전담합니다. 예전 구조라면 프로듀서/컨슈머 모두 쿼리 메커니즘, 데이터 전송 메커니즘, API, 전체 팀 서비스를 상대로 데이터 통신 수단을 제공해야 했지만, 이제는 각자 맡은 경계 콘텍스트의 니즈를 해결하는 일만 책임지면 됩니다.

1.5.4 조직 전반적으로 데이터 통신이 원활해진다

데이터 통신 구조를 사용하면 모든 공유 데이터가 구현 통신 구조 밖에 노출됩니다. 모든 데이터를 공유해야 하는 건 아니므로 전부 다 이벤트 스트림으로 발행할 필요는 없습니다. 다른 팀/서비스에서 관심 있는 데이터는 공용 이벤트 스트림 세트에 발행함으로써 데이터의 생산과 소유권을 완전히 분리할 수 있습니다. 덕분에 시스템 아키텍처에서 오랫동안 부실했던 데이터 통신 구조를 정규화하고 느슨한 결합과 높은 응집도라는 경계 콘텍스트 원칙을 더 확실히 준수할 수 있게 됐습니다.

애플리케이션을 이벤트 기반으로 개발하면 과거에 점대점 커넥션을 통해 힘들게 가져왔던 데이터에 쉽게 접근할 수 있습니다. 서비스는 필요한 데이터를 그냥 표준 이벤트 스트림에서 가져와 자신의 모델과 상태를 생성하고, 다른 서비스에 직접 점대점 커넥션을 맺거나 API를 바라보지 않아도 직접 필요한 비즈니스 기능을 수행할 수 있습니다. 이렇게 방대한 제품 데이터를 더 효과적으로 사용할 수 있는 기초가 다져져 나름대로 강력한 방법으로 다수의 제품의 데이터를 혼합할 수 있게 됐습니다.

1.5.5 접근 가능한 데이터 덕분에 비즈니스 통신 변경이 가능하다

이벤트 스트림에는 비즈니스 운영에 중심적인 핵심 도메인 이벤트가 있습니다. 팀 구조는 계속 바뀌고 프로젝트는 시작하고 끝나지만 이런 핵심 데이터는 구현 통신 구조와 상관없이 모든 신제품에서 언제든지 활용할 수 있습니다. 이제 더 이상 핵심 도메인 이벤트가 특정 구현체에 의존하지 않기 때문에 전반적으로 비즈니스가 아주 유연해집니다.

1.6 비동기식 이벤트 기반 마이크로서비스

이벤트 기반 마이크로서비스를 구축하면 경계 콘텍스트 요건에 맞게 필요한 비즈니스 로직 변환을 수행할 수 있습니다. 애플리케이션은 이런 작업을 수행하면서 다른 다운스트림 컨슈머도 필요한 자신의 이벤트를 내보내는 역할을 합니다. 이벤트 기반 마이크로서비스의 중요한 이점을 몇 가지 정리해보겠습니다.

세분성(granularity)
　서비스가 경계 콘텍스트에 알맞게 매핑되고 비즈니스 요건이 바뀌어도 쉽게 재작성할 수 있습니다.

확장성(scalability)
　개별 서비스는 필요시 규모를 늘리거나 줄일 수 있습니다.

기술 유연성(technological flexibility)

서비스마다 가장 적합한 언어와 기술로 구현할 수 있고 첨단 기술을 적용해서 쉽게 프로토 타이핑prototyping할 수 있습니다.

비즈니스 요건 유연성(business requirement flexibility)

단위가 작은 마이크로서비스는 소유권을 재조정하기 쉽습니다. 대규모 서비스보다 다른 팀에 덜 의존하기에 데이터 접근 시 장애 요소가 적고 조직은 비즈니스 요건 변화에 신속하게 대응할 수 있습니다.

느슨한 결합(loosely coupling)

이벤트 기반 마이크로서비스는 도메인 데이터와 결합할 뿐, 어떤 특정한 구현 API에 구애받지 않습니다. 데이터 스키마를 이용하면 보다 효율적으로 데이터 변경 관리를 할 수 있습니다(3장에서 다룹니다).

지속적 전달 지원(continuous delivery support)

작은 모듈로 나눈 마이크로서비스는 옮기기 쉽고 필요시 간편하게 롤백할 수 있습니다.

우수한 시험성(high testability)

마이크로서비스는 덩치 큰 모놀리스보다 디펜던시dependency(의존성, 의존하는 코드, 모듈, 라이브러리 등 – 옮긴이)가 적어서 필요한 테스트 엔드포인트를 모킹mocking(모의)하고 코드 커버리지code coverage[8]를 적절히 유지하기 쉽습니다.

1.6.1 이벤트 기반 마이크로서비스 예제

앞서 예로 든 팀을 이번에는 이벤트 기반 데이터 통신 구조로 바꿔보겠습니다.

팀에 새로운 비즈니스 요건이 생겼습니다. 현재 버전의 제품과 여러 면에서 연관성이 있지만 자체 서비스로 구현해야 할 만큼 차이점도 많습니다.

---

8 옮긴이_ 소프트웨어의 테스트를 논할 때 얼마나 테스트가 충분한가를 나타내는 지표중 하나입니다. 말 그대로 코드가 얼마나 커버되었는 가, 소프트웨어 테스트를 진행했을 때 코드 자체가 얼마나 실행되었느냐는 것입니다(출처: 위키백과).

기존 서비스에 추가하면 단일 책임 원칙^{single responsibility principle}에 위배되고 현재 정의된 경계 콘텍스트를 너무 크게 확장하게 되는 걸까요? 아니면 그냥 일부 관련된 새 데이터나 신기능을 기존 서비스에 추가하는 단순한 확장일까요?

예전에 고민했던 기술 이슈, 이를테면 데이터를 어디서 소싱하고 어떻게 싱크할지, 배치 동기화 이슈는 어떻게 처리하고 동기 API는 어떻게 구현할지 등의 문제는 이제 거의 사라졌습니다. 마이크로서비스를 새로 개발하여 필요한 데이터를 이벤트 스트림에서 받아올 수 있고 필요시 초기 데이터부터 가져올 수도 있습니다. 데이터를 오롯이 새로운 경계 콘텍스트의 니즈를 충족시키기 데에만 활용하는 한, 팀은 어떻게든 가져온 공통 데이터를 자신들의 서비스에 맞게 버무려 쓸 수 있습니다. 이 데이터를 어떻게 저장하고 구성할지는 전적으로 팀이 신경 쓸 문제고, 어떤 필드는 그대로 두고 어떤 필드는 내버릴 지도 알아서 선택하면 됩니다.

서비스를 잘게 나누면 팀마다 소유권을 갖게 되고 나중에 팀을 확장하거나 재구성할 때에도 비즈니스 리스크가 줄어듭니다. 관리자 한 사람이 감당하기 어려울 정도로 팀 규모가 커지면 필요한 만큼 쪼개어 마이크로서비스 소유권을 다시 배정하면 됩니다. 이벤트 데이터 소유권은 데이터를 생성하는 서비스 쪽으로 이동하며 향후 업무 수행에 필요한 팀 간 의사소통을 줄이기 위해 조직이 결정을 내릴 수도 있습니다.

신규 서비스를 개발하고 필요한 데이터를 얻는 오버헤드가 최소화되면 마이크로서비스의 속성상 스파게티 코드를 예방하고 모놀리스가 더 커지지 않게 막을 수 있습니다. 확장은 이제 개별 이벤트 처리 서비스에만 집중하면 되고 각자 필요한 만큼 CPU, 메모리, 디스크, 인스턴스 개수를 늘리면 됩니다. 나머지 확장 요건은 데이터 통신 구조로 넘겨서 이벤트 스트림에(서) 이벤트를 생산/소비하는 다양한 서비스 부하를 처리할 수 있도록 보장해야 합니다.

하지만 이 모든 좋은 것들이 조화롭게 이루어지려면 먼저 데이터 통신 구조에 실제로 데이터가 있는지 확인하고 마이크로서비스 군단을 출동시키고 관리할 수단이 필요합니다. 그러려면 조직 전체적으로 이벤트 기반 마이크로서비스 아키텍처를 도입해야 합니다.

1.7 동기식 마이크로서비스

마이크로서비스는 이벤트를 이용해서 비동기 방식으로 구현하거나(이 책에서 권장하는 방법), 서비스 지향 아키텍처^{service-oriented architecture}(SOA)에서 많이 쓰는 동기식 방법으로도 구현할 수 있습니다. 동기식 마이크로서비스는 요청-응답 방식으로 직접 API를 통해 소통함으로써 비즈니스 요건을 처리합니다.

1.7.1 동기식 마이크로서비스의 단점

동기식 마이크로서비스는 대규모 환경에서는 문제가 많아 사용하기 곤란합니다. 물론 넷플릭스^{Netflix}, 리프트^{Lyft}, 우버^{Uber}, 페이스북^{Facebook} 같은 회사의 사례도 있듯이 동기식 마이크로서비스가 곧 실패로 향하는 지름길은 아닙니다. 하지만 스파게티 코드가 끔찍하게 뒤얽힌 구식 모놀리스로 부를 축적한 회사도 많기 때문에 어떤 회사가 결과적으로 성공한 현상과 그 회사의 기반 아키텍처의 품질을 혼동해선 안 됩니다(동기식 마이크로서비스를 주제로 출간된 책 중에 동기식 접근법을 이해하는 데 도움이 될 만한 책을 추천합니다).[9]

그리고 점대점 요청-응답 마이크로서비스, 비동기 이벤트 기반 마이크로서비스 모두 어느 쪽이 항상 더 나은 것은 아닙니다. 업무 성격에 따라 더 적합한 서비스도 있고 조직마다 쓰임새가 전부 다릅니다. 하지만 필자 경험상, 그리고 주변 동료와 친구들 말을 들어보면 이벤트 기반 마이크로서비스 아키텍처는 동기식 요청-응답 마이크로서비스에 없는 어마어마한 유연성이 있습니다. 앞으로 책장을 넘기면서 여러분도 제 의견에 공감하게 될 것입니다.

먼저 요청-응답 마이크로서비스의 가장 고질적인 문제점을 짚어보겠습니다.

점대점 결합

동기식 마이크로서비스는 결국 자신이 할 일을 다른 서비스에 의존해서 할 수밖에 없습니다. 이런 식으로 의존 관계가 꼬리에 꼬리를 물고 여러 서비스에 걸쳐 너무 넓게 퍼지면 나중에 어느 서비스가 어떤 비즈니스 로직을 담당하는지 파악하기가 매우 어려워집니다. 서비스 간 연결 수도 너무 증가해서 기존 통신 구조는 고착화되고 뭐 하나 고치려면 아주 힘이 듭니다.

---

9 샘 뉴먼(Sam Newman)이 쓴 『마이크로서비스 아키텍처 구축』(한빛미디어, 2017), 카순 인드라시리(Kasun Indrasiri), 프라바스 시리와데나(Prabath Siriwardena)가 공저한 『엔터프라이즈 환경을 위한 마이크로서비스』(에이콘출판사, 2020)

의존적 확장

한 서비스의 확장 가능 여부는 그 서비스가 의존하는 다른 모든 서비스가 확장 가능한지, 또 통신의 팬 아웃fanout[10] 정도와 직접 연관됩니다. 구현 기술 역시 확장의 병목bottleneck이 될 가능성이 큽니다. 이 문제는 부하가 매우 가변적이고 요청이 일시에 몰리는 패턴 때문에 더욱 복잡해지므로 아키텍처 전반에 걸쳐 동기화 처리를 해야 합니다.

서비스 실패 처리

의존하는 서비스가 내려가는 예외 상황 발생 시 처리 방법을 정해야 합니다. 데이터 정합성을 보장하려면 서비스를 어떻게 처리하고, 언제 재시도하고, 그래도 실패하면 어떻게 복구해야 할지 절차를 마련해야 합니다. 그런데 이미 운영 중인 서비스가 더 많을수록 이런 결정을 내리기가 어렵습니다.

API 버저닝과 디펜던시 관리

여러 API 정의definition와 서비스 버전이 동시에 혼재하기 쉽습니다. 하지만 클라이언트가 최신 API로 항상 업그레이드하도록 강제하기는 어렵고 또 그렇게 하는 것이 바람직하지 않다는 점이 문제입니다. 특히, 기반 데이터 구조 변경이 불가피할 경우, 다수의 서비스를 상대로 API 변경을 적용하는 일 자체가 꽤 복잡해질 수도 있습니다.

데이터 접근이 구현체에 종속된다

동기식 마이크로서비스는 외부 데이터 접근 시 기존 서비스와 동일한 문제가 발생합니다. 외부 데이터에 접근할 일을 가급적 줄이는 서비스 설계 전략도 있지만, 이미 다른 서비스에서 사용 중인 데이터가 필요한 경우가 더 많습니다. 결국 데이터 접근과 확장성이라는 무거운 짐을 구현 통신 구조에 다시 지우는 셈입니다.

분산 모놀리스

서비스가 분산 모놀리스처럼 동작하도록 조합돼서 서비스 간 호출이 얽히고설켜 버립니다. 팀

---

10 옮긴이_ 논리 회로에서 하나의 논리 게이트의 출력이 얼마나 많은 논리 게이트의 입력으로 사용되는지에 대해 서술할 때에 쓰이는 말입니다. 팬 아웃이 크다는 말은 하나의 출력이 많은 논리게이트의 입력으로 사용된다는 뜻입니다(출처: 위키백과).

이 모놀리스를 분해해서 기존 모놀리스 내부의 경계를 동기식 점대점 호출 방식으로 흉내내고자 할 때 이런 상황이 빚어집니다. 점대점 서비스에서 원격 시스템의 기능을 호출하면 결국 기존 모놀리스 코드와 라인 단위로 맞물리게 되어 경계 콘텍스트 간 경계선이 흐려지게 됩니다.

테스트

각 서비스를 가동하려면 자신이 의존하는 서비스 역시 가동 중이어야 하고, 그런 서비스들도 또 다른 서비스가 가동 중이어야 돌아가기 때문에 통합 테스트를 수행하기가 정말 어렵습니다. 단위 테스트는 스텁stub으로 어떻게든 가능하지만 더 포괄적인 테스트 요건을 충분히 만족시키기는 어렵습니다.

1.7.2 동기식 마이크로서비스의 장점

물론 동기식 마이크로서비스도 부인할 수 없는 장점들이 있습니다. 사용자 인증, A/B 테스트[11] 같은 데이터 접근 패턴은 직접 요청–응답을 주고받는 방식이 더 유리합니다. 외부 서드파티 솔루션은 거의 항상 동기식 메커니즘으로 연계되며 일반적으로 언어에 구애받지 않도록 HTTP로 유연하게 통신합니다.

여러 시스템에 걸쳐 작업을 추적하기도 동기식 환경이 더 용이합니다. 어느 함수가 어떤 시스템에서 호출됐는지 로그를 보면 알 수 있어 디버깅 능력이 뛰어나고 가시성이 좋습니다.

웹, 모바일 호스팅 서비스는 동기, 비동기 여부와 상관없이 거의 다 요청–응답 기반으로 이루어지며 클라이언트는 오로지 자신의 니즈에만 해당되는 응답을 제시간에 수신합니다.

경험 역시 중요한 요소입니다. 사실 아직도 동기식, 모놀리스 스타일 코딩이 훨씬 더 익숙한 개발자가 더 많아서 비동기 이벤트 기반 개발이 가능한 사람보다 동기식 시스템 기술을 보유한 사람을 찾기가 더 쉬운 편입니다.

> **TIP** 사내 아키텍처를 100% 이벤트 기반으로 하고 마이크로서비스를 개발하는 회사는 거의 없겠죠. 문제 공간의 요건에 따라 동기식, 비동기식 솔루션이 공존하는 하이브리드 아키텍처hybrid architecture가 표준이 될 것입니다.

---

11 옮긴이_ 애플리케이션의 두 버전을 서로 비교해서 어떤 버전이 더 효과적인지, 어느 쪽이 더 성과가 우수한지 판단하는 방법입니다.

1.8 마치며

조직의 소프트웨어를 개발하고 관리하는 방향은 통신 구조에 따라 결정됩니다. 데이터 통신 구조는 충분히 개발을 하지 않거나 그때그때 정해서 쓰는 경우가 많지만, 이벤트 기반 시스템에 내재된, 쉽게 접근하고 저장할 수 있는 도메인 이벤트를 활용하면 더 작고 목적에 부합한 구현체를 만들 수 있습니다.

CHAPTER 2

이벤트 기반 마이크로서비스 기초

이벤트 기반 마이크로서비스event-driven microservice는 특정한 경계 콘텍스트를 구현하기 위해 개발된 작은 애플리케이션입니다. 컨슈머consumer 마이크로서비스는 하나 이상의 입력 이벤트 스트림으로부터 이벤트를 소비/처리하고, 프로듀서producer 마이크로서비스는 다른 서비스가 소비할 수 있게 이벤트 스트림에 이벤트를 생산합니다. 일반적으로 이벤트 기반 마이크로서비스는 입력 이벤트 스트림 중 하나의 컨슈머인 동시에 다른 출력 이벤트 스트림 중 하나의 프로듀서 역할을 합니다. 서비스는 상태 비저장stateless 서비스(5장)와 상태 저장stateful서비스(7장)가 있고 동기식 요청–응답synchronous request-response API(13장)가 포함된 서비스도 있습니다. 이벤트 기반 마이크로서비스는 이벤트 브로커에(서) 이벤트를 생산/소비하는 공통 기능을 공유하며 완전한 비동기 방식으로 서로 통신합니다.

이벤트 브로커event broker는 이벤트 스트림을 제공합니다. 마이크로서비스를 어떤 의미있는 규모로 운영하려면 배포 파이프라인deployment pipeline과 컨테이너 관리 시스템container management system(CMS)이 꼭 필요합니다(이 장 후반부에서 자세히 설명합니다).

2.1 토폴로지 구성

토폴로지topology는 이벤트 기반 마이크로서비스를 이야기할 때 자주 등장하는 용어입니다. 대개는 개별 마이크로서비스의 처리 로직을 의미하지만 마이크로서비스, 이벤트 스트림, 요청–응답 API 간의 뒤얽힌 관계를 나타내기도 합니다. 토폴로지의 정의를 하나씩 살펴보겠습니다.

2.1.1 마이크로서비스 토폴로지

마이크로서비스 토폴로지microservice topology는 마이크로서비스 내부의 이벤트 기반 토폴로지입니다. 변환transformation, 저장storage, 방출emission 등 인입된 이벤트incoming event에 수행할 데이터 주도 연산data-driven operation을 정의합니다.

[그림 2-1]은 두 입력 이벤트 스트림을 처리하는 단일 마이크로서비스 토폴로지입니다.

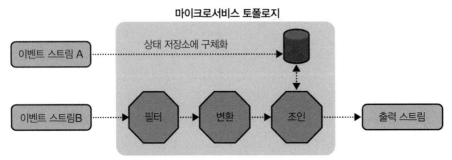

그림 2-1 간단한 마이크로서비스 토폴로지

이 마이크로서비스 토폴로지는 이벤트 스트림 A에서 이벤트를 받아 데이터 저장소에 구체화 materialize(물리적인 형태로 저장하는 것, 이 장 뒷부분에서 자세히 설명합니다)하고, 이벤트 스트림 B에서 받은 데이터는 어떤 조건에 맞는 이벤트를 거르고 변환한 다음 저장된 상태와 조인해서 새로운 이벤트 스트림으로 내보냅니다. 마이크로서비스가 이벤트를 인입, 처리, 출력하는 행위가 바로 이 토폴로지의 구성 요소입니다.

2.1.2 비즈니스 토폴로지

비즈니스 토폴로지business topology는 복잡한 비즈니스 로직을 처리하는 마이크로서비스, 이벤트 스트림, API 집합입니다. 이는 서비스를 임의로 그룹핑grouping한 것으로, 하나의 팀/부서가 소유한 서비스나 복잡한 비즈니스 기능의 상위 집합superset을 수행하는 서비스를 나타냅니다. 1장에서 설명한 비즈니스 통신 구조가 바로 비즈니스 토폴로지를 구성하는 요소입니다. 마이크로서비스는 비즈니스 경계 콘텍스트를 구현하며 이벤트 스트림은 전체 콘텍스트의 도메인 데이터를 공유하기 위해 필요한 데이터 통신 수단입니다.

TIP 마이크로서비스 토폴로지는 단일 마이크로서비스의 내부 작업에 초점을 두는 반면, 비즈니스 토폴로지는 서비스 사이의 관계를 상술합니다.

[그림 2-2]는 독립적인 세 마이크로서비스와 이벤트 스트림으로 구성된 비즈니스 토폴로지입니다. 비즈니스 토폴로지는 마이크로서비스의 내부 작업은 자세히 기술하지 않습니다.

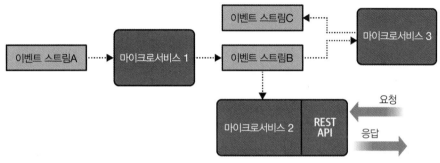

그림 2-2 간단한 비즈니스 토폴로지

마이크로서비스 1은 이벤트 스트림 A 데이터를 소비/변환한 뒤 그 결과를 이벤트 스트림 B로 보내고, 마이크로서비스 2, 3은 이벤트 스트림 B에서 이벤트를 소비합니다. 마이크로서비스 2는 컨슈머 역할만 수행하면서 데이터를 동기식으로 접근할 수 있는 REST API를 제공하고, 마이크로서비스 3은 경계 콘텍스트 요건에 따라 자체 변환한 결과를 이벤트 스트림 C로 보냅니다. 새 마이크로서비스와 새 이벤트 스트림은 필요한 만큼 추가해서 이벤트 스트림을 통해 비동기 방식으로 결합할 수 있습니다.

2.2 이벤트 콘텐츠

이벤트는 비즈니스 통신 구조 범위에서 발생한 무엇이라도 가능합니다. 송장 접수, 회의실 예약, 커피 한 잔 요청(네, 이벤트 스트림에 커피 머신도 연결할 수 있겠네요!), 신입 사원 채용 등 업무상 발생하는 모든 일이 전부 이벤트입니다. 비즈니스에 중요한 일이라면 어떤 것이라도 이벤트가 될 수 있음을 이해하는 것이 중요합니다. 이벤트를 잘 수집해두면 조직 전반에 걸쳐 이벤트를 유용하게 활용할 수 있는 이벤트 기반 시스템을 구축할 수 있습니다.

이벤트는 발생한 사건의 기록물recording입니다. 애플리케이션 프로그램에서 벌어지는 모든 일이 로그에 기록되는 것과 비슷합니다. 단, 이벤트는 로그와 달리 기록물이면서 단일 진실 공급원 (1장)이라는 차이점이 있습니다. 이벤트는 발생한 사건을 정확하게 나타내기 위해 필요한 모든 정보를 담아야 합니다.

2.3 이벤트 구조

이벤트는 보통 키/값 포맷으로 표현합니다. 이벤트의 전체 세부 정보는 값에 보관하고, 키는 식별, 라우팅, 그리고 같은 키를 가진 이벤트를 집계aggregation하는 작업에 사용합니다. 이벤트 종류에 상관없이 키는 필수 필드가 아닙니다.

키	값
유일 ID	유일 ID에 해당하는 세부 정보

앞으로 이 책에서 계속 사용할 이벤트는 크게 세 종류로 나뉩니다. 여러분의 도메인에서도 어쩔 수 없이 맞닥뜨리게 될 이벤트들입니다.

2.3.1 키 없는 이벤트

키 없는 이벤트unkeyed event는 하나의 사실을 진술한 형태로 나타낸 이벤트입니다. 가령, 전자책 플랫폼 고객이 어떤 도서를 펼쳐보는 것처럼 상품과 상호작용을 했다는 사실을 이벤트로 표현할 수 있습니다. 이름에서 알 수 있듯이 이 이벤트는 키가 없습니다.

키	값
N/A	ISBN: 372719, Timestamp: 1538913600

2.3.2 엔티티 이벤트

엔티티는 유일한 것^{unique thing}으로서 유일한 ID가 키로 부여됩니다. 엔티티 이벤트는 어느 시점의 엔티티 속성 및 상태(즉, 비즈니스 콘텍스트에서 가장 일반적인 객체)를 기술합니다. 예컨대, 도서 출판사라면 키가 ISBN인 도서 엔티티가 있겠죠. 유일한 엔티티에 관한 모든 필요한 정보는 값 필드에 있습니다.

키	값
ISBN: 372719	Author: Adam Bellemare

엔티티 상태의 연속된 이력을 제공하고 상태를 구체화하는 용도로 사용 가능한 엔티티 이벤트는 이벤트 기반 아키텍처에서 특히 중요합니다. 엔티티의 현재 상태는 마지막 엔티티 이벤트만 있어도 알 수 있기 때문입니다.

2.3.3 키 있는 이벤트

키 있는 이벤트^{keyed event}는 키를 포함하지만 엔티티를 나타내지는 않습니다. 주로 이벤트 스트림의 한 파티션 내에서 데이터 지역성^{data locality}을 보장하기 위해 이벤트 스트림을 파티셔닝하는 용도로 쓰입니다(자세한 내용은 이 장 뒷부분에서 다룹니다). 가령, 키가 ISBN인 이벤트의 스트림을 보면 어느 사용자가 어떤 도서를 만지작거렸는지 알 수 있습니다.

키	값
ISBN: 372719	UserId: A537FE
ISBN: 372719	UserId: BB0012

이벤트를 키별로 집계하면 ISBN별 사용자 리스트를 구성할 수 있으므로 결국 키가 ISBN인 하나의 엔티티 이벤트^{entity event}로 귀결됩니다.

2.4 엔티티 이벤트에서 상태를 구체화

엔티티 이벤트 스트림에서 흘러온 엔티티 이벤트를 순서대로 적용하면 상태 저장 테이블stateful table을 구체화할 수 있습니다. 각 엔티티 이벤트는 키/값 테이블에 업서트upsert[1]되므로 키별로 가장 최근에 읽은 이벤트를 알 수 있습니다. 반대로 각 업데이트를 이벤트 스트림에 발행하여 테이블을 엔티티 이벤트의 스트림으로 바꿀 수도 있습니다. 이를 테이블-스트림 이원성table-stream duality이라고 하며 이벤트 기반 마이크로서비스에서 상태를 생성하는 기본 원리입니다. [그림 2-3]에서 AA와 CC는 모두 구체화한 테이블에 최근 값을 갖고 있습니다.

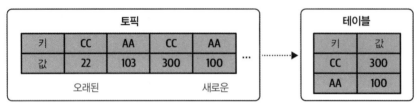

그림 2-3 이벤트 스트림을 테이블로 구체화

같은 방법으로, 테이블에 모든 업데이트를 테이블에 기록하여 시간에 따른 테이블 상태를 나타내는 데이터 스트림을 생산할 수 있습니다. [그림 2-4]에서 BB는 2회, DD는 1회 각각 업서트되어 결국 출력 스트림에는 업서트 이벤트 3개가 생산됩니다.

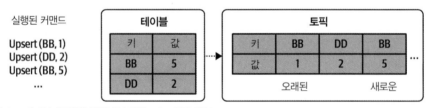

그림 2-4 테이블에 적용한 변경에서 이벤트 스트림을 생성

관계형 DB에서 테이블은 일련의 생성, 수정, 삭제 커맨드를 통해 레코드를 관리합니다. 이들 커맨드는 로컬 붙임 전용append-only 파일(예: MySQL 바이너리로그(binlog))이나 외부 이벤트 스트림처럼 불변 로그immutable log에 대한 이벤트로 생산할 수 있습니다. 전체 로그 콘텐츠를

----

1 옮긴이_ 업서트(upsert)는 테이블에 로우가 없으면 새 행을 삽입(insert)하고 로우가 있으면 업데이트(update)하는 것입니다 (UPSERT = UPdate + inSERT).

재생하면 테이블과 그 내부의 데이터를 모두 정확하게 되살리는 게 가능합니다.

TIP 테이블–스트림 이원성은 이벤트 기반 마이크로서비스 간의 상태 전달에 활용됩니다. 어떤 컨슈머 클라이언트라도 키 있는 이벤트의 스트림을 읽어 자신의 로컬 상태 저장소에 구체화할 수 있죠. 이처럼 단순하지만 강력한 패턴 덕분에 마이크로서비스는 프로듀서/컨슈머 서비스와 직접 결합하지 않아도 상태를 공유할 수 있습니다.

키 있는 이벤트는 툼스톤 이벤트tombstone[2] (값을 null로 설정한 키 있는 이벤트)를 만들어 삭제합니다. 이는 업스트림upstream (상류) 프로듀서가 어떤 키를 가진 이벤트가 삭제 대상이라고 선언했으니 구체화한 데이터 저장소에서 삭제해야 한다는 사실을 다운스트림 컨슈머에게 알려주는 일종의 관례입니다.

붙임 전용 불변 로그는 컴팩션compaction (압착)을 하지 않으면 무한정 커질 수 있습니다. 컴팩션은 이벤트 브로커가 내부 로그 크기를 줄이고자 키별로 가장 최근 이벤트 하나만 보관하는 작업입니다. 같은 키를 가진 옛 이벤트는 삭제하고 살아남은 이벤트는 더 작고 새로운 파일들로 압착합니다. 이벤트 스트림 오프셋은 컨슈머가 따로 바꾸지 않아도 문제가 없도록 관리합니다. [그림 2–5]는 이벤트 스트림에 컴팩션 작업을 수행한 뒤 툼스톤 이벤트가 모두 삭제된 모습입니다.

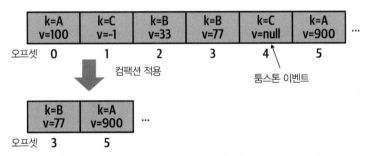

그림 2-5 컴팩션이 끝나면 키별 최근 레코드만 유지된다. 툼스톤 레코드와 그 이전에 쌓인 레코드는 모두 삭제된다.

컴팩션을 수행하면 이벤트 스트림에 쌓인 이벤트 이력은 포기할 수밖에 없지만 디스크 사용량이 줄고 현재 상태까지 도달하기까지 처리해야 할 이벤트 수도 감소합니다.

----

2 옮긴이_ 툼스톤(tombstone)은 우리말로 묘비, 비석을 말합니다. 말 그대로 키(비석)만 있고 값(사람)은 없는(null) 모습을 떠올리면 기억하기 쉽습니다.

비즈니스 로직을 처리하기 위해 상태를 유지하는 것은 이벤트 기반 아키텍처에서 지극히 일반적인 패턴입니다. 여러분의 전체 비즈니스 모델이 순수하게 상태를 저장하지 않는 스트리밍 도메인에 꼭 맞을 가능성은 거의 없습니다. 과거의 비즈니스 결정은 항상 현재의 비즈니스 결정에 영향을 미치기 때문입니다. 예컨대, 여러분이 소매업을 하고 있다면 있지도 않은 물건을 고객에게 판매하는 불상사를 막기 위해 미리 재고 수준을 파악해서 언제 재주문할지 결정하겠죠. 또 매입 채무accounts payable, 매출 채권accounts receivable 등 중요한 정보를 계속 추적하고 이메일 주소를 알려준 모든 고객에게 매주 한 번씩 프로모션을 보내고도 싶을 것입니다. 이런 시스템은 이벤트 스트림을 구체화해서 현재 상태를 나타낼 수 있어야 가능합니다.

2.5 이벤트 데이터 정의와 스키마

이벤트 데이터는 서비스 간 통신 수단을 비롯해 구현체와 무관한 장기 데이터 보관소 역할을 하기 때문에 이벤트 프로듀서/컨슈머가 데이터의 의미를 똑같이 이해하는 것이 중요합니다. 컨슈머가 서비스를 생산하는 프로듀서에게 따로 물어보지 않고도 이벤트 콘텐츠와 의미를 해석할 수 있다면 가장 이상적입니다. 이렇게 프로듀서/컨슈머가 서로 원활하게 소통하려면 공통적인 언어가 필요한데, 이는 동기식 요청-응답 서비스 간의 API 정의와 비슷합니다.

아파치 아브로Avro[3], 구글 프로토콜 버퍼Protobof[4] 같은 스키마화schematization 기술은 이벤트 기반 마이크로서비스에서 아주 많이 쓰이는 두 가지 기능을 제공합니다. 첫째, 다운스트림 컨슈머가 코드를 변경하지 않아도 주어진 스키마 변경을 안전하게 처리할 수 있는 진화 프레임워크evolution framework 역할을 합니다. 둘째, 스키마화 데이터를 여러분이 선택한 언어의 일반 객체로 변환할 때 필요한 정형 클래스typed class(타입이 정해진 클래스 – 옮긴이)를 생성합니다. 덕분에 마이크로서비스 개발 시 비즈니스 로직을 더 단순하고 투명하게 만들 수 있습니다(자세한 내용은 3장에서 다룹니다).

---

3 https://avro.apache.org
4 https://oreil.ly/zth68

2.6 마이크로서비스 단일 작성자 원칙

이벤트 스트림은 정확히 하나의 (그 스트림에 생산된 이벤트의 소유자에 해당하는) 생산 마이크로서비스producing micoservice를 가집니다. 그래서 어떤 이벤트라도 시스템을 흘러가는 데이터 계통을 따라가면 그 이벤트의 진실 공급원을 파악할 수 있습니다.

2.7 마이크로서비스를 이벤트 브로커로 강화

이벤트 브로커는 프로덕션에서 바로 서비스 가능한production-ready 이벤트 기반 마이크로서비스 플랫폼의 핵심입니다. 이벤트 브로커는 이벤트를 받아 큐 또는 파티션된 이벤트 스트림에 저장하고 이렇게 저장된 이벤트를 다른 프로세스가 소비할 수 있도록 제공합니다. 일반적으로 이벤트는 하부의 논리적 의미에 따라 여러 스트림으로 나누어 발행되는데, 이는 DB에서 특정 타입의 데이터를 포함하도록 논리적으로 분리된 테이블을 여럿 두는 것과 유사합니다.

대기업에 적당한 이벤트 브로커 시스템은 거의 동일한 모델을 따릅니다. 다수의 분산된 이벤트 브로커가 한 클러스터로 동작하면서 이벤트 스트림의 생산/소비 플랫폼을 제공합니다. 이 모델은 이벤트 기반 체계를 대규모로 운영할 수 있도록 몇 가지 필수적인 기능을 제공합니다.

확장성(scalability)

이벤트 브로커의 인스턴스를 추가하면 클러스터의 생산/소비 및 데이터 스토리지 용량을 늘릴 수 있습니다.

보존성(durability)

노드 간에 이벤트 데이터가 복제되므로 어느 한 브로커에 장애가 발생해도 데이터는 보존되며 서비스도 계속할 수 있습니다.

고가용성(high availability)

이벤트 브로커를 클러스터링하면 한 브로커에 장애가 발생해도 클라이언트는 다른 노드에 접속할 수 있어서 풀 가동 상태를 유지할 수 있습니다.

고성능(high-performance)

여러 브로커 노드가 생산/소비 부하를 분담합니다. 초당 수십만 회 정도의 쓰기/읽기를 처리하려면 각 브로커 노드 성능이 우수해야 합니다.

이벤트 브로커가 물밑에서 이벤트 데이터를 저장, 복제, 접근하는 방법은 조금씩 다르지만 클라이언트에게 제공하는 저장/접근 메커니즘은 모두 동일합니다.

2.7.1 이벤트 보관 및 처리

브로커가 사용할 하부underlying(내부적으로 기반이 되는 중요한 – 옮긴이) 데이터 스토리지의 최소 요건은 다음과 같습니다.

파티셔닝(partitioning)

이벤트 스트림은 개별 하위 스트림으로 나눌 수 있고 그 수는 프로듀서/컨슈머의 니즈에 따라 좌우됩니다. 이벤트 스트림을 파티셔닝하면 여러 컨슈머 인스턴스가 하위 스트림을 각각 병렬 처리함으로써 처리량을 높일 수 있습니다. 큐queue는 파티셔닝이 꼭 필요하지 않지만 성능 측면에서는 유리할 수 있습니다.

순서 보장(strict ordering)

이벤트 스트림 파티션 내에서 데이터 순서는 반드시 보장되므로 원래 발행된 순서대로 클라이언트에게 제공됩니다.

불변성(immutability)

이벤트 데이터는 일단 발행되면 불변이라서 수정할 수 없습니다. 이전 데이터를 바꾸려면 데이터를 업데이트한 다음 새로운 이벤트를 발행하면 됩니다.

인덱싱(indexing)

이벤트는 이벤트 스트림에 기록되는 시점에 인덱스, 즉 오프셋offset이 할당됩니다. 컨슈머는 다음에 읽기 시작할 위치를 이 오프셋으로 특정하여 데이터를 소비합니다. 컨슈머의 현재 인덱스와 마지막 인덱스의 간격을 컨슈머 랙^{consumer lag}(컨슈머 지연)이라고 합니다. 컨슈머 랙의 높고 낮음에 따라 컨슈머 수를 늘리고 줄이면 되며 FaaS 로직을 호출해서 실행하는 데에도 쓰입니다.

무기한 보존(inifinite retention)

이벤트 스트림은 이벤트를 무기한 보존할 수 있어야 하며 이벤트 스트림에서 상태를 관리하려면 꼭 필요한 기본 속성입니다.

재연성(replayability)

이벤트 스트림은 어떤 컨슈머라도 필요한 데이터를 골라서 읽을 수 있도록 재연 가능해야 합니다. 이는 단일 진실 공급원의 근간이자, 마이크로서비스 간에 상태를 주고받는 기반이기도 합니다.

2.7.2 추가 고려 사항

그밖에도 이벤트 브로커를 선택할 때 따져봐야 할 항목들이 많습니다.

지원 도구

이벤트 기반 마이크로서비스를 효과적으로 개발하려면 지원 도구(14장)가 필요합니다. 이런 도구는 대부분 다음과 같은 이벤트 브로커 구현체에 의존합니다.

- 이벤트와 스키마 데이터 조회

- 쿼터^{quota}(할당량), 접근 제어, 토픽 관리

- 모니터링, 처리량, 컨슈머 랙 측정

호스티드 서비스

호스티드 서비스hosted service로 이벤트 브로커 생성/관리를 아웃소싱할 수도 있습니다.[5]

- 호스티드 솔루션이 존재하는가?

- 호스티드 솔루션을 구매할까, 아니면 내부 호스팅을 할까?

- 모니터링, 확장, 재해 복구disaster recovery(DR), 복제, 멀티존multizone 배포 등의 기능을 호스팅 에이전트가 제공하나?

- 어느 서비스 공급사 한 곳에 종속되는가?

- 전문 기술 지원을 받을 수 있는가?

클라이언트 라이브러리와 처리 프레임워크

이벤트 브로커 제품은 종류가 많고 클라이언트를 지원하는 수준도 다양해서 선택의 폭은 넓습니다. 무엇보다 클라이언트 라이브러리가 여러분이 가장 많이 쓰는 언어, 도구를 무리 없이 지원하는지 잘 살펴야 합니다.

- 내가 필요한 언어 기반의 클라이언트 라이브러리 및 프레임워크가 있나?

- 라이브러리가 없으면 내가 직접 구축할 수도 있나?

- 가장 보편적인 프레임워크를 사용할까, 아니면 직접 프레임워크를 만들어 쓸까?

커뮤니티 지원

이벤트 브로커 선정 시 커뮤니티 지원은 매우 중요한 요소입니다. 아파치 카프카[6]는 무료로 사용할 수 있고 커뮤니티 지원이 활발한 대표적인 오픈 소스 이벤트 브로커입니다.

- 온라인 커뮤니티 지원을 받을 수 있나?

- 기술적으로 성숙했고 프로덕션 운영도 가능한가?

---

5 옮긴이_ 매니지드 서비스(Managed Service) 또는 관리형 서비스라고도 하며, 대표적인 이벤트 브로커인 아파치 카프카의 경우 컨플루언트(Confluent)의 Confluent Cloud, AWS MSK(Managed Streaming for Apache Kafka), 클라우데라(Cloudera)의 Cloudera Dataflow 등의 제품이 있습니다.

6 https://kafka.apache.org

- 많은 조직에서 보편화된 기술인가?

- 미래의 직원들에게 매력적인 기술인가?

- 직원들이 이 기술로 열정을 불살라 개발하려고 할까?

장기 계층형 스토리지

이벤트 스트림의 크기와 보존 기간에 따라 오래된 데이터 세그먼트는 저렴한 스토리지에 저장하는 게 유리합니다. 계층형 스토리지tiered storage는 접근 성능을 여러 계층별로 나누어 제공합니다. 이를테면 이벤트 브로커나 그 노드에는 최고 성능 계층에 해당하는 전용 로컬 디스크를 붙이고 나머지는 대용량 전용 스토리지 서비스(예: 아마존 S3, 구글 클라우드 스토리지Google Cloud Storage, 애저 스토리지Azure Storage)를 활용하는 식입니다.

- 계층형 스토리지는 자동으로 지원되는가?

- 사용량에 따라 더 낮거나 더 높은 계층으로 데이터를 옮길 수 있나?

- 어떤 계층에 저장하더라도 끊김 없이 데이터를 조회할 수 있는가?

2.8 이벤트 브로커 대 메시지 브로커

메시지 브로커의 구성 요소와 이벤트 브로커의 구성 요소를 혼동하는 분들이 참 많습니다. 이벤트 브로커는 메시지 브로커 대신 쓸 수 있지만, 메시지 브로커는 이벤트 브로커의 기능을 완전히 대체할 수 없습니다. 더 자세히 비교해보죠.

이미 역사가 오래된 메시지 브로커는 많은 조직의 대규모 메시지 기반 미들웨어 아키텍처에서 사용되어 왔습니다. 메시지 브로커를 이용하면 발행/구독 메시지 큐를 통해 네트워크 전체를 통신할 수 있습니다. 프로듀서가 큐에 메시지를 쓰면 컨슈머는 메시지를 받아 적절히 처리하고 메시지가 소비된 것으로 ACK되면 즉시 또는 짧은 시간 내에 삭제되는 구조입니다. 메시지 브로커는 처음부터 이벤트 브로커와는 다른 종류의 문제를 처리하고자 설계됐습니다.

이벤트 브로커는 순서대로 쌓은 사실 로그를 제공할 목적으로 설계되었고 메시지 브로커로는 불가능한 두 가지 구체적인 요건을 충족시킵니다. 첫째, 메시지 큐만 제공하는 메시지 브로커에서 메시지는 큐 단위로만 처리되므로 여러 컨슈머가 같은 큐를 소비해도 각자 레코드의 하위 집합subset만 받을 수 있습니다. 따라서 각 컨슈머는 모든 이벤트의 전체 사본을 얻을 수가 없고 이벤트만 갖고서는 상태를 정확하게 통신할 수 없습니다. 이와 달리, 이벤트 브로커는 레코드 장부를 딱 하나만 보관하고 인덱스를 통해 개별 액세스를 관리하기 때문에 독립적인 여러 컨슈머가 각자 필요한 이벤트를 마음대로 꺼내갈 수 있습니다. 또 메시지 브로커는 ACK를 받고 이벤트를 바로 삭제하지만 이벤트 브로커는 업무상 필요한 시간 동안 이벤트를 보존할 수 있습니다. 메시지 브로커는 소비 직후 이벤트를 삭제하므로 모든 애플리케이션에 대해 무기한 보관되고 전역 접근이 가능하면서 재연 가능한 단일 진실 공급원을 제공할 수 없습니다.

> **TIP** 이벤트 브로커는 이벤트 순서가 보장되고 변경되지 않는 붙임 전용 사실 로그를 관리합니다. 따라서 컨슈머는 필요시 로그의 특정 위치부터 메시지를 소비해서 재처리할reprocess 수 있습니다. 이벤트 기반 마이크로서비스를 구축하는 데 반드시 필요한 기능이지만 메시지 브로커로는 그렇게 할 수가 없습니다.

물론 메시지 브로커가 사용하는 큐는 이벤트 기반 마이크로서비스에서도 중요한 역할을 합니다. 큐는 파티션된 이벤트 스트림에서는 구현하기 곤란한 유용한 접근 패턴을 제공합니다. 이 패턴은 분명히 이벤트 기반 마이크로서비스 아키텍처에서도 쓸모는 있지만 이 아키텍처에서 필요한 모든 범위의 요건을 충족하기에는 부족합니다. 이 책의 나머지 부분은 메시지 브로커 아키텍처나 애플리케이션 설계보다 이벤트 기반 마이크로서비스 아키텍처에서 이벤트 브로커를 사용하는 방법에 초점을 두겠습니다.

2.8.1 불변 로그에서 소비

명확한 표준은 따로 없지만 이벤트 브로커는 일반적으로 붙임 전용 불변 로그를 사용합니다. 이벤트는 로그 끝부분에 추가되고 자동증가auto-incrementing 인덱스 ID가 부여되죠. 컨슈머는 이 인덱스 ID가 가리키는 위치부터 접근해서 비즈니스 요건 및 이벤트 브로커에서 사용 가능한 기능 여부에 따라 이벤트 스트림이나 큐로 이벤트를 소비합니다.

이벤트 스트림으로 소비

각 컨슈머는 이벤트 스트림에서 이전에 읽은 인덱스를 가리키는 자신만의 위치를 알아서 업데이트합니다. 이 인덱스가 바로 현재 이벤트가 이벤트 스트림의 처음부터 몇 번째인지 나타내는 오프셋offset입니다. 오프셋 덕분에 여러 컨슈머가 이벤트 스트림에 접속해도 서로 독립적으로 데이터를 소비하면서 진행 상황을 추적할 수 있습니다(그림 2-6).

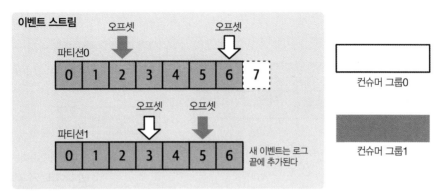

그림 2-6 컨슈머 그룹과 파티션별 오프셋

컨슈머 그룹은 여러 컨슈머를 하나의 동일한 엔티티로 나타낸 논리적 단위로, 메시지 소비를 수평 확장하는 데 활용됩니다. 어떤 컨슈머가 컨슈머 그룹에 새로 들어오면 이벤트 스트림의 파티션을 다시 할당하고 새 컨슈머는 자신에게 할당된 파티션의 이벤트만 소비하며 기존 컨슈머들도 각자 나머지 할당된 파티션의 이벤트를 계속 소비합니다. 이런 식으로 동일한 컨슈머 그룹에 대해서 이벤트 소비 부하를 분산시킬 수 있고 특정 파티션의 이벤트를 주어진 컨슈머 인스턴스만 독점적으로 소비하도록 보장할 수 있습니다. 컨슈머 그룹 내 활성active 컨슈머 인스턴스 수는 이벤트 스트림의 파티션 수 이하로 제한됩니다.

큐로 소비

큐로 소비할 경우 각 이벤트는 오직 하나의 마이크로서비스 인스턴스만 소비합니다. 이벤트 브로커는 소비가 끝난 이벤트를 '소비됨consumed'으로 표시하고 다른 컨슈머들에게는 제공하지 않습니다. 어차피 큐로 소비하면 컨슈머 인스턴스 수는 몇 개라도 소비하는 데 사용할 수 있으니 파티션 수는 중요하지 않습니다.

> **WARNING_** 큐에서 받은 이벤트는 순서가 보장되지 않습니다. 여러 컨슈머가 이벤트를 병렬 소비/처리할 경우, 어떤 컨슈머가 이벤트 처리 도중 실패하면 나중에 처리하기 위해 큐에 반환하고 다음 이벤트로 넘어갈 수도 있기 때문에 순서가 어긋날 수 있습니다.

모든 이벤트 브로커가 큐를 지원하는 것은 아닙니다. 이 글을 쓰는 현재, 아파치 펄사Apache Pulsar[7]는 큐를 지원하나 아파치 카프카는 지원하지 않습니다. [그림 2-7]은 개별 오프셋 ACK 로 구현한 큐 구현체입니다.

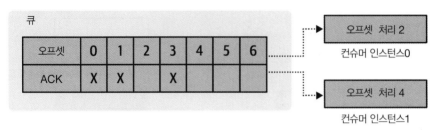

그림 2-7 불변 로그를 마치 큐처럼 소비

2.8.2 단일 진실 공급원 제공

저장되는 불변 로그는 단일 진실 공급원에 적합한 저장 메커니즘입니다. 이벤트 브로커는 서비스가 데이터를 생산/소비하는 유일한 장소가 되어 모든 컨슈머에게 반드시 똑같은 데이터 사본이 전달됩니다.

이벤트 브로커가 단일 진실 공급원이 되려면 조직 문화도 달라져야 합니다. 예전에는 팀마다 직접 SQL 쿼리를 작성해서 모놀리스 DB 데이터에 접근해왔겠지만 이제는 모놀리스 데이터도 반드시 이벤트 브로커로 발행해야 합니다. 이벤트 스트림과 모놀리스 DB 간의 불일치는 곧 데이터를 생산한 팀의 과실을 의미하므로 모놀리스를 운영하는 개발자는 데이터 정합성이 온전히 유지되는지 확인해야 합니다. 더 이상 데이터를 소비하는 컨슈머는 모놀리스에 얽매이지 않고 이벤트 스트림에서 직접 데이터를 갖다 쓰면 됩니다.

이벤트 기반 마이크로서비스가 정착되면 이벤트 브로커만 있어도 데이터 저장/조회가 가능한 서비스를 개발할 수 있습니다. 이벤트 브로커는 모든 데이터의 유일한 진실 공급원으로서 기능하고 마이크로서비스는 이벤트 사본을 받아 로컬에서 비즈니스 처리를 하면 됩니다.

---

7 https://pulsar.apache.org

2.9 대규모 마이크로서비스 관리

마이크로서비스는 서비스가 늘어날수록 점점 더 관리하기 어려워집니다. 마이크로서비스마다 필요한 컴퓨팅 리소스, 데이터 스토리지, 구성, 환경 변수, 그밖에 마이크로서비스에 특정한 갖가지 속성이 다른 데다 마이크로서비스를 소유한 팀별로 알아서 관리/배포할 수 있어야 합니다. 그래서 대부분 컨테이너화/가상화 기술을 해당 관리 시스템과 함께 사용하고 팀마다 단일 배포 단위를 통해 마이크로서비스 요건을 맞춤customize (커스터마이징)합니다.

2.9.1 마이크로서비스를 컨테이너에 넣기

최근 도커Docker[8]로 대중화한 컨테이너 기술을 이용하면 애플리케이션을 서로 격리시킬 수 있습니다. 다수의 컨테이너가 공유 커널 모델shared kernel model을 통해 호스트 운영 체제를 활용하는 한편 환경 변수, 라이브러리, 각종 디펜던시는 각자 설정하는 형태로 구분됩니다. 컨테이너는 시동 시간이 빠르고 리소스 오버헤드가 작아 적은 비용으로 가상 머신의 장점을 누릴 수 있습니다.

컨테이너에서 OS를 공유하는 방식은 일장일단이 있습니다. 우선 컨테이너형containerized (컨테이너에 배포하는 구조를 가진 – 옮긴이) 애플리케이션은 호스트 OS에서 실행할 수 있어야 하므로 특별한 OS가 필요한 애플리케이션은 독립적인 호스트를 설정해야 합니다. 또 여러 컨테이너가 호스트 머신의 OS 액세스를 공유하는 구조라서 보안이 중요한 관심사입니다. 커널이 뚫려 보안에 구멍이 난 호스트는 전체 컨테이너를 위험에 빠뜨릴 수 있기 때문에 클라우드 컴퓨팅 분야의 공유 테넌시 모델shared tenancy model에서 점점 더 중요한 문제로 부각되고 있습니다.

2.9.2 마이크로서비스를 가상 머신에 넣기

VM을 쓰면 몇 가지 컨테이너의 단점은 극복할 수 있지만 사용 사례는 점점 줄고 있는 추세입니다. VM은 전통적으로 자기 완비형self-contained OS와 하드웨어 가상화를 통해 각 인스턴스를 완벽하게 격리하므로 보안 측면에서는 컨테이너보다 우수하지만 가격은 예전부터 훨씬 더 비쌌습니다. VM별 오버헤드 비용은 컨테이너보다 비싸고 시동 시간은 더 느리며 시스템 설치

---

8 https://www.docker.com

공간은 더 많이 차지합니다.

> **TIP** 구글 지바이저gVisor[9], 아마존 파이어크래커Firecracker[10], 카타 컨테이너Kafa Containers[11] 등 좀 더 저렴하고 효율적인 VM을 개발하는 프로젝트가 진행 중입니다. 기술이 더 진전되면 마이크로서비스 구축 시 컨테이너보다 VM이 더 경쟁력 있는 대안이 될 것입니다. 특히, 무엇보다 보안이 중요한 환경이라면 이 분야를 앞으로 잘 지켜볼 필요가 있습니다.

2.9.3 컨테이너와 가상 머신 관리

컨테이너와 VM은 CMS라는 용도별로 특화된 다양한 소프트웨어로 관리합니다. CMS는 컨테이너 배포, 리소스 할당, 하부 컴퓨팅 리소스와 통합하는 등의 기능을 제공합니다. 쿠버네티스Kubernetes[12], 도커 엔진Docker Engine[13], 메소스 마라톤Mesos Marathon[14], 아마존 ECS[15], 노매드Nomad[16] 등의 CMS 제품들이 잘 알려져 있습니다.

마이크로서비스는 워크로드workload (작업 부하) 변경, 서비스 수준 협약service-level agreement (SLA), 성능 요건에 따라 규모를 늘리고 줄일 수 있어야 합니다. CPU, 메모리, 디스크 같은 컴퓨팅 리소스를 조절하는 수직 확장vertical scaling (스케일 업), 인스턴스를 추가/삭제하는 수평 확장horizontal scaling (스케일 아웃)은 반드시 필요한 기능입니다.

마이크로서비스는 각각 하나의 단위로 배포해야 합니다. 비즈니스 요건을 수행하기 위해 실행 파일 하나만 있으면 되기 때문에 단일 컨테이너에 배포할 수 있습니다. 물론 컨테이너를 여럿 실행하고 외부 데이터 저장소와 연계하는 복잡한 마이크로서비스가 있어서 여러 컨테이너를 한 차례 조작으로 배포/회수 가능한, 이를테면 쿠버네티스 파드pod 같은 장치도 필요합니다.

VM도 관리 도구는 많지만 아직은 컨테이너보다 제한적입니다. 쿠버네티스, 도커 엔진은 구글 지바이저, 카타 컨테이너를, 아마존 플랫폼은 AWS 파이어크래커를 지원합니다. 컨테이너와

---

9   https://oreil.ly/0GwA4

10 https://oreil.ly/tqVm0

11 https://katacontainers.io

12 https://oreil.ly/GHaef

13 https://www.docker.com

14 https://oreil.ly/a5y5V

15 https://aws.amazon.com/ecs

16 https://www.nomadproject.io

VM은 앞으로 개발이 진행될수록 점점 더 구분이 모호해질 전망입니다. 여러분에게 필요한 컨테이너 및 VM 처리 기능을 CMS 제품이 지원하는지 꼭 확인하세요.

TIP 쿠버네티스, 도커, 메소스, 아마존 ECS, 노매드 등 리소스는 정말 무궁무진합니다. 일일이 다 소개하는 것은 이 책의 범위를 벗어나므로 해당 사이트의 자료를 직접 참조하세요.

2.10 마이크로서비스 세금 납부

마이크로서비스 아키텍처 도구 및 컴포넌트를 구현하는 데 투입되는 금전, 인력, 기회 비용을 포함한 모든 비용을 마이크로서비스 세금microservice tax이라고 합니다. 이벤트 브로커, CMS, 배포 파이프라인, 모니터링 솔루션, 로깅 서비스 관리, 배포/운영 비용도 여기에 포함됩니다. 어쩔 수 없이 드는 비용인지라 회사 상위 부서에서 전체적으로 부담하거나 마이크로서비스 개발 팀마다 독립적으로 지불합니다. 전자는 마이크로서비스 개발에 필요한 확장성 있고 단순하고 일관된 프레임워크를 확보할 수 있고, 후자는 과도한 오버헤드, 솔루션 중복 도입, 도구 파편화, 지속 불가능한 성장을 초래할 수 있습니다.

마이크로서비스 세금 납부는 결코 사소한 문제가 아닙니다. 실제로 이벤트 기반 마이크로서비스를 시작하려는 조직에서 가장 큰 걸림돌이 될 때가 많습니다. 소규모 조직에서는 모듈화한 모놀리스 등 비즈니스 요건에 더 알맞은 아키텍처에 충실하는 게 최선이고 대규모 조직에서는 마이크로서비스 플랫폼을 구축하고 유지보수하는 전체 비용을 심사숙고하여 장기적인 비즈니스 로드맵readmap에 비추어 보아 충분한 기대 효과를 거둘 수 있을지 따져봐야 합니다.

다행히 최근 수년 동안 오픈 소스 서비스, 호스티드 서비스 모두 사용하기 훨씬 쉬워졌고 CMS, 이벤트 브로커, 그밖에 필요한 각종 도구가 서로 통합되면서 마이크로서비스 세금은 꾸준히 감소하는 경향입니다. 여러분이 속한 조직은 필요한 리소스를 투입해서 초기 비용을 지불할 준비가 됐나요?

2.11 마치며

이벤트 기반 마이크로서비스의 기본 요건을 살펴보았습니다. 이벤트 브로커는 데이터 통신의 메인 메커니즘으로서 다른 서비스가 소비할 대규모 실시간 이벤트 스트림을 제공하며 컨테이너화 및 CMS 덕분에 마이크로서비스 역시 대규모로 실행할 수 있습니다. 또한 이벤트 기반 로직의 중요한 근본 원칙들과 분산형 이벤트 기반 시스템에서 상태 관리란 무엇인지 대략 알아보았습니다.

CHAPTER 3

통신 및 데이터 규약

> 통신의 근본적인 문제는 어느 지점에서 선택한 메시지를 다른 지점에서 정확하게 또는
> 대략적이나마 재생산하는 것이다.

– 클로드 섀넌Claude Shannon

정보 이론의 아버지라고 알려진 섀넌이 말한 통신의 최고 난제는 프로듀서가 생산한 메시지의 콘텐츠와 의미를 메시지 컨슈머가 정확하게 되살리도록 보장하는 일입니다. 따라서 프로듀서와 컨슈머는 메시지에 대해서 똑같이 이해하고 있어야 하며 그렇지 않을 경우 메시지를 오역하게 되어 통신이 제대로 안 될 공산이 큽니다. 이벤트 기반 시스템에서 이벤트는 무슨 일이 일어났고 그 이유는 무엇인지 정확하게 기술하는 메시지이자, 통신의 기본 단위입니다. 이벤트는 사실 진술서로서 시스템에서 발생한 다른 이벤트와 조합하여 발생한 사건에 관한 완전한 이력이 됩니다.

3.1 이벤트 기반 데이터 규약

데이터 규약data contract은 주고받을 데이터의 포맷과 그 생성 로직을 정의합니다. 이벤트 데이터를 생산하는 프로듀서와 이를 소비하는 컨슈머가 모두 준수하는 일종의 계약서인 셈입니다. 이

벤트 규약을 이용하면 이벤트가 생산되는 콘텍스트 이상의 의미를 부여할 수 있고 컨슈머 애플리케이션의 데이터 사용성을 넓힐 수 있습니다.

잘 정의된 데이터 규약에는 데이터 정의data definition, 즉 생산할 것들(예: 필드, 타입, 그밖의 다양한 자료 구조)과 트리거 로직triggering logic, 즉 생산한 이유(예: 이벤트 생성을 일으킨 특정 비즈니스 로직) 이렇게 두 가지 요소가 포함됩니다. 비즈니스 요건이 진화할수록 데이터 정의 및 트리거 로직도 달라질 수 있습니다.

데이터 정의를 변경할 때에는 다운스트림 컨슈머가 사용 중인 필드를 삭제/변경하지 않도록 주의해야 합니다. 트리거 로직도 마찬가지입니다. 트리거 로직을 바꾸면 원래 이벤트 정의에 담겨진 의미가 깨지는 경우가 많기 때문에 데이터 정의를 변경하는 게 더 일반적입니다.

3.1.1 명시적인 스키마를 규약으로 활용

데이터 규약을 강제하여 일관성을 유지하는 가장 좋은 방법은 이벤트마다 스키마를 정의하는 것입니다. 프로듀서는 데이터 정의와 트리거 로직이 상술된 스키마를 명시적으로 정의하여 동일한 타입의 이벤트는 모두 해당 포맷을 따르게 합니다. 이로써 프로듀서는 미래의 모든 컨슈머에게 이벤트 포맷을 전달하고 컨슈머는 스키마화 데이터를 받아 적용할 마이크로서비스 비즈니스 로직을 명확하게 구현할 수 있습니다.

> **WARNING_** 사전에 정의된 '명시적explicit'인 스키마가 없다면 프로듀서와 컨슈머 간의 이벤트 기반 통신은 '암묵적implicit'인 스키마에 의존할 수밖에 없습니다. 암묵적인 데이터 규약은 기반이 취약해서 언제 어떻게 바뀔지 알 수 없고 다운스트림 컨슈머에게 지나친 부담을 지우게 될 수 있습니다.

컨슈머가 비즈니스 처리를 하려면 먼저 필요한 데이터를 추출해야 합니다. 하지만 어떤 데이터가 있어야 할지 미리 스펙을 정리해놓지 않으면 부족 지식과 팀 간 소통만으로 데이터 문제를 해결해야 하는데 이벤트 스트림이 늘어나고 팀이 많아지면 이런 식으로는 감당하기 어렵습니다. 또 컨슈머마다 데이터를 해석하는 방식이 달라서 각 컨슈머가 데이터를 알아서 해석하도록 방치하는 것은 상당히 위험하며 결국 일관성 없이 단일 진실 공급원을 바라보게 됩니다.

암묵적인 스키마는 프로듀서 입장에서도 좋지 않습니다. 아무리 의도가 좋아도 프로듀서는 암묵적인 스키마로 인해 자신의 이벤트 데이터 정의가 변경됐다는 사실조차 모를(아니면 단위 테스트를 해봐도 이 사실이 드러나지 않을) 수도 있습니다. 이벤트 포맷을 명시적으로 체크하지 않는 한, 다운스트림 컨슈머가 실패할 때까지도 이런 사실이 알려지지 않는 경우도 있습니다. 명시적인 스키마는 프로듀서/컨슈머 모두에게 보안과 안정성을 선사합니다.

3.1.2 스키마 정의 주석

스키마 정의에서 통합된 주석comment과 메타데이터metadata는 이벤트 의미를 제대로 전달하기 위해 꼭 필요합니다. 이벤트 생산/소비에 관한 지식은 가능한 한 이벤트 정의와 가깝게 붙어 있는 게 좋습니다. 스키마 주석은 데이터 의미를 분명히 밝히고 혹시 모를 컨슈머의 오해를 불식시킬 때 유용한데, 특히 다음 두 가지 영역에서 진가가 발휘됩니다.

- 이벤트의 트리거 논리를 명시: 보통 스키마 정의 맨 앞의 블록 헤더에 이벤트가 생성된 이유를 명확하게 밝힙니다.
- 구조화한 스키마의 특정 필드에 대해 콘텍스트를 부여해서 밝힘: 예를 들어 datetime 필드의 날짜/시간 포맷이 UTC, ISO, 유닉스 타임 중 어느 것인지 주석에 명시합니다.

3.1.3 완전한 스키마 진화

스키마 포맷은 반드시 스키마 진화 규칙의 전체 범위를 지원해야 합니다. 스키마 진화를 잘 활용하면 컨슈머는 중단 없이 이벤트를 계속 소비하면서 프로듀서가 서비스의 출력 포맷을 업데이트할 수 있습니다. 업무가 변경되면 보통 새 필드를 추가하고 옛 필드를 사용하지 않는 것으로 표시deprecated하거나, 필드 범위를 확장하는 등의 작업이 필요합니다. 스키마 정의 프레임워크는 이러한 변경 사항을 안전하게 적용해서 프로듀서/컨슈머를 서로 독립적으로 업데이트할 수 있게 보장합니다.

스키마 진화 없이는 서비스 업데이트 비용이 너무 비싸집니다. 어쩔 수 없이 프로듀서/컨슈머를 세밀하게 조정해야 할 텐데, 그 결과 이전에는 호환됐던 데이터가 현재 시스템에서 호환되지 않는 불상사도 발생합니다. 프로듀서가 데이터 스키마를 변경할 때마다 컨슈머가 서비스를 업데이트하는 것도 말이 안 됩니다. 이는 예외적인 몇몇 경우를 제외하고 모든 서비스를 독립적으로 릴리스해야 한다는 마이크로서비스의 핵심 가치에도 반합니다.

스키마 진화 규칙schema evolution rule을 명확하게 정해두면 프로듀서/컨슈머 모두 자기 일정에 따라 애플리케이션을 업데이트할 수 있습니다. 스키마 진화 규칙은 호환성 종류compatibility type에 따라 세 가지로 분류됩니다.

정방향 호환성(forward compatibility)

새 스키마로 생성한 데이터를 마치 옛 스키마로 생성한 것처럼 읽을 수 있습니다. 시스템 변경은 대부분 프로듀서가 자신의 데이터 정의를 업데이트한 다음 새로운 스키마로 데이터를 생성하는 일부터 시작되기 때문에 정방향 호환성은 이벤트 기반 아키텍처에서 특히 유용한 진화 요건입니다. 컨슈머는 새로운 필드에 접근할 경우 코드와 스키마의 사본만 업데이트하면 됩니다.

역방향 호환성(backward compatibility)

옛 스키마로 생성한 데이터를 새 스키마로 생성한 것처럼 읽을 수 있습니다. 따라서 데이터 컨슈머는 새 스키마로 옛 데이터를 읽을 수 있습니다. 역방향 호환성은 특히 다음과 같은 경우에 유용합니다.

* 업스트림 팀이 전달할 새로운 기능을 컨슈머가 기다립니다. 새 스키마가 미리 정의되어 있으면 프로듀서가 릴리스하기 이전에도 컨슈머가 자신의 업데이트를 릴리스할 수 있습니다.

* 사용자 메트릭metric (지표)을 보고하는 휴대폰 애플리케이션 같은 고객 하드웨어에 배포된 제품에서 스키마로 인코딩된 데이터schema-encoded data가 전송됩니다. 옛 버전과 호환성을 유지하면서 프로듀서가 릴리스한 최신 스키마 포맷으로 업데이트가 가능합니다.

- 옛 스키마로 생성된 이벤트 스트림 데이터를 컨슈머 애플리케이션이 재처리해야 합니다. 스키마 진화 덕분에 컨슈머는 이런 데이터도 자신이 익숙한 버전으로 해석할 수 있습니다. 역방향 호환성이 없으면 컨슈머는 최신 포맷의 메시지만 읽을 수 있겠죠.

양방향 호환성(full compatibility)

정방향 호환성과 역방향 호환성의 조합이야말로 가장 강력한 보증 수표입니다. 나중에 호환성 요건을 완화하기는 어렵지 않지만 반대로 높이는 것은 훨씬 더 어렵기 때문에 양방향 호환성은 가능한 한 항상 적용하는 것이 좋습니다.

3.1.4 코드 생성기 지원

코드 생성기code generator는 이벤트 스키마를 클래스 정의 또는 주어진 프로그래밍 언어에서 그와 동등한 구조로 변환합니다. 프로듀서는 클래스 정의를 이용해 새 이벤트 객체를 만들고 컴파일러 또는 시리얼라이저serializer 구현체에 따라 원래 스키마에 지정된 데이터 타입을 준수하고 모든 널 금지non-nullable 필드 값을 채워넣습니다. 이렇게 프로듀서가 생성한 객체는 직렬화 포맷으로 변환되어 이벤트 브로커에게 전달됩니다(그림 3-1).

그림 3-1 코드 생성기를 이용한 프로듀서의 이벤트 생산 워크플로

이벤트 데이터를 소비하는 컨슈머는 스키마 버전을 직접 관리하며 대부분 프로듀서와 동일한 버전이지만 스키마 진화 용도에 따라서 버전이 더 낮거나 높을 수 있습니다. 양방향 호환성을 준수할 경우 서비스는 어떤 스키마 버전이라도 그에 따라 이벤트 정의를 생성할 수 있습니다. 컨슈머는 이벤트를 읽어 그 안에 인코딩된 스키마 버전으로 이벤트를 역직렬화합니다. 이벤트 포맷을 메시지 안에 넣을 수도 있지만 규모가 커질수록 비용이 많이 들기 때문에 스키마 레지스트리schema registry에 저장하거나 온디맨드on-demand 방식으로 접근합니다(14.5절의 '스키마 레지스트리' 참고). 원래 포맷으로 역직렬화한 이벤트는 컨슈머에서 지원되는 스키마 버전으로 바꿀 수 있습니다. 이 시점에서 누락된 필드는 기본값을 적용하고 미사용 필드는 제거하는 식으로

진화 규칙이 적용됩니다. 마지막으로 데이터는 스키마 생성 클래스에 해당하는 객체로 변환되고 컨슈머의 비즈니스 로직이 적용됩니다. 전체 프로세스는 [그림 3-2]와 같습니다.

그림 3-2 코드 생성기를 이용한 컨슈머의 이벤트 소비/변환 워크플로. 컨슈머는 프로듀서가 V2 스키마로 생성한 이벤트를 V1 스키마 포맷으로 변환해서 사용한다.

코드 생성기는 여러분이 원하는 언어의 클래스 정의에 맞게 애플리케이션을 작성할 수 있는 큰 장점을 갖고 있습니다. 컴파일 언어를 사용하면 이벤트 타입을 잘못 처리하거나 널 금지 필드에 값이 누락될 일이 없게끔 컴파일러로 체크할 수 있기 때문에 한 줄이라도 스키마에 위배되는 코드가 있으면 컴파일 자체가 안 됩니다. 컴파일 언어가 아니더라도 코딩 기준으로 삼을 만한 클래스 구현체가 있으면 여러모로 좋습니다. 요즘 IDE는 생성자constructor나 세터setter에 타입을 잘못 넘기면 곧바로 오류를 알려주지만 객체 키/값 맵처럼 일반 포맷을 사용하면 알림을 받을 방법이 없습니다. 데이터를 잘못 처리할 위험을 줄이면 그만큼 전체적으로 더 일관된 데이터 품질이 보장됩니다.

3.1.5 중대한 스키마 변경

스키마가 진화하는 흐름을 깨뜨릴 수밖에 없는, 즉 중대한 스키마 변경이 불가피한 경우도 있습니다. 원래 도메인 모델을 통째로 바꿔야 하는 비즈니스 요건의 큰 변화, 원래 도메인의 범위가 부적절하거나 스키마를 정의하는 과정에서 사람이 실수를 저지르는 등 사유는 다양하겠죠. 이벤트를 생산하는 서비스는 새 스키마로 쉽게 갈아끼울 수 있지만 다운스트림 컨슈머는 적잖은 영향을 받기 때문에 신중하게 살펴야 합니다.

> **TIP** 중대한 스키마 변경이 일어난 경우에는 가급적 이른 시기에 다운스트림 컨슈머측과 명확하게 소통하는 것이 가장 중요합니다. 어떤 마이그레이션 계획이든 업무상 연관된 모든 이들이 이해하고 수용할 수 있어야 하며 준비가 안 된 사람이 있어서는 안 됩니다.

프로듀서/컨슈머 사이에 긴밀한 협의를 강요하는 것 같아 지나치다 싶기도 하지만 데이터 규약을 다시 협의하거나 도메인 모델을 변경해야 할 때에는 관련자 모두가 반드시 공감대를 형성해야 합니다. 스키마 재협의 외에도 새 스키마와 그 스키마로부터 생성한 새 이벤트 스트림을 정착시키려면 몇 가지 추가 단계를 거쳐야 합니다. 중대한 스키마 변경이 발생하면 무기한 존재하는 엔티티에 제법 큰 영향을 미치지만 일정 기간 이후 만료되는 이벤트에는 비교적 영향도가 작습니다.

엔티티의 중대한 스키마 변경 적용

엔티티 스키마에 중대한 변경이 일어나면 현재 모델을 더 이상 확장할 수 없도록 원래 도메인 모델을 재정의해야 하므로 좀처럼 발생하기 어렵습니다. 옛 엔티티는 옛 스키마로 생성됐지만 새 엔티티는 새 스키마로 생성되겠죠. 이렇게 데이터 정의를 두 갈래로 분기하는 방법은 두 가지가 있습니다.

- 옛 스키마와 새 스키마를 함께 둔다.
- 모든 엔티티를 (마이그레이션을 하거나 소스에서 다시 생성하는 식으로) 새 스키마 포맷으로 재생성한다.

프로듀서 입장에서는 첫 번째 방법이 가장 쉽지만 결국 상이한 엔티티 정의를 컨슈머가 알아서 해석하도록 방치하는 셈입니다. 이는 가급적 컨슈머가 데이터를 자의적으로 해석하지 않도록 한다는 목표에도 위배되고 자칫 컨슈머가 잘못 해석할 경우 서비스 간 처리 일관성이 결여되고 시스템 관리가 엄청나게 복잡해질 수 있습니다.

> **WARNING_** 별의별 스키마 정의를 컨슈머가 프로듀서보다 더 잘 해석하리라 기대할 수는 없겠죠. 따라서 컨슈머에게 책임을 전가하는 건 나쁜 습관입니다.

두 번째 방법은 프로듀서에겐 더 어렵지만 옛 엔티티, 새 엔티티 모두 일관성 있게 재정의할 수 있습니다. 프로듀서는 옛 엔티티의 출처인 소스 데이터를 재처리 후 새 비즈니스 로직을 적용해서 새 포맷에 맞게 엔티티를 재생성합니다. 단, 엔티티가 무슨 의미인지, 프로듀서/컨슈머는 엔티티를 어떻게 똑같이 이해하고 사용할지는 조직 전체적으로 강제하지 않을 경우 아무 소용이 없습니다.

> **TIP** 옛 엔티티는 나중에 재처리 검증이나 증빙 자료로 필요할 수 있으니 원래 이벤트 스트림의 옛 스키마 상태로 놔두고 새 스키마로 업데이트된 엔티티와 새로 생성된 엔티티를 새 스트림에 생산하세요.

이벤트에 관한 중대한 스키마 변경 적용

비엔티티non-entity(엔티티가 아닌) 이벤트는 중대한 스키마 변경을 통합해서 더 간단하게 처리할 수 있습니다. 가장 간단하게는, 새 이벤트 스트림을 만들어 새 이벤트를 이 스트림에 생산하는 것입니다. 물론 옛 스트림 컨슈머가 새 스트림의 컨슈머로 스스로 등록할 수 있도록 미리 알려야 합니다. 각 컨슈머 서비스는 두 이벤트 정의 간에 분기된 비즈니스 로직에 맞게 대응해야 합니다.

> **WARNING_** 하나의 이벤트 스트림에 여러 종류의 이벤트 타입, 특히 스키마 진화 측면에서 더 이상 호환되지 않는 이벤트 타입은 절대로 섞어 쓰지 마세요. 이벤트 스트림 오버헤드는 저렴한 편이라서 이벤트를 논리적으로 분리해 컨슈머가 완전한 정보와 명시적인 정의를 갖고 처리할 수 있도록 만드는 게 중요합니다.

결국 언젠가 옛 이벤트 스트림에 이벤트가 더 이상 생산되지 않게 되면 모든 컨슈머는 최근 레코드를 따라잡게 될 것입니다. 보존 기간 때문에 시간이 지나 옛 스트림의 이벤트가 완전히 삭제되면 그 때 모든 컨슈머가 구독을 취소하고 스트림을 삭제하면 됩니다.

3.2 이벤트 포맷 선택

이벤트 데이터는 여러 가지 방법으로 포맷팅/직렬화할 수 있지만 데이터 규약은 아브로, 스리프트Thrift, 프로토콜 버퍼처럼 엄격하게 정의된 포맷을 사용하는 편이 좋습니다. 잘 알려진 이벤트 브로커 프레임워크는 대부분 이런 포맷으로 인코딩된 이벤트의 (역)직렬화를 지원합니다. 가령, 아파치 카프카[1], 아파치 펄사[2]는 JSON, 프로토콜 버퍼, 아브로 포맷을 모두 지원합니다. 이렇게 다양한 포맷을 지원할 수 있는 건 바로 스키마 레지스트리 덕분입니다(14.5절의 '스키마 레지스트리' 참고). 직렬화 메커니즘을 하나씩 자세히 비교/평가하는 내용은 이 책의 주제를 벗어나므로 관심 있는 분들은 풍성한 인터넷 자료를 찾아보세요.

그런데 이벤트를 그냥 단순 키/값 구조의 평범한 텍스트로 나타내면 더 유연하지 않을까요? 하지만 키/값 쌍 정도의 구조는 있지만 명시적인 스키마나 스키마 진화 프레임워크는 전혀 없기

---

1 https://oreil.ly/oVUly
2 https://oreil.ly/UjE7L

때문에 팀 간에 더 많은 소통이 필요하고 강력한 데이터 규약을 통해 서로 격리된 상태를 유지하는 마이크로서비스 본연의 가치가 훼손될 수 있습니다.

> **TIP** 특히, 비구조unstructured(구조나 포맷이 없는) 일반 텍스트 이벤트는 시간이 지날수록 유스 케이스use case(용도)와 데이터가 점점 달라지므로 프로듀서/컨슈머 모두 부담스럽습니다. 필자는 아브로, 프로토콜 버퍼처럼 통제 가능한 스키마 진화를 지원하는, 강력하고 명시적인 스키마 포맷을 권장합니다. JSON은 스키마 진화를 완벽하게 지원하지 못하므로 권장하지 않습니다.

3.3 이벤트 설계

이벤트 정의를 생성할 때에는 반드시 따라야 할 모범 사례도 있는 반면 반드시 피해야 할 안티 패턴anti-pattern[3]도 있습니다. 우선 이벤트 기반 마이크로서비스로 작동되는 아키텍처 수가 늘어날수록 이벤트 정의도 많아진다는 사실을 기억하세요. 이벤트를 잘 설계해야만 프로듀서/컨슈머 모두에게 고통스러운 일을 최대한 덜 수 있습니다. 물론 반드시 이렇게 해야 한다는 절대 규칙 같은 건 없습니다. 상황에 따라 여러분 재량껏 판단해서 적용할 일이지만, 본인의 문제 공간에 함축된 의미를 종합적으로 바라보고 어떤 트레이드오프가 있는지 심사숙고한 다음 진행할 것을 권고합니다.

3.3.1 오직 진실만을 말할지어다

잘 정의된 이벤트는 단순히 '뭔가something'가 일어났음을 전하는 메시지가 아니라 그 이벤트가 발생한 동안의 '모든 일들everything'을 빠짐없이 기술합니다. 비즈니스 용어로는, 입력 데이터를 받아 비즈니스 로직을 적용해 만들어낸 결과 데이터resultant data입니다. 이 출력 이벤트를 단일 진실 공급원으로 간주해서 다운스트림 컨슈머가 소비할 불변의 팩트로 기록해야 합니다. 즉, 실제로 일어난 사건에 대해 총체적인 권위를 인정받은 기록물이기 때문에 컨슈머는 그 이벤트가 발생했다는 사실을 다른 데이터 출처를 통해 확인할 필요가 없습니다.

---

3 옮긴이_ 소프트웨어 공학 분야 용어로서, 실제 많이 사용되는 패턴이지만 비효율적이거나 비생산적인 패턴을 말합니다(출처: 위키백과).

3.3.2 스트림당 이벤트 정의는 하나만 사용

이벤트 스트림에는 하나의 논리적 이벤트를 나타내는 이벤트가 포함돼야 합니다. 종류가 다른 이벤트들을 이벤트 스트림에 섞어 넣으면 이벤트 실체와 스트림 정체성에 혼란을 줄 수 있으므로 바람직하지 않습니다. 또 새 스키마가 동적으로 추가될 수 있으므로 생산되는 스키마의 유효성을 검증하기가 어렵습니다. 물론 이런 원칙을 깨야 할 특수한 상황도 있지만 아키텍처 워크플로 안에서 생산/소비되는 이벤트 스트림은 대부분 각자 하나의 엄격한 정의를 갖고 있어야 합니다.

3.3.3 가장 좁은 범위의 데이터 타입 사용

이벤트 데이터의 타입은 가장 범위가 좁은 것을 사용하세요. 그래야 코드 생성기, 프로그래밍 언어의 타입 체크 기능(지원되는 경우), 직렬화 단위 테스트를 이용해 데이터 경계를 체크할 수 있습니다. 간단하게 들리겠지만 실제로 올바른 타입을 사용하지 않으면 모호한 부분이 점점 늘어나기 시작합니다. 실전에서 피해야 할 몇 가지 사례를 들어보겠습니다.

문자열을 이용해 숫자 값을 저장

컨슈머가 문자열을 파싱해서 숫자 값으로 변환할 경우, 널 값이나 공백 문자열이 전달될 때가 많기 때문에 전반적으로 오류가 날 가능성이 높습니다.

정수를 불리언(boolean)으로 사용

0과 1은 각각 거짓, 참을 나타낸다고 합시다. 그럼 2는 무슨 의미일까요? -1은?

문자열을 이늄(enum)으로 사용

프로듀서는 자신이 발행한 값이 컨슈머가 수용 가능한 의사 이늄$^{pseudo-enum}$[4] 리스트에 있음을 보장해야 하므로 프로듀서 입장에서 문제가 됩니다. 오탈자와 부정확한 값도 끼어들게 마련입니다. 컨슈머는 자신이 관심 있는 필드의 유효값이 어느 범위에 있는지 알아야 하고 스키마 주석에 명시되어 있지 않는 한 프로듀서측과 사전 협의도 불가피합니다. 문자열 값

---

4 옮긴이_ 자바 enum을 말합니다. 보통 대화를 할 때에는 enum을 '이넘', '에넘' 등으로 많이 부르지만, 번역서에는 '이뉴머레이션(enumeration)'의 줄임말 형태인 '이늄(enum)'이라고 표기합니다.

의 범위가 어떻게 바뀌더라도 어쨌든 프로듀서는 보호받지 못하므로 이것은 암묵적인 정의
고 그냥 나쁜 습관입니다.

이늄은 보통 잘 안 씁니다. 프로듀서가 컨슈머 스키마에 없는 새 이늄 토큰을 만들면 어떡하나
염려해야 하기 때문이죠. 하지만 컨슈머는 알 수 없는 이늄 토큰을 잘 숨아내서 기본값으로 처
리하든지, 아니면 치명적인 예외를 던지거나 담당자가 필요한 조치를 할 때까지 프로세스를 중
단시키든가 하는 결정을 내릴 책임이 있습니다. 프로토콜 버퍼와 아브로는 알 수 없는 이늄 토
큰을 우아하게 처리하는 방법을 제공하므로 이벤트 포맷으로는 둘 중 하나를 사용하는 게 좋습
니다.

3.3.4 이벤트는 하나의 목적만 갖도록

이벤트 정의에 타입 필드를 추가해서 하위 속성을 따로 두려고 하는 것은 흔한 안티패턴 중 하
나입니다. 보통 '비슷하지만 다른' 데이터를 처리하려고 이렇게 하는 경우가 많지만 개발자가
이벤트를 다목적으로 사용하려고 오해한 결과입니다. 시간도 아끼고 데이터 접근 패턴을 멋지
게 단순화한 것처럼 보이지만 이벤트에 타입 매개변수까지 얹는 모양새는 결코 좋지 않습니다.

먼저, 각 타입 매개변숫값은 기술적 표현형^{representation}은 거의 동일하지만 비즈니스 의미는 근본
적으로 다릅니다. 또 그 의미도 시간이 지나면서 계속 바뀌고 이벤트가 커버하는 영역도 조금
씩 달라집니다. 타입에 종속된 정보를 추적하고자 새 매개변수를 추가하는 경우도 있고 아예
별도의 매개변수가 필요한 타입도 있을 것입니다. 결국, 이벤트 스키마만 같을 뿐 전혀 다른 이
벤트가 공존하기 때문에 나중에는 이벤트가 무슨 의미인지 짐작조차 어려워질 수도 있습니다.

이런 복잡성은 이벤트를 개발/관리하는 개발자를 비롯해 어떤 데이터가 어떤 사유로 발행됐는
지 일관되게 이해해야 할 데이터 컨슈머에게도 영향을 미칩니다. 데이터 규약이 변경되면 컨슈
머는 그 변경 때문에 영향을 받지 않도록 스스로를 격리해야 합니다. 부가적인 필드 타입이 추
가된 경우에는 컨슈머는 자기가 관심 있는 데이터만 가져와야 합니다. 컨슈머가 별의별 타입의
의미를 다 이해할 수는 없으니 처리를 잘못 하거나 논리적으로 틀린 코드를 실행할 위험도 있
습니다. 따라서 컨슈머는 자기와 상관없는 이벤트를 제거하는 부가적인 처리 로직을 반드시 수
행해야 합니다.

데이터 규약을 정의하는 원칙을 다시 떠올려보세요. 이벤트는 수많은 종류의 데이터를 기록하는 일반 이벤트가 아닌, 하나의 비즈니스 액션에 관한 것이어야 합니다. 다양한 타입 매개변수를 지닌 제네릭한generic 이벤트만 있어도 된다면, 그건 여러분의 문제 공간과 경계 콘텍스트가 제대로 정의되어 있지 않다는 방증입니다.

예제: 이벤트 정의 오버로딩

사용자가 도서를 열람하고 영화를 감상할 수 있는 웹사이트가 있다고 합시다. 사용자가 처음 이 웹사이트를 이용하면, 즉 책장을 넘기거나 영화를 보기 시작하면 백엔드backend 서비스는 이 액션을 나타내기 위해 ProductEngagement라는 이벤트를 이벤트 스트림에 발행합니다. 이 이벤트의 데이터 구조는 다음과 같습니다.

```
TypeEnum: Book, Movie
ActionEnum: Click

ProductEngagement {
  productId: Long,
  productType: TypeEnum,
  actionType: ActionEnum
}
```

그런데 영화를 보기 전에 어떤 사용자가 영화 예고편을 보았는지 추적하고 싶다는 새로운 비즈니스 요건이 등장했습니다. 사용자가 영화를 보기 전에 예고편을 봤는지는 불리언 값으로 판별할 수 있지만 도서는 예고편이라는 개념이 없으므로 그냥 null로 지정합니다.

```
ProductEngagement {
  productId: Long,
  productType: TypeEnum,
```

```
    actionType: ActionEnum,
    //type=Movie인 이벤트에만 적용
    watchedPreview: {null, Boolean}
  }
```

사실 watchedPreview는 Books와는 전혀 상관이 없지만 이미 이런 식으로 제품 이용 현황을 파악하고 있으니 이벤트 정의에 추가한 것입니다. 필요하다면 스키마에 주석을 달아 이 필드는 type=Movie일 경우에만 의미가 있다고 다운스트림 컨슈머에게 알려주면 되겠죠.

자, 그런데 또 다른 비즈니스 요건이 생겼습니다. 어느 사용자가 도서를 읽다가 책갈피를 했는지, 몇 쪽에서 갈무리를 했는지도 추적하고 싶다는 겁니다. 그러나 ProductEngagement 이벤트는 단일 구조 형태라서 Bookmark라는 새로운 액션 엔티티를 추가하고 널 허용[nullable] 필드 PageId를 추가할 수밖에 없습니다.

```
TypeEnum: Book, Movie
ActionEnum: Click, Bookmark

ProductEngagement {
  productId: Long,
  productType: TypeEnum,
  actionType: ActionEnum,
  //productType=Movie인 이벤트에만 적용
  watchedPreview: {null, Boolean},
  //productType=Book,actionType=Bookmark인 이벤트에만 적용
  pageId: {null, Int}
}
```

네, 이제 앞으로 어떻게 될지 짐작이 되나요? 이런 다용도 스키마는 비즈니스 요건이 조금만 달라져도 엄청나게 복잡해질 것입니다. 프로듀서/컨슈머 모두 데이터 로직을 검증해야 할 테니 복잡도가 가중됩니다. 수집된 데이터의 의미를 정확하게 짚어내려면 항상 복잡한 로직은 불가피하게 따라다닐 것입니다. 단일 책임 원칙에 따라 다음과 같이 스키마를 나누면 관리하기가 훨씬 수월할 것입니다.

```
MovieClick {
  movieId: Long,
  watchedPreview: Boolean
}
```

```
BookClick {
  bookId: Long
}

BookBookmark {
  bookId: Long,
  pageId: Int
}
```

productType, actionType 두 이늄은 사라졌고 스키마도 평평해졌습니다. 이벤트 정의는 3개로 늘었지만 각 스키마의 내부 복잡도는 크게 줄었습니다. 앞으로 '스트림: 이벤트 정의 = 1:1' 원칙을 준수한다면 이벤트 타입이 새로 생길 때마다 새로운 스트림이 생성되겠죠. 이벤트 정의는 시간이 지나도 표류할 일이 없고 트리거 로직은 바뀌지 않으며, 컨슈머는 한 가지 목적만 가진 안정적인 이벤트 정의 덕분에 안전하게 이벤트를 처리할 수 있을 것입니다.

이벤트를 정의한 원작성자가 실수를 했다는 뜻은 아닙니다. 당시에는 어떤 특정한 제품이 아닌, 모든 제품의 고객 이용 현황을 알고 싶었으니 마땅히 그렇게 했겠죠. 영화별로 이벤트를 추적할 수 있도록 해달라는 비즈니스 요건을 받은 다음부터 서비스 소유자는 이벤트 정의가 한 가지 목적을 갖고 있는지, 아니면 다용도로 쓰이고 있는지 다시 검토해봐야 했습니다. 물론 이벤트를 여러 가지 목적으로 사용할 수도 있지만 얼마 지나지 않아 너무 복잡해져서 거추장스러워질 것이 뻔합니다.

> **WARNING_** 이벤트의 의미를 오버로드overload하는 타입 필드는 절대로 이벤트에 추가하지 마세요. 이벤트 포맷을 진화시키고 관리하기가 상당히 어려워집니다.

시간을 들여 여러분의 스키마가 앞으로 어떻게 진화할지 생각해보세요. 생산할 데이터의 주목적과 활용 범위, 도메인, 그리고 한 가지 목적으로 만들 것인지 검토하세요. 특히, 광범위한 비즈니스 기능을 처리하는 시스템이라면 비즈니스 범위와 기술 구현체가 서로 맞지 않을 수 있으니 스키마가 비즈니스 관심사를 정확하게 반영하는지 철저하게 검증해야 합니다. 끝으로 비즈니스 요건에 따라 이벤트 정의를 다시 검토한 결과 스키마 정의를 조금씩 고쳐쓰는 것 이상의 변경이 필요할 수도 있습니다. 이럴 경우에는 이벤트를 나누어 재정의하는 작업이 수반되어야 합니다.

3.3.5 이벤트 크기 최소화

이벤트는 크기가 작고, 잘 정의되어 있고, 쉽게 처리할 수 있어야 좋지만, 때로는 많은 콘텍스트 정보가 담긴 덩치 큰 이벤트도 발생할 수 있습니다. 이벤트와 연관된 데이터 구성 요소가 아주 많거나, 발생한 사건 자체가 아주 큰 경우도 있겠죠.

몸집이 큰 이벤트를 설계할 때에는 몇 가지 고려할 부분이 있습니다. 우선 데이터가 해당 이벤트와 직접 관련이 있는지 확인하세요. 만일을 위해 이벤트에 부가 데이터를 붙일 수는 있지만 실제로 다운스트림 컨슈머가 거의 사용할 일이 없을지도 모릅니다. 모든 이벤트 데이터가 정말 다 직접 연관되어 있다면 한 걸음 뒤로 물러나 자신의 문제 공간을 살펴보세요. 여러분의 마이크로서비스가 꼭 데이터에 직접 접근해야 하나요? 그 서비스가 하는 일이 너무 많지는 않은가요? 경계 콘텍스트를 검토해야 할 수도 있습니다. 부가적인 기능을 별도의 서비스로 나누어 서비스 범위를 축소하는 것도 방법입니다.

그래도 정말 어쩔 수 없는 경우는 있습니다. 가령, 이벤트 프로듀서가 메시지 하나에 굉장히 큰 출력 파일(가령, 고해상도 이미지)을 담아 이벤트 스트림에 생산할 때가 그렇겠죠. 실데이터를 포인터로 가리키는 방법이 있긴 하지만 진실 공급원이 여럿 존재하고 페이로드가 가변적인 상황에서는 시스템 외부로부터 불변의 기록 장부를 이용해 데이터를 지킬 수 없으므로 가급적 삼가는 것이 좋습니다.

3.3.6 미래의 컨슈머도 이벤트 설계에 반영

새 이벤트를 설계할 때에는 그 데이터를 소비할 것으로 예상되는 컨슈머 부서와도 협의가 필요합니다. 컨슈머의 니즈가 무엇인지, 앞으로 어떤 비즈니스 기능이 필요할지, 그리고 어떤 데이터가 인입될지는 아무래도 프로듀서보다 그쪽 사람들이 더 잘 알고 있기 때문에 요건을 명확히 정하는 데 도움이 될 것입니다. 협의체를 구성해서 회의, 토론을 진행하면 두 시스템 간의 데이터 규약에 관한 이슈를 어느 정도 예방할 수 있을 것입니다.

3.3.7 이벤트를 세마포어나 시그널로 사용하지 않는다

이벤트를 세마포어semaphore[5]나 시그널signal로 사용하지 마세요. 이런 이벤트는 어떤 결과의 단일 진실 공급원이 아닌, 그냥 뭔가가 일어났음을 알릴 뿐입니다.

아주 간단한 예로, 어떤 작업을 완료했음을 나타내는 이벤트를 출력하는 시스템이 있다고 합시다. 이 이벤트는 작업이 완료됐다는 사실은 알려주지만, 그 안에 실제 작업 결과는 없기 때문에 이벤트를 제대로 소비하려면 실제로 완료된 작업 정보가 있는 곳을 찾아야 합니다. 이렇게 데이터 조각 하나에 진실 공급원이 2개 생기게 되면 일관성에 문제가 생깁니다.

3.4 마치며

비동기식 이벤트 기반 아키텍처는 이벤트 품질에 크게 의존합니다. 진화 가능한 스키마로 명시한 고품질의 이벤트에는 트리거 로직이 잘 정의되어 있고 주석과 문서가 곁들여진 완전한 스키마 정의가 들어 있습니다. 암묵적 스키마는 프로듀서 입장에서 구현/관리하기 쉽지만 스키마를 어떻게 해석할지는 대부분 컨슈머에게 떠넘깁니다. 또 이벤트 데이터 누락 및 의도하지 않은 변경 때문에 예기치 못한 장애가 발생할 가능성이 높습니다. 조직이 점점 커지면 내부에 축적된 지식을 조직 전체에 전달하기가 사실상 불가능해지기 때문에 명시적인 스키마는 이벤트 기반 아키텍처를 널리 보급시키는 데 꼭 필요한 요소입니다.

이벤트 정의는 가급적 범위를 좁혀 이벤트 도메인에 집중하게 합니다. 이벤트에는 어떤 비즈니스 사건을 나타내며 어떤 일이 일어났는지 적절한 데이터 필드가 포함되어 있어야 합니다. 이런 이벤트가 여럿 모여 비즈니스 활동에 관한 공식적인 설명이 되고 다른 마이크로서비스가 자신의 니즈에 맞게 소비할 수 있습니다.

스키마 진화는 명시적 스키마에서 아주 중요한 요소로서, 이벤트 도메인 모델의 변경을 제어하는 메커니즘을 제공합니다. 새로운 비즈니스 요건이 등장하고 사업 영역이 확장될수록 도메인 모델은 계속 진화하기 마련입니다. 스키마 진화 덕분에 프로듀서/컨슈머는 자신이 실행되는 데 꼭 필요하지 않은 변화로부터 스스로를 격려하고 반대로 그런 변화를 관심 있게 받아들여야 할

---

5 옮긴이_ 세마포어(semaphore)란 원래 기찻길 중간중간에 설치된 가로대식 신호기를 말합니다. 공유 리소스의 데이터(선로)를 여러 프로세스(열차)가 경쟁적으로 접근하는 것을 막기 위한 메커니즘입니다.

서비스들은 그에 맞게 자신을 업데이트할 수 있습니다.

스키마를 더 이상 진화시킬 수 없어 중대한 스키마 변경이 불가피한 경우도 있습니다. 프로듀서/컨슈머 등 이해 관계자들은 중대한 스키마 변경을 할 수밖에 없는 근거를 서로 주고받고 함께 모여 미래의 도메인 모델을 다듬어야 합니다. 옛 이벤트를 마이그레이션해야 할 수도 있고 그럴 필요가 없을 수도 있습니다.

CHAPTER 4

기존 시스템에 이벤트 기반 아키텍처 통합

조직을 이벤트 기반 아키텍처로 전환하려면 기존 시스템을 새로운 체제에 맞게 통합해야 합니다. 여러분이 다니는 회사에도 관계형 DB를 사용하는 모놀리식 애플리케이션은 하나쯤 있고 다양한 구현체를 점대점으로 연결하는 경우가 대부분일 것입니다. 또 중간에 파일 저장소를 두고 DB 덤프를 일정 주기마다 동기화하는 식으로 시스템 간에 벌크 데이터를 퍼나르는 이벤트 비슷한event-like 장치를 사용하는 회사도 있겠죠. 처음부터 레거시 시스템 없이 이벤트 기반 마이크로서비스 아키텍처를 구축할 수 있다면 (여러분이 새로 추진하는 프로젝트에 이벤트 기반 마이크로서비스가 안 맞을 가능성은 감수해야겠지만) 이 장도 그냥 건너뛰면 되겠죠! 하지만 앞으로도 계속 지원해야 할 기존 레거시 시스템이 있다면 이 장을 잘 읽어보시기 바랍니다.

어떤 비즈니스 도메인이건 여러 하위 도메인에 공통적으로 필요한 엔티티와 이벤트가 있습니다. 예를 들어 전자상거래 소매업자는 제품 정보, 단가, 재고, 이미지를 다양한 경계 콘텍스트에 제공해야 합니다. 지불은 한 시스템에서 취합하더라도 유효성은 다른 시스템에서 검증하고 구매 패턴 분석은 또 다른 시스템에서 하는 식으로 말이죠. 새로운 단일 진실 공급원으로서 데이터를 중앙에서 사용한다면 각 시스템은 필요할 때마다 얼마든지 데이터를 소비할 수 있습니다. 따라서 이벤트 기반 마이크로서비스로 전환하려면 먼저 이벤트 브로커에 있는 비즈니스 도메인 데이터를 이벤트 스트림으로 소비할 수 있도록 놓아주어야 합니다. 이것이 바로 데이터가 포함된 기존 시스템 및 상태 저장소에서 데이터를 소싱하는 데이터 해방data liberation 프로세스입니다.

데이터를 이벤트 스트림에 생산하면 (이벤트 기반이든 아니든) 모든 시스템이 데이터에 접근할 수 있습니다. 이벤트 기반 애플리케이션은 스트리밍 프레임워크와 네이티브native 컨슈머를 이용해 이벤트를 읽을 수 있지만 레거시 애플리케이션은 기술, 성능상 제약 때문에 이벤트에 접근하기 어려울 수 있습니다. 이럴 때에는 이벤트 스트림에서 기존 상태 저장소로 이벤트를 싱크sink해야 합니다.

이벤트 데이터를 소싱sourcing/싱킹sinking하는 패턴과 프레임워크는 다양합니다. 이 장에서는 각각의 기법을 소개하고 그것이 필요한 이유와 작동 원리, 그리고 다른 기법과 비교해서 트레이드오프는 무엇인지 알아보고자 합니다. 그런 다음 조직 전체적으로 데이터를 적절하게 해방하고 싱크하는 방법과 그로 인해 어떤 영향이 있는지, 또 어떻게 체계적으로 노력을 기울여야 할지 이야기하겠습니다.

4.1 데이터 해방이란?

데이터 해방은 교차 도메인 데이터 세트cross-domain data set를 식별해서 각 이벤트 스트림에 발행하는, 이벤트 기반 아키텍처의 마이그레이션 전략migration strategy의 일부분입니다. 이 때 다른 외부 시스템이 필요로 하는 데이터 저장소에 저장된 모든 데이터 역시 교차 도메인 데이터 세트에 포함됩니다. 따라서 기존 서비스들과 데이터 저장소 간의 점대점 디펜던시를 분석하면 해방시켜야 할 교차 도메인 데이터가 분명해집니다. 가령, [그림 4-1]에서는 레거시에 종속된 세 서비스가 직접 레거시 시스템을 쿼리하고 있습니다.

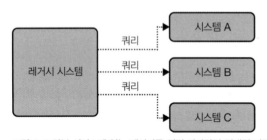

그림 4-1 하부 서비스에 있는 데이터를 직접 쿼리하면 점대점 디펜던시가 유발된다.

데이터를 해방하면 단일 진실 공급원을 제공하고 시스템 간 직접 결합을 방지하는, 이벤트 기반 아키텍처의 두 가지 중요한 특징이 적용됩니다. 해방된 이벤트 스트림 덕분에 적시에 기존 시스템을 마이그레이션하고 새로 개발한 이벤트 기반 마이크로서비스를 컨슈머로 구축할 수 있습니다. 본질적으로 리액티브한reactive 이벤트 기반 프레임워크와 서비스를 이용해 데이터를 소비/처리하면 다운스트림 컨슈머가 직접 소스 데이터 시스템에 결합하지 않아도 됩니다.

데이터 스트림이 단일 진실 공급원 역할을 하므로 조직 전체 시스템이 데이터에 접근하는 방식 역시 표준화할 수 있습니다. 이제 시스템은 하부 데이터 저장소 또는 애플리케이션과 직접 결합하지 않고 이벤트 스트림의 데이터 규약만 바라보면 됩니다.

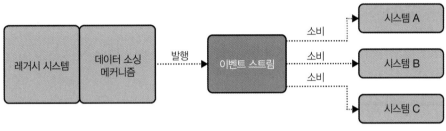

그림 4-2 데이터 해방 이후 워크플로

4.1.1 데이터 해방 시 고려 사항

데이터 세트와 해방된 이벤트 스트림은 완전히 동기화돼야 합니다. 물론 이벤트가 전파propagation되는 과정에서 지연은 불가피하기 때문에 동기화 요건은 최종 일관성eventual consistency[1]으로 한정됩니다. 해방된 이벤트 스트림은 반드시 똑같이 복제한 소스 테이블의 레플리카로 다시 구체화해야 하며 이런 성질은 이벤트 기반 마이크로서비스에서 아주 광범위하게 활용됩니다(7장). 이와 달리, 자체 백업/복구 메커니즘이 탑재된 레거시 시스템은 이벤트 스트림에서 데이터 세트를 재구성rebuild하지 않고 실제로 해방된 이벤트 스트림에서 아무것도 다시 읽어들이지 않습니다.

이상적인 조건이라면 모든 상태를 이벤트 스트림의 단일 진실 공급원에서 완벽하게 생성, 유지, 관리, 복구할 수 있겠죠. 공유 상태는 우선 빠짐없이 이벤트 브로커에 발행하고 최초로 그 데이터를 생성한 서비스를 비롯해 상태 구체화가 필요한 모든 서비스에서 다시 구체화되어야 합니다.

---

1 옮긴이_ 결국 나중에 어느 시점에는 일관성이 맞춰지는 속성을 말합니다. 결과적 일관성, 궁극적 일관성이라고 번역한 역서들도 있지만, '최종적인 모습의 일관성'이라는 의미에서 역자는 '최종 일관성'이라는 말을 선호합니다.

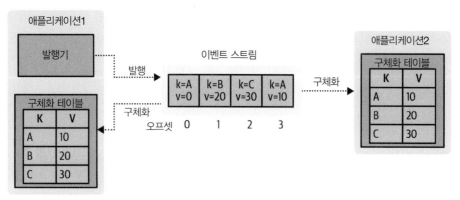

그림 4-3 구체화하기 전에 스트림에 발행

새 마이크로서비스와 리팩터링refactoring한 레거시 애플리케이션 모두 이벤트 브로커에 상태를 유지하는 게 가장 이상적이지만 모든 애플리케이션에서 그렇게까지 할 필요는 없고 또 실용적이지도 않습니다. 특히, 변경 데이터 캡처change-data capture(CDC) 메커니즘으로 처음 한 번 통합하면 그 이후로는 리팩터링하거나 변경할 일이 거의 없을 듯한 서비스가 그렇습니다. 레거시 시스템은 조직에서 매우 중요하지만 리팩터링하기는 상당히 어려운 편입니다. 그중에서도 가장 큰 골칫덩이는 진흙잡탕big ball of mud**2**입니다. 시스템은 복잡한데도 역설적으로 다른 새로운 시스템이 그 내부 데이터에 접근해야 할 일이 많지요. 리팩터링이 절대적으로 필요한 경우지만 실천에 옮기려면 풀어야 할 숙제들이 참 많습니다.

개발자 지원 제약

많은 레거시 시스템은 개발자 지원이 매우 제한적이고 적은 공수로도 데이터를 해방할 수 있는 솔루션이 필요로 합니다.

리팩터링 비용

기존 애플리케이션의 워크플로를 비동기 이벤트 기반 모델-뷰-컨트롤러model-view-controller(MVC)와 일반 웹 애플리케이션의 동기식 MVC가 혼합된 방식으로 재작업하려면 가뜩이나 복잡한 레거시 모놀리스에 엄청난 비용을 쏟아부어야 합니다.

---

2 https://oreil.ly/8bJcw

레거시 지원 리스크

레거시 시스템을 변경하면 예기치 않은 결과를 초래할 수 있습니다. 특히, 기술 부채 및 식별되지 않은 다른 시스템과의 점대점 접속 때문에 시스템이 책임이 명확하지 않을 때 그렇습니다.

이제 타협할 기회가 왔습니다. 먼저, 데이터 해방 패턴을 이용해 데이터 저장소에서 데이터를 꺼내고 필요한 이벤트 스트림을 생성합니다. 이렇게 해방된 이벤트 스트림을 레거시 시스템이 읽어들일 필요는 없기 때문에 단방향(unidirectional 이벤트 기반 아키텍처의 형태입니다(그림 4-3). 기본적인 목표는 이벤트 데이터 발행을 엄격하게 통제함으로써 내부 데이터 세트를 외부 이벤트 스트림과 계속 동기화하는 것입니다. 이벤트 스트림은 결국 언젠가 레거시 애플리케이션의 내부 데이터 세트와 동기화되겠죠(그림 4-4).

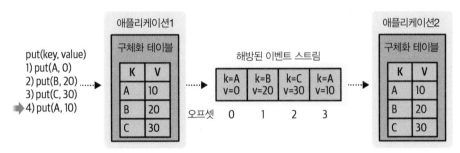

그림 4-4 두 서비스 간에 상태를 해방하고 구체화

4.1.2 해방된 데이터를 이벤트로 변환

해방된 데이터도 다른 이벤트처럼 3장에서 설명했던 것과 동일한 스키마화 권장 사항을 따라야 합니다. 잘 정의된 이벤트 스트림이라면 이벤트 정의를 명시하고 호환성을 보장하는 스키마를 갖고 있겠죠. 컨슈머는 스키마로 정의한 데이터 규약의 일부로서 기본적인 데이터 품질을 보증해야 합니다. 또 스키마는 오직 진화 규칙에 의해서만 변경할 수 있습니다.

TIP 해방된 이벤트 데이터, 네이티브 이벤트 데이터 모두 조직 전체적으로 통용되는 동일한 표준 포맷을 적용하세요.

가장 우선적으로 해방시켜야 할 데이터는 당연히 비즈니스 전반에 걸쳐 가장 연관성이 많고 자주 사용하는 데이터입니다. 새 필드를 생성하거나 기존 필드를 변경/삭제하는 식으로 소스 데이터 정의를 변경하면 다운스트림 컨슈머를 따라 데이터 변경이 내리 전파됩니다. 해당 데이터를 명시적인 스키마로 정의하지 않으면 다운스트림 컨슈머는 호환되지 않는 부분을 어쩔 수 없이 알아서 해결해야 합니다. 하지만 그렇다고 다운스트림 컨슈머가 임의로 데이터를 파싱/해석하면 안 되기 때문에 단일 진실 공급원을 제공하는 측면에서 큰 문제가 됩니다. 생산된 데이터에 견고한 최신 스키마를 제공하고 시간 경과에 따른 데이터의 진화를 신중하게 고려하는 것이 매우 중요합니다.

4.2 데이터 해방 패턴

하부 데이터 저장소에서 데이터를 추출하는 데이터 해방 패턴은 크게 세 가지가 있습니다. 데이터를 해방하는 것은 결국 새로운 단일 진실 공급원을 만들겠다는 의도입니다. 따라서 마땅히 데이터 저장소에 있는 전체 데이터 세트를 담아야 하고 이후로 데이터를 삽입, 수정, 삭제하면서 계속 최신 상태로 유지해야 합니다.

쿼리 기반(query-based)

하부 데이터 저장소를 쿼리해서 데이터를 추출합니다. 어떤 종류의 데이터 저장소든 작업이 가능합니다.

로그 기반(log-based)

하부 데이터 구조의 변경 내역을 기록한 붙임 전용 로그를 기준으로 데이터를 추출합니다. 데이터 변경 로그를 보관하는 데이터 저장소에서만 가능한 방법입니다.

테이블 기반(table-based)

먼저, 출력 큐로 사용할 테이블에 데이터를 푸시합니다. 다른 스레드나 별도의 프로세스가 테이블을 쿼리해 데이터를 정해진 이벤트 스트림으로 내보낸 뒤 관련 엔트리를 삭제합니다. 이 방법은 데이터 저장소가 트랜잭션 및 (보통 큐로 사용할 단독형 테이블로 구성하는) 출력 큐 메커니즘을 모두 지원할 경우에만 가능합니다.

세 가지 패턴 모두 저마다 개성이 뚜렷하지만 한 가지 공통점이 있습니다. (출력 이벤트 레코드 헤더에 있는) 소스 레코드의 최근 업데이트 시간(updated_at) 컬럼을 이용해 이벤트를 타임스탬프 순서대로 생산해야 한다는 점입니다. 따라서 프로듀서가 이벤트를 발행한 시간이 아닌, 이벤트 자체가 발생한 시간이 타임스탬프로 찍힌 이벤트 스트림이 생성됩니다. 데이터 해방에서는 실제로 이벤트가 워크플로에서 발생한 시간을 정확하게 나타낼 수 있어야 하므로 아주 중요한 문제입니다. 타임스탬프 기반의 인터리빙에 대해서는 6장에서 더 자세히 다룹니다.

4.3 데이터 해방 프레임워크

데이터를 해방하는 한 가지 방법은, 데이터를 이벤트 스트림으로 추출하는 카프카 커넥트Kafka Connect[3] (카프카 플랫폼 전용), 아파치 고블린Apache Gobblin[4], 아파치 나이파이Apache NiFi[5] 같은 중앙화 프레임워크를 사용하는 것입니다. 이런 프레임워크를 사용하면 하부 데이터 세트를 쿼리한 결과를 출력 이벤트 스트림에 흘릴 수 있고 필요시 인스턴스를 더 추가해서 CDC 작업 용량을 늘리는 식으로 확장할 수도 있습니다. 또 이들은 컨플루언트Confluent (아파치 카프카)[6]가 개발한 스키마 레지스트리와 다양한 수준에서 통합하거나, 다른 스키마 레지스트리를 사용할 수 있게 맞춤할 수 있습니다(14.5절의 '스키마 레지스트리' 참고).

그러나 모든 데이터 해방 프로세스에 반드시 전용 프레임워크가 필요한 것은 아닙니다. 실제로 이벤트 스트림 데이터를 직접 알아서 생산하는 편이 더 적합한 시스템도 많습니다. 사실 데이터 해방 프레임워크는 자칫 데이터 접근 안티패턴을 조장할 우려가 있습니다. 내부 데이터 모델을 외부 시스템에 노출시켜 결합도가 외려 증가하고 이벤트 기반 아키텍처의 중요한 이점 중 하나가 흐려지는 것이 가장 일반적인 안티패턴입니다(더 자세한 내용은 이 장의 나머지 부분에서 설명하겠습니다).

---

3 https://oreil.ly/v0cpx
4 https://oreil.ly/pFRM_
5 https://oreil.ly/9sDb1
6 https://oreil.ly/BkxyW

4.4 쿼리로 데이터 해방

데이터 저장소를 쿼리한 결과를 관련 이벤트 스트림에 흘려보내는 것입니다. 클라이언트는 API, SQL, 또는 유사 SQL^SQL-like 언어를 이용해 데이터 저장소에서 원하는 데이터 세트를 요청합니다. 데이터 세트는 최초 1회 벌크 쿼리^bulk-query(대량 조회)한 다음 주기적으로 업데이트해서 변경분을 출력 이벤트 스트림에 생산합니다.

이 패턴에서 쓰이는 몇 가지 쿼리 패턴을 알아보겠습니다.

4.4.1 벌크 로딩

벌크 쿼리를 실행해서 전체 데이터를 로드합니다. 앞으로 계속할 증분 업데이트를 하기 직전, 그리고 각 폴링 주기마다 전체 테이블을 로드할 경우에 수행하는 작업입니다.

벌크 로드는 데이터 저장소에서 전체 데이터 세트를 가져오기 때문에 비용이 많이 듭니다. 데이터 세트가 작다면 별 문제없겠지만 레코드 수가 수백만~수십억 개에 달하는 대량 데이터는 결코 만만치 않습니다. 대량 데이터를 적재/처리하는 작업의 성능은 구현체마다 편차가 심할 수 있으니 여러분이 사용하는 데이터 저장소의 모범 사례가 있는지 잘 찾아보세요.

4.4.2 증분 타임스탬프 로딩

이전 쿼리 결과의 최종 타임스탬프 이후에 쌓인 데이터를 쿼리해서 적재합니다. 최근 업데이트 시간(updated_at) 컬럼/필드를 기준으로 레코드가 가장 마지막에 수정된 시간을 찾아 매번 증분 업데이트할 때마다 최종 수정 시간 컬럼/필드가 이 시간 이후인 레코드만 가져옵니다.

4.4.3 자동증가 ID 로딩

증분 업데이트를 할 때마다 ID 값이 마지막으로 처리한 ID보다 큰 데이터만 쿼리해서 적재합니다. 선후 관계가 분명한 자동증가 정수 또는 Long 타입 필드가 필요합니다. 아웃박스 테이블처럼 불변 레코드가 있는 테이블을 쿼리할 때 자주 사용하는 방법입니다(4.5절의 'CDC 로그로 데이터 해방' 참고).

4.4.4 맞춤 쿼리

맞춤 쿼리custom query(커스텀 쿼리), 즉 클라이언트 쿼리 언어로 제한합니다. 대용량 데이터 중 일부만 필요하거나 내부 데이터 모델이 과도하게 노출되는 것을 막기 위해 여러 테이블의 데이터를 조인하고 반정규화denormalization할 때 이런 맞춤 쿼리를 사용합니다. 예컨대, 사용자가 제휴사 데이터 중 어떤 필드에 부합하는 것만 필터링해서 각 제휴사별 이벤트 스트림으로 보내는 경우 알맞은 방식입니다.

4.4.5 증분 업데이트

증분 업데이트incremental update를 하려면 먼저 데이터 세트의 레코드에 필요한 타임스탬프나 자동 증가 ID를 생성해야 합니다. 쿼리가 아직 처리하지 않은 레코드에서 이미 처리한 레코드를 필터링하려면 이런 필드가 꼭 필요합니다. 만약 최근 업데이트 시간(updated_at) 컬럼이나 자동증가 ID 필드가 없으면 데이터 저장소가 알아서 추가해서 채우도록 설정합니다. 이런 필드를 데이터 세트에 추가할 수 없다면 쿼리 기반 패턴의 증분 업데이트는 불가능합니다.

다음으로, 폴링 빈도와 업데이트 지연 시간을 정해야 합니다. 업데이트를 자주하면 다운스트림 데이터를 업데이트하는 지연이 줄어드는 반면, 데이터 저장소에 걸리는 총 부하량이 늘어납니다. 요청 간격이 전체 데이터를 로드하기에 충분한지도 잘 살펴야 합니다. 앞 쿼리가 아직 로드 중인데 쿼리를 또 시작하면 옛 데이터가 출력 이벤트 스트림의 새 데이터를 덮어 쓰는 경합 조건race condition이 발생하겠죠.

증분 업데이트 필드와 업데이트 빈도가 결정되면 마지막으로 벌크 로드를 1회 수행합니다. 앞으로 계속 증분 업데이트를 하기 전에 기존 데이터를 전부 쿼리/생산하는 벌크 로드 테스트를 해보면서 막바지 점검을 하는 겁니다.

4.4.6 쿼리 기반 업데이트의 장점

쿼리 기반 업데이트는 다음과 같은 장점이 있습니다.

맞춤성(customizability)

모든 데이터 저장소를 쿼리할 수 있고 클라이언트가 마음껏 쿼리 옵션을 지정할 수 있습니다.

독립적인 폴링 주기

SLA가 엄격한 쿼리는 실행 빈도를 높이고 그밖의 비용이 많이 드는 나머지 쿼리는 빈도를 낮추는 식으로 리소스를 절약할 수 있습니다.

내부 데이터 모델의 격리

관계형 DB에서는 구체화 뷰materialized view 또는 뷰view 객체를 이용해 내부 데이터 모델과 분리할 수 있습니다. 데이터 저장소 외부로 노출돼선 안 되는 도메인 모델 정보를 숨기고자 사용하는 기법입니다.

> **WARNING_** 해방된 데이터는 단일 진실 공급원이라는 사실을 염두에 두고 은닉/누락된 데이터도 해방시킬지, 아니면 아예 소스 데이터 모델 자체를 리팩터링할지도 고민해야 합니다. 비즈니스 데이터와 엔티티 데이터가 시간이 갈수록 점점 뒤엉켜버린 레거시 시스템에서 데이터를 해방할 때 특히 이런 문제가 대두됩니다.

4.4.7 쿼리 기반 업데이트의 단점

쿼리 기반 업데이트도 다음과 같은 단점이 있습니다.

최종 업데이트 시간 타임스탬프가 필수다

쿼리할 하부 테이블 또는 이벤트의 네임스페이스namespace에 최종 수정 시간 타임스탬프가 반드시 있어야 합니다. 데이터가 마지막으로 업데이트된 시간에 따라 증분 업데이트를 하는 방식이라서 필수 컬럼입니다.

하드 삭제 추적 불가

하드 삭제hard deletion는 쿼리 결과에서 드러나지 않습니다. 따라서 삭제를 추적하려면 삭제 여부is_deleted 같은 불리언 컬럼을 이용하는 플래그 기반의 소프트 삭제soft deletion만 가능합니다.[7]

---

7 옮긴이_ 하드 삭제(hard deletion)는 DB 레코드를 물리적으로 삭제하는 것. 소프트 삭제(soft deletion)는 DB 레코드를 실제로 삭제하지 않고 삭제 여부를 나타내는 컬럼(예: DEL_YN)을 사용하여 나타내는 방식입니다.

데이터 세트 스키마, 출력 이벤트 스키마 간의 취약한 의존 관계

다운스트림 이벤트 포맷의 스키마 규칙과 호환되지 않는 방향으로 데이터 세트 스키마가 변경될 가능성이 항상 존재합니다. 쿼리 기반으로 실행되는 데이터 저장 애플리케이션의 코드 베이스와 데이터 해방 메커니즘이 분리되어 있는 경우에 이렇게 깨지기 쉽습니다.

간헐적 캡처(intermittent capture)

데이터가 일정한 폴링 주기마다 동기화되기 때문에 동일한 레코드에 대한 일련의 변경들은 각자 개별적인 이벤트로만 보입니다.

생산 리소스 낭비

쿼리를 실행하려면 하부 시스템의 리소스를 사용해야 하므로 생산 시스템의 지연 시간이 너무 커질 수 있습니다. 이 문제는 읽기 전용 레플리카로 어느 정도 해소할 수 있지만 추가 비용이 들고 시스템 복잡도는 더 증가하게 됩니다.

데이터 변경 때문에 쿼리 성능이 오르락내리락한다

쿼리 결과 반환되는 데이터량은 하부 데이터에서 발생한 변경 규모에 따라 달라집니다. 최악의 경우, 전체 데이터가 계속 변경돼서 다음 쿼리를 실행하기도 전에 현재 쿼리가 아직 미완료 상태인 경합 조건이 발생할 수 있습니다.

4.5 CDC 로그로 데이터 해방

데이터를 해방하는 또 다른 패턴으로는 데이터 저장소에 내장된 CDC 로그(예: MySQL 바이너리 로그, PostgreSQL의 선행 기입 로그$^{write-ahead\ log}$) 기능을 활용하는 방법이 있습니다. 시간 경과에 따라 데이터 세트에 발생한 모든 일을 붙임 전용 로그 형태로 남기는 것이죠. 대상은 개별 레코드의 생성, 수정, 삭제는 물론 각 데이터 세트 및 스키마의 생성, 수정, 삭제까지 해당됩니다.

모든 데이터 저장소가 불변의 변경 로깅 기능을 지원하는 것은 아니므로 CDC는 쿼리로 캡처하는 것에 비해 기술 선택의 폭은 좁습니다. 또 데이터 추출에 필요한 커넥터^{connector}가 기본 제공되지 않는 경우도 있습니다. 그래서 이 방법은 주로 MySQL, PostgreSQL 등 몇몇 RDB에서만 가능하지만 포괄적인 변경 로그 세트가 탑재된 데이터 저장소라면 고려해봄직합니다. 최신 데이터 저장소 대부분은 물리적 로그 선행 기입write-ahead logging(WAL)[8]의 프록시 역할을 하는 이벤트 API를 표출합니다. 가령, 몽고DB MongoDB는 체인지 스트림즈Change Streams[9]라는 인터페이스를 제공하며 카우치베이스Couchbase는 내부 프로토콜을 통해 복제 액세스를 제공합니다.

데이터 저장소 로그는 어마어마하게 커질 가능성이 높고 따로 장기 보관할 필요는 없기 때문에 처음부터 발생한 변경 기록을 전부 포함하고 있지는 않습니다. 그래서 데이터 저장소 로그에서 CDC 프로세스를 시작하기 전에 기존 데이터의 스냅샷snapshot을 찍어야 합니다. 흔히 부트스트래핑bootstrapping이라고 부르는 이 작업은 대개 성능에 영향을 미칠 정도의 대용량 쿼리가 수반되므로 부트스트랩한 쿼리 결과에 있는 레코드와 로그에 쌓인 레코드를 정확히 중첩시켜서 혹시라도 실수로 레코드를 빠뜨리는 일이 없도록 해야 합니다.

체인지로그changelog (변경분 로그)에서 이벤트를 캡처하면 체크포인트checkpoint를 전진시켜야 합니다. 사용하는 도구에 따라 이런 기능이 이미 내장된 경우도 있습니다. 체크포인트는 CDC 장애 발생 시 마지막으로 저장된 체인지로그 인덱스를 복구하는 용도로 쓰입니다. 적어도 한 번 이상at-least-once 레코드를 제공할 수 있기 때문에 엔티티 기반의 데이터 해방 시 적절한 방법입니다. 엔티티 데이터를 업데이트하는 행위는 멱등적idempotent이라서 추가 레코드 생산은 중요하지 않습니다.

체인지로그에서 데이터를 소싱하는 방법은 다양합니다. RDB를 사용할 경우 가장 널리 쓰이는 제품[10]을 대부분 지원하는 데베지움Debezium[11]이 유명합니다. 데베지움을 이용하면 간단한 설정만으로 아파치 카프카, 아파치 펄사에 레코드를 생산할 수 있고 다른 브로커도 사내 개발 공수는 조금 더 필요하지만 추가할 수 있습니다. 맥스웰Maxwell[12] 같은 바이너리 로그binary log 리더도 있지만 아직 MySQL만 지원하고 아파치 카프카에만 데이터 생산이 가능합니다.

---

8 옮긴이_ 데이터베이스 시스템에서 ACID 특성 중 원자성(A)과 내구성(D)을 제공하는 기술입니다. WAL을 사용하는 시스템에서 모든 수정은 적용 이전에 로그에 기록되며, 일반적으로 redo 및 undo 정보를 둘 다 로그에 저장됩니다(출처: 위키백과).

9 https://oreil.ly/v9gd0

10 https://oreil.ly/oFSax

11 https://debezium.io

12 https://oreil.ly/Rr4Kp

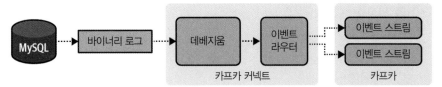

그림 4-5 데베지움 커넥터로 MySQL DB 바이너리 로그에서 데이터를 캡처해 카프카 이벤트 스트림에 기록

[그림 4-5]는 MySQL DB의 바이너리 로그에서 데이터를 추출하는 과정입니다. 데베지움 커넥터를 실제로 가동하는 카프카 커넥트 서버는 MySQL 바이너리 로그를 소비해서 데이터를 파싱한 다음 이벤트로 변환하고 이벤트 라우터는 각 이벤트를 그 이벤트의 소스 테이블에 따라 주어진 카프카 이벤트 스트림으로 내보냅니다. 그러면 최종적으로 다운스트림 컨슈머는 카프카 이벤트 스트림을 소비하여 DB 레코드에 접근할 수 있습니다.

4.5.1 데이터 저장소 로그의 장점

데이터 저장소 로그를 사용하면 다음과 같은 장점이 있습니다.

삭제 추적

쿼리 기반 업데이트와 달리 바이너리 로그에는 하드 레코드 삭제가 이미 포함돼 있기 때문에 소프트 삭제 없이 삭제 이벤트로 변환할 수 있습니다.

데이터 저장소 성능에 미치는 영향 최소화

선행 기입 로그, 바이너리 로그를 사용하는 데이터 저장소에서는 성능에 별 영향 없이 CDC 작업을 수행할 수 있습니다. SQL 서버의 경우처럼 변경 테이블을 사용한다면 데이터량만큼 영향을 받습니다.

저지연 업데이트(low-latency updates)

이벤트가 선행 기입 로그, 바이너리 로그에 기록되면 곧바로 업데이트를 전파할 수 있으므로 다른 데이터 해방 패턴보다 지연 시간이 아주 짧습니다.

4.5.2 데이터 저장소 로그의 단점

데이터 저장소 로그를 사용하면 다음과 같은 단점이 있습니다.

내부 데이터 모델 노출

쿼리 기반의 업데이트에서 뷰를 격리 수단으로 사용하는 것과 달리 내부 데이터 모델이 체인지로그에 완전히 노출됩니다. 따라서 내부 데이터 모델을 신중하게 선별하여 격리해야 합니다.

데이터 저장소 외부에서 반정규화

체인지로그에는 이벤트 데이터만 들어 있습니다. 구체화 뷰에서 이벤트를 추출할 수 있는 CDC 메커니즘도 있지만 대부분 데이터 저장소 외부에서 반정규화가 일어납니다. 따라서 고도로 정규화한 이벤트 스트림을 생성해야 할 수도 있는데, 그러려면 다운스트림 마이크로서비스가 외래 키$^{foreign\ key}$ 조인 및 반정규화를 처리해야 합니다.

데이터 세트 스키마와 출력 이벤트 스키마 사이의 취약한 의존 관계

쿼리 기반의 데이터 해방 프로세스와 마찬가지로 바이너리 로그 기반의 데이터 해방 프로세스는 데이터 저장소 애플리케이션 외부에 존재하므로 데이터 세트 변경, 필드 타입 재정의 등 유효한 데이터 저장소의 변경 발생 시 이벤트 스키마의 특정한 진화 규칙 및 호환성이 완전히 어긋날 가능성이 있습니다.

4.6 아웃박스 테이블로 데이터 해방

아웃박스 테이블에는 데이터 저장소의 내부 데이터에 관한 중요한 업데이트가 로우 단위로 삽입됩니다. CDC 대상으로 표시된 데이터 저장소에서 테이블 레코드가 삽입, 수정, 삭제될 때마다 해당 레코드가 아웃박스 테이블에 발행되는 구조입니다. CDC하는 테이블마다 자체 아웃박스 테이블을 두거나, 모든 변경분을 하나의 아웃박스 테이블에 기록합니다(자세한 내용은 곧 설명합니다).

내부 테이블의 업데이트와 아웃박스 테이블의 업데이트는 단일 트랜잭션으로 묶어 트랜잭션 성공 시에만 두 업데이트가 일어나게 합니다. 그렇게 하지 않으면 단일 진실 공급원 역할을 하는 이벤트 스트림이 결국 여러 갈래로 쪼개져 데이터를 관리하기가 아주 곤란해지겠죠. 이 패턴은 데이터 저장소나 애플리케이션 레이어 중 한 군데는 수정을 해야 하는데 둘 다 데이터 저장소 개발자가 개입해야 하므로 CDC보다 더 침습적인invasive (사람이 나서 직접 칼을 대야 하는 – 옮긴이) 접근 방법이라고 할 수 있습니다. 아웃박스 테이블 패턴은 데이터 저장소의 보존성을 십분 활용하여 외부 이벤트 스트림에 발행 대기 중인 이벤트를 선행 기입 로깅하는 기능을 제공합니다.

내장 변경–데이터 테이블

SQL 서버 같은 일부 DB는 CDC 로그 기능은 없지만 변경–데이터 테이블을 제공합니다. 이 테이블은 기본 옵션으로 대개 DB 작업 감사audit 용도로 쓰입니다. 앞서 언급한 카프카 커넥트, 데베지움 같은 외부 서비스는 CDC 로그 대신 CDC 테이블을 사용하는 DB에 접속, 쿼리 기반 패턴으로 이벤트를 추출해서 이벤트 스트림에 생산할 수 있습니다.

아웃박스 테이블에서는 PK가 동일한 레코드가 짧은 시간 동안 여러 번 업데이트될 수 있으므로 정렬 식별자ordering identifier가 명확해야 합니다. 이전에 동일한 PK로 업데이트된 레코드를 덮어 써도 되지만 그렇게 하려면 그 레코드를 먼저 찾아야 하는 만큼 성능 오버헤드가 발행합니다. 그리고 덮어 쓴 레코드는 다운스트림으로 흘러가지 않을 것입니다.

삽입 시 할당되는 자동증가 ID는 이벤트 발행 순서를 정하는 최적의 수단입니다. 데이터 저장소에서 레코드가 생성된 이벤트 시간을 가리키고 이벤트 스트림에 발행하는 동안 월클럭 시간wallclock time[13]으로 대용 가능한 생성 시간(`created_at`) 컬럼도 함께 보관해야 합니다. 6장에서 설명할 이벤트 스케줄러는 이 타임스탬프 덕분에 정확한 인터리빙을 수행할 수 있습니다.

---

13 옮긴이_ 실제로 이벤트를 발행하는 데 소요된 시간을 말합니다.

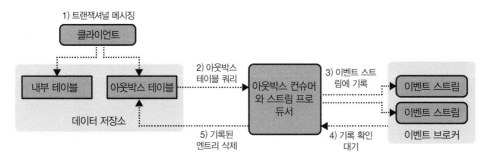

그림 4-6 아웃박스 테이블 기반 CDC 솔루션의 전체 워크플로

[그림 4-6]은 종단간^end-to-end 워크플로를 나타낸 것입니다. 데이터 저장소 클라이언트는 내부 테이블의 업데이트, 아웃박스 테이블의 업데이트를 각각 하나의 트랜잭션으로 묶어 처리하므로 도중 실패하더라도 두 테이블 간 데이터 정합성이 유지됩니다. 한편, 이와 별도의 애플리케이션 스레드나 프로세스는 아웃박스 테이블을 계속 폴링해서 해당 이벤트 스트림에 데이터를 생산합니다. 여기까지 성공하면 아웃박스 테이블의 레코드는 삭제됩니다. 만약 실패하더라도, 즉 데이터 저장소, 프로듀서/컨슈머, 심지어 이벤트 브로커 중 어느 한곳에 장애가 발생해도 아웃박스 테이블의 레코드는 소실되는 일 없이 보존될 것입니다. 이 패턴은 적어도 한 번 이상 전달을 보장합니다.

4.6.1 성능 고려 사항

아웃박스 테이블이 위치한 데이터 저장소와 그 요청을 처리하는 애플리케이션의 부하가 가중됩니다. 부하가 적은 소규모 데이터 저장소라면 미미한 수준이겠지만 대규모 데이터 저장소, 특히 부하가 엄청나고 캡처할 테이블이 많은 경우 비용이 많이 들겠죠. 그때그때 상황에 맞게^case-by-case 비용을 잘 따져보고 CDC 로그 파싱 같은 대응 전략의 비용과 균형을 맞춰야 합니다.

4.6.2 내부 데이터 모델 격리

아웃박스 테이블을 내부 테이블과 1:1 매핑할 필요는 없습니다. 사실 아웃박스 테이블의 중요한 장점은 데이터 저장소 클라이언트가 다운스트림 컨슈머에 대해 내부 데이터 모델을 격리할 수 있다는 점입니다. 도메인의 내부 데이터 모델은 관계형 작업에는 최적화되어 있지만 대체로 다운스트림 컨슈머가 소비하기에 적당하지 않은, 고도로 정규화된 많은 테이블들로 이루어져 있을 것입니다. 도메인은 단순하지만 다수의 테이블로 구성되어 있어 독립적인 스트림으로 표출하려면 다운스트림 컨슈머가 사용할 수 있게 재구성해야 하는 경우도 있습니다. 이렇듯 여러 다운스트림 팀이 도메인 모델을 재설계하고 이벤트 스트림에서 관계형 데이터를 처리해야 하므로 운영 오버헤드 측면에서는 비용이 많이 들 수밖에 없습니다.

> **WARNING_** 내부 데이터 모델을 다운스트림 컨슈머에게 표출하는 것은 안티패턴입니다. 다운스트림 컨슈머는 퍼블릭public(공개) 데이터 규약(3장)에 의해 포맷팅된 데이터에만 접근해야 합니다.

데이터 저장소 클라이언트는 아웃박스 테이블에 퍼블릭 데이터 규약을 잘 반영되도록 삽입 시점에 데이터를 반정규화할 수 있습니다. 물론 저장 공간을 더 차지하고 성능이 떨어지는 부분은 감수해야 합니다. 변경분과 출력 이벤트 스트림을 계속 1:1로 매핑하고 전용 다운스트림 이벤트 처리기를 이용해 스트림을 반정규화하는 방법도 있습니다. 이렇게 하면 고도로 정규화한 관계형 데이터를 쉽게 소비할 수 있는 하나의 이벤트로 바꿀 수 있는데, 필자는 이런 프로세스를 이벤트화eventification라고 부릅니다. 데이터 저장소 클라이언트가 하는 일을 모방한 것으로, 부하를 줄이기 위해 데이터 저장소 외부에서 수행하는 것입니다. [그림 4-7]은 User, Location, Employer에 따라 User를 반정규화하는 이벤트화 예입니다.

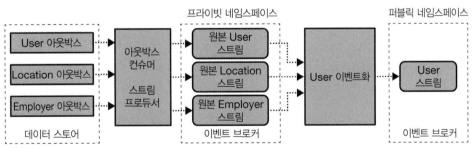

그림 4-7 프라이빗 이벤트 스트림 User, Location, Employer를 통해 User를 퍼블릭 이벤트로 만듦

[그림 4-17]에서 User는 사용자가 거주하는 도시, 주/도, 국가, 그리고 현재 고용주를 외래 키로 참조합니다. User 이벤트를 소비하는 다운스트림 컨슈머 입장에서는 억지로 각 스트림을 상태 저장소로 구체화한 다음 관계형 기법을 동원해 반정규화하는 것보다 그냥 사용자별 전체

정보를 하나의 이벤트로 받아보고 싶겠죠. 정규화한 원raw이벤트는 아웃박스 테이블에서 각각의 이벤트 스트림으로 소싱되지만 이들 스트림은 내부 데이터 모델 보호 차원에서 다른 부서와 격리된 별도의 프라이빗 네임스페이스private namespace에 보관됩니다(14.3절의 '이벤트 스트림 메타데이터 태깅' 참고).

User 엔티티를 반정규화하고 내부 데이터 모델의 구조를 흔적도 없이 벗겨냄으로써 사용자 정보를 이벤트화하는 셈입니다. 이런 작업을 하려면 User, Location, Employer 각각의 구체화 테이블을 유지해서 나중에 업데이트가 발생하면 조인 로직을 다시 실행하여 영향받는 모든 User 업데이트를 다운스트림으로 흘려보내야 합니다. 최종 이벤트는 결국 모든 다운스트림 컨슈머가 소비 가능한 조직의 퍼블릭 네임스페이스public namespace로 보내지겠죠.

외부 컨슈머에 대해 내부 데이터 모델을 어느 정도까지 격리할지는 거의 모든 이벤트 기반 마이크로서비스로 전환하는 프로젝트에서 논쟁 거리입니다. 어쨌든 내부 데이터 모델의 격리는 서비스 간 결합을 끊고 독립성을 보장하기 위해, 또 업스트림 내부 데이터 모델의 변경이 아닌, 새로운 비즈니스 요건에 의해서만 시스템이 변경되도록 보장하기 위해서 꼭 필요한 작업입니다.

4.6.3 스키마 호환성 보장

스키마 직렬화(그리고 검증) 역시 캡처 워크플로에 구현할 수 있습니다. 아웃박스 테이블에 이벤트가 기록되기 전후에 수행하면 되겠죠. 성공하면 이벤트를 워크플로 다음 단계로 진행할 수 있고 실패하면 근본 원인을 파악하고 데이터 손실을 막기 위해 수작업이 필요할 것입니다.

데이터 일관성 측면에서는 아웃박스 테이블에 트랜잭션을 커밋하기 전에 직렬화하는 것이 가장 강력합니다. 직렬화가 실패하면 결국 트랜잭션도 실패할 테니 내부 테이블에 작업한 모든 변경분을 롤백시켜 아웃박스 테이블과 내부 테이블의 동기화를 유지하면 됩니다(그림 4-8). 별다른 문제가 없으면 이벤트는 직렬화되고 이벤트 스트림에 발행될 준비가 끝나겠죠. 이렇게 처리하면 내부 상태와 출력 이벤트 스트림 간에 데이터 정합성이 안 맞을 가능성이 현저히 줄어듭니다. 이벤트 스트림 데이터를 일급 시민first-class citizen으로 취급함으로써 일관된 내부 상태를 유지하는 것만큼 데이터를 정확하게 발행하는 일을 중요시하게 됩니다.

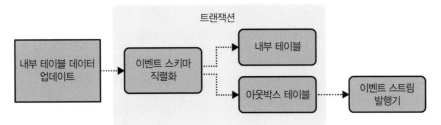

그림 4-8 변경 데이터를 아웃박스 테이블에 기록하기 전에 직렬화

아웃박스 테이블에 쓰기 전에 직렬화하면 모든 트랜잭션을 하나의 아웃박스 테이블로 사용할 수 있습니다. 거의 대부분 타깃 출력 이벤트 스트림이 매핑된 직렬화 데이터라서 포맷은 단순합니다(그림 4-9).

아웃박스 테이블

id(자동생성)	created_at	serialized_key	serialized_value	output_stream
8273	2020-07-07T07:43:10	A0 FB 24	01 12 C5 BB D4	Accounts
8274	2020-07-07T07:43:10	DE A8 EF	25 6B EA F9 76	Users

그림 4-9 이미 검증을 마치고 직렬화된 이벤트가 적재된 아웃박스 테이블(output_stream 컬럼은 라우팅 목적으로 쓰임)

그러나 발행하기 전에 직렬화하면 직렬화 오버헤드 때문에 성능이 떨어질 수 있습니다. 부하가 크지 않다면 대수롭지 않지만 부하가 클 경우는 문제가 될 수 있기 때문에 성능 요건을 충족하는지 잘 살펴야 합니다.

아웃박스 테이블에 이벤트를 쓴 다음에 발행하는 방법도 있습니다(그림 4-10).

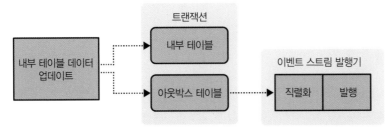

그림 4-10 변경 데이터를 아웃박스 테이블에 기록한 후 직렬화(발행 프로세스의 일부)

이 방법은 보통 도메인 모델당 하나씩, 출력 이벤트 스트림의 퍼블릭 스키마에 매핑된 독립적인 아웃박스 테이블을 둡니다. 발행기 프로세스는 아웃박스 테이블에서 아직 직렬화되지 않은 이벤트를 읽어 그 이벤트의 스키마로 직렬화한 다음, 출력 이벤트 스트림에 이벤트를 생산합니다. [그림 4-11]은 User, Account 두 엔티티에 각각 할당된 아웃박스 테이블입니다.

User 테이블 아웃박스

id(자동생성)	created_at	name	address	country
23	2020-05-20T16:30:00	Justin T.	123 Road Lane	Canada
24	2020-05-20T16:30:01	Robert O.	60 3rd Street	USA

Account 테이블 아웃박스

id(자동생성)	created_at	account_id	user_id	type
45	2020-06-02T09:10:10	623	2729	Cash
46	2020-06-03T11:53:01	638	4291	Credit

그림 4-11 다중 아웃박스 테이블(데이터가 직렬화되어 있지 않다. 즉, 출력 이벤트 스트림의 스키마와 호환되지 않을 가능성이 있다)

만약 직렬화 과정에서 실패한다면 이는 스키마를 준수하지 않아 발행 불가한 이벤트라는 뜻입니다. 그래서 이 방식이 관리하기가 더 어렵습니다. 이미 완료된 트랜잭션이 비호환 데이터를 아웃박스 테이블에 푸시했다면 트랜잭션이 확실하게 롤백되리란 보장이 없기 때문입니다.

결국 실제로 아웃박스 테이블에는 직렬화 안 되는 이벤트가 많이 쌓일 것입니다. 그중 일부라도 복구하려면 사람이 개입해야 하겠지만 시간도 많이 걸리고 작업이 어려울뿐더러 추가 이슈를 예방하려면 중단 시간downtime이 늘어나게 됩니다. 게다가 이미 발행이 완료된 호환 이벤트도 있을 테니 출력 스트림에서 이벤트 순서가 어긋날 가능성이 있어 골치가 아픕니다.

> TIP 사전 직렬화before-the-fact는 사후 직렬화after-the-fact보다 비호환 데이터를 더 강력하게 걸러내서 데이터 규약을 위반한 이벤트가 전파되는 것을 방지합니다. 다만, 직렬화 실패 시 반드시 트랜잭션을 롤백해야 하므로 비즈니스 프로세스가 완료되지 못하는 트레이드오프가 있습니다.

이벤트 스트림에 쓰기 전에 데이터를 검증한 다음 직렬화하면 출력 이벤트 스트림과 소스 데이터 저장소 간 데이터의 최종 일관성을 보장할 수 있고 소스 쪽 내부 데이터 모델도 계속 격리할 수 있습니다. 이것이 바로 CDC 솔루션의 가장 강력한 기능입니다.

이벤트를 아웃박스 테이블로 생산하면 좋은 점

아웃박스 테이블을 통해 이벤트를 생성하면 다음과 같은 중요한 이점이 있습니다.

다수의 언어 지원

트랜잭션 기능을 제공하는 클라이언트나 프레임워크는 어느 것이라도 사용할 수 있습니다.

사전 스키마 강화

아웃박스 테이블에 삽입하기 전에 직렬화함으로써 스키마가 올바른지 확인할 수 있습니다.

내부 데이터 모델 격리

데이터 저장소 애플리케이션 개발자가 아웃박스 테이블의 어느 필드에 쓸지 선택할 수 있어서 내부 필드를 계속 격리할 수 있습니다.

반정규화

아웃박스 테이블에 쓰기 전에 데이터를 필요한 만큼 반정규화할 수 있습니다.

이벤트를 아웃박스 테이블로 생산하면 나쁜 점

아웃박스 테이블을 통해 이벤트를 생성하는 방법은 다음과 같은 단점이 있습니다.

애플리케이션 코드 변경 필수

애플리케이션 코드를 반드시 변경해야 하므로 애플리케이션 관리자의 개발/테스트 리소스가 필요합니다.

비즈니스 프로세스 성능에 영향을 미친다

비즈니스 워크플로 성능에 무시하지 못할 정도의 영향을 미칠 가능성이 있습니다. 특히, 직렬화를 통해 스키마 유효성을 검증할 때가 그렇습니다. 또 트랜잭션이 실패하면 비즈니스 작업도 더 이상 진행할 수가 없습니다.

데이터 저장소 성능에 영향을 미친다

대량 레코드를 아웃박스 테이블에(서) 쓰고, 읽고, 삭제하면서 데이터 저장소에도 적잖은 영향을 미칩니다.

> **NOTE_** 성능 영향도는 다른 비용과 균형을 맞추어야 합니다. 가령, CDC 로그를 파싱해서 이벤트로 내보내고 사후 이벤트를 정제하는 일을 그냥 다운스트림 팀에게 넘기는 회사도 있습니다. 이렇게 하면 이벤트를 처리하고 표준화하는 과정에서 자체 컴퓨팅 비용이 발생하고 사람이 일일이 비호환 스키마를 해석하면서 내부 데이터 모델에 강하게 결합되지 않도록 조심해야 하니 인건비가 듭니다. 이런 작업을 하느라 컨슈머 쪽에서 추가로 든 비용에 비해 프로듀서 쪽에서 절약한 비용이 보잘 것 없는 경우가 많습니다.

4.6.4 변경-데이터를 트리거로 캡처

트리거는 앞서 소개한 감사, 바이너리 로그, 선행 기입 로그 같은 패턴보다 역사가 오래된 기술입니다. 구형 관계형 DB는 대부분 감사 테이블 생성 수단으로 트리거를 사용합니다. 트리거는 그 이름에서 알 수 있듯이 정해진 조건에서 자동 실행되도록 설정합니다. 트리거가 실패할 경우 트리거를 일으킨 커맨드도 실패하기 때문에 원자적 업데이트가 보장됩니다.

AFTER 트리거를 사용하면 감사 테이블의 로우 레벨$^{row-level}$(행 단위) 변경을 캡처할 수 있습니다. 가령, INSERT, UPDATE, DELETE 커맨드를 실행하면 트리거는 변경된 로우를 포착해 변경-데이터 테이블에 기록하면 특정 테이블의 변경 사항을 추적할 수 있습니다.

[그림 4-12]에서 User 데이터가 user 테이블에 삽입되면 곧바로 트리거가 이벤트를 캡처합니다. 이 때 트리거는 이벤트 발행기 프로세스가 사용할 삽입 시간과 자동증가 ID도 함께 캡처합니다.

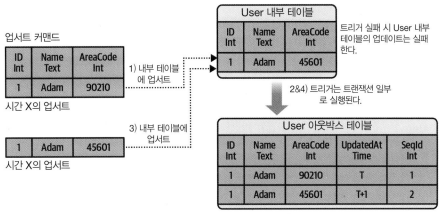

그림 4-12 User 테이블에 반영된 변경 데이터를 트리거로 캡처

일반적으로 트리거 실행 중에는 이벤트 스키마로 변경-데이터를 검증할 수 없지만 아예 불가능한 것은 아닙니다. 다만 트리거는 DB 내부에서 실행되므로 지원 자체가 안 되거나, 지원되더라도 트리거가 지원하는 언어 형태로 한정되는 경우가 많습니다. 물론 C, 파이썬, 펄Perl을 지원하는 PostgreSQL에서는 스키마를 검증하는 사용자 정의 함수를 만들어 쓸 수 있지만, 다른 DB는 대부분 이렇게 다양한 언어를 지원하지 않습니다. 설령 트리거를 지원하더라도 비용이 너무 많이 듭니다. 각 트리거가 독립적으로 작동하면서 데이터, 스키마, 검증 로직을 담아두는 오버헤드가 상당하며 로드하는 비용도 대부분 큰 편입니다.

[그림 4-13]은 [그림 4-12]의 다음 과정입니다. 변경-데이터를 사후 검증해서 직렬화한 다음, 문제가 없는 데이터를 출력 이벤트 스트림에 생산합니다. 실패한 데이터는 비즈니스 요건에 따라 에러 처리하거나 사람이 직접 수동으로 처리합니다.

CDC 테이블 스키마는 내부 테이블 스키마와 출력 이벤트 스트림 스키마를 연결하는 징검다리 역할을 합니다. 출력 이벤트 스트림에 성공적으로 데이터를 생성하려면 이 세 가지 모두 궁합이 잘 맞아야 합니다. 출력 스키마는 보통 트리거 실행 중에 검증하지 않기 때문에 변경-데이터 테이블을 출력 이벤트 스키마 포맷으로 동기화하는 것이 가장 좋습니다.

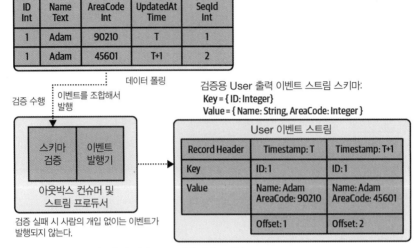

그림 4-13 사후 검증하고 출력 이벤트 스트림에 이벤트 생산

TIP 테스트를 하면서 출력 이벤트 스키마와 변경 데이터 테이블 포맷을 비교해보세요. 그래야 프로덕션에 배포하기 전에 혹시라도 호환되지 않는 부분이 있는지 밝혀낼 수 있습니다.

트리거는 오래된 기술이 적용된 레거시 시스템에서 대체로 잘 작동됩니다. 트리거는 역사가 깊고 필요한 CDC 메커니즘을 구현하기에 알맞은 기술입니다. 접근 및 로드 패턴도 안정적으로 잘 정의되어 있는 편이어서 트리거를 추가하는 영향도를 정확하게 평가할 수 있습니다. 또 트리거 자체 프로세스가 실행되는 도중에 스키마를 검증할 일은 거의 없지만 단지 레거시 시스템의 특성 탓에 스키마 자체를 변경해야 할 가능성 또한 낮습니다. 사후 검증은 스키마가 자주 변경될 경우에만 문제가 됩니다.

> **WARNING_** 보다 최근 기술로 변경–데이터를(에) 생성/접근할 수 있다면 트리거는 가급적 사용하지 마세요. 트리거 기반 솔루션에 필요한 성능 오버헤드와 관리 부담을 결코 과소평가해선 안 됩니다. 연관된 테이블과 데이터 모델이 수십, 수백 개에 달하는 경우에는 특히 더 그렇습니다.

트리거를 사용하면 좋은 점

트리거를 사용하면 다음과 같은 장점이 있습니다.

대부분 DB가 지원

대부분의 관계형 DB가 트리거를 지원합니다.

데이터 규모가 작을 경우 오버헤드가 낮다

데이터 세트가 많지 않다면 관리/구성이 아주 쉽습니다.

맞춤 로직 가능

트리거 코드를 맞춤해서 특정 필드의 하위 세트만 노출시킬 수 있습니다. 덕분에 다운스트림 컨슈머에 어느 데이터까지만 노출할지 격리 수준을 지정할 수 있습니다.

트리거를 사용하면 나쁜 점

트리거를 사용하면 다음과 같은 단점이 있습니다.

성능 오버헤드

트리거는 DB 내부에서 테이블을 상대로 작업을 수행하므로 적잖은 리소스를 차지합니다. 그래서 서비스 성능 요건 및 SLA에 따라서 수용할 수 없을 만큼의 부하를 야기할 수 있습니다.

변경 관리가 복잡하다

애플리케이션 코드와 데이터 세트 정의를 변경하기 위해 해당 트리거를 수정해야 할 경우도 있는데 시스템 관리자가 그 사실을 모르고 지나치면 내부 데이터 세트와 전혀 어긋난 형태로 데이터가 해방될 수 있습니다. 따라서 트리거가 제대로 작동되는지 확인하려면 종합적인 테스트를 수행해야 합니다.

확장성이 좋지 않다

캡처할 데이터 세트 수만큼 트리거가 필요합니다. 물론 여기서 테이블 간 의존 관계를 강제하는 것처럼 이미 비즈니스 로직에 구현되어 있을지도 모르는 부가적인 트리거는 제외됩니다.

사후 스키마 강화

출력 이벤트의 스키마 강화는 레코드가 아웃박스 테이블에 발행된 이후에만 발생합니다. 따라서 발행할 수 없는 이벤트도 아웃박스 테이블에 섞일 수 있습니다.

TIP 일부 DB는 트리거 실행 중에 출력 이벤트 스키마와의 호환성을 검증할 수 있는 언어로 트리거를 실행할 수 있습니다(예: PostgreSQL에서 파이썬 언어로 트리거 작성). 복잡도와 비용은 증가하지만 다운스트림 스키마와 호환되지 않을 위험성이 상당히 경감됩니다.

4.7 데이터 정의 변경을 캡처 대상 데이터 세트로

데이터 해방 프레임워크에서 데이터 정의 변경까지 통합하는 작업은 쉽지 않습니다. 대부분의 관계형 DB에서는 컬럼 추가, 삭제, 이름 변경, 타입 변경, 기본값 추가/삭제 등을 통해 데이터 정의를 변경하는데 이런 변경 사항을 캡처함으로써 데이터 마이그레이션을 수행하는 것이 보통입니다. 그러나 데이터를 해당된 이벤트 스트림으로 생산할 때에는 이런 작업들이 문제를 일으킬 수 있습니다.

> **NOTE_** 데이터 정의data definition는 데이터 세트의 포맷을 기술한 것으로, 관계형 DB에서는 테이블을 데이터 정의 언어data definition language(DDL)로 정의합니다. 테이블, 컬럼, 이름, 타입, 인덱스는 모두 데이터 정의를 구성하는 요소들입니다.

가령, 양방향 스키마 진화 호환성이 필요한 경우에 옛 스키마를 사용하는 컨슈머는 필드에 어떤 값이 있으리라 기대하므로 캡처할 데이터 세트에 기본값이 없는 널 금지 컬럼은 뺄 수가 없습니다. 규약을 정한 시점에는 아무것도 명시된 바 없으니 컨슈머는 어떤 기본값을 대신 사용할 수 없고 따라서 결국 모호한 상태가 될 것입니다. 비호환 변경이 반드시 필요하고 데이터 규약을 근본적으로 깨뜨릴 수밖에 없는 경우 데이터 프로듀서/컨슈머는 반드시 새로운 데이터 규약을 체결해야 합니다.

> **WARNING_** 캡처할 데이터 세트를 유효하게 변경해도 해방된 이벤트 스키마에 입장에서는 유효한 변경이 아닐 수도 있습니다. 이런 비호환성 때문에 중대한 스키마 변경이 발생하고 이벤트 스트림의 전체 다운스트림 컨슈머에게 영향을 미치게 됩니다.

DDL 변경 캡처는 변경–데이터를 캡처하기 위해 사용하는 통합 패턴에 의존합니다. DDL 변경 시 다운스트림 컨슈머에게 큰 영향을 미칠 수 있으므로 일단 여러분의 캡처 패턴이 DDL 변경을 사전에 감지하는지, 사후에 감지하는지 파악하는 게 중요합니다. 예를 들어 쿼리 패턴과 CDC 로그 패턴은 DDL 변경을 사후에만, 즉 이미 데이터 세트에 적용한 이후에만 감지할 수 있지만, 변경–데이터 테이블 패턴은 소스 시스템의 개발 주기와 통합되기 때문에 반드시 프로덕션 릴리스 전에 데이터 세트에 변경한 내용을 변경–데이터 테이블과 비교/검증해야 합니다.

4.7.1 쿼리 패턴, CDC 로그 패턴: 사후 데이터 정의 변경 처리

쿼리 패턴에서는 쿼리 시점에 스키마를 가져와 이벤트 스키마를 추론할 수 있습니다. 새로운 이벤트 스키마는 (이벤트 데이터 발행을 허용/금지하는 기준인) 스키마 호환성 규칙을 이용하여 출력 이벤트 스트림의 스키마와 비교하면 됩니다. 이런 메커니즘은 카프카 커넥트[14] 프레임워크의 경우처럼 다양한 쿼리 커넥터에서 사용됩니다.

CDC 로그 패턴에서는 데이터 정의 업데이트를 CDC 로그의 일부로 캡처합니다. 즉, 데이터 정의 변경을 로그에서 추출해 데이터 세트의 스키마 표현형으로 추론하는 것입니다. 스키마가 일단 생성된 이후에는 다운스트림 이벤트 스키마와 비교/검증하면 됩니다. 그러나 이 기능은 아직 제한적이며 현재 데베지움 커넥터는 MySQL의 데이터 정의 변경만 지원합니다.

4.7.2 변경–데이터 테이블 캡처 패턴: 데이터 정의 변경 처리

변경–데이터 테이블은 내부 상태 스키마와 출력 이벤트 스트림 스키마를 연결하는 징검다리 역할을 합니다. 애플리케이션 검증 코드나 DB 트리거가 하나라도 짝이 안 맞으면 스택에 오류가 쌓이고 변경–데이터 테이블에 데이터가 기록되지 않습니다. CDC 테이블을 수정하려면 그에 맞는 스키마 호환성 규칙에 따라 출력 이벤트 스트림과 호환되는 스키마를 정의해야 합니다. 두 단계로 구성된 이 작업 덕분에 예기치 않은 변경이 프로덕션에 스며들 가능성이 현저히 줄어드는 효과가 있습니다.

----

14 https://oreil.ly/9XRDv

4.8 이벤트 데이터를 데이터 저장소에 싱킹

이벤트 스트림 데이터는 이벤트 데이터를 소비해서 데이터 저장소에 삽입하는 싱킹을 수행합니다. 일반적으로 싱킹은 중앙화 프레임워크나 단독형 마이크로서비스를 이용해서 수행하며 엔티티, 키 있는 이벤트, 키 없는 이벤트 등 어떤 유형의 이벤트 데이터라도 데이터 저장소에 저장할 수 있습니다.

이벤트 싱킹은 이벤트 기반으로 개발되지 않은 애플리케이션을 이벤트 스트림과 통합할 때 특히 유용합니다. 싱크 프로세스는 이벤트 브로커에서 이벤트 스트림을 읽어들여 지정된 데이터 저장소에 데이터를 삽입합니다. 또 이벤트 기반이 아닌 애플리케이션과 완벽하게 독립적으로 작동되면서 자신의 소비 오프셋을 추적하고 이벤트 데이터가 도착하는 대로 데이터 저장소에 씁니다.

이벤트 싱킹은 주로 레거시 시스템 간의 직접적인 점대점 결합을 대체하는 용도로 쓰입니다. 소스 시스템의 데이터를 일단 이벤트 스트림으로 해방하면 별다른 변경 없이도 목적지 시스템에 싱크할 수 있죠. 싱크 프로세스는 목적지 시스템에 대해 외부적으로 투명하게 작동됩니다.

데이터 싱킹은 배치 기반의 빅데이터 분석을 수행하는 팀에서도 자주 활용됩니다. 빅데이터 분석자들은 보통 분석 도구를 제공하는 하둡 분산 파일 시스템Hadoop Distributed File System(HDFS)에 데이터를 싱크합니다.

카프카 커넥트 같은 공통 플랫폼을 사용하면 간단한 설정만으로 싱크 프로세스를 구성해서 공유 인프라에 올려놓고 실행할 수 있습니다. 물론 단독형 마이크로서비스를 개발해서 해당 플랫폼에서 실행하고 독립적으로 관리하는 방법도 얼마든지 가능합니다.

4.9 싱킹과 소싱의 비즈니스 영향도

중앙화 프레임워크를 이용하면 비교적 낮은 오버헤드로 데이터를 해방할 수 있습니다. 어느 한 팀이 이런 프레임워크를 대규모로 운영하면 이후 사내 다른 팀의 데이터 해방 니즈도 지원할 수 있겠죠. 덕분에 차후 중앙화 프레임워크와 연계가 필요한 팀은 일체의 작업 부담 없이 커넥터 구성과 설계만 신경 쓰면 됩니다. 이렇게 팀마다 자체 솔루션을 강구하지 않아도 데이터를 재빠르게 해방할 수 있으므로 여러 팀의 여러 데이터 저장소에 데이터가 저장되는 대규모 조직에서 가장 유용합니다.

하지만 중앙화 프레임워크를 사용할 때 두 가지를 조심해야 합니다. 첫째, 데이터 소싱/싱킹 책임이 팀 간에 공유됩니다. 중앙화 프레임워크 운영팀은 프레임워크를 비롯해 각 커넥터 인스턴스의 안정성, 확장, 헬스 체크^{health check}(상태 점검)를 담당합니다. 한편, 캡처할 시스템을 운영하는 팀은 이와 독립적으로 (필드 추가/삭제 또는 커넥터를 통해 전달되는 데이터량에 영향을 미치는 로직 변경 등) 커넥터의 성능 및 안정성에 영향을 주는 결정을 내릴 수 있습니다. 따라서 이 두 팀 간에는 직접적인 의존 관계가 성립하며 어떤 변경 때문에 커넥터가 잘못되면 커넥터를 관리하는 팀만 그 사실을 감지할 수 있기 때문에 선형적 확장^{linearly scaling}, 팀 상호 의존 관계^{cross-team dependency}가 발행할 수 있습니다. 변경할 일이 늘어날수록 관리하기가 아주 난감해질 수도 있습니다.

둘째, 시스템이 프레임워크와 커넥터에 과도하게 의존하게 되어 시스템 본연의 이벤트 기반 작업을 할 수 없게 될 수 있습니다. 이벤트 기반 원칙을 일부만 채택한 조직에서 특히 이런 문제가 불거집니다. 데이터가 내부 상태 저장소에서 해방돼서 이벤트 스트림에 발행되면 조직은 그것으로 만족해서 더 이상 마이크로서비스로 전진하는 일에 무관심해지기 쉽습니다. 팀은 데이터를 소싱/싱킹하는 커넥터 프레임워크에 너무 의존하게 되고 자신들의 애플리케이션을 이벤트 기반 본연의 애플리케이션으로 리팩터링하지 않으려고 애쓸 것입니다. 필요할 때마다 수시로 소싱/싱킹을 프레임워크 운영팀에 요청하되 자신들의 전체 하부 애플리케이션은 이벤트와 전혀 상관없이 내버려두는 게 더 낫다고 판단할지도 모릅니다.

> **WARNING_** CDC는 이벤트 기반 아키텍처로 향하는 최종 목적지가 아니라 그 프로세스를 개시하는 데 도움을 주는 장치입니다. 데이터 통신 레이어로서 이벤트 브로커의 진가는 구현 레이어에서 분리된 탄탄하고, 미덥고, 진실된 이벤트 데이터의 원천 즉 단일 진실 공급원을 제공하는 일입니다. 데이터의 품질과 신뢰도가 낮으면 이벤트 브로커는 무용지물입니다.

이 두 가지 문제는 CDC 프레임워크의 역할을 제대로 인식해야 해결할 수 있습니다. 다소 반직관적이고 처음에 해야 할 일이 많긴 하지만 가능한 한 CDC 프레임워크를 덜 사용하고 팀 스스로 (아웃박스 패턴을 적용하는 식으로) CDC를 구현하도록 만드는 게 중요합니다. 팀간 의존 관계와 취약한 커넥터 기반의 CDC를 없애고 오로지 팀이 맡은 시스템의 이벤트를 발행하는 데에만 최선을 다하는 것입니다. 이렇게 하면 CDC 프레임워크 운영팀이 하는 일은 최소화되고 진짜 이 제품이 필요한 곳에 기술 지원을 더 집중할 수 있겠죠.

또 CDC 프레임워크 의존도를 낮추면 '이벤트를 우선하는event-first' 마음가짐mindset이 확산됩니다. 이벤트 스트림을 단순히 모놀리스끼리 데이터를 주고받는 수단으로 보는 게 아니라 각 시스템을 이벤트를 직접 발행/구독하는 프로듀서/컨슈머로 바라보고 전체 이벤트 기반 체계에 동참하는 것입니다. 이제 여러분은 이벤트 기반 마이크로서비스 체계의 열성적인 참여자로서 시스템이 언제, 어떻게 이벤트를 생성해야 할지 고민하기 시작하고 그냥 여기 안에 담겨 있는in here 데이터가 아니라 저밖에 널려 있는out there 데이터를 생각하게 됩니다. 이것이야말로 이벤트 기반 마이크로서비스를 성공적으로 도입하는 데 아주 중요한 문화적 변이의 한 과정입니다.

넉넉찮은 리소스로 겨우 유지보수만 하고 있는 제품이라면 중앙화 소스/싱크 커넥터 시스템을 도입해 엄청난 혜택을 볼 수 있습니다. 이것보다 더 복잡한, 즉 이벤트 스트림 요건이 중요하고 개발이 한창 진행 중인 제품이라면 지속적으로 커넥터 관리/지원을 하기가 어려울 것입니다. 이럴 때에는 진정한 이벤트 기반 본연의 애플리케이션으로 거듭날 수 있도록 코드베이스를 충분히 리팩터링하는 일정을 수립하는 게 좋습니다.

끝으로 CDC 전략 각자의 트레이드오프를 잘 생각해보세요. 팀마다 자신들의 이벤트를 단일 진실 공급원으로 제공하는 문제를 두고 책임 소재를 따지려고 할 테니 조직 내부에서 시끌시끌한 논쟁과 힘겨루기가 벌어지기 쉽습니다. 이벤트 기반 아키텍처로 나아가려면 데이터 통신 레이어에 투자를 해야 하지만 결국 이 데이터 통신 레이어도 그 내부의 데이터 품질이 좋아야 가치가 있겠죠. 조직 구성원 모두 본인이 해방한 데이터가 나머지 부서에 어떤 영향을 미치는지 예상하고, 스키마, 데이터 모델, 순서, 지연, 그리고 본인이 생산하는 이벤트의 정확성에 관한 SLA를 명확하게 도출해야 합니다.

4.10 마치며

데이터 해방은 접근성 좋은 성숙한 데이터 통신 레이어를 제공하기 위한 중요한 단계입니다. 대부분의 레거시 시스템은 코어 비즈니스 도메인 모델이 모두 중앙 집중식 구현 통신 구조 내부에 담겨 있습니다. 이런 데이터는 레거시 시스템에서 해방시켜 조직의 다른 파트에서 새롭게 분리된 제품과 서비스로 구성하는 게 좋습니다.

데이터 저장소에서 데이터를 추출/변환하는 데 쓰이는 프레임워크, 도구, 전략은 실제로 아주 다양하며 각각 장단점과 트레이드오프가 있습니다. 어떤 옵션을 선택할지는 유스 케이스마다 달라지고 필요하다면 여러분이 직접 메커니즘과 프로세스를 만들어 써야 할 수도 있습니다.

데이터 해방의 목표는 조직의 중요한 데이터가 깨끗하고 일관되게 담긴 단일 진실 공급원을 제공하는 것입니다. 데이터에 접근하는 행위가 데이터를 생산/저장하는 행위와 분리되므로 두 가지 일을 모두 수행하는 통신 구조를 구현할 필요가 없습니다. 이 간단한 액션 하나 덕분에 레거시 시스템의 수많은 구현체가 중요한 도메인 데이터에 접근하려고 넘나드는 경계가 줄어들며 새로운 제품 및 서비스의 개발이 직접적으로 탄력을 받습니다.

데이터 해방 전략은 풀 스펙트럼으로 존재합니다. 한쪽 끝에는 이벤트가 구현체의 데이터 저장소에 저장되면서 이벤트 브로커로 방출되는, 소스 시스템과 가깝게 통합하는 전략이 있습니다. 필요에 따라서는 이벤트 스트림을 다시 소비하기 전에 먼저 이벤트를 생성함으로써 이벤트 스트림을 단일 진실 공급원으로 강화하는 시스템도 있을 것입니다. 프로듀서는 좋은 데이터를 생산하는 시민으로서의 자기 역할을 인식하고 예기치 않은 중대한 변경이 일어나지 않도록 보호 장치를 강구합니다. 프로듀서는 컨슈머와 함께 협력하여 잘 정의된 고품질 데이터 스트림을 보장하고 급작스러운 변경을 최소화하며 시스템에 발생한 변경이 자신이 생산 중인 이벤트의 스키마와 호환되도록 합니다.

또 다른 쪽 끝에는 고도로 리액티브한 전략이 있습니다. 소스 데이터의 소유자는 이벤트 브로커에 데이터를 생산하는 것에 대해 거의 또는 전혀 알지 못합니다. 이들 소유자는 프레임워크에 전적으로 의존하여 내부 데이터 세트에서 직접 데이터를 가져오거나 CDC 로그를 파싱합니다. 스키마가 깨져 다운스트림 컨슈머가 중단되거나 소스 구현체에서 내부 데이터 모델이 노출되는 일은 자주 발생합니다. 이런 모델은 도메인 이벤트를 깨끗하고 일관되게 생산해야 할 데이터 소유자의 책임을 무시하기 때문에 장기적으로 계속 유지되기 어렵습니다.

데이터 해방이 얼마나 성공적으로 이벤트 기반 아키텍처로 전향하기 위한 이니셔티브로 정착될지는 조직 문화에 달려 있습니다. 데이터 소유자는 깨끗하고 신뢰할 만한 이벤트 스트림을 생산해야 할 필요성을 진지하게 받아들여야 하며 데이터 캡처 메커니즘이 이벤트 데이터를 해방시키는 최종 목적지로는 불충분하다는 사실을 이해해야 합니다.

CHAPTER 5

이벤트 기반 처리 기본

대부분의 이벤트 기반 마이크로서비스는 적어도 다음 세 단계를 거쳐 실행됩니다.

1. 입력 이벤트 스트림에서 이벤트를 소비한다.

2. 이벤트를 처리한다.

3. 필요한 출력 이벤트를 생산한다.

동기식 요청–응답 상호작용에서 입력 이벤트를 받아 처리하는 이벤트 기반 마이크로서비스는 13장에서 다룰 예정이니, 이 장에서는 이벤트 스트림에서 이벤트를 소싱하는 마이크로서비스에 대해서만 살펴보겠습니다.

스트림에서 이벤트를 소싱하는 이벤트 기반 마이크로서비스의 인스턴스는 프로듀서/컨슈머 클라이언트를 생성하거나 필요시 컨슈머 그룹에 조인합니다. 그리고 컨슈머 클라이언트는 새 이벤트를 폴링해서 처리하고 필요한 출력 이벤트를 내보내는 작업을 무한 반복합니다. 다음은 이 워크플로를 나타낸 의사 코드입니다(선택한 언어, 스트림 처리 프레임워크, 이벤트 브로커, 그밖의 기술적인 요소에 따라 구현 코드는 달라집니다).

```
Consumer consumerClient = new consumerClient(consumerGroupName, ...);
Producer producerClient = new producerClient(...);

while(true) {
```

```
InputEvent event = consumerClient.pollOneEvent(inputEventStream);
OutputEvent output = processEvent(event);
producerClient.produceEventToStream(outputEventStream, output);

//적어도 한 번 이상 처리
consumerClient.commitOffsets();
}
```

위 코드에서 **processEvent** 함수를 잘 보세요. 실제로 입력 이벤트에 비즈니스 로직을 적용해서 필요시 출력 이벤트를 내보내는 모든 이벤트 처리 로직은 이 함수에 구현합니다. 이 함수가 바로 마이크로서비스 처리 토폴로지의 진입점에 해당합니다. 여기서부터 데이터 주도 패턴에 따라 경계 콘텍스트의 비즈니스 요건에 알맞게 데이터를 변환/처리합니다.

5.1 상태 비저장 토폴로지 구성

마이크로서비스 토폴로지를 설계하려면 사고 방식을 이벤트 기반으로 바꾸어야 합니다. 컨슈머의 입력값으로 이벤트가 들어오면 그에 반응하여 코드가 실행되는 구조이기 때문입니다. 마이크로서비스 토폴로지는 본질적으로 이벤트에 수행하는 일련의 작업들이고 비즈니스 로직 수행에 필요한 필터, 라우터, 변환, 구체화, 취합 같은 기능을 선택해야 합니다. 여러분이 함수형 프로그래밍, 빅데이터 맵리듀스형map-reduce-style 프레임워크 경험자라면 아주 익숙한 개념이겠지만 그렇지 않다면 다소 낯설게 느껴질 것입니다.

[그림 5-1]과 같은 토폴로지가 있습니다. 이벤트는 한 번에 하나씩 소비되며 두 단계 변환을 거쳐 처리됩니다.

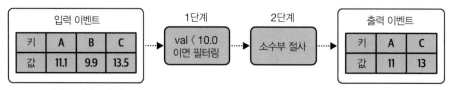

그림 5-1 간단한 이벤트 처리 토폴로지

전체 토폴로지를 통과하는 이벤트는 키가 A, C인 두 이벤트입니다. 둘 다 10.0보다 커서 1단계는 통과하며 2단계는 소수점 이하를 절사합니다. 키가 B인 이벤트는 1단계 기준에 맞지 않아 걸러집니다.

5.1.1 변환

변환transformation은 하나의 이벤트를 처리해서 하나 이상의 출력 이벤트를 내는emit 과정입니다. 변환이 필요한 비즈니스 로직은 대부분 이런 과정을 거치며 작업에 따라서 이벤트를 리파티션repartition (공분할)해야 할 수도 있습니다(자세한 내용은 곧 이어집니다). 변환 종류는 정말 다양하지만 많이 쓰이는 몇 가지를 살펴보겠습니다.

필터(filter)

기준을 충족하면 이벤트를 전파합니다. 0개 이상의 이벤트를 냅니다.[1]

맵(map)

이벤트 키, 값, 아니면 둘 다 변경해서 정확히 1개의 이벤트를 냅니다. 키를 변경할 경우 데이터 지역성을 보장하기 위해 리파티션이 필요할 수도 있습니다.

맵밸류(MapValue)

이벤트 키는 놔두고 값만 변경해서 정확히 1개의 이벤트를 냅니다. 값만 변경하므로 리파티션은 필요 없습니다.

맞춤 변환(custom transform)

맞춤 로직을 적용하여 상태를 조회하고 다른 시스템과 동기 통신을 합니다.

5.1.2 스트림 분기 및 병합

컨슈머 애플리케이션에서 이벤트 스트림을 분기branch 처리해야 할 수도 있습니다. 즉, 이벤트에 논리적 연산을 적용한 결과에 따라 새로운 스트림으로 출력하는 것입니다. 보통 이벤트를 소비

---

[1] 옮긴이_ 즉, 출력 이벤트는 옵션이므로 필요한 경우에만 냅니다.

해서 특정한 속성(예: 국가, 표준 시간대, 출처, 제품 등)에 따라 어디로 보낼지 결정하는 경우가 많습니다. 그 다음으로는, 다른 출력 이벤트 스트림에 결과를 내보내는 경우도 많습니다. 가령, 처리 중 에러가 발생하면 이벤트를 완전히 삭제하는 게 아니라 데드-레터 스트림^{dead-letter} stream[2]에 출력하는 식입니다.

컨슈머 애플리케이션에서 스트림을 병합해야 할 수도 있습니다. 여러 입력 스트림에서 들어온 이벤트를 소비해서 유의미한 방법으로 처리한 다음 하나의 출력 스트림으로 내보내는 것입니다. 물론 여러 스트림을 하나의 스트림으로 병합하는 일이 중요한 시나리오는 그리 많지 않습니다. 마이크로서비스는 필요한 만큼 여러 입력 스트림에서 이벤트를 소비하여 비즈니스 로직을 수행하는 일이 더 일반적이기 때문입니다. 다수의 입력 스트림에 있는 이벤트를 일관되고 재생산 가능한 순서로 소비/처리하는 방법은 6장에서 다룹니다.

> **WARNING_** 이벤트 스트림을 병합할 때에는 병합된 이벤트 스트림 도메인을 나타내는 새로운 통합 스키마를 정의하세요. 만약 이런 도메인이 별 의미가 없다면 스트림을 그대로 둔 상태로 전체적인 시스템 설계를 다시 고민해보는 편이 좋습니다.

5.2 이벤트 스트림 리파티션

이벤트 스트림은 이벤트 키와 이벤트 파티셔너^{partitioner}(분할기) 로직에 의해 파티셔닝됩니다. 이벤트마다 이벤트 파티셔너를 적용하면 이벤트를 기록할 파티션이 결정됩니다. 리파티션이란 다음 중 하나 이상의 속성을 이용해 새 이벤트 스트림을 생산하는 행위를 말합니다.

상이한 파티션 수

다운스트림의 병렬도를 높이고자 이벤트 스트림의 파티션 수를 늘리거나 (이 장 뒷부분에서 다룰) 코파티션을 위해 다른 스트림과 파티션 수를 똑같이 맞춥니다.

---

2 옮긴이_ 데드-레터 큐(dead-letter queue, DLQ)라는 용어도 많이 씁니다. 데드 레터는 어떠한 사유로 인해 처리할 수가 없는, 따라서 죽은 메시지를 말합니다.

상이한 이벤트 키

키가 같은 이벤트는 동일한 파티션으로 배치되도록 이벤트 키를 변경합니다.

상이한 이벤트 파티셔너

이벤트를 쓸 파티션 선택 로직을 변경합니다.

다운스트림 병렬도를 높이려고 파티션 수를 늘리는 경우를 제외하면 순수한 상태 저장 처리기가 이벤트 스트림을 리파티션하는 건 드문 일입니다. 그러나 (다음 절에서 예를 들어 설명하겠지만) 상태 비저장 마이크로서비스는 다운스트림의 상태 저장 처리기가 소비할 이벤트를 리파티션하는 데 사용할 수 있습니다.

> **TIP** 일반적으로 파티셔너 알고리즘은 해시 함수를 이용해 이벤트 키를 특정 파티션에 확정적으로deterministically 매핑합니다. 그래서 키가 동일한 이벤트는 모두 동일한 파티션으로 들어갑니다.

5.2.1 예제: 이벤트 스트림 리파티션

웹 URL을 통해 인입되는 사용자 데이터 스트림이 있다고 합시다. 사용자 액션을 이벤트로 변환해서 사용자 ID를 비롯한 기타 관련 데이터(편의상 앞으로 x라고 표시)가 이벤트 페이로드에 실려옵니다.

컨슈머는 소스 이벤트 스트림을 어떻게 파티셔닝하든 특정 사용자에 속한 데이터는 모두 똑같은 파티션에 넣으려고 합니다. [그림 5-2]처럼 스트림을 리파티션하면 그렇게 처리할 수 있니다.

주어진 키를 지닌 모든 이벤트를 단일 파티션에 생성하여 데이터 지역성의 토대를 마련하는 셈이죠. 컨슈머는 어느 한 파티션에 있는 이벤트만 소비해서 해당 키를 가진 이벤트의 전체 그림을 완성합니다. 이렇게 하면 키가 같은 이벤트의 전체 모습을 유지하면서 컨슈머 마이크로서비스를 각자 한 파티션씩 맡아 소비하도록 만들어 여러 인스턴스로 확장할 수 있습니다. 리파티션과 데이터 지역성은 대규모 상태 저장 처리를 수행하는 데 필수 불가결한 요소입니다.

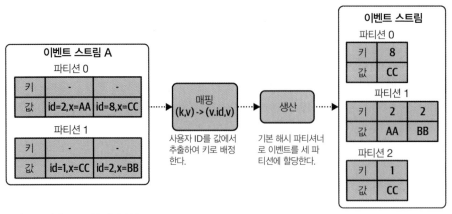

그림 5-2 이벤트 스트림 리파티션

5.3 이벤트 스트림 코파티션

코파티션은 어떤 이벤트 스트림을 파티션 수와 파티션 어사이너^{assignor}(할당기) 로직이 동일한 새로운 스트림으로 리파티션하는 것입니다. 한 이벤트 스트림의 키 있는 이벤트를 (데이터 지역성을 추구하고자) 다른 스트림의 이벤트와 같은 장소에 배치^{colocation}(코로케이션)할 때 필요한 작업입니다. (스트리밍 조인^{streaming join} 등의) 갖가지 상태 저장 작업을 처리할 때에는 출처가 어느 스트림이든 상관없이 키가 동일한 이벤트를 모두 동일한 노드에서 처리해야 하므로 코파티션은 상태 저장 스트림 처리에서 아주 중요한 개념입니다(자세한 내용은 7장에서 다룹니다).

5.3.1 예제: 이벤트 스트림 코파티션

[그림 5-2] 리파티션 예제로 돌아갑시다. 이제는 리파티션한 사용자 이벤트 스트림과 사용자 엔티티 스트림을 동일한 키별로 조인하려고 합니다. [그림 5-3]은 두 스트림을 조인한 결과입니다.

두 스트림은 파티션 수가 같고 적용한 파티셔너 알고리즘도 같습니다. 파티션별 키 분포 역시 두 스트림이 서로 일치하며 각각의 컨슈머 인스턴스가 조인을 수행합니다. 이 예제처럼 코파티션된 스트림을 활용하기 위해 파티션을 마이크로서비스 인스턴스에 할당하는 방법은 다음 절에서 설명하겠습니다.

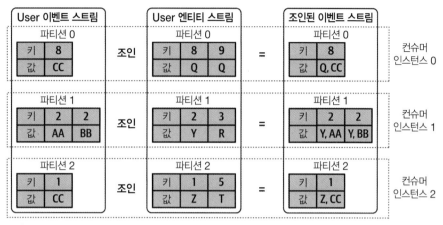

그림 5-3 코파티션된 User 이벤트 스트림과 User 엔티티 스트림

5.4 컨슈머 인스턴스에 파티션 할당

마이크로서비스는 각자 고유한 컨슈머 그룹을 유지해서 자신이 소비하는 입력 이벤트 스트림의 오프셋을 집합적으로^{collectively} 나타냅니다. 첫 번째 컨슈머 인스턴스는 해당 컨슈머 그룹명으로 이벤트 브로커에 등록하며 이벤트 브로커는 등록이 끝나면 컨슈머 인스턴스당 하나씩 파티션을 할당합니다.[3]

아파치 카프카 같은 이벤트 브로커는 컨슈머 그룹마다 가장 첫 번째로 등록된 클라이언트[4]에 파티션 할당의 임무를 맡깁니다. 이 컨슈머 인스턴스는 컨슈머 그룹 리더^{consumer group leader}로서 파티션 어사이너 역할을 맡아 새 인스턴스가 컨슈머 그룹에 조인할 때마다 입력 이벤트 스트림의 파티션을 정확하게 할당합니다.

---

3 옮긴이_ 이 역할을 하는 브로커의 프로세스를 컨슈머 그룹 코디네이터(consumer group coordinator), 줄여서 그룹 코디네이터라고도 합니다.

4 옮긴이_ 컨슈머 그룹 코디네이터는 클러스터를 구성하는 브로커 중 하나이고, 컨슈머 그룹 리더는 컨슈머 그룹을 구성하는 컨슈머 인스턴스 중 하나라는 사실을 꼭 기억하세요. 용어가 비슷해서 헷갈리기 쉽습니다.

아파치 펄사처럼 브로커 내부에서 파티션 할당을 중앙화하여 관리하는 이벤트 브로커도 있습니다. 파티션 할당과 리밸런스rebalance(재조정)는 브로커가 수행하지만 컨슈머 그룹을 이용하는 식별 메커니즘은 동일합니다. 파티션이 할당되면 가장 최근에 소비한 오프셋부터 이벤트를 처리하기 시작합니다.[5]

파티션을 다시 할당할 때에는 경합 조건을 방지하기 위해 모든 작업을 잠시 멈춥니다. 이렇게 해야 파티션을 회수해도revoke(할당했던 파티션을 다시 빼앗아도 - 옮긴이) 새 인스턴스에 할당하기 직전에 다른 인스턴스가 처리하지 못하게 막을 수 있고 중복 출력이 발생하지 않습니다.

5.4.1 파티션 어사이너로 파티션 배정

전용 스트림 처리 프레임워크를 사용하든, 기본 프로듀서/컨슈머를 구현하든, 대량 데이터를 처리하려면 컨슈머 마이크로서비스를 여러 인스턴스로 실행하여 병렬 처리해야 합니다. 파티션 어사이너는 공평하고 안정된 방법으로 파티션을 여러 컨슈머 인스턴스에게 골고루 분배합니다.

파티션 어사이너는 컨슈머 그룹에(서) 컨슈머 인스턴스를 추가/삭제할 때마다 파티션을 재할당하는 일도 합니다. 어사이너 컴포넌트는 이벤트 브로커 종류에 따라 컨슈머 클라이언트에 탑재하거나 이벤트 브로커 내부에서 관리합니다.

5.4.2 코파티션된 파티션 할당

파티션 어사이너는 코파티션 요건을 모두 충족시키는 역할도 합니다. 코파티션된 것으로 표시된 모든 파티션은 동일한 하나의 컨슈머 인스턴스에 할당되어야 합니다. 이렇게 해야 마이크로서비스 인스턴스가 어떤 비즈니스 로직을 수행하는 데 필요한 이벤트 데이터의 하위 집합이 정확하게 할당되겠죠. 여러 이벤트 스트림의 파티션 수가 모두 똑같은지 체크해서 그렇지 않을 경우 예외를 던지는 로직은 파티션 어사이너 코드에 두는 게 좋습니다.

....

5 옮긴이_ 카프카에서는 컨슈머 그룹에 해당하는 오프셋이 존재하지 않을 경우, 소비하기 시작하는 오프셋 위치를 auto.offset.reset 프로퍼티 값으로 조절할 수 있습니다. 기본값은 본문에 설명한 것처럼 최근 소비한 오프셋(latest)입니다.

5.4.3 파티션 할당 전략

파티션 할당 알고리즘의 목표는 컨슈머 인스턴스의 처리 능력이 동등하다는 전제 하에 파티션을 컨슈머 인스턴스 전체에 고루 분배하는 것입니다. 두 번째 목표는 리밸런스가 일어나는 도중 재할당된 파티션 수를 줄이는 것인데, 특히 여러 데이터 저장소 인스턴스에 샤딩된sharded 구체화 상태를 다루는 경우에는 파티션 재할당 때문에 이후 업데이트 시 엉뚱한 샤드로 향할 수 있기 때문에 중요합니다(이 부분은 7장에서 내부 상태 저장소를 다룰 때 더 자세히 살펴보겠습니다).

파티션을 할당하는 전략은 매우 다양하며 사용 중인 프레임워크나 구현체마다 조금씩 다르지만 일반적으로 다음 세 가지 기본 전략을 사용합니다.

라운드–로빈 할당

전체 파티션 리스트를 만들어 컨슈머 인스턴스마다 하나씩 라운드 로빈round-robin 방식으로 할당합니다. 코파티션된 스트림은 따로 리스트를 관리해서 적절하게 할당합니다.

[그림 5-4]를 보면 컨슈머 인스턴스가 2개 있고 각각 파티션이 2개씩 할당된 상태입니다. 코파티션된 파티션을 C0는 2세트, C1는 1세트를 배정받았고, 코파티션된 두 파티션 모두 할당은 C0에서 시작해서 C0에서 끝났습니다.

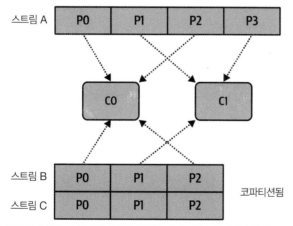

그림 5-4 라운드–로빈 방식으로 두 컨슈머 인스턴스에 파티션 할당

이 컨슈머 그룹에 컨슈머 인스턴스가 추가되면 리소스 간 부하를 분산하기 위해 파티션 할당을 다시 조정하는 리밸런스가 일어납니다. [그림 5-5]는 컨슈머 인스턴스를 2개 추가한 예시입니다.

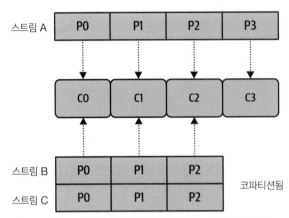

그림 5-5 라운드-로빈 방식으로 네 컨슈머 인스턴스에 파티션 할당

C2는 스트림 A의 P2와 코파티션된 P2 파티션이 할당된 반면 C3는 추가로 할당할 코파티션된 파티션이 없기 때문에 스트림 A의 파티션 P3만 할당됐습니다. 이런 상태라면 인스턴스를 늘려도 병렬도는 더 이상 증가하지 않겠죠.

정적 할당

정적 할당static assignment은 특정 파티션을 특정 컨슈머에게 할당하는 것입니다. 주로 내부 상태 저장소에서 대용량 상태 저장 데이터를 주어진 인스턴스에서 구체화할 때 아주 유용합니다. 컨슈머 인스턴스가 컨슈머 그룹을 떠나도 정적 어사이너는 파티션을 재할당하지 않은 상태로 해당 인스턴스가 복귀할 때까지 기다립니다. 물론 주어진 시간 내에 컨슈머 그룹으로 복귀하지 못하면 파티션을 동적으로 재할당하도록 설정할 수 있습니다.

맞춤 할당

외부에서 신호를 받거나 다른 도구를 이용해 클라이언트 요건에 최적화된 할당 로직을 직접 작성할 수도 있습니다. 이를테면 입력 이벤트 스트림의 현재 랙 상태에 따라 파티션을 할당해서 작업 부하를 모든 컨슈머 인스턴스에 고루 분산시킬 수 있습니다.

5.5 상태 비저장 처리 인스턴스 실패 복구

상태 비저장 처리 실패를 복구하는 것은 그냥 컨슈머 그룹에 새 인스턴스를 추가하는 것과 다를 바 없습니다. 상태 비저장 처리기는 상태를 복구할 필요가 없으므로 파티션을 할당하고 오프셋을 확보하는 즉시 곧바로 이벤트를 처리할 수 있습니다.

5.6 마치며

기본적인 상태 비저장 이벤트 기반 마이크로서비스는 이벤트를 소비/처리하고 새로운 후속 이벤트를 내보냅니다. 이벤트는 제각기 다른 이벤트와 독립적으로 처리됩니다. 기본 변환만으로도 이벤트를 더 유용한 포맷으로 바꿀 수 있고 파티션 개수를 달리해 키를 새로이 할당한 이벤트 스트림으로 리파티션하는 것도 가능합니다. 키와 파티셔너 알고리즘, 그리고 파티션 수가 동일한 이벤트 스트림을 코파티션됐다고 표현합니다. 이렇게 이벤트 스트림을 코파티션해야 주어진 컨슈머 인스턴스에서 데이터 지역성이 확보됩니다. 파티션 어사이너는 컨슈머 인스턴스 간에 파티션을 균등하게 분배하고 코파티션된 이벤트 스트림을 올바르게 할당합니다.

코파티션과 파티션 할당은 상태 저장 처리를 이해하는 데 중요한 개념이라서 7장에서 다시 등장합니다. 여러분은 먼저 여러 이벤트 스트림에서 들어온 여러 파티션을 어떻게 처리할지 고민해야 합니다. 비순차 이벤트, 지각 이벤트, 그리고 이벤트 처리 순서는 서비스 설계에 지대한 영향을 미치는데, 이것이 다음 장에서 이야기할 주제입니다.

CHAPTER 6

확정적 스트림 처리

이벤트 기반 마이크로서비스는 앞 장에서 소개한 것보다 훨씬 토폴로지가 복잡한 편입니다. 여러 이벤트 스트림에서 이벤트를 소비하면서 (다음 장의 주제인) 상태 저장 처리를 하려면 갖가지 비즈니스 문제들을 해결해야 합니다. 마이크로서비스도 여느 시스템의 서비스처럼 오류가 있고 깨질 수도 있습니다. 그래서 기존 마이크로서비스는 이벤트를 실시간에 가깝게 처리하고 새로 시작한 마이크로서비스는 이력 데이터를 처리하여 오프셋을 따라잡는 방식을 혼합해서 사용하는 경우도 많습니다.

이 장에서는 다음 세 가지 문제를 다뤄보고자 합니다.

- 여러 파티션에서 이벤트를 소비할 경우 이벤트 처리 순서는 어떻게 정하는가?

- 비순차 이벤트out-of-order event (순서가 어긋난 이벤트), 지각 이벤트late-arriving event는 어떻게 처리할까?

- 스트림을 실시간에 가깝게 처리하는 경우와 스트림의 맨 처음부터 처리하는 두 가지 경우, 어떻게 마이크로서비스는 처리 결과를 확정적으로 생산할 수 있는가?

필자는 이 세 질문의 답을 얻고자 먼저 타임스탬프timestamp, 이벤트 스케줄링event scheduling, 워터마크watermark, 스트림 시간stream time을 하나씩 설명하고 이들이 확정적인 처리에 어떤 식으로 기여하는지 살펴보겠습니다. 비즈니스 로직이 변경되거나 버그, 에러가 발생하면 재처리는 불가피하기 때문에 결과를 확정적으로 만드는 일이 중요합니다. 이어서 비순차/지각 이벤트는 어떤 경우 발생하는지 설명하고 이런 이벤트가 전체 워크플로에 미치는 영향을 최소화하려면 어떻게 처리하면 좋을지 알아보겠습니다.

> **NOTE_** 핵심 개념만 간결하게 짚어보려고 했지만 쓰다 보니 지면이 아주 빽빽하게 채워지게 됐습니다. 더 자세한 내용은 이 책의 범위를 벗어나므로 도움이 되는 자료는 여러분 스스로 찾아볼 수 있게 필요한 곳마다 각주를 달아두었습니다.

6.1 이벤트 기반 워크플로의 확정성

이벤트 기반 마이크로서비스에는 두 가지 주된 처리 상태가 있습니다. 첫째, 이벤트를 실시간에 가깝게 처리하는 것입니다. 보통 실행 시간이 긴$^{long-running}$ 마이크로서비스가 이렇게 처리합니다. 둘째, 과거부터 이벤트를 처리해서 현재를 따라잡는$^{catch\ up}$(캐치업) 것으로, 규모가 작은 신규 서비스에서 일반적입니다.

입력 이벤트 스트림의 컨슈머 그룹 오프셋을 최초 시점으로 되돌리고 마이크로서비스를 재시작하면 이 서비스를 최초로 실행했던 것과 똑같은 결과가 출력될까요? 실시간으로 처리하든, 현재를 따라잡는 식으로 처리하든, 확정적 처리에서 가장 중요한 목표는 마이크로서비스가 동일한 출력을 내도록 하는 것입니다.

현재의 월클럭 시간에 기반한 서비스, 외부 서비스를 쿼리하는 서비스처럼 분명히 비확정적인^{nondeterministic} 워크플로도 있습니다. 외부 서비스는 쿼리하는 시점에 따라 결과가 달라질 가능성이 크고, 특히 서비스 내부 상태가 쿼리를 전달하는 서비스와 독립적으로 업데이트될 경우 확정적 처리는 전혀 보장되지 않습니다. 여러분의 워크플로에도 이와 같은 비확정적인 작업이 있는지 주의 깊게 살펴보세요.

완벽하게 확정적으로 처리할 수 있다면 가장 좋겠죠. 모든 이벤트가 제때 도착하고, 지연 시간이 0이고, 프로듀서/컨슈머 장애도 없고, 간헐적인 네트워크 이슈도 하나도 없는… 하지만 실제로 그렇게 이상적인 경우는 없기 때문에 서비스가 확정적인 결과를 내도록 최선을 다하는 도리 밖에 없습니다. 다행히 이런 노력을 뒷받침하는 컴포넌트와 프로세스가 풍성하게 준비되어 있으니 그저 최선을 다하기만 해도 웬만한 요건은 충분히 달성할 수 있습니다. 일단 그 전에 타임스탬프, 올바른 이벤트 키 선택, 파티션 할당, 이벤트 스케줄링, 지각 이벤트 처리 전략 등 필요한 지식을 습득해야 합니다.

6.2 타임스탬프

이벤트는 언제 어디서나 발생할 수 있고 다른 프로듀서가 생산한 이벤트와 조정이 필요한 경우가 많습니다. 일관성 있고 동기화된 타임스탬프가 있어야 전체 분산 시스템에서 이벤트를 비교할 수 있지만 이것이 그리 쉽지 않습니다.

이벤트 스트림에 저장된 이벤트는 오프셋과 타임스탬프를 둘 다 갖고 있습니다. 오프셋은 컨슈머가 이벤트를 어디까지 읽었는지, 타임스탬프는 이벤트가 언제 생성됐는지 각각 기록하는 용도로 쓰입니다. 타임스탬프를 이용하면 이벤트 처리 시점의 선후 관계를 파악할 수 있기 때문에 이벤트가 정확한 순서대로 처리됐는지 알 수 있습니다.

다음은 타임스탬프와 관련된 몇 가지 중요한 개념들입니다(그림 6-1).

이벤트 시간(event time)

이벤트 발생 시점에 프로듀서가 이벤트에 할당한 로컬 타임스탬프

브로커 인입 시간(broker ingestion time)

이벤트 브로커가 이벤트에 할당한 타임스탬프. 이벤트 시간이나 인입 시간 중 하나로 설정할 수 있지만 대부분 이벤트 시간을 사용합니다. 프로듀서의 이벤트 시간을 신뢰하기 어려운 경우에는 브로커 인입 시간을 대신 써도 충분합니다.[1]

컨슈머 인입 시간(consumer ingestion time)

이벤트가 컨슈머에 인입된 시간. 이벤트 시간이나 월클럭 시간으로 설정합니다.

---

1 옮긴이_ 카프카의 경우, log.message.timestamp.type라는 프로퍼티에 CreateTime, LogAppendTime 두 가지 값 중 하나를 설정합니다. 기본값 CreateTime이 본문에서 말하는 브로커 인입 시간이고, LogAppendTime은 디스크 로그 파일 끝에 이벤트를 덧붙이는(append) 시간입니다.

처리 시간(processing time)

컨슈머가 이벤트 처리를 완료한 월클럭 시간

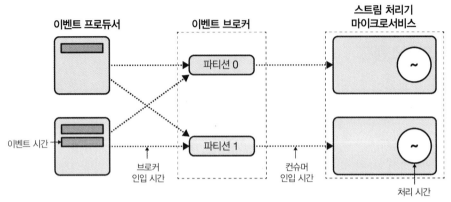

그림 6-1 입력 이벤트를 타임스탬프 순서대로 정렬

[그림 6-1]에서 보다시피, 이벤트가 발생한 시간은 이벤트 브로커를 통해 컨슈머로 전파되므로 컨슈머 로직은 이 시간을 기반으로 뭔가 결정을 내릴 수 있습니다. 이 장을 시작하면서 화두로 던졌던 세 가지 질문에 점점 다가가고 있는 느낌이네요. 그런데 타임스탬프는 어떻게 생성되는 걸까요?

6.2.1 분산 타임스탬프 동기화

독립된 두 시스템의 시스템 클럭 시간을 정확하게 동일하게 맞추기란 물리적으로 불가능합니다. 내부 클럭 회로 소자의 공차tolerance나 칩의 작동 온도 편차variation, 동기화 도중에도 일정치 않은 네트워크 통신 지연 등 다양한 물성 탓에 시스템 클럭의 정밀도는 떨어질 수밖에 없습니다. 그러나 로컬 시스템의 클럭 시간을 '거의nearly' 동기화할 수는 있으니 이 정도면 대부분의 컴퓨팅 목적으로는 충분합니다.

클럭 타임은 주로 네트워크 타임 프로토콜Network Time Protocol(NTP) 서버와 동기화합니다. 아마존, 구글 등의 클라우드 서비스 공급사는 세계 곳곳에 여러 위성과 연결된 원자 시계atomic clock를 이용해 순간적으로 시간을 동기화합니다.

NTP 서버와 동기화할 경우 LAN에서는 오차가 15분당 수 밀리초 정도에 불과한[2] 매우 정밀한 로컬 시스템 클럭을 얻을 수 있습니다. NTP를 창안한 데이빗 밀스[David Mills]는 이 시간을 1 밀리초 이하로 줄일 수도 있다고 장담했으나 간헐적인 네트워크 문제 때문에 실제로 그렇게는 어렵습니다. 개방형 인터넷 구간에서는 +/− 100 밀리초 범위로 정확도가 떨어져서 왜곡[skew]이 더 심하게 발생할 수 있습니다. 만약 지구촌 여러 지역에서 이벤트를 재동기화해야 하는 경우라면 이와 같은 동기화 이슈를 잘 살피는 게 좋습니다.

그런데 NTP 동기화는 곧잘 실패합니다. 네트워크 장애, 설정 오류, 그밖의 일시적인 문제 때문에 인스턴스가 동기화되지 않을 수 있고 NTP 서버 자체가 불안해서 무응답[unresponsive] 상태인 경우도 있습니다. 하부 하드웨어를 공유한 VM 기반 시스템에서는 인스턴스 내부 클럭이 멀티테넌시[multitenancy][3]의 영향을 받을 수밖에 없습니다.

NTP 서버와 자주 동기화하면 어느 정도 일관된 시스템 이벤트 시간을 얻을 수 있습니다. 실제로 NTP 서버가 개량되고 GPS 사용이 늘면서 NTP 동기화는 이제 1밀리초 미만까지 정확도가 향상됐습니다. 그래도 소소한 순서 꼬임 문제는 여전히 발생하고 있지만 타임스탬프로 기록한 생성 시간과 인입 시간의 일관성은 아주 높아졌습니다.

6.2.2 타임스탬프 찍힌 이벤트 처리

타임스탬프를 이용하면 여러 이벤트 스트림과 파티션에 분산된 이벤트를 일관된 시간 순서대로 처리할 수 있습니다. 대부분의 경우 이벤트는 발생한 순서대로 정렬하고 이벤트 스트림 처리 시점과 무관하게 재연 가능한 결과를 일관되게 얻을 수 있으면 됩니다. 오프셋으로 순서를 비교하는 것은 단일 이벤트 스트림 파티션 내에서만 가능하며 실제로는 여러 다른 이벤트 스트림에서 이벤트를 받아 처리하는 구조가 일반적입니다.

---

2 https://oreil.ly/J6Zmo

3 옮긴이_ 하나의 소프트웨어 인스턴스가 한 대의 서버 위에서 동작하면서 여러 개의 테넌트(tenant)를 서비스하는 소프트웨어 아키텍처입니다. 여기서 테넌트란 소프트웨어 인스턴스에 대해 공통이 되는 특정 접근 권한을 공유하는 사용자들의 그룹을 말합니다(출처: 위키백과).

예제: 여러 파티션을 처리할 경우 이벤트 순서 선택

예금과 인출, 두 이벤트 스트림을 정확한 시간 순서대로 처리해야 하는 은행 시스템이 있다고 합시다. 고객 계좌 잔고가 $0 미만으로 줄어들면 초과 인출^{overdraft}을 적용하여 예금, 인출 상태를 정확하게 맞추어야 합니다. 예금, 인출은 각각의 이벤트 스트림이 있다고 가정합니다(그림 6-2).

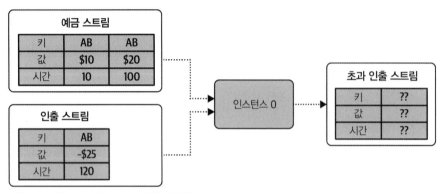

그림 6-2 이벤트를 어떤 순서로 처리해야 할까?

만약 라운드 로빈처럼 단순한 방식으로 레코드를 소비/처리하면 '$10 예금, $25 인출(이 때 잔고가 마이너스가 되어 초과 인출 적용), $20 예금' 순서로 잘못 처리될 수 있습니다. 이렇게 이벤트가 발생한 순서가 전혀 반영되지 않으면 부정확한 결과가 초래될 공산이 큽니다.[4] 이 간단한 예제만 봐도 이벤트를 소비/처리할 때 이벤트 타임스탬프를 반드시 고려해야 한다는 사실은 분명합니다. 다음 절에서 좀 더 자세히 살펴보겠습니다.

6.3 이벤트 스케줄링과 확정적 처리

이벤트를 일관되게 처리해야 나중에 언제라도 확정적인 처리 결과를 재연할 수 있습니다. 이벤트 스케줄링은 여러 입력 파티션에서 이벤트를 소비할 때 다음에 처리할 이벤트를 선택하는 프로세스입니다. 불변 로그 기반의 이벤트 스트림에서는 오프셋 순서대로 이벤트를 소비하

---

4 옮긴이_ 만약 $10 예금, $20 예금, $25 인출 순서로 처리됐다면 초과 인출은 $0, 계좌 잔고는 $5가 되겠죠. 상태 저장(stateful) 처리와 상태 비저장 처리(stateless) 처리의 차이점을 명확하게 이해하는 것이 중요합니다.

는 것이 원칙이지만 [그림 6-2]에서 살펴본 것처럼 정확한 결과를 얻기 위해서는 어느 입력 파티션에서 왔는지 상관없이 레코드에 기록된 이벤트 시간에 따라 처리 순서를 정확히 인터리빙interleaving해야 합니다.

TIP 할당된 전체 입력 파티션에서 타임스탬프가 가장 오래된 이벤트부터 하나씩 다운스트림 처리 토폴로지에 전달하는 것이 가장 일반적인 이벤트 스케줄링 구현 로직입니다.

이벤트 스케줄링은 스트림 처리 프레임워크의 다양한 기능 중 하나지만 보통 기본적인 컨슈머 구현체에는 이런 기능이 빠져 있습니다. 여러분의 마이크로서비스에도 이런 기능이 필요한지는 스스로 확인해보세요.

> **WARNING_** 비즈니스 로직에서 이벤트를 소비/처리하는 순서가 중요할 경우 마이크로서비스에 이벤트 스케줄링 코드를 구현해야 합니다.

6.3.1 맞춤 이벤트 스케줄러

맞춤 이벤트 스케줄러를 사용할 수 있는 스트리밍 프레임워크도 있습니다. 아파치 삼자Apache Samza에서는 `MessageChooser` 인터페이스를 구현해서 이벤트 스트림 간 우선순위prioritization, 월클럭 시간, 이벤트 시간, 이벤트 메타데이터, 이벤트 콘텐츠 등 다양한 요소별로 처리할 이벤트를 선택할 수 있습니다. 하지만 대부분의 맞춤 스케줄러는 속성 자체가 비확정적이고 재처리가 필요한 경우에도 재연 가능한 결과를 생성할 수 없기 때문에 이벤트 스케줄러를 직접 구현할 때에는 이런 점들을 주의해야 합니다.

6.3.2 이벤트 시간, 처리 시간, 인입 시간에 따라 처리

시간 순서대로 이벤트를 처리하려면 먼저 이벤트 타임스탬프로 사용할 시점을 정해야 하는데, 로컬 이벤트 시간과 브로커 인입 시간 중 하나를 선택하면 됩니다(그림 6-1). 두 타임스탬프 모두 생산-소비 워크플로에서 각각 한 번씩 발생하는 반면, 월클럭과 컨슈머 인입 시간은 애플리케이션 실행 시점에 따라 달라집니다.

대부분의 경우, 특히 모든 프로듀서/컨슈머 상태가 정상이고 처리 지연된 컨슈머 그룹이 하나도 없으면 이 네 시점의 차이는 길어야 수 초 정도에 불과하겠지만, 정반대로 과거 이벤트를 처리하는 마이크로서비스라면 이벤트 시간과 컨슈머 인입 시간이 완전히 달라지겠죠.

필자 경험상 실무에서는 로컬 시스템이 할당한 이벤트 시간을 사용하는 게 가장 정확합니다. 만약 프로듀서의 타임스탬프를 신뢰할 수 없(고 그런 문제가 해결될 수 없)다면, 이벤트 브로커에 이벤트가 인입된 시간을 타임스탬프로 세팅하는 게 최선입니다. 프로듀서와 이벤트 브로커 간 접속이 끊어져 진짜 이벤트가 발생한 시간과 브로커가 할당한 시간 사이에 상당한 지연이 발생하는 수는 있지만 아주 드문 일입니다.

6.3.3 컨슈머의 타임스탬프 추출

컨슈머는 이벤트 타임스탬프를 알아야 처리 순서를 결정할 수 있습니다. 타임스탬프 추출기timestamp extractor를 이용하면 소비한 이벤트에서 타임스탬프를 꺼낼 수 있고 이벤트 페이로드에서 키, 값, 메타데이터 같은 정보를 획득할 수 있습니다.

타임스탬프 추출기가 주어진 이벤트 시간 타임스탬프를 각 이벤트마다 세팅하면 컨슈머 프레임워크는 이 타임스탬프를 이벤트를 처리하는 내내 사용합니다.

6.3.4 외부 시스템에 요청–응답 호출

이벤트 기반 토폴로지에서 비이벤트 기반 요청을 외부 시스템에 전달하면 비확정적인 결과를 얻게 될 수 있습니다. 외부 시스템은 어디까지나 관리 주체가 마이크로서비스 외부에 있기 때문에 시스템 내부 상태와 마이크로서비스의 요청에 대한 응답이 얼마든지 바뀔 수 있습니다. 이런 요소가 중요한지 여부는 전적으로 마이크로서비스의 비즈니스 요건에 따라 달라지며 어떻게 평가할 지는 여러분의 몫입니다.

6.4 워터마크

워터마크watermark는 처리 토폴로지를 흐르면서 이벤트 시간의 진행 상황을 추적하고 주어진 이벤트 시간(또는 그 이전까지)의 모든 데이터가 처리 완료됐음을 선언하기 위해 사용합니다. 아파치 스파크, 아파치 플링크, 아파치 삼자, 아파치 빔 등 요즘 잘 나가는 스트림 처리 프레임워크에서 통용되는 기법입니다. 워터마크에 대해 더 자세히 알고 싶다면 구글 백서[5]가 좋은 출발점입니다.

워터마크는 동일한 처리 토폴로지 안에서 시간 t 이전의 모든 이벤트가 처리됐음을 다운스트림 노드에게 알리는 신호입니다. 워터마크를 수신한 노드는 자신의 내부 이벤트 시간을 업데이트하고 의존 관계에 있는 다른 노드에 차례로 전파합니다(그림 6-3).

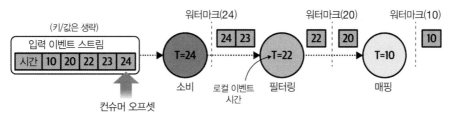

그림 6-3 단일 토폴로지 내부의 노드 간 워터마크 전파

[그림 6-3]에서 소스 이벤트 스트림의 이벤트를 소비하는 컨슈머 노드의 워터마크 시간이 가장 높습니다. 워터마크는 월클럭 또는 이벤트 시간의 일정 주기마다, 아니면 최소 몇 개 이상의 이벤트가 처리된 이후 한 번씩 계속 새로 만들어집니다. 그렇게 생성된 워터마크는 토폴로지 내 다른 다운스트림 노드들로 전파되고 각각 자신의 이벤트 시간을 알맞게 업데이트합니다.

> **NOTE_** 이 장에서는 워터마크를 확정적 처리에 어떻게 활용하는지 기본적인 내용만 설명합니다. 워터마크에 관한 자세한 내용은 타일러 아키다우Tyler Akidau, 슬라바 헤르니아크Slava Chernyak, 레우벤 랙스Reuven Lax가 함께 쓴 명저 『Streaming Systems』(O'reilly Media, 2018)를 참고하세요.

---

5 https://oreil.ly/WO2OC

6.4.1 병렬 처리 시 워터마크

워터마크는 여러 독립적인 컨슈머 인스턴스 간의 이벤트 시간을 조정하는 유용한 수단입니다. [그림 6-4]는 두 컨슈머 인스턴스의 처리 토폴로지를 나타낸 것입니다. 각 컨슈머 인스턴스는 자신에게 할당된 파티션에서 이벤트를 가져와 groupByKey 함수와 aggregate 함수를 차례로 적용합니다. 이 때 키가 같은 이벤트는 모두 동일한 다운스트림 aggregate 인스턴스로 보내는 셔플shuffle(뒤섞기) 작업이 필요합니다. 여기서는 키가 같은 이벤트를 모두 같은 파티션에 두기 위해 인스턴스 0과 인스턴스 1의 이벤트를 각각 키별로 상대방에게 보냅니다.

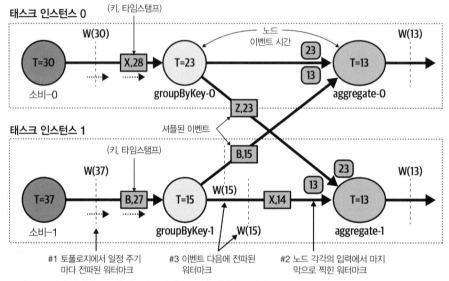

그림 6-4 여러 처리기로 구성된 토폴로지의 노드 간 워터마크 전파

[그림 6-4] 다이어그램은 설명할 내용이 많아 하나씩 자세히 살펴보겠습니다.

워터마크는 소스 함수에서 생성되며 여기서 이벤트를 이벤트 스트림 파티션에서 소비합니다. 컨슈머 노드에서 계속 증가하는 이벤트 시간을 워터마크에 기록해 다운스트림으로 흘려보내는 것입니다(그림 6-4의 #1).

워터마크가 도착하면 다운스트림 노드는 이벤트 시간을 업데이트하고 자신의 새로운 워터마크를 다시 생성해서 그 다음 다운스트림으로 전파합니다. aggregate처럼 여러 곳에서 입력을 받는 노드는 다수의 업스트림에 있는 이벤트와 워터마크를 소비합니다. 한 노드의 이벤트 시간은 (자신이 내부에서 추적 중인) 모든 입력 소스의 이벤트 시간 중 최솟값입니다(그림 6-4의 #2).

groupByKey-1 노드에서 워터마크가 도착하면 두 **aggregate** 노드는 이벤트 시간을 13 → 15로 업데이트합니다(그림 6-4의 #3). 워터마크는 타임스탬프가 그 값보다 작은(과거인) 이벤트는 지각 이벤트로 간주해야 한다는 사실을 알릴 뿐, 노드의 이벤트 스케줄링에는 어떠한 영향도 미치지 않습니다(지각 이벤트는 이 장 뒷부분에서 다시 설명합니다).

스파크, 플링크, 빔 등 대용량heavyweight 처리 프레임워크에서 대규모 스트림을 처리하려면 전용 리소스 클러스터를 구성해야 합니다. 이런 클러스터는 각 처리 태스크를 중앙에서 제어하고 전역 태스크 통신이 가능한 수단 역시 제공하므로 더더욱 필요합니다. 이 예제의 **groupByKey + aggregate**처럼 이벤트를 리파티션하는 작업은 이벤트 브로커의 이벤트 스트림이 아닌, 클러스터 내부 통신을 사용하세요.

6.5 스트림 시간

스트림 처리기에서 시간을 유지하는 두 번째 방법은 아파치 카프카 스트림즈Apache Kafka Streams가 사용하는 스트림 시간stream time입니다. 하나 이상의 이벤트 스트림에서 이벤트를 읽는 컨슈머 애플리케이션이 해당 토폴로지의 스트림 시간, 즉 처리된 이벤트 중 가장 높은(최근의) 타임스탬프를 유지하는 것입니다. 컨슈머 인스턴스는 자신에게 할당된 이벤트 스트림의 각 파티션에서 이벤트를 받아 버퍼링하고 이벤트 스케줄링 알고리즘을 적용하여 다음에 처리할 이벤트를 선택합니다. 이전 스트림 시간보다 클 경우 스트림 시간을 업데이트하며 스트림 시간은 절대로 줄어들지 않습니다.

[그림 6-5]에서 예로 든 스트림 시간을 봅시다. 컨슈머 노드는 자신이 수신한 최근 이벤트 시간에 따라 단일한 스트림 시간을 유지합니다. 현재 스트림 시간은 가장 최근에 처리한 이벤트의 이벤트 시간(20)이 세팅되어 있습니다. 이 다음에는 두 입력 버퍼 중 이벤트 시간이 가장 작은, 즉 이벤트 시간이 30인 이벤트부터 처리됩니다. 이 이벤트가 처리 토폴로지로 전달되면 스트림 시간은 다시 30으로 업데이트되겠죠.

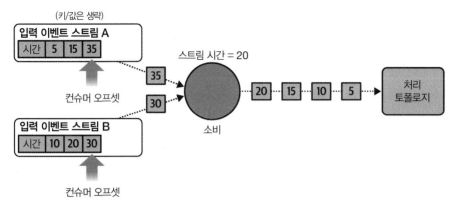

그림 6-5 여러 입력 스트림에서 이벤트를 소비할 경우 스트림 시간

각 이벤트를 그 다음 이벤트를 처리하기 전에 완전히 처리함으로써 스트림 시간을 유지하는 것입니다. 토폴로지에 리파티션 스트림이 있다면 토폴로지를 둘로 쪼개어 각 하위 토폴로지마다 자체 스트림 시간을 유지합니다. 이벤트는 깊이 우선^{depth-first} 방식으로 처리되므로 하위 토폴로지에서 한 번에 하나의 이벤트만 처리됩니다. 이처럼 각 처리 노드가 인입된 이벤트를 버퍼링하면서 독립적으로 이벤트 시간을 업데이트하는 워터마크 방식과는 근본적인 차이가 있습니다.

6.5.1 병렬 처리 시 스트림 시간

이번에는 [그림 6-4] 예제를 카프카 스트림즈가 자랑하는 스트림 시간 방식으로 바꾸어보겠습니다(그림 6-6). 가장 눈에 띄는 차이점은 리파티션된 이벤트를 내부 이벤트 스트림^{internal event stream}을 통해 이벤트 브로커에게 회송하는 부분입니다. 내부 이벤트 스트림은 인스턴스에 의해 다시 소비되고 리파티션된 데이터는 모두 키별로 각 파티션 내부에 나란히 배치됩니다. 대용량 클러스터 내부의 셔플 메커니즘과 기능 자체는 같지만 별도의 전용 클러스터는 필요 없습니다 (이런 면에서 카프카 스트림즈는 마이크로서비스에 아주 친화적입니다).

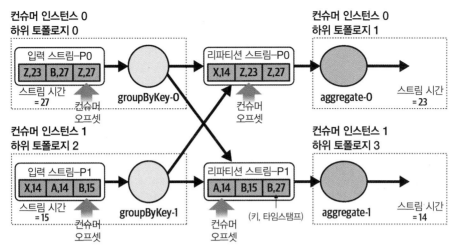

그림 6-6 리파티션 이벤트 스트림을 통해 이벤트 셔플링

[그림 6-6]에서 입력 스트림의 이벤트는 키별로 리파티션(키가 A, B인 이벤트는 P1로, 키가 X, Z인 이벤트는 P0로)되어 리파티션 이벤트 스트림에 기록됩니다. 여기서 이벤트 시간이 현재 월클럭 시간으로 덮어 씌워진 게 아니라 그대로 유지됐다는 점을 눈여겨 보세요. 리파티션은 기존 이벤트 데이터를 논리적으로 셔플한 것으로만 취급해야 한다는 사실도 기억하세요. 이벤트 시간을 다시 쓰면 원래 시간 순서는 완전히 파괴될 것입니다.

[그림 6-6]의 하위 토폴로지들을 봅시다. 실제로 처리 토폴로지는 리파티션 이벤트 스트림 때문에 절반으로 잘라져서 각 하위 토폴로지의 작업은 병렬 처리가 가능합니다. 하위 토폴로지 1, 3은 리파티션 스트림을 소비하면서 이벤트를 취합하고 동시에 하위 토폴로지 0, 2는 리파티션된 이벤트를 열심히 생성하겠죠. 각 하위 토폴로지는 각자 고유한 스트림 시간을 유지하면서 독립적으로 이벤트 스트림을 소비합니다.

TIP 워터마크 방식에서도 리파티션 이벤트 스트림을 사용할 수 있습니다. 아파치 삼자는 카프카 스트림즈와 유사한 단독형 모드를 제공하지만 스트림 시간 대신 워터마크를 사용합니다.

6.6 비순차 이벤트와 지각 이벤트

모든 이벤트가 문제없이 생산되고 컨슈머는 지연 시간이 전혀 없이 이벤트를 사용할 수 있으면 가장 이상적이겠죠. 하지만 현실에서는 그럴 수가 없기 때문에 비순차 이벤트를 처리할 대책을 마련해야 합니다. 이벤트 스트림에서 자신의 앞에 있는 이벤트보다 타임스탬프가 더 큰 이벤트를 비순차 이벤트out-of-order event라고 합니다. [그림 6-7]에서 이벤트 F는 이벤트 G보다, 이벤트 H는 이벤트 I보다 각각 타임스탬프가 작기 때문에 각각 비순차 이벤트입니다.

배치로 처리하는 이력 데이터 같은 유한 데이터 세트bounded data set라면 순서가 안 맞는 데이터가 있어도 비교적 유연하게 대응할 수 있습니다. 전체 배치를 하나의 커다란 윈도window6로 간주해서 그 배치가 아직 시작 전이라면 수 분~수 시간 동안 순서가 안 맞는 이벤트가 도착해도 크게 문제될 일은 없습니다. 이렇게 유한 데이터 세트를 배치 처리할 경우에는 거의 확정적인 결과를 얻을 수 있습니다. 물론 지연 시간이 길어지는 대가는 치뤄야 합니다. 24시간 주기 + 배치 처리 시간 이후에야 결과가 나오는, 전통적인 야간 대량 배치 작업에서는 특히 더 그렇죠.

하지만 한도 끝도 없이 업데이트되는 이벤트 스트림과 같은 무한 데이터 세트unbounded data set에서는 개발자가 마이크로서비스 설계 시 지연과 확정성 요건을 고려해야 합니다. 이는 기술 요건뿐만 아니라 비즈니스 요건에까지 영향을 미치므로 이벤트 기반 마이크로서비스 개발자는 반드시 "내가 담당한 마이크로서비스가 비즈니스 요건에 따라 비순차 이벤트, 지각 이벤트를 처리해야 하나?"를 자문해야 합니다. 비순차 이벤트는 비즈니스 수준에서 그 처리 방법을 구체화하고 지연과 확정성 중 어느 쪽을 더 우선할지 결정할 필요가 있습니다.

은행 계좌 예제를 다시 한번 봅시다. 이벤트 순서 및 지연 시간과 상관없이 초과 인출 수수료를 잘못 부과하는 사고를 방지하려면 예금 직후 인출을 정확한 순서로 처리해야 합니다. 일단 애플리케이션 로직에서 상태를 관리하면서 비즈니스 로직으로 일정 주기(예: 1시간)마다 비순차 데이터를 처리하는 방법을 떠올려볼 수 있습니다.

---

6 옮긴이_ 스트림 처리는 기본적으로 무한 데이터 세트를 대상으로 하기 때문에 무한한 컬렉션을 어떤 기준에 의해 논리적인 컴포넌트, 즉 윈도(window)로 분할해야 원하는 연산을 수행할 수 있습니다. 이렇게 윈도로 분할하는 작업을 윈도잉(windowing)이라고 하며, 스트리밍 처리 프레임워크에서는 매우 중요한 개념입니다.

(값은 생략) 비순차 이벤트

입력 이벤트 스트림–파티션 0

키	A	B	C	D	E	G	**F**	I	**H**
시간	5	10	15	20	25	35	**30**	45	**40**

그림 6-7 이벤트 스트림 파티션에 인입된 비순차 이벤트

TIP 하나의 파티션에 있는 이벤트는 타임스탬프와 관계없이 항상 오프셋 순서대로 처리해야 합니다. 따라서 언제라도 비순차 이벤트가 발생할 수 있습니다.

이벤트를 지각으로 간주할지 여부는 자신을 소비하는 마이크로서비스의 관점에서만 판단할 수 있습니다. 따라서 똑같은 비순차 이벤트라도 지각이라고 결론짓는 마이크로서비스도 있고, 월 클럭이나 이벤트 시간 기준으로 몇 시간은 지나야 지각 이벤트로 바라보는 아주 관대한 마이크로서비스도 있을 수 있습니다.

6.6.1 워터마크와 스트림 시간이 늦은 이벤트

이벤트 시간이 각각 t, t′인 두 이벤트가 있다고 합시다. 이벤트 t′는 이벤트 t보다 이전 타임스탬프를 갖고 있습니다.

워터마크

이벤트 t′가 워터마크 W(t) 이후에 도착하면 늦은 것으로 간주합니다. 이 이벤트는 해당 노드가 알아서 처리합니다.

스트림 시간

이벤트 t′가 스트림 시간이 t′만큼 증가한 이후에 도착하면 늦은 것으로 간주합니다. 이 이벤트는 하위 토폴로지의 각 처리기가 알아서 처리합니다.

TIP 이벤트는 컨슈머가 정한 데드라인을 지키지 못했을 경우에만 늦은 것입니다.

6.6.2 비순차 이벤트의 원인과 영향

비순차 이벤트가 발생하는 경위는 다음과 같습니다.

비순차 데이터에서 소싱

비순차 데이터에서 이벤트를 소싱하면 순서가 맞을 리 없겠죠. 이미 순서가 어긋난 스트림에서
데이터를 소비하거나, 타임스탬프 자체가 순서가 안 맞는 외부 시스템에서 이벤트를 소싱하면
비순차 이벤트가 발생합니다.

여러 프로듀서가 여러 파티션으로

여러 프로듀서가 여러 출력 파티션에 이벤트를 쓰면 비순차 이벤트가 발생할 수 있습니다. 기
존 이벤트 스트림을 리파티션할 때에도 이런 일이 생길 수 있습니다. [그림 6-8]은 두 파티션
을 리파티션해서 두 컨슈머가 소비하는 흐름입니다. 소스 이벤트는 사용자가 둘러본 제품을 나
타냅니다. 그림을 보면 사용자 Harry는 ID12, ID77 두 제품을 둘러봤습니다. 데이터 분석가
는 이런 이벤트를 사용자 ID 기준으로 키를 재지정하여 세션 기반으로 고객 이용 정보를 분석
합니다. 결국 출력 스트림에서는 순서가 어긋난 이벤트도 포함될 것입니다.

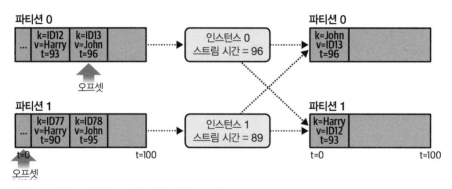

그림 6-8 리파티션 이벤트 스트림을 통해 이벤트 셔플링

두 인스턴스는 각자 내부 스트림 시간을 유지하며 서로 동기화는 하지 않기 때문에 비순차 이
벤트를 유발하는 시간 왜곡time skew이 일어날 수 있습니다(그림 6-9).

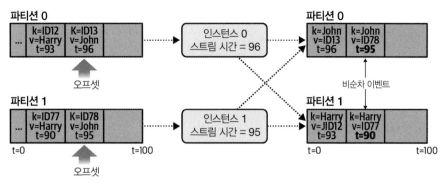

그림 6-9 리파티션 이벤트 스트림을 통해 이벤트 셔플링

인스턴스 0의 스트림 시간은 인스턴스 1보다 약간 앞서 있었지만 두 스트림 시간은 서로 독립적이라서 t=90 이벤트, t=95 이벤트는 리파티션 이벤트 스트림에서는 비순차 이벤트로 간주됩니다. 이런 문제는 파티션 크기가 불균형하고 처리율이 차이나고 이벤트 백로그가 클수록 점점 더 심해집니다. 그 결과 이전에는 순서가 맞았던 데이터가 이제는 순서가 맞지 않기 때문에 컨슈머 입장에서는 각 이벤트 스트림에서 일관되게 시간을 증가시키는 것에 의존할 수가 없습니다.

> **TIP** 싱글 스레드single-thread 프로듀서는 비순차 소스에서 데이터를 소싱하지 않는 한, 정상적인 경우에서는 비순차 이벤트를 생산하지 않습니다.

스트림 시간은 타임스탬프가 더 높은 이벤트가 발견될 때마다 증가되므로 결국 언젠가 엄청나게 많은 이벤트가 지각한 것으로 간주되는 상황이 빚어질 수 있습니다. 그에 따라 컨슈머가 비순차 이벤트를 처리하는 방법 역시 영향을 받게 될 것입니다.

6.6.3 시간에 민감한 함수와 윈도잉

특정 기간 동안 발생한 이벤트를 취합하거나 일정 시간이 경과하면 이벤트를 트리거하는 등 시간에 기반한 비즈니스 로직에서는 지각 이벤트가 중요한 관심사입니다. 지각 이벤트는 어느 기간 동안 비즈니스 로직이 처리를 완료한 이후에 도착한 이벤트입니다.

윈도잉windowing은 이벤트를 시간에 따라 그룹핑하는 것입니다. 특정 시간대에 어떤 키를 가진 이벤트를 대상으로 무슨 일이 일어났는지 알고 싶을 때 특히 유용한 기법입니다. 이벤트 윈도 종류는 크게 세 가지가 있는데, 더 자세한 정보는 여러분이 사용 중인 스트림 처리 프레임워크 문서를 반드시 참고하세요.

> **TIP** 윈도잉은 이벤트 시간, 처리 시간 둘 중 하나를 이용해 처리할 수 있지만 비즈니스 애플리케이션은 이벤트 시간을 더 많이 사용하는 편입니다.

텀블링 윈도

텀블링 윈도tumbling window는 크기가 고정된 윈도로, 이전 윈도와 이후 윈도가 겹치지 않습니다. [그림 6-10]은 t, t+1, t+2, t+3 시간대별로 배치된 세 텀블링 윈도입니다. 텀블링 윈도를 사용하면 "사용자가 제품을 가장 많이 이용하는 시간대는 언제일까?" 같은 질문에 답할 수 있습니다.

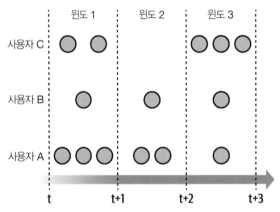

그림 6-10 텀블링 윈도

슬라이딩 윈도

슬라이딩 윈도sliding window는 크기는 고정되어 있고 윈도 슬라이드window slide라는 증분 단계incremental step만큼 윈도가 서로 겹칩니다. 슬라이딩 윈도를 사용하면 "지난 한 시간 동안 내 제품을 클릭한 사용자가 몇 명이지?" 같은 질문에 답할 수 있습니다. [그림 6-11]은 윈도 슬라이드 1만큼 중첩되며 진행 중인, 고정 크기가 2인 슬라이딩 윈도입니다.

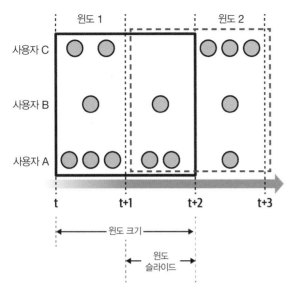

그림 6-11 슬라이딩 윈도

세션 윈도

세션 윈도session window는 크기가 동적으로 변하는 윈도입니다. 활동이 없으면 타임아웃 경과 시 종료되고 그 이후에 활동이 재개되면 새로운 세션이 시작됩니다. 세션 윈도를 사용하면 "사용자가 주어진 브라우저 세션 동안 무엇을 보았는가?" 같은 질문에 답할 수 있습니다. [그림 6-12]는 사용자 C가 활동하지 않아 세션 간극session gap이 발생한 세션 윈도입니다.

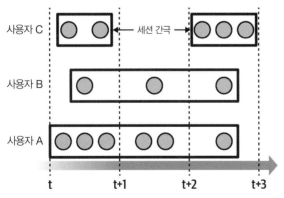

그림 6-12 세션 윈도

지금까지 살펴본 윈도를 사용할 때에는 비순차 이벤트를 반드시 고려해야 하며, 비순차 이벤트를 얼마나 오래 기다려야 너무 늦은 것으로 간주해야 할지 정해야 합니다. 모든 이벤트를 빠짐없이 다 수신했다고 단정할 수 없는 것은 스트림 처리의 근본적인 한계입니다. 비순차 이벤트를 기다릴 수 있지만 그렇다고 마냥 기다릴 수는 없으니 결국 어느 시점에서는 포기해야겠죠. 상태를 얼만큼 저장할 것인지, 지각 이벤트 발생 가능성은 얼마나 되는지, 지각 이벤트를 사용하지 않을 경우 비즈니스에는 어떤 영향이 있는지 등의 문제도 고려해야 합니다.

6.7 지각 이벤트 처리

비순차 이벤트, 지각 이벤트 처리 전략은 데이터 중요도에 따라 달라지므로 기술적인 솔루션을 개발하기 앞서 비즈니스 수준에서 결정되어야 합니다. 금융 거래 같은 중대한 이벤트와 시스템 장애는 스트림 어디에 위치하든 반드시 처리해야 하지만 온도나 힘처럼 수치를 측정하는 이벤트는 더 이상 필요 없으니 폐기해도 그만이겠죠.

지연을 어느 정도까지 수용할 수 있을지도 비즈니스 요건에 명시해야 합니다. 이벤트가 도착하길 기다릴수록 확정성은 높아지지만 그만큼 지연 시간은 더 길어지므로 시간에 민감한 애플리케이션이나 SLA가 빡빡한 애플리케이션에서는 성능에 부정적인 영향을 미칠 수 있습니다. 다행히도 마이크로서비스는 각 서비스마다 확정성, 지연, 비순차 이벤트를 처리하는 특성을 따로 조율할 수 있도록 충분한 유연성을 제공합니다.

프레임워크가 워터마크를 사용하든, 스트림 시간을 사용하든 무관하게 지각 이벤트를 처리하는 몇 가지 일반적인 방법을 소개합니다.

이벤트 폐기(drop event)

이벤트를 그냥 버립니다. 윈도가 닫히면 모든 시간 기반 집계는 완료됩니다.

대기(wait)

일정 시간 동안 윈도 결과 출력을 늦춥니다. 지연 시간이 늘어나는 만큼 확정성을 높이는 것입니다. 정해진 시간이 지날 때까지 이전 윈도는 업데이트가 가능하도록 유지합니다.

유예 기간(grace period)

윈도가 완료된 것으로 간주되면 곧바로 윈도 결과를 출력합니다. 그런 다음 미리 정해진 유예 기간 동안 윈도를 가용한 상태로 열어둡니다. 이 윈도에 지각 이벤트가 도착할 때마다 집계를 업데이트해서 새로운 값을 출력합니다. 지각 이벤트가 도착하는 즉시 업데이트가 발생한다는 점만 다를 뿐 나머지는 대기 전략과 비슷합니다.

마이크로서비스가 얼마나 더 기다리든, 결국 너무 늦게 도착한 이벤트는 쓸모가 없으니 폐기해야겠죠. 마이크로서비스에서 지각 이벤트를 처리하는 기술적인 규칙이 딱히 정해져 있는 것은 아니니 여러분의 비즈니스 요건이 충족되는지 확인해보세요. 지각 이벤트의 처리 지침이 비즈니스 요건에 명시되어 있지 않다면 이는 비즈니스로 풀어야 할 문제입니다.

지각 이벤트를 처리하는 가이드라인을 정하는 데 도움이 될 만한 질문을 몇 가지 정리합니다.

- 지각 이벤트가 발생할 가능성은 어느 정도인가?
- 서비스는 얼마나 오랫동안 지각 이벤트를 기다려야 하나?
- 지각 이벤트를 누락시키면 비즈니스에 어떤 영향을 미치는가?
- 지각 이벤트를 받기 위해 오랜 시간 기다리면 어떤 점이 비즈니스 관점에서 이로운가?
- 상태를 유지하려면 디스크와 메모리가 얼마나 많이 필요한가?
- 지각 이벤트를 기다리는 비용이 그로 인해 얻는 혜택을 능가할 만큼 많이 드나?

6.8 재처리 대 준실시간 처리

불변 이벤트 스트림은 컨슈머 그룹의 오프셋을 되감아^{rewind} 임의의 시점부터 처리를 재연하는 재처리^{reprocessing} 기능을 제공합니다. 모든 이벤트 기반의 마이크로서비스를 설계할 때 고려해야 할 아주 중요한 항목입니다. 재처리는 일반적으로 이벤트 시간을 사용해서 이벤트를 처리하는 마이크로서비스에서만 수행하며 월클럭 시간 기반의 집계와 윈도잉에 의존하는 마이크로서비스에서는 쓰이지 않습니다.

이벤트 스케줄링은 이벤트 스트림에 있는 이력 데이터를 정확하게 재처리하기 위해 아주 중요한 부분입니다. 마이크로서비스가 실시간에 가깝게 처리했던 것과 동일한 순서대로 이벤트가 처리되도록 보장합니다. (스파크, 플링크, 빔 같은 무거운 프레임워크 대신) 이벤트 브로커를 통해 이벤트 스트림을 리파티션하면 이벤트 순서가 맞지 않을 수 있어서 비순차 이벤트 처리 역시 재처리 프로세스에서 중요한 부분입니다.

이벤트 스트림을 재처리해야 할 경우 다음과 같은 단계로 처리하세요.

1. 시작점을 정하세요. 상태 저장 컨슈머가 자신이 구독하는 각 이벤트 스트림의 맨 처음부터 이벤트를 재처리하는 것이 모범 사례입니다. 특히, 엔티티 이벤트 스트림에는 해당 엔티티에 관한 중요한 팩트가 들어 있으므로 이렇게 처리해야 합니다.

2. 어느 컨슈머 오프셋을 리셋할지 결정하세요. 엉뚱한 위치에서 시작하면 정확한 상태로 귀결되리라 장담할 수 없기 때문에 상태 저장 처리에 사용할 이벤트가 있는 스트림은 맨 처음으로 되돌려야 합니다(은행 고객의 잔고를 재처리하다가 실수로 이전 수표를 누락하면 어떤 일이 벌어질까요?).

3. 데이터량을 확인하세요. 무지막지한 양의 이벤트를 처리하는 마이크로서비스도 있겠죠. 이벤트를 재처리하려면 시간이 얼마나 소요될지, 병목 지점이 될 만한 곳은 없는지 확인합니다. 마이크로서비스가 이벤트 브로커 I/O를 몽땅 점유하지 못하게 쿼터를 할당해야 할 수도 있고(14.5절의 '스키마 레지스트리' 참고) 재처리된 출력 데이터가 아주 많을 것 같으면 미리 다운스트림 컨슈머에게 통보해야 할 수도 있습니다. 자동확장 기능이 꺼져 있으면(11.7절의 '애플리케이션 자동확장' 참고) 서비스를 규모에 맞게 확장해야 할 수도 있습니다.

4. 재처리 시간을 고려하세요. 몇 시간이 걸릴지 모르니 중단 시간을 미리 계산해보는 것이 좋습니다. 서비스를 재처리하는 동안 다운스트림 컨슈머에 김빠진 데이터가 들어가도 문제가 없는지도 확인합니다. 컨슈머 인스턴스를 늘려 병렬도를 최대화하면 중단 시간을 크게 줄일 수 있습니다. 재처리가 끝나면 곧바로 규모를 다시 줄이면 됩니다.

5. 영향도를 살펴보세요. 재처리 중에 하지 말아야 할 일을 하는 마이크로서비스도 있겠죠. 가령, 물건이 배송되면 고객에게 이메일을 보내는 서비스가 이벤트를 재처리하는 도중에 메일을 한 번 더 보내는 건 비즈니스적으로도 말이 안 되고 사용자에게 끔찍한 경험을 초래할 것입니다. 재처리가 시스템 비즈니스 로직에 어떤 영향을 미칠지, 그리고 다운스트림 컨슈머에는 문제가 없을지도 잘 살펴봐야 합니다.

6.9 간헐적 실패와 지각 이벤트

실시간에 가깝게 처리하는 도중에는 이벤트가 늦게 도착할 수 있지만(워터마크나 스트림 시간이 증가), 이벤트 스트림 재처리 중에는 이벤트 스트림 내부에서 예상한 대로 사용할 수 있습니다. 이 문제는 감지하기 어려울 수도 있지만 이벤트 기반 마이크로서비스의 연결된 특성, 그리고 업스트림에서 문제가 발생하면 다운스트림 컨슈머에 어떤 영향을 미치는지 잘 나타냅니다. 어떻게 이런 일이 발생하는지 빠르게 알아보겠습니다.

6.10 프로듀서/이벤트 브로커 연결 문제

이벤트는 타임스탬프 순서대로 생성되지만 이후 어느 시점까지는 발행이 불가한 상황을 생각해봅시다(그림 6-13). 정상적인 경우라면 프로듀서가 발생 즉시 이벤트를 전송하고 컨슈머는 이벤트를 준실시간으로 소비하겠죠. 이런 상황은 언제 일어나는지 식별하기 어렵고 다시 돌아봐도 눈에 잘 띄지 않을 수 있습니다.

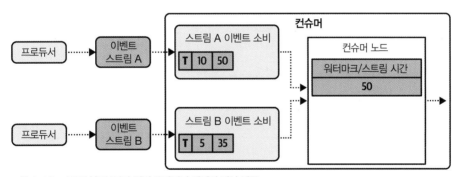

그림 6-13 프로듀서/브로커가 연결 중단되기 직전의 정상 작동

이벤트를 발행하던 프로듀서가 갑자기 이벤트 브로커에 접속할 수 없게 됐다고 합시다. 이벤트에는 자신이 발생한 로컬 시간이 타임스탬프로 찍힙니다. 프로듀서는 수차례 발행을 재시도하고 결국 성공 또는 실패(최선의 경우, 누군가 접속 장애를 감지해 조치할 수 있도록 시끄럽게 실패)하겠죠(그림 6-14). 그러나 스트림 A의 이벤트는 계속 소비되고 그에 따라 워터마크/스트림 시간은 증가하는 반면, 스트림 B는 더 이상 받아 처리할 이벤트가 없으므로 컨슈머는

새 데이터가 들어오지 않았다고 여길 것입니다.

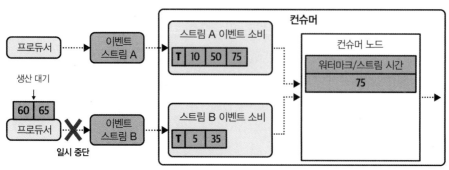

그림 6-14 일시적인 프로듀서/브로커 연결 중단

접속 장애가 조치되면 나중에 이 프로듀서는 이벤트 스트림에 밀려있는 이벤트를 발행합니다. 하지만 실제로 발생한 이벤트 시간 순서대로 발행되고 있음에도 불구하고 월클럭 지연 탓에 준실시간 컨슈머는 지각 이벤트로 표시해서 처리할 것입니다(그림 6-15).

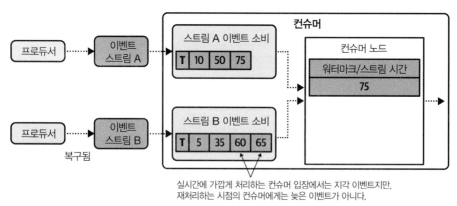

실시간에 가깝게 처리하는 컨슈머 입장에서는 지각 이벤트지만,
재처리하는 시점의 컨슈머에게는 늦은 이벤트가 아니다.

그림 6-15 프로듀서는 일시적으로 지연된 이벤트를 다시 연결해서 발행할 수 있지만 컨슈머는 이미 이벤트 시간을 하나 증가시켰다.

이 문제를 해결하는 한 가지 방법은, 이벤트를 처리하기 전에 미리 정해진 시간 동안 대기하는 것입니다. 그만큼 지연되어 비용이 발생하고 생산 지연이 대기 시간보다 짧은 경우에만 효과가 있습니다. 비즈니스 로직에 영향이 없도록 견고한 지각 이벤트 처리 로직을 컨슈머 코드에 구현하는 것도 괜찮은 방법입니다.

6.11 마치며

이 장에서는 확정성에 대해 알아보았고 무한 이벤트 스트림을 이용해 확정성에 접근하는 최선의 방법을 설명했습니다. 실시간에 가깝게 처리할 때와 재처리를 할 때 최선의 확정성을 얻기 위해 여러 파티션 중 다음 처리할 이벤트를 선택하는 방법도 알아보았습니다. 간헐적 실패가 동반되는 무한 이벤트 스트림에서는 본질적으로 완벽한 확정성을 달성할 수가 없습니다. 대부분의 시간 동안 잘 작동되는, 가장 합리적인 솔루션은 결국 지연과 정합성의 트레이드오프가 최적인 결과입니다.

비순차 이벤트와 지각 이벤트는 신중하게 고려해야 할 설계 요소입니다. 이 장에서는 워터마크와 스트림 시간을 이용해서 이런 이벤트를 식별/처리하는 방법을 다루었습니다. 워터마크에 대한 자세한 내용은 타일러 아키다우[Tyler Akidau]가 쓴 멋진 글 'The World Beyond Batch Streaming 101'[7]과 'The World Beyond Batch Streaming 102'[8]를 읽어보세요. 미키토 다카다[Mikito Takada]의 온라인 도서 'Distributed Systems for Fun and Profit'[9]를 읽어보면 분산 시스템 시간에 관한 추가적인 고려 사항과 식견을 얻게 될 것입니다.

---

7 https://oreil.ly/XoqNE
8 https://oreil.ly/pkbAF
9 https://oreil.ly/IDT4D

CHAPTER 7

상태 저장 스트리밍

대부분의 애플리케이션은 처리 요건상 상태를 어느 정도 유지해야 하므로 상태 저장 스트리밍은 이벤트 기반 마이크로서비스에서 가장 중요한 근간입니다. 이벤트 스트림을 로컬 상태로 구체화하는 원리는 이미 앞서 짧게 소개했습니다(2.4절의 '엔티티 이벤트에서 상태를 구체화' 참고). 이 장에서는 이벤트 기반 마이크로서비스에서 상태를 생성, 유지, 사용하는 방법에 대해 자세히 살펴보겠습니다.

7.1 상태 저장소, 이벤트 스트림에서 상태 구체화

몇 가지 중요한 용어 정의부터 시작합니다.

구체화(된) 상태(materialized state)

소스 이벤트 스트림의 이벤트를 투영한 것^{projection} (불변)

상태 저장소(state store)

서비스가 비즈니스 상태를 저장하는 곳 (가변)

구체화 상태와 상태 저장소는 모두 상태 저장 마이크로서비스에서 꼭 필요하며 폭넓게 활용되지만 두 용어를 분명하게 구분해야 합니다. 구체화 상태는 마이크로서비스에서 공통 비즈니스 엔티티로 사용할 수 있고 상태 저장소에는 비즈니스 상태 및 중간 계산 결과를 저장할 수 있습니다.

마이크로서비스를 설계할 때에는 데이터를 어디에 저장할지 잘 생각해야 합니다. 상태를 저장/접근하는 방법은 크게 다음 두 가지가 있습니다.

- 처리기와 동일한 컨테이너의 메모리나 디스크에 데이터를 내부적으로 저장한다.

- 처리기 컨테이너 밖에 있는 외부 스토리지 서비스에 네트워크를 통해 데이터를 저장한다.

[그림 7-1]은 내부 상태 저장소, 외부 상태 저장소의 샘플 구성도입니다.

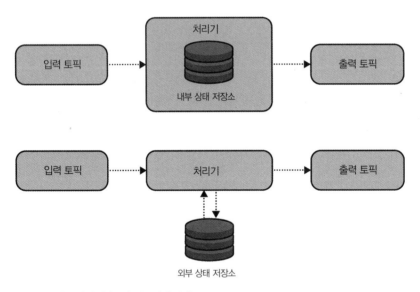

그림 7-1 내부 상태 저장소와 외부 상태 저장소

상태를 내외부 어디에 저장할지는 주로 마이크로서비스의 비즈니스 역할과 기술 요건에 따라 선택합니다. 그런데 그 전에 먼저 체인지로그의 역할을 고려할 필요가 있습니다.

7.2 체인지로그 이벤트 스트림에 상태 기록

체인지로그는 상태 저장소에 담긴 데이터의 변경 사항을 모두 기록한 것입니다. 상태가 보관된 테이블을 각 이벤트 스트림으로 변환하는 테이블-스트림 이원성의 스트림에 해당합니다. 체인지로그는 마이크로서비스 인스턴스의 외부에 유지되는 영구적인 상태 사본으로써, [그림 7-2]처럼 상태를 재구성하거나 이벤트 처리 진행을 체크포인트하는 수단으로 활용됩니다.

> **TIP** 체인지로그에는 이전 처리 결과가 저장되어 있어서 실패한 서비스를 재구성하는 작업을 최적화할 수 있습니다. 따라서 복구 처리기가 모든 입력 이벤트를 일일이 재처리할 필요가 없습니다.

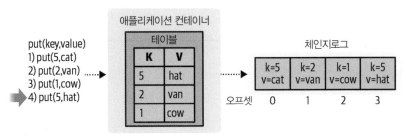

그림 7-2 체인지로깅을 하는 상태 저장소

체인지로그는 여느 스트림처럼 이벤트 브로커에 저장되는 스트림이면서 상태 저장소를 재구성하는 수단입니다. 체인지로그 스트림은 최근 키/값 쌍만 있어도 상태를 재구성할 수 있으므로 컴팩션을 해야 합니다.

체인지로그는 특히 내부 상태 저장소에서 높은 성능으로 상태를 확장/복구할 수 있습니다. 확장/복구 결과 새로 생성된 애플리케이션 인스턴스는 자신에게 해당하는 체인지로그 파티션에서 데이터를 로드하기만 하면 됩니다(그림 7-3).

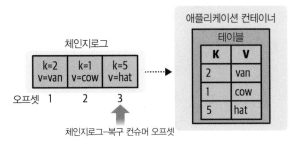

그림 7-3 체인지로그에서 상태 저장소를 복구

카프카 스트림즈[1] 같은 프레임워크는 체인지로그를 기본 제공하지만 애플리케이션 개발자가 직접 구현할 수도 있습니다. 기본 프로듀서/컨슈머 클라이언트는 체인지로그나 상태 저장을 전혀 지원하지 않습니다.

7.3 내부 상태 저장소에 상태 구체화

내부 상태 저장소는 마이크로서비스의 비즈니스 로직과 동일한 컨테이너 또는 VM 환경에 함께 둡니다. 이 상태 저장소는 마이크로서비스 인스턴스가 존재할 경우에만 의미가 있고 둘 다 동일한 기반 하드웨어에서 실행됩니다.

각 마이크로서비스 인스턴스는 자신에게 할당된 파티션의 이벤트를 구체화하고 상태 저장소 내부에서 각 파티션별 데이터를 논리적으로 분리합니다. 이렇게 파티션을 논리적으로 나누어 구체화하기 때문에 마이크로서비스 인스턴스는 컨슈머 그룹 리밸런스 이후 회수된 파티션의 상태를 그냥 삭제할 수 있습니다. 구체화 상태는 파티션을 소유한 인스턴스에만 존재하므로 리소스 누수가 생기고 진실 공급원이 쪼개지는 불상사도 막을 수 있죠. 파티션이 새로 할당되면 이벤트 스트림이나 체인지로그의 입력 이벤트를 소비해서 재구성할 수도 있습니다.

락스DB^RocksDB 같은 고성능 키/값 저장소는 주로 내부 상태 저장소로 쓰이며 로컬 SSD에서 최적화되어 있기 때문에 할당된 메인 메모리를 초과한 데이터 세트도 신속하게 처리할 수 있습니다. 내부 상태 저장소는 보통 키/값 저장소로 구현하지만 다른 종류의 데이터 저장소도 사용할 수 있습니다. 관계형 DB나 문서형 데이터 저장소로 구현한 사례는 아직 필자도 들어보지 못했지만, 아무튼 각 마이크로서비스 인스턴스의 내부에 담아 작동시킨다는 점은 동일합니다.

7.3.1 전역 상태 구체화

전역 상태 저장소^global state store는 내부 상태 저장소의 특수한 형태입니다. 할당된 파티션뿐만 아니라 해당 이벤트 스트림의 모든 파티션 데이터를 구체화함으로써 이벤트 데이터 전체 사본을 각 마이크로서비스 인스턴스에 제공합니다. [그림 7-4]는 전역 구체화 상태와 비전역 구체화

---

[1] https://oreil.ly/4hh3y

상태를 비교한 그림입니다.

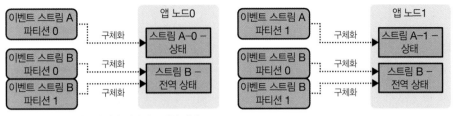

그림 7-4 전역 구체화 상태와 비전역 구체화 상태

전역 상태 저장소는 각 마이크로서비스 인스턴스에 전체 데이터 세트가 필요한 경우에 유용하며, 자주 쓰이면서도 좀처럼 변경될 일이 없는 소규모 데이터 세트로 구성합니다. 각 인스턴스마다 전체 데이터 사본을 갖고 있어 출력이 중복되거나 비확정적 결과가 초래될 가능성이 있기 때문에 전역 구체화는 이벤트 기반 로직을 일으키는 동인driver으로서는 효과적이지 않습니다. 그러므로 공통 데이터 세트 검색이나 치수dimension 테이블 정도에 한하여 전역 구체화를 하는 편이 가장 좋습니다.

7.3.2 내부 상태 사용 시 장점

개발자가 직접 알아서 확장할 필요가 없다

로컬 디스크 기반 내부 상태 저장소의 가장 큰 장점은, 모든 확장 요건을 이벤트 브로커 및 컴퓨팅 리소스 클러스터에게 떠맡길 수 있다는 것입니다.

덕분에 애플리케이션 개발팀은 비즈니스 로직에 전념할 수 있고 전체 이벤트 기반 마이크로서비스에 공통적인 확장 메커니즘은 다른 전문 기술팀이 제공하면 됩니다. 그냥 인스턴스 수를 늘리고 줄이기만 해도 각 애플리케이션의 규모를 변경할 수 있으므로 확장 단위unit of scalability를 단일하게 유지할 수 있습니다.

내부 상태 저장소를 검토할 때에는 애플리케이션 성능 요건을 정확히 이해하는 것이 중요합니다. 요즘 클라우드 컴퓨팅에서 로컬 디스크는 사실상 물리적으로 부착된 디스크가 아닙니다. NAS가 로컬 디스크 행세를 하면서 애플리케이션 관점에서는 논리적으로 동일한 리소스를 제공하는 경우가 더 많죠. 처리량이 높은 상태 저장 스트리밍 마이크로서비스는 초당 수십만 개 이벤트도 거뜬히 소비할 수 있으니, 애플리케이션에 요구되는 성능 특성상 지연 요건이 충족되는지 면밀하게 잘 살펴보시기 바랍니다.

고성능 디스크 기반의 옵션

이벤트 기반 마이크로서비스의 모든 상태를 메인 메모리에 둘 수 없는 경우도 있습니다. 특히, 예산이 빠듯한 경우가 그렇습니다. 요즘 대부분의 마이크로서비스 유스 케이스에서 물리적으로 부착된 로컬 디스크는 꽤 준수한 성능을 보여줍니다. 로컬 디스크는 일반적으로 SSD에서 지원되는 고도의 랜덤 액세스 패턴을 선호하는 경향이 있습니다. 예를 들어 SSD에서 락스DB 사용 시 랜덤 접근 읽기 지연 시간을 측정하면 65 마이크로 초[2] 정도 나옵니다. 대략 하나의 스레드가 최대 초당 15,400개의 순차 액세스 요청을 처리하는 셈입니다. 인메모리 성능은 이보다 훨씬 빨라서 초당 수백만 개 랜덤 액세스 요청을 처리합니다.[3] 로컬 디스크와 로컬 메모리를 사용하면 처리량이 매우 높게 나오고 데이터 접근 병목이 현저하게 줄어듭니다.

NAS를 사용할 정도로 유연하다

로컬 디스크 대신 NAS를 마이크로서비스에서 사용할 수도 있지만 읽기/쓰기 지연이 상당히 늘어납니다. 이벤트는 시간 순서, 오프셋 순서를 지키기 위해 한 번에 하나씩 처리해야 하므로 단일 처리 스레드가 읽기/쓰기 응답을 기다리는 시간이 길어지고 프로세서당 처리량이 크게 떨어지게 됩니다. 굳이 고성능 처리가 필요 없는 상태 저장 서비스에서는 별 문제 아니지만 이벤트량이 아주 클 경우라면 문제가 되겠죠.

NAS에 저장된 '로컬' 데이터는 시스템 메모리나 물리적 로컬 디스크에 저장된 데이터보다 접근 지연이 훨씬 더 큽니다. 로컬 SSD에 설치한 락스DB는 처리량이 15.4k 요청/초이지만, 동일한 접근 패턴으로 네트워크 왕복 시간round-trip이 1 밀리초만 발생해도[4] 처리량은 939 요청/초로 급감합니다. 병렬로 접근하면 이 차이를 좀 더 줄일 수 있지만 이벤트는 오프셋 순서대로 처리해야 하므로 병렬화할 수 없는 경우가 더 많습니다.

NAS가 한 가지 좋은 점은, 상태를 볼륨에 유지하기 때문에 필요한 만큼 새 하드웨어로 갈아탈

---

2 https://oreil.ly/60t6J

3 https://oreil.ly/QEbW3

4 https://oreil.ly/rsl6a

수 있다는 점입니다. 처리 노드가 다시 활성화되면 네트워크 디스크를 다시 붙여 중단된 곳부터 다시 처리하면 되겠죠. 굳이 수고스럽게 체인지로그 스트림에서 이벤트를 재구성할 필요가 없습니다. 따라서 로컬 디스크처럼 상태가 완전히 일시적ephemeral인 것은 아니므로 중단 시간을 크게 줄일 수 있고, 저렴한 온디맨드on-demand 노드를 사용하듯 마이크로서비스를 컴퓨팅 리소스 여기저기 옮겨다니며 유연하게 서비스할 수 있습니다.

7.3.3 내부 상태의 단점

런타임에 정의된 디스크를 사용할 수밖에 없다

내부 상태 저장소는 서비스 런타임이 위치한 노드에 부착된 디스크만 사용할 수 있습니다. 디스크 볼륨을 변경하려면 일단 서비스를 멈추고 볼륨을 조정한 다음 서비스를 재시작해야 합니다. 또 볼륨 크기를 줄이면 이미 존재하는 데이터를 삭제해야 하므로 컴퓨팅 리소스를 관리하는 대부분의 솔루션은 볼륨 크기를 늘리는 것만 가능합니다.

디스크 공간 낭비

쇼핑몰 사이트에서 하루 중 발생하는 트래픽이 오르락내리락하는 것처럼 일정 시간마다 되풀이되는 데이터 패턴 때문에 순환 스토리지 볼륨cyclical storage volume이 필요합니다. 즉, 트래픽이 가장 몰릴 때에는 디스크 용량이 최대로 필요하지만 그밖의 시간에는 적은 용량만 있어도 충분하죠. 항시 전체 디스크를 확보해두는 것은 저장된 데이터 바이트 단위로 과금하는 외부 서비스에 비해 공간 및 비용 낭비를 초래할 수 있습니다.

7.3.4 내부 상태의 확장 및 복구

새 인스턴스를 만들어 처리 능력을 확장하고 실패한 인스턴스를 복구하는 행위는 상태 복구 관점에서는 동일한 프로세스입니다. 새로운 인스턴스, 복구된 인스턴스 모두 새 이벤트를 처리하기 전에 토폴로지에 정의된 상태를 전부 다 구체화해야 합니다. 이 일을 하는 가장 빠른 방법은, 애플리케이션에서 구체화된 각 상태 저장 저장소에 대해 체인지로그 토픽을 다시 로드하는 것입니다.

핫 레플리카 사용

구체화 상태 레플리카는 파티션당 하나만 유지하는 것이 보통이지만, 상태를 더 철저하게 관리하거나 클라이언트 프레임워크를 직접 이용해 레플리카를 더 추가할 수도 있습니다. 아파치 카프카에서는 이런 기능이 스트림즈 프레임워크에서 내장되어 있어서 간단한 설정만으로 가능합니다.[5] 이러한 고가용성 상태 저장소 덕분에 마이크로서비스 인스턴스가 실패해도 무중단 운영을 할 수 있습니다.

[그림 7-5]는 복제 계수[replication factor]가 2인 내부 상태 저장소 인스턴스를 3개 배포한 것으로 각 파티션은 리더에 한 번, 레플리카에 한 번, 총 2회 구체화됩니다. 각 레플리카는 자체 오프셋을 따로 두고 리더 레플리카의 오프셋과 동기화해야 합니다. 인스턴스 0, 인스턴스 1은 스트림 B의 이벤트를 받아 코파티션된 구체화 상태와 조인시킵니다. 인스턴스 1, 인스턴스 2도 각각 스트림 A-P0, A-P1의 핫 레플리카를 유지하지만 인스턴스 2는 아무 이벤트도 처리하지 않습니다.

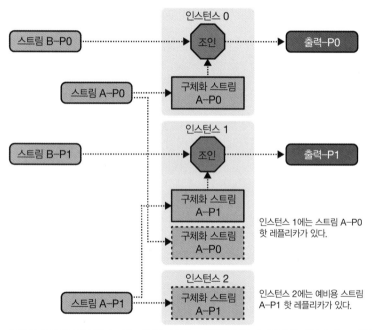

그림 7-5 세 인스턴스를 스트림-테이블 조인하고 구체화 입력 파티션당 핫 레플리카는 2개씩

---

5 https://oreil.ly/VGbuo

이 상태에서 리더가 갑자기 종료되면 컨슈머 그룹은 파티션을 리밸런스합니다. (앞서 파티션을 할당했고 전체 파티션–인스턴스 매핑 정보를 알고 있는) 파티션 어사이너는 핫 레플리카의 위치를 정하고 그에 맞게 파티션을 재할당합니다. [그림 7-6]을 보면 인스턴스 1이 종료되었으니 나머지 인스턴스의 파티션은 강제로 다시 할당해야 합니다. 파티션 소유권을 주장하고 즉시 처리를 재개할 수 있는 권리는 핫 레플리카가 있는 인스턴스에 우선 부여되므로 파티션 어사이너는 인스턴스 2를 선택하여 B–P1 스트림의 처리를 재개합니다.

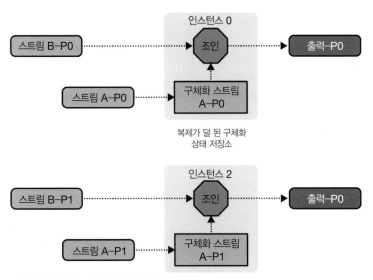

그림 7-6 인스턴스 1이 종료되어 리밸런스 발생

이렇게 처리가 재개되면 최소 레플리카 수를 유지하기 위해 체인지로그에서 새로운 핫 레플리카를 생성해야 합니다. 이렇게 생성된 핫 레플리카는 나머지 인스턴스에 각각 추가됩니다(그림 7-7).

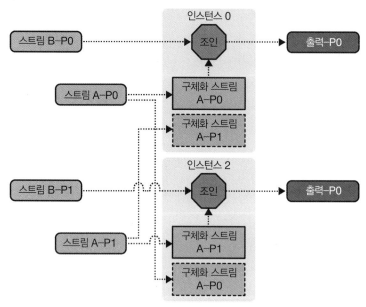

그림 7-7 두 인스턴스는 정상 처리하고 구체화 입력 파티션당 핫 레플리카는 2개씩

> **NOTE_** 핫 레플리카를 사용하는 방법은 인스턴스 실패 시 중단 시간을 줄일 수는 있지만 레플리카를 유지
> 하려면 디스크를 더 많이 차지하는 트레이드오프가 있으니 잘 따져보세요.

체인지로그에서 복구 및 확장

새로 생성된 마이크로서비스 인스턴스가 컨슈머 그룹에 조인할 때 이 인스턴스에 할당된 모든
상태 저장 파티션은 체인지로그에서 소비하면 그대로 다시 로드할 수 있습니다. 이 시간 동안
인스턴스가 새 이벤트를 처리하면 잘못된 비확정적 결과가 나올 수 있기 때문에 처리하면 안
됩니다.

입력 이벤트 스트림에서 복구 및 확장

체인지로그가 없을 경우에는 인스턴스에 할당된 입력 이벤트 스트림 파티션의 맨 처음부터 모
든 입력 이벤트를 다시 소비해서 상태 저장소를 복구하면 됩니다. 각 이벤트는 정확히 순서대
로 소비/처리해서 상태를 업데이트하고 후속 출력 이벤트를 생산해야 합니다.

이 프로세스는 상태를 재구성하는 시간이 체인지로그에서 복구하는 것보다 훨씬 더 오래 걸릴 수 있습니다. 그러므로 입력 이벤트 스트림 보존 기간이 짧고 중복 출력이 문제가 안 되며 엔티티 이벤트 스트림이 흩어져 있는 단순한 토폴로지에서 사용하는 것이 좋습니다.

7.4 외부 상태 저장소에 상태 구체화

외부 상태 저장소는 마이크로서비스의 컨테이너 또는 가상 머신 외부에 존재하지만 대개 동일한 로컬 네트워크 안에 위치합니다. 여러분이 원하는 기술로 외부 데이터 저장소를 직접 구현할 수도 있지만 마이크로서비스 문제 공간의 요건에 맞는 기술을 선택하는 게 좋습니다. 주로 관계형 DB, 문서형DB, 루씬Lucene 기반 지리공간geospatial 검색 시스템, 고가용성 분산 키/값 저장소를 외부 저장소 서비스로 많이 사용합니다.

마이크로서비스의 외부 상태 저장소를 공통 데이터 스토리지 플랫폼에 둘 수도 있지만 데이터 세트 자체는 여타 모든 마이크로서비스 구현체와 논리적으로 분리되어야 한다는 점을 명심하세요. 마이크로서비스끼리 구체화 상태를 공유하는 건 외부 데이터 저장소 개발자들이 다양한 비즈니스 니즈에 대응하고자 구체화 데이터 세트를 함께 사용하는 흔한 안티패턴입니다. 전혀 상관없는 제품과 특성들이 단단하게 결합될 수 있으니 삼가는 것이 좋습니다.

7.4.1 외부 상태 저장소의 장점

완전한 데이터 지역성

내부 상태 저장소와 달리, 외부 상태 저장소는 각 마이크로서비스 인스턴스가 접근 가능한 모든 구체화 데이터를 제공합니다. 물론 각 인스턴스는 자신에게 할당된 파티션을 알아서 구체화해야 합니다. 하나의 구체화된 데이터 세트를 이용하면 아주 많은 요소 간에 검색 수행, 외래키 기반의 관계형 쿼리, 지리공간 쿼리를 할 때 파티션 지역성이 필요하지 않습니다.

> **TIP** 여러 인스턴스를 사용하면서 일관된 결과를 유지하려면 '쓰기 후 읽기read-after-write' 기능이 강력하게 보장되는 상태 저장소를 이용하세요.

기술

외부 데이터 저장소에 쓰인 기술은 이미 조직에 익숙한 상태라서 마이크로서비스를 프로덕션에 배포하는 시간과 노력을 절약할 수 있습니다. 특히, FaaS 솔루션(9장)과 기본 프로듀서/컨슈머 패턴(10장)은 외부 데이터 저장소를 사용하기에 좋은 후보들입니다.

7.4.2 외부 상태의 단점

여러 기술을 관리해야 하는 부담

외부 상태 저장소는 마이크로서비스의 비즈니스 로직 솔루션과 독립적으로 관리/확장되므로 마이크로서비스 소유자가 외부 상태 저장소를 알아서 잘 관리/확장해야 하는 리스크가 있습니다. 팀별로 리소스를 적절히 배정하고, 확장 정책을 수립하고, 시스템 모니터링 방안을 마련해서 자신들이 맡은 데이터 서비스가 마이크로서비스 부하를 탄력적으로 잘 처리하도록 만들어야 합니다. 조직 내 전문 기술팀이나 서드파티 클라우드 플랫폼 벤더가 제공하는 관리형 데이터 서비스를 이용하면 이런 막중한 책임을 어느 정도 분산시킬 수 있습니다.

네트워크 지연으로 인한 성능 저하

로컬 메모리, 디스크 데이터보다 외부 상태 저장소의 데이터에 접근할 때 발생하는 지연 시간이 아무래도 더 깁니다. NAS를 사용하면 네트워크 지연이 더 발생해서 처리량과 성능이 상당히 떨어질 수 있습니다(7.3절의 '내부 상태 사용 시 장점' 참고).

캐싱, 병렬화를 하면 네트워크 지연의 영향도는 줄어들겠지만 그로 인해 복잡도가 가중되고 메모리, CPU 증설 비용을 추가 부담해야 하는 문제가 있습니다. 또 모든 마이크로서비스가 캐싱, 병렬화를 지원하지 않는 것은 아니며, 단순히 처리 스레드를 블로킹^{blocking}(차단)하고 외부 데이터 저장소의 응답을 기다려야 하는 경우도 많습니다.

외부 상태 저장소 서비스 이용료

비슷한 용량이라면 내부 데이터 저장소보다 외부 데이터 저장소 가격이 더 비싼 편입니다. 외부 상태 저장소를 호스팅한 솔루션은 일반적으로 트랜잭션 수, 데이터 페이로드 크기, 데이터 보존 기간에 따라 과금합니다. 부하 급증^{bursty load}을 대비하여 오버-프로비저닝^{over-provisioning}을 해야 하는 경우도 있습니다. 성능 특성이 유연한 온디맨드 과금 모델을 적용하면 비용 절감에 도움은 되지만 성능 요건을 충족하는지는 여러분 스스로 확인해야 합니다.

완전한 데이터 지역성

좀 전에 장점으로 나열했던 완전한 데이터 지역성이 외려 다른 문제를 일으킬 수 있습니다. 외부 상태 저장소에 있는 데이터는 처리량이 제각각인 여러 처리기와 파티션에서 비롯되기 때문에 어느 처리 인스턴스가 집합적인^{collective} 공유 상태에 어떻게, 얼마나 관여했는지 추론(그리고 디버깅)하기가 대단히 어렵습니다.

각 마이크로서비스 인스턴스는 자신의 독립적인 스트림 시간에 따라 작동되므로 경합 조건과 비확정적인 동작도 잘 살펴보아야 합니다. 한 마이크로서비스 인스턴스의 스트림 시간을 보장한다고 전체 인스턴스로 확장되는 것은 아니니까요.

예를 들면 아직 다른 인스턴스가 채우지 않은 외래 키에 따라 이벤트를 조인하려는 인스턴스도 있을 것입니다. 나중에 동일한 데이터를 재처리하면 조인은 실행할 수 있겠지만 각 인스턴스마다 스트림 처리는 완전히 분리되어 있으므로 이 방식을 적용해서 얻은 결과는 비확정적이고 재연 불가능할 공산이 큽니다.

7.4.3 외부 상태 저장소의 확장 및 복구

외부 상태 저장소를 이용해 마이크로서비스를 확장/복구하려면 간단히 상태 저장소 접근 시 필요한 인증정보credential만 새 인스턴스에 추가하면 됩니다. 이와 달리 하부 상태 저장소를 확장/복구하는 작업은 사용하는 기술에 완전히 종속돼서 한층 더 복잡합니다.

따라서 개발자에게 앞으로도 계속 이용 가능한 관리 수단을 제공하려면 그들이 관리, 확장, 백업, 복구를 적절히 수행할 수 있는 지침서와 수용 가능한 외부 데이터 서비스 목록을 작성해야 합니다. 그러나 아쉽게도 상태 저장소 기술은 가짓수가 너무 많아 이 책에서 전부 다룰 수 없으니 상태를 구성하는 전략을 세 가지 주요 기술(소스 스트림 사용, 체인지로그 사용, 스냅샷 생성)로 일반화하여 소개하겠습니다.

소스 스트림 사용

소스 스트림의 이벤트를 초기 시점부터 소비하면 상태 저장소의 새로운 사본을 만들 수 있습니다. 모든 입력 스트림에 대해 컨슈머 그룹 오프셋을 초기 시점으로 되돌리는 것입니다. 중단 시간은 가장 길지만 재연하기 쉽고 소스 데이터를 저장한 이벤트 브로커의 영구 스토리지에만 의존합니다. 단, 이 방법은 사실상 애플리케이션 전체 리셋full reset이나 다름없기 때문에 마이크로서비스 비즈니스 로직에 따라 출력 이벤트 역시 모두 재생성된다는 사실을 염두에 두어야 합니다.

체인지로그 사용

외부 상태 저장소는 상태를 기록/복구할 때 대부분 브로커에 저장된 체인지로그에 의존하지 않지만 그러지 말라는 법도 없겠죠. 내부 상태 저장소처럼 외부 상태 저장소 역시 체인지로그를 이용해 얼마든지 다시 채워넣을 수 있습니다. 소스 스트림에서 재구성하는 경우와 마찬가지로 새로운 상태 저장소 사본을 만들어야 합니다. 마이크로서비스 컨슈머 인스턴스는 처리를 재개하기 전에 체인지로그에 저장된 전체 상태를 재구성해야 합니다.

> **WARNING_** 소스 이벤트 스트림이나 체인지로그에서 외부 상태 저장소를 재구성하는 작업은 네트워크 지연 때문에 시간이 아주 오래 걸릴 수 있습니다. 이런 상황도 여러분의 마이크로서비스 SLA에 문제가 없는지 꼭 확인하세요.

스냅샷 사용

외부 상태 저장소는 자체 백업/복구 프로세스를 제공하는 경우가 일반적입니다. 실제로 많은 호스티드 서비스 업체가 간단한 '원클릭^one-click' 솔루션을 제공합니다. 주어진 상태 저장소 구현체에 알맞게 상태를 캡처/복구하는 모범 사례를 따르는 게 좋습니다.

저장된 상태가 멱등적이라면 오프셋과 구체화 상태가 정확히 일치하는지 일일이 확인할 필요는 없습니다. 이 때 컨슈머 오프셋을 스냅샷을 찍기 몇 분 전 값으로 세팅할 경우 유실되는 데이터가 없도록 주의해야 합니다. 이렇게 해야 이벤트의 '적어도 한 번 이상' 처리가 보장됩니다.

저장된 상태가 멱등적이지 않고 중복 이벤트를 수용 불가한 경우에는 컨슈머 오프셋을 데이터 안에 넣어 데이터 저장소에 보관해야 합니다. 그래야 컨슈머 오프셋과 연관된 상태의 일관성이 보장됩니다. 스냅샷에서 상태 복구 시 컨슈머는 자신의 컨슈머 그룹 오프셋을 스냅샷이 생성된 시점에 기록된 컨슈머 그룹 오프셋으로 설정하면 됩니다(7.6절의 '일관된 상태 유지' 참고).

7.5 재구성 대 상태 저장소 마이그레이션

새로운 비즈니스 요건을 반영하기 위해 기존 상태 저장소의 데이터 구조를 변경하는 경우가 많습니다. 기존 이벤트에 새로운 정보를 추가하거나, 다른 구체화 테이블을 조인하는 단계를 추가하거나, 새로 도출된 비즈니스 데이터를 저장하는 로직이 마이크로서비스에 추가되겠죠. 이런 경우에는 재구성 또는 마이그레이션을 통해 데이터가 반영되도록 기존 상태 저장소를 업데이트해야 합니다.

7.5.1 재구성

애플리케이션의 내부 상태를 업데이트하는 가장 일반적인 방법은 마이크로서비스의 상태 저장소를 재구성^{rebuild}하는 것입니다. 먼저 마이크로서비스를 중지한 뒤 컨슈머 입력 스트림 오프셋은 초기 시점으로 리셋하고 체인지로그 또는 외부 상태 저장소에 보관된 중간 상태는 삭제합니다. 그런 다음, 새 버전의 마이크로서비스를 시동하고 입력 이벤트 스트림에서 이벤트를 다시 읽어 상태를 재구성합니다. 이로써 새로운 비즈니스 로직에 따라 상태가 정확히 구성되고 모든 새 출력 이벤트도 함께 만들어져 이를 구독하는 다운스트림 컨슈머에게 전파됩니다. 이런 이벤트는 비즈니스 로직과 출력 포맷이 바뀌었을 테니 중복 이벤트가 아니며 변경된 내용은 다운스트림으로 반드시 내리 전파돼야 합니다.

상태를 재구성하려면 필요한 입력 이벤트 스트림의 모든 이벤트가 있어야 합니다. 특히, 상태와 집계를 구체화하는 데 필요한 이벤트가 전부 다 존재해야 합니다. 애플리케이션이 입력 데이터 세트에 전적으로 의존할 경우 언제라도 마이크로서비스 구현체의 데이터 저장소 외부에서 소스 데이터를 쉽게 사용할 수 있도록 만들어야 합니다.

> **TIP** 재구성하는 시간은 꽤 오래 걸릴 수 있기 때문에 마이크로서비스의 SLA상 문제가 없는지 확인해야 합니다. 재구성의 가장 큰 장점은 마이크로서비스 실패 시 상태가 전부 유실된 경우에 필요한 복구 프로세스를 통해 재해 복구 대비 상태를 테스트해볼 수 있다는 점입니다.

끝으로 비즈니스 요건에 따라 입력 이벤트에만 존재하는 필드를 추출하는 등 데이터를 반드시 초기 시점부터 재처리해야 할 수도 있습니다. 이런 데이터는 입력 이벤트를 재연하지 않고는 얻어낼 방법이 없습니다. 상태 저장소 재구성만이 유일한 길이죠.

7.5.2 마이그레이션

거대한 상태 저장소는 재구성 시간이 매우 오래 걸리고 변경 영향도에 비해 터무니없이 비싼 데이터 전송 비용이 들 수 있습니다. 가령, 비즈니스 요건이 변경돼서 어떤 마이크로서비스의 출력 이벤트 스트림에 옵션 필드를 하나 추가한다고 합시다. 이 변경으로 인해 마이크로서비스의 상태 저장소에 다른 필드를 추가해야 할 수도 있지만, 비즈니스 관점에서는 굳이 옛 데이터를 재처리할 필요는 없고 앞으로 들어올 새 입력 이벤트에 한하여 로직을 적용하고 싶겠죠. 관계형 DB 기반의 상태 저장소라면 연관된 테이블의 정의에 따라 비즈니스 로직을 업데이트하면 그만입니다. 즉, 알기쉽게 기본값이 null인 널 허용 컬럼을 새로 추가해서 간략히 테스트해본 다음 애플리케이션을 재배포하면 됩니다.

비즈니스 니즈와 변경할 데이터가 복잡해질수록 마이그레이션 리스크도 증가합니다. 마이그레이션이 복잡해지면 오류가 발생하기 쉽고 데이터 저장소를 완전 재구성하는 방법에 비해 결과가 잘못될 공산이 큽니다. DB 마이그레이션은 비즈니스 로직의 일부가 아니므로 애플리케이션을 완전 재구성할 때에는 있을 수 없는 비정합성inconsistency이 스며들 수 있습니다. 이런 종류의 마이그레이션 오류는 테스트로 잡아내지 않으면 감지하기 어렵고 결국 정합성이 안 맞는 데이터가 쌓이게 될 것입니다. 마이그레이션을 하기로 결심했다면 실제 업무에 가까운 테스트 데이터 세트로 철저하게 검증해서 재구성을 하는 경우와 비교해보세요.

7.6 트랜잭션과 실제로 한 번 처리

이벤트를 실제로 한 번 처리effectively once processing하면 프로듀서, 컨슈머, 이벤트 브로커 실패와 상관없이 단일 진실 공급원에 반영된 모든 업데이트를 일관되게 적용할 수 있습니다. '실제로 한 번 처리'를 '정확히 한 번 처리exactly once processing'로 언급하는 경우도 있지만 이는 정확한 표현이 아닙니다. 마이크로서비스는 컨슈머 실패, 후속 복구 등으로 인해 동일한 데이터를 여러 번 처리하지만 오프셋은 커밋하지 못한 상태로 스트림 시간만 늘리게 되는 경우가 있습니다. 이벤트가 처리될 때마다 해당 로직이 실행되는 과정에서 외부 엔드포인트에 데이터를 발행하고 서드파티 서비스와 통신하는 등 갖가지 부수 효과를 유발하는 코드가 실행될 수 있겠죠. 이런 이유로 대부분의 이벤트 브로커와 유스 케이스에서 '실제로 한 번effectively once'과 '정확히 한 번exactly once'이라는 용어를 혼용하는 경우가 많습니다.

멱등적 쓰기idempotent writes는 이벤트 스트림에 이벤트를 한 번만 쓰는 기능으로, 아파치 카프카, 아파치 펄사 등의 이벤트 브로커 구현체에서 널리 지원됩니다. 쓰는 도중 프로듀서나 이벤트 브로커가 실패할 경우, 재시도를 해도 멱등적 쓰기 덕분에 중복 이벤트가 생성될 일은 없습니다.

트랜잭션을 지원하는 이벤트 브로커도 있습니다. 이 글을 쓰는 현재 아파치 카프카는 완전한 트랜잭션 기능을 지원하며 아파치 펄사는 아직 개발 중입니다. 관계형 DB에서 다수의 업데이트를 한 트랜잭션으로 묶듯이 카프카도 다수의 이벤트를 다수의 개별 이벤트 스트림에 원자적으로 쓸 수 있도록 지원합니다. 따라서 프로듀서는 하나의 원자적 트랜잭션을 통해 여러 이벤트 스트림에 이벤트를 게시할 수 있습니다. 트랜잭션을 지원하지 않는 다른 이벤트 브로커를 사용할 경우에는 클라이언트가 '실제로 한 번 처리'하는 로직을 구현해야 합니다. 다음 절에서 이 두 가지 방법을 살펴보겠습니다. 여러분의 마이크로서비스에는 어떻게 적용하면 좋을지 한번 생각해보세요.

TIP 트랜잭션은 아주 강력한 기능이라서 아파치 카프카가 경쟁자들보다 중요한 강점을 지니게 됐습니다. 트랜잭션이 없다면 원자적으로 이벤트를 생산하기 위해 복잡한 리팩터링이 불가피할 것입니다.

7.6.1 예제: 재고 회계 서비스

어떤 품목의 재고가 부족하면 알림 이벤트를 발행하는 재고 회계 서비스stock accounting service가 있다고 합시다. 이 마이크로서비스는 제품별 입고/입출 수량에 따라 현재 가용한 재고 정보를 산출합니다. 고객에게 제품을 판매하여 물건이 빠지거나 제품이 손상, 도난을 당해 손실이 발생하면 재고를 차감하는 이벤트가, 배송된 화물을 수취하거나 고객이 반품한 제품을 받으면 재고를 증가시키는 이벤트가 각각 발생합니다. 편의상 이 두 이벤트를 동일한 이벤트 스트림에 쓰겠습니다(그림 7-8).

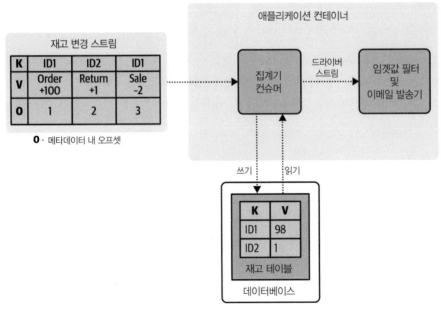

그림 7-8 간단한 재고 회계 서비스

현재 총 재고 수량에서 이벤트 스트림의 변경분을 가감하고 그 결과를 데이터 저장소에 저장하는 정말 단순한 재고 회계 서비스입니다. 주어진 임곗값^{threshold value}에 따라 필터링한 결과 제품이 너무 많이 팔려 재고가 부족하다는 사실을 관리자에게 알릴지 여부는 비즈니스 로직에서 결정됩니다. 각 입력 이벤트가 한 번 이상 적용되거나 아예 누락되면 계산이 틀려지기 때문에 실제로 한 번 적용해서 집계해야 합니다. '실제로 한 번 처리' 기능은 이런 경우에 요긴하게 쓰입니다.

7.6.2 클라이언트–브로커 트랜잭션으로 실제로 한 번 처리

트랜잭션을 지원하는 이벤트 브로커를 사용하면 실제로 한 번 처리하기가 어렵지 않습니다. 출력 이벤트, 체인지로그 기반의 내부 상태 업데이트, 컨슈머 오프셋 증가를 모두 하나의 원자적 트랜잭션에 묶을 수 있습니다. 단, 이 세 업데이트가 전부 브로커의 특정 이벤트 스트림 안에 저장될 경우에만 가능합니다. 오프셋 업데이트, 체인지로그 업데이트, 출력 이벤트는 전부 한 트랜잭션으로 묶여 원자적으로 커밋됩니다(그림 7-9).

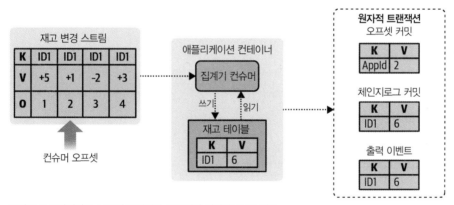

그림 7-9 클라이언트–브로커 트랜잭션, 오프셋과 체인지로그를 커밋

프로듀서 클라이언트와 이벤트 브로커 간의 원자적 트랜잭션은 전체 이벤트를 해당 이벤트 스트림에 발행합니다. [그림 7-10]처럼 프로듀서에 치명적인 장애가 발생할 경우 브로커는 트랜잭션에 있는 이벤트를 일체 커밋하지 않고 이벤트 스트림 컨슈머는 커밋되지 않은 트랜잭션의 이벤트를 처리하지 않습니다. 컨슈머는 반드시 오프셋 순서를 따르기 때문에 일단 이 트랜잭션을

블로킹하고 완료될 때까지 기다린 다음 이벤트 처리를 재개할 것입니다. 일시적인 오류가 발생하면 프로듀서는 단순히 트랜잭션을 재시도하며 이는 멱등적인 작업입니다.

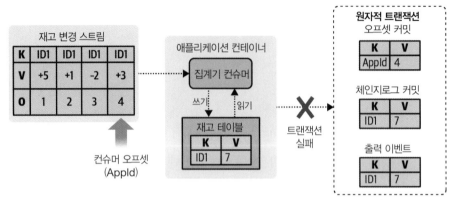

그림 7-10 클라이언트–브로커 트랜잭션 중 커밋 실패

트랜잭션 도중 프로듀서에 치명적인 예외가 발생하면 간단히 다른 인스턴스로 대체하고 체인지로그에서 복구하면 됩니다(그림 7-11). 입력 이벤트 스트림의 컨슈머 그룹 오프셋 역시 오프셋 이벤트 스트림에 저장된 가장 마지막 정상적인 경우의 위치로 리셋됩니다.

어쨌든 프로듀서가 복구되면 새로운 트랜잭션이 시작되고 이벤트 브로커는 이전의 모든 미완료 트랜잭션을 실패 처리 후 정리합니다. 트랜잭션 메커니즘은 브로커 구현체마다 상이하므로 여러분이 사용하는 제품의 특성을 숙지해야 합니다.

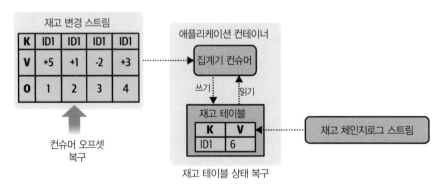

그림 7-11 체인지로그와 이전 오프셋을 이용해 브로커에서 상태 복구

7.6.3 클라이언트−브로커 트랜잭션 없이 실제로 한 번 처리

클라이언트−브로커 트랜잭션을 지원하지 않는 이벤트 브로커도 실제로 한 번 처리는 가능하지만 더 많은 작업이 필요하고 중복 이벤트에 주의해야 합니다. 첫째, 업스트림 서비스가 실제로 한 번 처리를 보장할 수 없다면 중복 레코드가 생성될 수 있기 때문에 중복 이벤트를 찾아내 걸러내는 작업이 필요합니다. 둘째, 이벤트 처리가 시스템 상태에 한 번만 반영되도록 상태 및 오프셋을 하나의 로컬 트랜잭션으로 업데이트해야 합니다. 그래야 클라이언트는 처리 도중 생성된 내부 상태와 입력 이벤트 스트림의 논리적 맥락의 일관성을 맞출 수 있겠죠. 이 과정을 조금 더 구체적으로 살펴보겠습니다.

> **WARNING_** 사후에 중복 제거deduplication를 하려고 애쓰지 말고 멱등적 쓰기를 지원하는 이벤트 브로커와 클라이언트를 이용하는 편이 낫습니다. 후자는 모든 컨슈머 애플리케이션에 쉽게 적용할 수 있지만, 전자는 비용도 많이 들고 사용하기도 까다롭습니다.

중복 이벤트 생성

중복 이벤트는 프로듀서가 이벤트를 이벤트 스트림에 성공적으로 기록했지만 쓰기 ACK를 받지 못해 재시도를 하거나 해당 컨슈머 그룹의 오프셋을 업데이트하기 이전에 실패할 때 생성됩니다. 자세한 경위는 시나리오에 따라 조금씩 다릅니다.

프로듀서가 브로커의 ACK를 받지 못해 재시도한다

프로듀서가 발행할 이벤트 사본은 아직 메모리에 있습니다. 이런 이벤트를 다시 발행하면 타임스탬프(이벤트 생성 시간을 사용할 경우)와 데이터는 동일하지만 오프셋은 새로 할당된 이벤트가 만들어집니다.

프로듀서가 발행한 이후, 컨슈머 오프셋은 아직 업데이트하기 이전에 프로듀서가 실패한다

프로듀서는 이벤트를 성공적으로 기록했지만 컨슈머 오프셋은 아직 업데이트가 안 된 경우입니다. 프로듀서가 재가동되면 이전에 하던 일을 반복하겠죠. 즉, 논리적으로는 동일하지만 타임스탬프는 새로 찍힌 이벤트 사본이 만들어집니다. 프로세스가 확정적이라면 이 이벤트는 데이터는 동일하지만 새 오프셋을 갖고 있을 것입니다.

중복 이벤트 식별

이벤트를 멱등적으로 생산할 수 없고 이벤트 스트림에 (오프셋과 타임스탬프가 고유한) 중복 이벤트가 있다면 어떻게든 알아서 그 영향도를 줄여야 합니다. 첫째, 중복 이벤트가 실제로 어떤 문제를 일으키는지 확인하세요. 중복 이벤트는 (무시할 정도는 아니라고 해도) 영향도가 작아서 그냥 무시해도 좋은 경우가 대부분이지만, 그렇지 않을 경우에는 중복 이벤트를 어떻게 식별할지 궁리해야 합니다. 한 가지 방법은 중복 이벤트의 해시값이 동일하게 계산되도록 프로듀서가 이벤트마다 고유한 ID를 생성하는 것입니다.

해시 함수는 키, 값, 생성 시간 등 이벤트 데이터 내부의 속성들을 이용해 해시값을 계산합니다. 이 방법은 대규모 데이터 도메인에 있는 이벤트에는 잘 맞지만 서로 논리적으로 동등한 이벤트에는 잘 안 맞습니다. 고유한 ID를 생성할 수 있는 경우를 몇 가지 예시하겠습니다.

- 출금 계좌, 입금 계좌, 금액, 날짜/시간 등이 자세히 명시된 은행 계좌 이체

- 제품, 구매자, 날짜/시간, 총 결제 금액, PG 업체 등이 자세히 명시된 전자상거래 주문

- 배송 때문에 차감된 재고. 이벤트마다 (기존의 고유한 데이터 ID를 사용하는) orderId가 있습니다.

잘 보면 모두 ID의 카디널리티^{cardinality} (고유성)가 아주 높은 요소들로 구성된 공통점이 있습니다. 즉, ID가 중복될 가능성이 거의 없습니다. 중복 제거 ID(dedupe ID)는 이벤트와 함께 생성하거나 컨슈머 소비 시점에 만들 수 있는데, 모든 컨슈머에게 배포하기에는 전자가 더 낫습니다.

중복 방지

실제로 한 번 소비하는 컨슈머는 중복 이벤트를 찾아내 폐기하고 멱등적인 작업을 수행하거나, 멱등적 프로듀서를 지닌 이벤트 스트림에서 이벤트를 소비해야 합니다. 하지만 모든 상황에서 멱등적인 작업을 할 수 있는 것은 아니라서 이벤트가 멱등적으로 생산되지 않는 경우에 비즈니스 로직을 중복 이벤트로부터 보호할 대책을 강구해야 합니다. 게다가 각 컨슈머가 이전에 처리한 dedupe ID의 상태 저장소를 알아서 관리해야 하므로 비용도 많이 듭니다. 이벤트 볼륨이 커지면 저장소가 아주 커지고 애플리케이션이 보호해야 하는 오프셋이나 시간 범위도 커질 수 있습니다.

데이터 중복을 완벽히 제거하려면 컨슈머마다 이미 처리한 dedupe ID의 색인을 만들어 무기한 관리해야 하지만 보호할 범위를 너무 넓게 잡으면 시간/공간 비용이 엄청나게 많이 들 것입니다. 실제로 중복 제거는 최후의 수단으로 특정 시간대, 오프셋 구역에 한하여 적용하는 것이 일반적입니다.

> **TIP** 중복 제거 저장소는 TTL^{time-to-live}, 최대 캐시 크기를 설정하거나 주기적인 삭제 처리를 통해 가급적 작게 유지하세요. 구체적인 설정은 중복 이벤트에 대한 애플리케이션의 민감도와 영향도에 따라 달라집니다.

파티션 간 중복 제거는 비용이 터무니없이 비싸기 때문에 단일 이벤트 스트림 파티션 내에서만 수행하는 것이 좋습니다. 키 있는 이벤트는 계속 동일한 파티션에 일관되게 분산되므로 키 없는 이벤트보다 장점이 많습니다.

[그림 7-12]는 실제 중복 제거 저장소의 작업 흐름입니다. 이 그림을 보면 이벤트가 실제 비즈니스 로직으로 전달되기 전에 어떤 과정을 거치는지 알 수 있습니다. 여기서는 TTL을 임의로 8,000초로 잡았지만 실무에서는 비즈니스 요건에 따라 적절히 설정하면 됩니다.

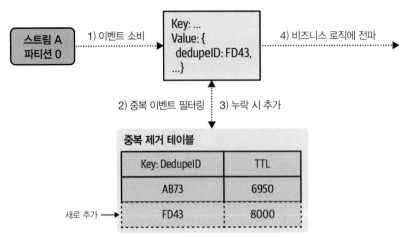

그림 7-12 저장된 상태에 따라 중복 제거

TIP 중복 제거 저장소는 (특히, 재처리할 동안) 유지할 이벤트 개수를 제한하기 위해 최대 캐시 크기를 사용합니다.

다른 구체화 테이블처럼 데이터 중복 제거 테이블의 백업 관리는 여러분의 몫입니다. 장애가 발생할 경우 새 이벤트 처리를 재개하기 전에 반드시 테이블을 재구성해야 합니다.

일관된 상태 유지

이벤트 브로커 대신 상태 저장소의 트랜잭션 기능을 이용해도 실제로 한 번 처리가 가능합니다. 컨슈머 그룹 오프셋 관리 주체를 이벤트 브로커에서 데이터 서비스로 바꾸면 하나의 상태 저장 트랜잭션으로 상태와 입력 오프셋 모두 원자적으로 업데이트할 수 있습니다. 어떤 상태 변경이 발생하더라도 컨슈머 오프셋 변경과 완전히 일치시켜 서비스 내부의 일관성을 추구하는 것입니다.

데이터 서비스에 커밋할 때 타임아웃이 발생하는 등 서비스가 실패한 경우, 마이크로서비스는 트랜잭션을 폐기하고 가장 마지막에 알려진 정상 상태로 되돌아가면 됩니다. 데이터 서비스가 응답 가능한 상태로 복구될 때까지 모든 소비는 중단되고 이후 가장 마지막에 알려진 정상 오프셋부터 다시 소비가 재개됩니다. 공식적인 오프셋 레코드를 데이터 서비스의 데이터와 계속 동기화하면 서비스가 어디서부터 복구가 가능한지 일관된 뷰를 바라볼 수 있습니다. [그림 7-13], [그림 7-14], [그림 7-15]는 이 프로세스를 나타낸 그림들입니다.

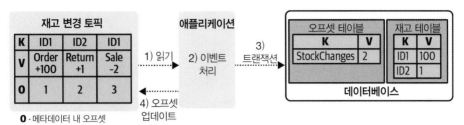

그림 7-13 정상 트랜잭션 이벤트 처리

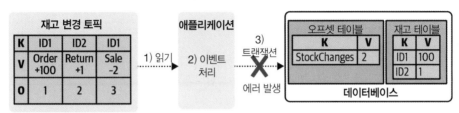

그림 7-14 트랜잭션 처리 중 에러 발생

그림 7-15 상태 복구 처리 중 오프셋 복구

단, 이벤트를 '실제로 한 번 처리processing'하되 '실제로 한 번 생산production'하는 것은 아닙니다. 비트랜잭셔널non-transactional 클라이언트—브로커 구조에서는 중복 이벤트가 생성될 수밖에 없기 때문에 이 서비스가 생산하는 모든 이벤트는 적어도 한 번 이상 생산이 보장됩니다.

상태 저장소를 업데이트하면서 동시에 이벤트를 트랜잭셔널하게 생성해야 한다면 4장을 참고하세요. 변경—데이터 테이블을 이용하면 출력 이벤트 스트림에 적어도 한 번 이상 생산하면서 실제로 한번 상태 저장소를 업데이트할 수 있으므로 최종 일관성이 보장됩니다.

7.7 마치며

이 장에서는 내외부 상태 저장소를 살펴보고 각각의 작동 원리와 장단점을 알아보았습니다. 시스템의 지연과 처리량에 큰 비중을 차지하는 데이터 지역성을 활용하면 부하가 많은 시간에 시스템 규모를 확장할 수 있습니다. 내부 상태 저장소는 고성능 처리를 지원하며 외부 상태 저장소는 마이크로서비스의 비즈니스 요건을 지원하기 위한 다양하고 유연한 옵션을 제공합니다.

체인지로그는 마이크로서비스 상태 저장소의 백업/복구에 중요한 역할을 합니다. 트랜잭션을 지원하는 데이터베이스나 정기적으로 스케줄링된 스냅샷을 이용하는 방법도 있습니다. 트랜잭션을 지원하는 이벤트 브로커는 아주 강력한 '실제로 한 번 처리' 메커니즘을 제공하므로 컨슈머는 중복 이벤트 방지 책임을 덜 수 있고, 트랜잭션이 지원되지 않는 시스템에서는 이런 식으로 중복 제거 작업을 하면 '실제로 한 번 처리'가 가능합니다.

CHAPTER 8

마이크로서비스 워크플로 구축

마이크로서비스는 본질적으로 조직의 전체 비즈니스 워크플로의 일부분에서만 작동됩니다. 여기서 워크플로workflow(작업 흐름/절차)란 논리적 분기, 보상 액션 등 비즈니스 프로세스를 구성하는 특정한 작업들을 지칭합니다. 일반적으로 워크플로는 여러 마이크로서비스가 각자 경계 콘텍스트를 가지고 어떤 태스크를 수행한 뒤 다운스트림 컨슈머에게 새 이벤트를 전달하는 식으로 흘러갑니다. 7장까지는 대부분 단일 마이크로서비스의 내부적인 작동 메커니즘을 설명했습니다. 지금부터는 어떻게 다수의 마이크로서비스가 함께 동작해서 더 큰 비즈니스 워크플로를 구성하는지, 그리고 이벤트 기반 마이크로서비스 방식으로 접근할 때 조심해야 할 부분과 예상되는 이슈는 어떤 것들이 있는지 살펴보겠습니다.

다음은 이벤트 기반 마이크로서비스로 워크플로를 구성할 때 주로 고려해야 할 항목들입니다.

워크플로 생성 및 수정

- 워크플로 내부의 서비스들은 어떻게 서로 연관되는가?

- 기존 워크플로를 수정할 때 다음과 같은 일들이 생기지 않도록 하려면 어떻게 해야 하나?

  - 이미 진행 중인 작업을 중단시킨다.

  - 여러 마이크로서비스를 변경해야 한다.

  - 모니터링과 가시성이 깨진다.

워크플로 모니터링

- 어떤 이벤트에 대해 워크플로가 언제 완료됐는지 어떻게 알 수 있나?

- 이벤트 처리 도중 실패하거나 워크플로 어딘가에서 막혔는지 여부를 어떻게 판단할까?

- 워크플로의 전체 상태는 어떻게 모니터링할 것인가?

분산 트랜잭션 구현

- 대부분의 워크플로는 여러 액션이 함께 일어나거나 아무 액션도 일어나지 않아야 한다. 분산 트랜잭션은 어떻게 구현할 것인가?

- 분산 트랜잭션은 어떻게 롤백하나?

지금부터 코레오그래피와 오케스트레이션, 두 가지 주요 워크플로 패턴을 중심으로 위와 같은 문제의 해결 방법을 제시해보겠습니다.

8.1 코레오그래피 패턴

코레오그래피 아키텍처choreographed architecture (리액티브 아키텍처reactive architecture라고도 함)는 고도로 분리된decoupled 마이크로서비스 아키텍처를 가리키는 용어입니다. 마이크로서비스는 업스트림 프로듀서나 후속 다운스트림 컨슈머와는 완전히 독립적으로, 일체의 차단과 대기 없이 입력 이벤트가 도착하는 대로 반응합니다. 마치 무용수가 공연 중에 그 누구의 지시도 받지 않고 자신이 맡은 분량의 춤을 알아서 소화해내는 것과 같은 이치입니다.

코레오그래피는 이벤트 기반 마이크로서비스 아키텍처에서 널리 쓰이는 패턴입니다. 이벤트 기반 아키텍처는 컨슈머가 업스트림 워크플로를 중단시키지 않고도 자유롭게 사용할 수 있는 관련 비즈니스 정보의 재사용 가능한 이벤트 스트림을 제공하는 일에 주력합니다. 또 모든 통신은 반드시 입출력 이벤트 스트림을 거쳐서 이루어집니다. 코레오그래피choreographed 시스템에서 프로듀서는 자신의 데이터를 어느 컨슈머가 소비할지, 컨슈머가 그 데이터에 어떤 비즈니스 로직을 적용하고 어떤 작업을 실행하는지 모릅니다. 업스트림 비즈니스 로직이 다운스트림 컨슈머와 완전히 분리되어 있으니까요.

코레오그래피 패턴을 적용하면 시스템이 느슨하게 결합돼서 팀 간 조정 요건이 줄어들므로 팀 간 소통 측면에서 바람직합니다. 비즈니스 워크플로는 대부분 서로 독립적이고 엄격한 조정이 필요하지 않기 때문에 코레오그래피는 이상적인 소통 방식입니다. 새로운 마이크로서비스도 코레오그래피 아키텍처에 쉽게 추가할 수 있고 기존 서비스도 쉽게 삭제할 수 있습니다.

코레오그래피 아키텍처의 워크플로는 마이크로서비스들 간의 관계로써 정의됩니다. 함께 동작하는 일련의 마이크로서비스는 각자 주어진 워크플로의 비즈니스 기능을 제공합니다. 코레오그래피 워크플로는 워크플로를 지시하는 개별 마이크로서비스뿐만 아니라 그들 간의 관계도 포함하는 창발적 행위emergent behavior(각 마이크로서비스들의 상호작용으로 인해 전체적으로 나타나는 현상 – 옮긴이)의 한 형태입니다.

> **NOTE_** 직접 호출direct-call 마이크로서비스 아키텍처는 재사용 가능한 서비스를 비즈니스 워크플로의 구성 요소로 활용하는 데 초점을 둡니다. 이와 달리 이벤트 기반 마이크로서비스 아키텍처는 다운스트림 소비에 대해서는 전혀 모르는 상태에서 재사용 가능한 이벤트를 제공하는 데 집중합니다. 이러한 이벤트 기반 마이크로서비스 아키텍처 덕분에 고도로 분리된 코레오그래피 아키텍처를 사용할 수 있습니다.

코레오그래피는 프로듀서 서비스와 컨슈머 서비스를 분리함으로써 각자가 할 일을 독립적으로 수행할 수 있게 해주는 아키텍처이므로 이벤트 기반 아키텍처의 영역에 속한다는 사실이 중요합니다. 좀 더 포괄적인 비즈니스 기능과 워크플로를 구성하기 위해 재사용 가능한 서비스를 제공하는 데 초점을 두면서 마이크로서비스들이 서로의 API를 직접 호출하는 직접 호출 마이크로서비스 아키텍처와 비교해보세요. 직접 호출 마이크로서비스 아키텍처에서는 호출하는 서비스가 다음 두 가지 정보를 알고 있어야 합니다.

- 어느 서비스가 호출되어야 하나?

- 왜 그 서비스를 호출해야 하는가(비즈니스 기대치)?

따라서 직접 호출 마이크로서비스는 서로 단단히 결합되어 있고 기존 마이크로서비스의 경계 콘텍스트에 완전히 종속될 수밖에 없습니다.

8.1.1 예제: 이벤트 기반 코레오그래피

[그림 8-1]은 서비스 A가 서비스 B에게 직접 이벤트를 전달하고 서비스 B는 다시 서비스 C에게 이벤트를 전달하는 코레오그래피 워크플로입니다. 세 서비스는 A → B → C라는 서로 연관된 워크플로를 가집니다. 또 서비스 C의 출력은 곧 전체 워크플로의 결과를 나타냅니다.

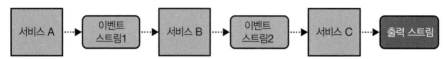

그림 8-1 간단한 이벤트 기반 코레오그래피 워크플로

이제 서비스 C를 서비스 B보다 먼저 처리하도록 워크플로를 재조정해야 한다고 합시다(그림 8-2).

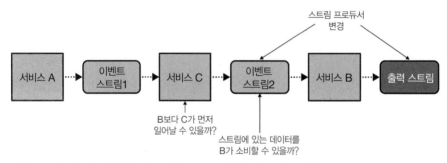

그림 8-2 비즈니스 요건에 따라 이벤트 기반 코레오그래피 워크플로가 변경됐다.

서비스 B는 스트림 2에서, 서비스 C는 스트림 1에서 각각 이벤트를 소비하도록 고쳐야겠죠. 스트림 내부의 데이터 포맷은 더 이상 새로운 워크플로의 요건에 부합하지 않을 수 있으니 이벤트 스트림 2를 소비하는 다른 컨슈머(그림에는 없음)에게 중대한 영향을 끼칠 수 있는 중대한 스키마 변경은 불가피합니다. 이벤트 스트림 2에 사용할, 전혀 새로운 이벤트 스키마를 생성해야 할 수도 있습니다. 이벤트 스트림의 옛 데이터는 새로운 포맷으로 이전 또는 삭제하거나 그냥 유지하면 됩니다. 마지막으로 토폴로지를 교체하기 전에 서비스 A, B, C의 모든 출력 이벤트를 다 처리했는지 확인해야 합니다. 처리가 덜 끝나 일관되지 않은 상태로 방치된 이벤트가 남아 있으면 안 됩니다.

8.1.2 코레오그래피 워크플로의 생성과 수정

코레오그래피 패턴에서는 새로운 단계를 워크플로 끝부분에 쉽게 추가하는 것은 간단하지만 중간에 단계를 삽입하거나 워크플로 순서를 바꾸면 문제가 될 수 있습니다. 또 서비스 간의 관계는 워크플로 콘텍스트 외부에서는 이해하기 어려울 수 있기 때문에 워크플로 내 서비스 수가 증가할수록 사정은 더 나빠질 것입니다. 특히, 비즈니스 기능이 여러 마이크로서비스 인스턴스에 걸쳐 있는 경우 코레오그래피 워크플로는 더 취약해질 가능성이 높습니다. 이 문제는 서비스 경계 콘텍스트를 침해하지 않고 전체 비즈니스 기능을 하나의 서비스로 로컬화하면 어느 정도 해결할 수 있습니다. 하지만 정확하게 구현을 하더라도 비즈니스 로직이 조금이라도 바뀌면 워크플로 순서가 바뀌는 서비스는 물론 다수의 서비스를 수정하거나 뜯어고쳐야 할 수도 있습니다.

8.1.3 코레오그래피 워크플로 모니터링

코레오그래피 워크플로를 모니터링하려면 워크플로의 규모와 범위를 잘 생각해야 합니다. 코레오그래피 워크플로는 개별적으로 분산되어 있어서 특정 이벤트의 진행 상황을 파악하기 어려운 경우가 많습니다. 이벤트 기반 시스템에서 비즈니스상 매우 중요한 워크플로를 모니터링할 때에는 이벤트가 처리 중 교착 상태에 빠지거나 아예 처리가 실패할 수 있음을 고려하여 각 출력 이벤트 스트림을 받아 상태 저장소로 구체화할 필요가 있습니다.

예를 들어 [그림 8-2]에서 워크플로 순서를 바꾸려면 워크플로의 가시성 체계visibility system도 함께 변경해야 합니다. 관찰자observer가 이 워크플로의 각 이벤트 스트림에 관심이 있고 매 이벤트에 대해 모든 정보를 원한다고 가정하는 것입니다. 하지만 워크플로의 각 이벤트 스트림에 관심이 없는 경우의 워크플로 가시성은 어떻게 될까요? 만약 워크플로가 조직 전체에 분산된 경우라면?

가령, 규모가 큰, 다국적 온라인 소매 업체의 주문 이행 프로세스를 한번 생각해봅시다. 고객은 물건을 골라 장바구니에 넣고, 결제를 하고, 배송 알림을 기다립니다. 이 고객 워크플로를 지원하는 작업만 해도 수십, 수백 개 서비스가 관여하겠죠. 이런 워크플로의 가시성은 관찰자의 니즈에 따라 천차만별일 것입니다.

고객이 자기가 한 주문의 일련의 진행 상황(결제, 이행, 배송 알림)에 대해서만 관심을 가진다면 세 이벤트 스트림에서 각각 이벤트를 꺼내 모니터링하는 게 합리적이겠죠. '퍼블릭^{public}'한 속성과 이벤트 소비 출처인 이벤트 스트림 수가 적기 때문에 변화에 충분히 탄력적인 방법입니다. 하지만 종단간^{end-to-end} 워크플로를 전부 다 보려면 적어도 수십 개의 이벤트 스트림에서 이벤트를 소비해야 합니다. 특히, 워크플로가 정기적으로 변경될 수 있다면 이벤트 볼륨과 이벤트 스트림의 독립성 때문에 모니터링하기가 좀 더 까다로울 것입니다.

TIP 코레오그래피 워크플로에서 여러분이 무엇을 가시화하려고 하는지 확신이 있어야 합니다. 관찰자마다 요건이 다르고 워크플로의 모든 단계를 드러내야 할 필요는 없으니까요.

8.2 오케스트레이션 패턴

오케스트레이션 패턴^{orchestration pattern}에서는 중앙의 마이크로서비스, 즉 오케스트레이터가 하위의 워커 마이크로서비스에게 명령을 내린 뒤 응답을 기다립니다. 공연 중 한 사람의 지휘자가 연주자들을 통솔하는 클래식 오케스트라 공연과 상당히 비슷합니다. 오케스트레이터 마이크로서비스는 주어진 비즈니스 프로세스의 전체 워크플로 로직을 알고 있으며 워커 마이크로서비스들에게 특정 이벤트를 전달해서 무슨 일을 해야 할지 알립니다.

TIP 오케스트레이터는 명령을 수신한 마이크로서비스가 응답할 때까지 기다렸다가 워크플로 로직에 따라 결과를 처리합니다. 이런 점에서 중앙에서 조정하는 서비스가 없는 코레오그래피 워크플로와는 다릅니다.

오케스트레이션 패턴을 활용하면 워크플로를 하나의 마이크로서비스 안에서 유연하게 정의할 수 있습니다. 오케스트레이터는 워크플로의 어느 파트가 완료됐고, 어느 파트가 진행 중이며, 어느 파트는 아직 시작 전인지 계속 추적합니다. 오케스트레이터는 이벤트 스트림을 통해 하위 마이크로서비스에게 명령 이벤트를 전달하고 하위 마이크로서비스는 필요한 작업을 수행한 다음 그 결과를 다시 이벤트 스트림을 통해 오케스트레이터에게 반환합니다.

가령, 결제 3회 시도 후 실패 처리하는 결제 마이크로서비스가 있다면 결제를 세 번 시도하는 비즈니스 로직은 결제 마이크로서비스 내부에 두어야 합니다. 1회 시도 후 안 되면 오케스트레이터에게 실패 사실을 알린 뒤 재시도 명령을 하달받는 것이 아닙니다. 시도 횟수 등 결제 처리를 수행하는 방법은 결제 마이크로서비스 경계 콘텍스트의 일부분이므로 오케스트레이터가 개입해서 왈가왈부할 문제가 아닙니다. 오케스트레이터는 단지 결제가 완전히 성공했는지, 완전히 실패했는지만 알면 그만입니다. 그 다음부터는 워크플로 로직에 따라 동작합니다.

> **TIP** 오케스트레이터의 경계 콘텍스트가 워크플로 로직에 엄격한 제약을 받게 하되 최소한의 비즈니스 수행 로직만 포함시켜야 합니다. 즉, 대부분의 비즈니스 로직은 오케스트레이션 대상 서비스에 구현하고 오케스트레이터는 워크플로 로직만 갖고 있습니다.

비오케스트레이터nonorchestrator 마이크로서비스는 코레오그래피 패턴의 마이크로서비스와 비즈니스 역할이 정확히 동일합니다. 오케스트레이터는 오케스트레이션과 워크플로 로직만 맡고 마이크로서비스 자체의 비즈니스 로직에는 일체 관여하지 않습니다. 어떻게 이렇게 구분을 짓는지 간단한 예를 들어 설명하겠습니다.

8.2.1 예제: 이벤트 기반 오케스트레이션

[그림 8-3]은 [그림 8-1]을 오케스트레이션 아키텍처로 바꾼 그림입니다.

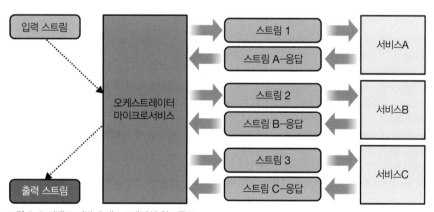

그림 8-3 이벤트 기반 오케스트레이션 워크플로

오케스트레이터는 서비스 A, B, C에 발행한 이벤트를 계속 구체화하면서 이들 워커 마이크로서비스가 반환한 결과에 따라 자신의 내부 상태를 업데이트합니다(표 8-1).

표 8-1 오케스트레이션 서비스에서 발행된 이벤트를 구체화

입력 이벤트 ID	서비스 A	서비스 B	서비스 C	서비스 D
100	<결과>	<결과>	<결과>	완료
101	<결과>	<결과>	전달됨	처리 중
102	전달됨	null	null	처리 중

[표 8-1]에서 ID가 100인 이벤트는 정상 처리됐고 ID가 101, 102인 이벤트는 각각 상이한 워크플로 단계에 있습니다. 오케스트레이터는 이 결과를 바탕으로 워크플로 로직상 그 다음 단계를 선택하고 이벤트 처리가 완료되면 서비스 A, B, C 결과에서 필요한 데이터를 꺼내 최종 출력을 조합합니다. 서비스 A, B, C의 작업이 서로 독립적이라면 이벤트가 전달되는 순서만 바꾸어도 워크플로를 변경할 수 있습니다. 다음은 각 입력 스트림에서 이벤트를 받아 소비하고 워크플로 비즈니스 로직에 따라 처리하는 오케스트레이션 예제 코드입니다.

```
while (true) {
  Event[] events = consumer.consume(streams)

  for (Event event: events) {
    if (event.source == "Input Stream") {
      //이벤트 처리, 구체화 상태 업데이트
      producer.send("Stream 1", ...) //데이터를 스트림 1로 전송
    } else if (event.source == "Stream 1-Response") {
      //이벤트 처리, 구체화 상태 업데이트
      producer.send("Stream 2", ...) //데이터를 스트림 2로 전송
    } else if (event.source == "Stream 2-Response") {
      //이벤트 처리, 구체화 상태 업데이트
      producer.send("Stream 3", ...) //데이터를 스트림 3으로 전송
    } else if (event.source == "Stream 3-Response") {
      //이벤트 처리, 구체화 상태 업데이트, 결과 빌드
      producer.send("Output", ...) //결과를 발행
    }
  }
  consumer.commitOffsets()
}
```

8.2.2 예제: 직접 호출 오케스트레이션

오케스트레이션은 요청-응답 패턴으로도 가능합니다. 오케스트레이터가 마이크로서비스 API

를 동기 호출한 다음 결과 응답을 기다리는 방식이죠. [그림 8-4]는 이벤트 스트림 대신 직접 호출을 한다는 점만 다를 뿐 [그림 8-3]과 거의 같습니다.

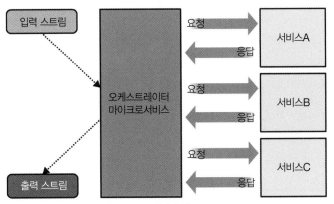

그림 8-4 단순한 직접 호출 오케스트레이션 워크플로

직접 호출 서비스의 전형적인 장단점은 여기서도 마찬가지로 적용되지만, 이 패턴은 FaaS 솔루션에서 워크플로를 구현할 때 아주 유용합니다(9장 참고).

8.2.3 직접 호출 및 이벤트 기반 오케스트레이션 비교

직접 호출 오케스트레이션과 이벤트 기반 오케스트레이션은 잘 보면 워크플로가 상당히 유사합니다. 이벤트 기반 시스템은 사실 요청–응답 시스템과 별 다를 바 없어 보이는데, 방금 전 살펴본 예제에서는 정말 그렇습니다. 하지만 한 걸음 물러나 넓게 보면 오케스트레이션을 구현할 방법을 선택할 때 고려해야 할 항목들이 참 많습니다.

이벤트 기반 워크플로는,

- 다른 이벤트 기반 마이크로서비스와 동일한 I/O 모니터링 도구 및 랙 확장 기능을 사용할 수 있습니다.

- 오케스트레이션 외부의 서비스를 포함한 다른 서비스가 이벤트 스트림을 계속 소비할 수 있습니다.

- 일반적으로 보존성이 더 좋습니다. 오케스트레이터와 그에 종속된 서비스들이 이벤트 브로

커를 통해 통신하므로 다른 서비스의 간헐적인 실패로부터 영향을 받지 않기 때문입니다.

- 재시도하는 장치가 내장돼 있어서 실패 시 재시도할 이벤트가 이벤트 스트림에 그대로 남아 있습니다.

직접 호출 워크플로는,

- 이벤트 스트림에서 생산/소비하는 오버헤드가 없기 때문에 일반적으로 속도가 빠릅니다.

- 간헐적인 접속 문제를 오케스트레이터가 알아서 관리해야 합니다.

정리하면 모든 종속된 서비스가 SLA 범위 내에서 작동되는 경우에는 직접 호출, 즉 동기식 요청–응답을 통한 워크플로가 이벤트 기반 워크플로보다 빠른 편입니다. 실시간 작업 등 아주 신속한 응답이 필요한 곳에서는 아주 잘 동작하죠. 반면 이벤트 기반 워크플로에는 보존성이 더좋은 I/O 스트림이 있고 속도는 상대적으로 느리지만 작업은 더 안정적이며, 특히 간헐적인 실패를 아주 잘 처리합니다.

실제로는 이 두 가지 방법을 잘 짜맞춰 사용해야 할 경우가 많습니다. 이를테면 메인은 이벤트 기반 오케스트레이션 워크플로를 사용하고 외부 API나 기존 서비스는 직접 요청–응답 호출을 사용하는 식입니다. 이렇게 두 가지 방법을 혼용할 때에는 각 서비스가 실패 시 예상대로 잘 처리되는지 꼼꼼히 확인하세요.

8.2.4 오케스트레이션 워크플로의 생성과 수정

오케스트레이터는 각 입출력 이벤트 스트림과 요청–응답 결과를 구체화함으로써 워크플로에서 이벤트를 추적합니다. 워크플로 자체가 오케스트레이션 서비스 내부에만 정의되므로 워크플로를 한 군데서만 변경할 수 있고, 덕분에 실제로 많은 경우에 부분 처리된 이벤트를 중단시키지 않고 워크플로를 변경할 수 있습니다.

오케스트레이션은 결과적으로 서비스를 단단하게 결합시키기 때문에 오케스트레이터와 그에속한 워커 서비스 간의 관계를 명확하게 정의해야 합니다.

오케스트레이터는 비즈니스 워크플로를 오케스트레이션하는 역할만 담당하도록 해야 합니다. 다수의 힘 없는 하위 서비스에게 세부 명령을 내리는 '유일신single God' 서비스를 생성하는 것은 전형적인 안티패턴입니다. 그렇게 만들면 결국 오케스트레이터와 워커 서비스 간의 워크플로 비즈니스 로직이 여기저기 흩어져 캡슐화가 잘 안 되고 경계 콘텍스트가 잘못 정의돼서 워크플로 서비스의 소유권을 여러 팀으로 확장시키기가 어려워집니다. 오케스트레이터는 워커 서비스에게 완전히 책임을 위임하고 자신이 수행하는 비즈니스 로직은 최소화하는 게 좋습니다.

8.2.5 오케스트레이션 워크플로 모니터링

구체화 상태를 쿼리하면 오케스트레이션 워크플로를 가시화할 수 있어 특정 이벤트의 진행 상황 및 워크플로에서 발생 가능한 이슈를 파악하기 쉽습니다. 또 오케스트레이터 레벨에서 모니터링, 로깅을 구현하면 워크플로 장애를 유발하는 이벤트를 탐지할 수 있습니다.

8.3 분산 트랜잭션

분산 트랜잭션distributed transaction은 둘 이상의 마이크로서비스에 걸쳐있는 트랜잭션을 말합니다. 마이크로서비스는 각자 트랜잭션에서 자신의 분량을 처리하되 트랜잭션이 중단되어 되돌아갈 경우 처리한 내용을 되돌립니다. 이러한 이행fulfillment/역전reversal 로직은 반드시 동일한 마이크로서비스 안에 두어야 합니다. 그래야 롤백을 할 수 없을 경우에도 새 트랜잭션이 시작되지 못하게 할 수 있고 관리 목적으로도 필요하기 때문입니다.

> **WARNING_** 분산 트랜잭션은 워크플로에 적잖은 리스크와 복잡도를 가중시킬 수 있으므로 가능한 한 삼가는 것이 좋습니다. 시스템 간 작업 동기화, 롤백 간소화, 일시적 인스턴스 장애 관리, 네트워크 연결 등 신경 써야 할 관심사가 한두 가지가 아닙니다.

분산 트랜잭션은 가급적 구현하지 않는 게 최선이지만 아직도 쓰임새가 있습니다. 특히, 분산 트랜잭션이 없으면 결과적으로 리스크와 복잡도가 더 커지게 되는 경우에는 꼭 필요합니다.

이벤트 기반 아키텍처에서 분산 트랜잭션은 보통 사가saga라고 하며, 코레오그래피 패턴이나 오케스트레이터 패턴으로 구현합니다. 사가 패턴에서는 사가에 참여하는 마이크로서비스가 각자 트랜잭션에서 자신이 처리한 분량을 알아서 되돌릴 수 있어야 합니다. 정상 처리 액션과 복구 액션은 사가에 참여하는 마이크로서비스가 간헐적으로 실패해도 시스템을 일관되지 않은 상태로 방치하지 않도록 멱등적이어야 합니다.

8.3.1 코레오그래피 트랜잭션: 사가 패턴

코레오그래피 워크플로의 분산 트랜잭션은 아주 복잡해질 수 있습니다. 처리 중 장애가 발생하면 각 서비스가 자신이 변경한 내용을 롤백할 수 있어야 합니다. 그래서 원래 느슨했던 서비스들이 단단히 결합될 수 있고 더러는 전혀 관계가 없던 서비스와 강력한 의존 관계가 맺어지게 될 수도 있습니다.

코레오그래피 사가 패턴은 단순한 분산 트랜잭션, 특히 시간이 지나도 변경될 일이 거의 없는 강력한 워크플로에 잘 맞습니다. 단, 코레오그래피 트랜잭션은 참여하는 각각의 이벤트 스트림을 완전히 구체화해야 하기 때문에 진행 상황을 모니터링하기가 쉽지 않습니다. 이는 오케스트레이션 패턴도 마찬가지입니다.

코레오그래피 예시

좀 전에 예로 든 코레오그래피 워크플로의 마이크로서비스 A, B, C로 돌아갑시다. 서비스 A의 입력 스트림으로 트랜잭션이 개시되면 이후 A, B, C 세 서비스의 작업이 모두 완료되거나, 처리 도중 실패해서 결국 전부 롤백될 것입니다. 이 체인에서 한 단계라도 실패하면 트랜잭션은 끊기고 롤백이 시작됩니다(그림 8-5).

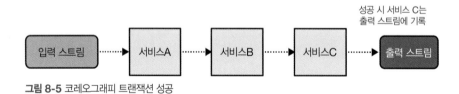

그림 8-5 코레오그래피 트랜잭션 성공

만약 서비스 C가 트랜잭션에서 자신이 맡은 분량을 소화해낼 수 없다면 어떻게 해야 할까요? 이벤트를 발행하거나 이전 서비스의 요청에 응답하는 식으로 워크플로를 역전시켜야 합니다. 즉, 서비스 A, B는 트랜잭션에서 자신들이 처리한 부분을 되돌려야 합니다(그림 8-6).

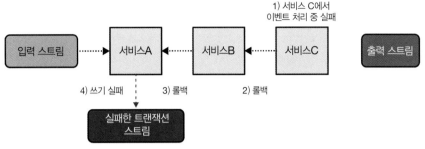

그림 8-6 코레오그래피 트랜잭션 실패 후 롤백

서비스 A는 입력 이벤트의 원래 컨슈머로서 실패한 트랜잭션 결과를 어떻게 처분할지 결정해야 합니다. 성공한 트랜잭션의 상태는 서비스 C의 출력에서 비롯되지만, 중단된 트랜잭션의 상태는 마이크로서비스 A에서 나오기 때문에 컨슈머가 최종 상태의 트랜잭션을 완전히 파악하려면 C의 출력과 A가 내보낸 실패한 트랜잭션 스트림을 모두 리스닝해야 합니다.

> **WARNING_** 단일 작성자 원칙single-writer principle을 상기하세요. 두 개 이상의 서비스가 이벤트 스트림에 이벤트를 발행하면 안 됩니다.

컨슈머가 출력 트랜잭션 스트림, 실패한 트랜잭션 스트림 둘 다 소비하더라도 진행 중인 트랜잭션, 처리 중 교착된 트랜잭션의 상태 정보는 얻을 수 없겠죠. 그래서 이 장 앞부분에서 얘기했듯이 각 이벤트 스트림을 구체화하거나 각 마이크로서비스의 내부 상태를 API로 표출해야 합니다. 코레오그래피 트랜잭션의 워크플로는 비트랜잭션형 워크플로만큼 변경하는 것이 어려울 뿐만 아니라 이전 마이크로서비스가 수행한 변경분을 롤백해야 하는 오버헤드도 가중됩니다.

코레오그래피 트랜잭션은 일반적으로 순서가 매우 중요하며 모니터링하기 어렵고 취약한 편이라서 아주 적은 수의 마이크로서비스에 가장 잘 맞습니다. 이를테면 워크플로를 변경할 일이 거의 없고 순서가 아주 중요한 2~3개 정도의 서비스에 적합합니다.

8.3.2 오케스트레이션 트랜잭션

오케스트레이터 모델 기반의 오케스트레이션 트랜잭션에서는 워크플로의 어디서건 그 지점부터 트랜잭션을 되돌릴 수 있는 로직을 추가합니다. 워크플로 로직을 역전시키면 각 워커 마이크로서비스가 그에 따른 복구 액션을 제공하는 형태로 트랜잭션을 롤백하는 것입니다.

오케스트레이션 트랜잭션은 타임아웃, 사람의 입력 등 다양한 신호를 지원합니다. 타임아웃을 활용하면 로컬 구체화 상태를 주기적으로 체크해서 트랜잭션을 처리하는 시간이 얼마나 걸리는지 파악할 수 있습니다. 또 REST API(13장)를 통한 사람의 입력도 다른 이벤트와 함께 처리할 수 있기 때문에 필요시 취소 명령을 처리할 수 있습니다. 오케스트레이터는 본질적으로 중앙 집중식이므로 어떤 트랜잭션이라도 그 진행 상황과 현재 상태를 자세히 모니터링할 수 있습니다.

어떤 워커 마이크로서비스가 값을 반환하거나, 타임아웃이 발생하거나, 운영자가 인터럽트 interrupt를 보내면 워크플로의 어느 지점부터라도 트랜잭션을 중단시킬 수 있습니다.

[그림 8-7]은 2단계 오케스트레이션 트랜잭션 토폴로지입니다.

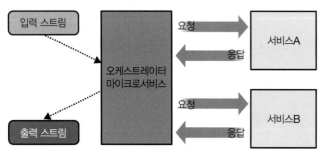

그림 8-7 간단한 오케스트레이션 트랜잭션 토폴로지

입력 스트림에서 소비한 이벤트는 오케스트레이터가 처리합니다. 이 예제에서는 오케스트레이터와 워커 마이크로서비스가 직접 요청-응답 호출을 합니다. 오케스트레이터는 서비스 A에 요청을 보내고 응답을 기다리는 동안 블로킹되며 응답을 수신하면 자신의 내부 상태를 업데이트한 뒤 서비스 B를 호출합니다(그림 8-8).

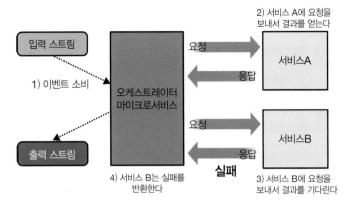

그림 8-8 오케스트레이션 트랜잭션이 실패한 경우

서비스 B는 필요한 작업을 수행할 수 없는 상태가 되어 몇 차례 재시도와 오류 처리를 수행하지만 결국 오케스트레이터에게 실패 응답을 반환합니다. 그러면 오케스트레이터는 해당 이벤트의 현재 상태에 따라 롤백 로직을 가동시켜 모든 연관된 마이크로서비스에 롤백 명령을 내립니다.

TIP 재시도 정책, 에러 처리, 간헐적 장애 관리 등 모든 책임은 각 마이크로서비스가 집니다. 오케스트레이터는 전혀 관여하지 않습니다.

[그림 8-9]는 오케스트레이터가 서비스 A에게 롤백 명령을 내리는 장면입니다(서비스 B의 실패 응답은 결국 이 서비스가 자신의 내부 데이터 저장소에 아무것도 쓰지 않았음을 의미합니다). 이 그림에서는 서비스 A가 롤백하는 데 성공하지만, 만약 이 롤백이 실패할 경우 그 이후에 할 일은 오케스트레이터가 결정해야 합니다. 명령을 여러 번 다시 내리거나, 모니터링 프레임워크를 통해 알림을 발송하거나, 문제가 더 심각해지기 전에 애플리케이션을 강제 종료하는 등 뭔가 조치를 취해야겠죠.

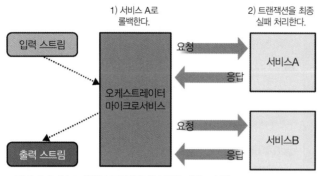

그림 8-9 오케스트레이션 트랜잭션에서 롤백 커맨드 실행

트랜잭션이 롤백된 다음 해당 이벤트를 최종적으로 어떻게 처리할지(예: 이벤트를 여러 번 재시도하거나, 이벤트를 폐기하거나, 애플리케이션을 종료하거나, 오류 이벤트를 출력) 결정하는 것은 오케스트레이터의 몫입니다. 오케스트레이터 역시 하나의 프로듀서로서 트랜잭션 실패 이벤트를 출력 스트림에 발행해서 다운스트림 컨슈머가 알아서 처리하게 합니다. 이런 점에서 단일 작성자 원칙을 위배하지 않고 모든 출력을 소비할 수 있는 단일 스트림이 없는 코레오그래피 패턴과 다릅니다.

> **WARNING_** 각 마이크로서비스는 자신의 상태 변화도 전적으로 책임지며 롤백 이후 상태를 일관되게 맞추는 작업도 담당합니다. 오케스트레이터가 할 일은 롤백 명령을 내리고 하위 워커 마이크로서비스의 확답을 기다리는 것이 전부입니다.

또한 오케스트레이터는 동일한 출력 스트림에서 진행 중인 트랜잭션의 상태를 표출해서 워커 서비스가 결과를 반환하면 트랜잭션 엔티티를 업데이트할 수 있습니다. 이렇게 하면 하부 트랜잭션의 상태를 훨씬 더 자세히 들여다볼 수 있어서 스트림 기반의 모니터링이 가능합니다.

오케스트레이션 트랜잭션은 워크플로를 좀 더 유연하게 변경할 수 있고 의존 관계가 더 잘 드러나기 때문에 코레오그래피 트랜잭션보다는 명쾌한 모니터링 수단을 제공합니다. 오케스트레이터 인스턴스는 분명 워크플로에 추가 오버헤드이고 관리가 필요하지만 코레오그래피 트랜잭션으로는 불가능한 복잡한 워크플로도 명확한 체계와 구조를 제공합니다.

8.4 보상 워크플로

모든 워크플로를 완벽하게 되돌려야 하고 트랜잭션으로 제약을 걸어야 하는 것은 아닙니다. 워크플로에서 일어날지 모를 예측 불가한 이슈가 한두 가지도 아니라서 많은 경우 그저 최선을 다해 완성도를 높이는 방법 밖에는 없겠죠. 실패할 경우에는 어떻게든 사후 조치를 해서 상황을 타개하면 됩니다.

이런 접근법은 티켓 예약이나 재고 기반 시스템에서 많이 쓰입니다. 예를 들어 물리적인 제품을 판매하는 웹사이트는 수많은 동시 트랜잭션concurrent transaction을 처리하기 때문에 고객이 구매하는 시점에 재고가 없는 경우도 종종 발생합니다. 결제를 처리하고 재고 유무를 확인할 즈음 물건이 없어 주문을 처리할 수 없음을 뒤늦게 판매자가 깨닫는 것이죠. 이 문제를 해결하는 방법은 몇 가지가 있습니다.

가장 최근 트랜잭션을 롤백시켜 엄격하게 트랜잭션 기반으로 처리하자면, PG 공급 업체에 환불하고 고객에게는 주문한 제품이 현재 품절되었으니 주문이 취소됐음을 알려야 하겠죠. 하지만 이렇게 처리하면 기술적으로 잘못된 부분은 없더라도 기업 이미지가 나빠지고 그간 쌓아 놓은 신뢰에 금이 갈 것입니다. 이런 불편한 상황은 기업의 고객 만족 정책에 따라 보상 워크플로compensating workflow를 적용하면 개선할 수 있습니다.

가령, 일종의 보상 형태로 새로운 재고를 주문하고 고객에게는 배송 지연 사실을 알린 다음, 사과의 뜻으로 다음 구매 시 사용 가능한 할인 쿠폰을 제공하는 것입니다. 고객은 자신의 의지에 따라 주문을 취소하든지, 새 물량이 입고될 때까지 기다리겠죠. 음악, 스포츠 등 공연장에서 티켓이 불티나게 잘 팔리는 경우 보통 이런 방법을 씁니다. 항공사, 여행사도 마찬가지입니다. 보상 워크플로가 언제나 가능한 것은 아니지만 고객 대면 제품customer-facing product을 대상으로 분산된 워크플로 작업을 처리할 때 유용할 때가 많습니다.

8.5 마치며

코레오그래피 패턴을 이용하면 비즈니스 단위와 독립적인 워크플로 사이의 결합을 느슨하게 할 수 있습니다. 마이크로서비스 수가 적고 비즈니스 작업 순서가 거의 변경되지 않는, 단순한 분산 트랜잭션, 단순한 비트랜잭션 워크플로에 적합한 패턴입니다.

오케스트레이션 패턴은 코레오그래피 패턴보다 워크플로의 가시성이 좋고 모니터링이 수월하며 더 복잡한 분산 트랜잭션을 처리할 수 있고 한 곳에서 수정이 가능한 경우가 많습니다. 앞으로 변경될 가능성이 크고 독립적인 마이크로서비스가 많이 포함된 워크플로라면 오케스트레이션 패턴이 더 어울립니다.

모든 시스템에 분산 트랜잭션이 있어야 작업을 성공적으로 수행할 수 있는 것은 아닙니다. 워크플로에 따라 실패 시 보상 액션을 수행해야 할 수도 있지만 그 처리 방법은 기술과 무관하게 고객 대면 이슈를 해결하는 비즈니스 성격에 따라 달라집니다.

CHAPTER 9

FaaS 응용 마이크로서비스

서비스로서의 함수^{functions-as-a-service}(FaaS)는 최근 몇 년간 각광을 받기 시작한 '서버리스^{serverless}' 솔루션입니다. Faas 솔루션을 이용하면 개인이 손수 인프라 오버헤드를 관리하지 않아도 애플리케이션 기능을 구축, 관리, 배포, 확장할 수 있습니다. 간단한 솔루션부터 약간 복잡한 솔루션에 이르기까지 구현 수단으로서 이벤트 기반 시스템에서 상당히 매력적입니다.

함수^{function}는 특정한 트리거 조건이 발생하면 실행되는 코드 조각입니다. 함수가 시작되고 죽 실행되다가 작업이 완료되면 종료됩니다. FaaS 솔루션은 부하에 맞게 실행 함수 개수를 늘리고 줄이기가 용이해서 부하가 매우 가변적인 상황에서도 기민하게 대응할 수 있습니다.

정기적으로 실패하는 기본 컨슈머/프로듀서 구현체라고 생각하면 이해가 빠릅니다. 함수는 미리 정해진 시간이 지나면 항상 종료되며 모든 연관된 연결과 상태도 함께 사라집니다. 함수를 설계할 때에는 이 부분을 주의해야 합니다.

9.1 함수 기반 솔루션을 마이크로서비스로 설계

FaaS 솔루션은 서로 다른 수많은 함수들로 구성되며, 이들이 하는 작업을 합하면 비즈니스 경계 콘텍스트의 솔루션이 됩니다. 함수 기반 솔루션을 구축하는 방법은 너무 다양해서 지면상 이 장에서 전부 다룰 수는 없지만, 여러분이 프로세스를 이해하는 데 도움이 될 만한 몇 가지 일반적인 설계 원칙부터 살펴보겠습니다.

9.1.1 엄격한 경계 콘텍스트의 멤버십 관리

솔루션을 구성하는 함수와 내부 이벤트 스트림은 반드시 어떤 경계 콘텍스트에 속해야 합니다. 그래야 함수, 데이터의 소유자가 분명하게 식별되겠죠. 대규모 마이크로서비스로 솔루션을 구축할 경우에는 기능, 서비스, 이벤트 스트림에 관한 소유권 문제를 잘 따져봐야 합니다. 마이크로서비스는 대부분 경계 콘텍스트와 1:1 매핑되며, 여러 함수를 하나의 경계 콘텍스트에서 사용할 수도 있기 때문에 n:1 매핑도 드물지 않습니다. 함수를 너무 잘게 쪼개면 경계선이 흐려질 수 있으므로 어떤 함수가 어느 경계 콘텍스트에 속하는지 제대로 분간해야 합니다.

경계 콘텍스트를 함수로 관리하는 몇 가지 실용적인 방법을 소개합니다.

- 데이터 저장소를 외부 콘텍스트에서 보이지 않게 보호한다.

- 다른 콘텍스트와 결합할 경우, 표준 요청-응답 또는 이벤트 기반 인터페이스를 사용한다.

- 어떤 함수가 어떤 콘텍스트에 속하는지(함수와 제품의 1:1 매핑)를 나타낸 메타데이터를 엄격하게 관리한다.

- 경계 콘텍스트에 매핑된 리포지터리 내부에서 함수 코드를 관리한다.

9.1.2 처리 완료 이후에만 오프셋 커밋

오프셋은 함수가 시작되거나 처리가 완료될 때 커밋됩니다. 주어진 이벤트 또는 이벤트 배치가 처리 완료된 이후에만 오프셋을 커밋하는 것이 FaaS의 모범 사례입니다. 함수 기반 솔루션에서 오프셋을 처리하는 방법은 중요하므로 하나씩 자세히 살펴보겠습니다.

함수 처리 완료 후 커밋

함수가 처리를 마친 이후 오프셋을 커밋하는 방식은 기본 프로듀서/컨슈머, 스트림 처리 프레임워크 어느 쪽에 기반하는지 상관없이 다른 마이크로서비스 구현체의 오프셋 커밋 방식과 동일합니다. 이 방식은 이벤트가 적어도 한 번 이상 처리됨을 가장 강력하게 보장하며 비 FaaS[non-FaaS] 솔루션에서 사용되는 오프셋 관리 전략과 같습니다.

함수 처음 시작 시 커밋

이벤트 배치가 함수에 전달된 이후 오프셋을 커밋하는 방식입니다. 반복적인 이벤트 처리 실패를 해결하기 위해 프레임워크에 종속적인 재시도 메커니즘과 알림 기능에 의존하는 많은 FaaS 프레임워크에서 사용되는 간단한 방법입니다. 이벤트 처리 상황을 추적하기가 아주 간단해지므로 코레오그래피 패턴에 따라 다른 함수를 호출하는 함수가 주로 이 방법을 사용합니다.

하지만 처리가 완료되기 전에 오프셋을 커밋하면 다른 문제가 생길 수 있습니다. 함수가 이벤트를 정상 처리할 수 없게 되어 여러 번 재시도를 한 끝에 실패할 경우 데이터는 손실될 것입니다. 이럴 때에는 보통 이벤트를 데드-레터 큐^{dead-letter queue}로 보내거나 그냥 버립니다. 많은 함수 기반 마이크로서비스는 데이터 손실에 민감하지 않지만 민감한 마이크로서비스라면 이 전략은 삼가는 게 좋습니다.

9.1.3 적을수록 좋다

FaaS 프레임워크는 단일 함수를 쉽게 작성하고 여러 서비스에 재사용 가능하다는 장점이 자주 부각됩니다. 하지만 이 방법을 곧이곧대로 따라하면 경계 콘텍스트 안에서 정확히 무슨 일이 벌어지고 있는지 파악하기 곤란한, 매우 파편화한^{fragmented} 솔루션이 될 가능성이 높습니다. 또 함수 소유권이 모호해지며 어느 함수를 변경할 경우 다른 서비스에 어떤 부정적인 영향을 미칠지 불확실해질 수 있습니다. 이 문제는 함수를 버저닝^{versioning}하면(버전 번호를 매기면 – 옮기면) 조금 도움이 되지만 여러 제품에 제각기 다른 버전의 함수를 관리하면 충돌이 일어날 수도 있습니다.

경계 콘텍스트의 비즈니스 요건을 해소하기 위해 FaaS 솔루션이 여러 함수를 통합하는 방법도 있습니다. 그러나 이것이 드물거나 나쁜 관행은 아니더라도, 필자 경험상 FaaS 솔루션은 잘게 나눈 함수를 여럿 두는 것보다 함수를 적게 두는 편이 더 낫습니다. 아무래도 함수 하나만 테스트, 디버깅, 관리하는 것이 같은 작업을 여러 함수에 대해 반복하는 것보다 훨씬 간편하겠죠.

9.2 FaaS 공급자 선택

FaaS 프레임워크도 이벤트 브로커, 컨테이너 관리 시스템(CMS)처럼 무료 오픈 소스 솔루션과 유료 서드파티 클라우드 서비스가 있습니다. 사내 CMS로 마이크로서비스를 운용하는 회사도 사내 FaaS 솔루션을 구축해서 활용하면 혜택을 볼 수 있습니다. 무료 오픈 소스는 오픈위스크^{OpenWhisk}, 오픈FaaS^{OpenFaaS}, 쿠블리스^{Kubless} 등 기존 컨테이너 관리 서비스를 활용할 수 다양한 옵션들이 있습니다. 아파치 펄사는 이벤트 브로커와 연동 가능한 FaaS 솔루션을 기본 제공합니다. 공통 리소스 프로비저닝^{provisioning} 프레임워크를 활용하면 FaaS 솔루션을 여러분의 마이크로서비스 솔루션에 맞게 조정할 수 있습니다.

아마존 웹 서비스^{Amazon Web Service}(AWS), 구글 클라우드 플랫폼^{Google Cloud Platform}(GCP), 마이크로소프트 애저^{Microsoft Azure} 등의 서드파티 서비스 공급사 역시 각자 매력적인 기능을 제공하지만 자사의 상용 이벤트 브로커에 특화된 FaaS 프레임워크를 제공합니다. 또 현재 이 세 업체 모두 이벤트 브로커의 보존 기간^{retention period}이 7일로 제한되어 있는 점이 문제입니다.[1] 오픈 소스 이벤트 브로커를 상용 클라우드 서비스에서 통합하는 것도 가능하지만(예: 카프카 커넥트[2]) 설정/관리 작업이 결코 만만치 않습니다. 어쨌든 여러분이 속한 조직에서 이미 AWS, GCP, 애저 서비스를 구독 중이라면 처음 실험을 시작하는 오버헤드는 낮습니다.

9.3 함수를 마이크로서비스로 개발

어떤 FaaS 프레임워크나 이벤트 브로커 제품을 선택하더라도 함수 기반 솔루션으로 작업할 때에는 다음 네 가지 주요 컴포넌트를 반드시 알아두어야 합니다.

- 함수
- 입력 이벤트 스트림
- 트리거 로직
- 메타데이터를 이용한 에러 및 확장 정책^{scaling policy}

----

1 옮긴이_ 오픈 소스 이벤트 브로커인 카프카의 경우, 기본 보존 기간은 7일이고 토픽별로 무기한으로 설정, 즉 영구 보존이 가능합니다.
2 https://oreil.ly/74sum

FaaS 구현체의 첫 번째 컴포넌트는 바로 함수 자신입니다. 다음과 같이 FaaS 프레임워크에서 지원되는 코드로 구현합니다.

```
public int myfunction(Event[] events, Context context) {
    println ("hello world!");
    return 0;
}
```

처리할 이벤트 배열은 events 매개변수에 전달하고 각 이벤트에는 key, value, timestamp, offset, partition_id 값이 들어 있습니다. context 매개변수에는 함수명, 이벤트 스트림 ID, 함수의 잔여 수명 등 함수 및 그 콘텍스트 정보가 담겨 있습니다.

다음으로 함수를 트리거할 로직을 붙여넣습니다. 이 부분은 다음 절에서 자세히 다룰 예정이니 지금은 함수가 구독 중인 이벤트 스트림 하나에 새 이벤트가 도착할 때마다 함수가 트리거된다고 합시다. 트리거 로직은 함수–트리거 맵function-trigger map으로 함수와 연관짓는데, 이런 작업은 보통 다음 표와 같이 FaaS 프레임워크 내부에서 일어납니다.

함수	이벤트 스트림(들)	트리거	정책과 메타데이터
myFunction	myInputStream	onNewEvent	〈 ... 〉

보다시피 myInputStream에 새 이벤트가 전달될 때마다 myFunction 함수가 트리거되도록 설정되어 있습니다. '정책과 메타데이터' 컬럼에는 다음과 같이 잡다한 정보가 들어 있습니다.

- 컨슈머 그룹

- 컨슈머 프로퍼티(예: 배치 크기, 배치 윈도)

- 재시도 및 에러 처리 정책

- 확장 정책

트리거, 메타데이터, 정책이 정해지면 함수는 바야흐로 이벤트를 처리할 준비를 마칩니다. FaaS 프레임워크는 새 이벤트가 입력 이벤트 스트림에 도착하면 함수를 트리거해서 이벤트 배치를 넘겨주고 함수는 처리를 개시합니다. 작업이 끝나면 함수는 종료되고 더 많은 이벤트가 들어오기를 기다립니다. 바로 다음 절에서 자세히 이야기할 이벤트 스트림 리스너 패턴의 전형적인 구현 로직입니다.

TIP 함수 기반 마이크로서비스 구현체는 다른 비FaaS 마이크로서비스처럼 각자 독립적인 컨슈머 그룹을 가집니다.

지금까지는 일단 함수를 트리거하고 기동하는 데 필요한 컴포넌트를 논리적으로만 표현해봤습니다. 함수 코딩 규칙, 함수 관리, 트리거 메커니즘은 FaaS 프레임워크 공급사나 구현체마다 조금씩 다르기 때문에 FaaS 프레임워크 문서를 잘 읽어보세요. 또한 트리거 메커니즘, 이벤트 소비, 컨슈머 오프셋, 중첩 함수, 실패, 적어도 한 번 이상 이벤트 처리 등의 주제는 약간 복잡하고 서로 미묘하게 얽혀있습니다. 이 장의 나머지 부분에서 하나씩 살펴보겠습니다.

9.4 콜드 스타트, 웜 스타트

콜드 스타트cold start는 함수가 처음 시작되거나 꽤 오랜 휴지기 이후의 함수 기본 상태입니다. 컨테이너를 시작해서 코드를 로드하고, 이벤트 브로커에 연결하고, 필요한 외부 리소스에 클라이언트 접속을 맺는 일련의 작업들을 마치고 처리할 준비가 끝나면 함수는 이벤트 처리를 시작할 수 있는 웜warm 상태로 바뀝니다. 웜 상태의 함수는 이벤트를 처리하기 시작하고 작업 완료 또는 만료 시 일시 중지되어 동면 상태가 됩니다.

대부분의 FaaS 프레임워크는 가능하면 언제나 종료된 함수를 재사용하려고 시도합니다. 정상steady(시간에 대해 흐름이 거의 일정한 – 옮긴이) 이벤트 스트림을 처리하는 함수는 타임아웃되어 일시 중지되어 잠깐 멈춰있다가 트리거가 다시 깨우면 일어나게 될 것입니다. 그 잠깐 사이에 이벤트 브로커 연결이 끊어지거나 다른 상태 저장소와 접속이 해제되지 않는 한 일시 중지된 인스턴스를 재활용하면 곧바로 처리를 재개할 수 있습니다.

9.5 트리거로 함수 시동

트리거는 함수에게 처리를 시작하라고 알리는 장본인입니다. FaaS 프레임워크마다 지원되는 트리거는 다양하지만 하는 일은 대동소이합니다. 트리거를 어떤 경우에 사용하는지 이해를 돕기 위해 먼저 함수를 기동시키는 시그널을 살펴보겠습니다.

9.5.1 새 이벤트에 반응해 트리거: 이벤트-스트림 리스너

이벤트 스트림에 이벤트가 생성될 때 함수를 트리거합니다. 이벤트 스트림 리스너 트리거^{event} $^{stream\ listener\ trigger}$는 미리 정의된 컨슈머 배후에서 이벤트 소비를 분리하므로 개발자가 작성해야 할 오버헤드 코드는 많지 않습니다. 이벤트는 이벤트 스트림에서 순서대로 이벤트 배열 형태로, 또는 큐에서 소비할 경우에는 순서 없는^{unordered} 이벤트의 묶음 형태로 함수에 직접 삽입됩니다. 하나의 함수가 여러 스트림에서 이벤트를 소비할 수 있도록 이벤트 스트림과 함수를 다중 매핑할 수도 있습니다.

구글, 마이크로소프트, 아마존의 FaaS 솔루션은 자사 상용 이벤트 브로커 전용 트리거는 제공하지만 오픈 소스 브로커에서 직접 트리거하는 것은 아직 지원하지 않습니다. [그림 9-1]은 지금까지 설명한 접근법을 일반화하여 나타낸 것입니다.

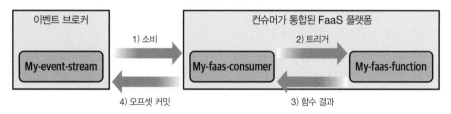

그림 9-1 FaaS 프레임워크에 통합된 이벤트 스트림 리스너

오픈FaaS, 쿠블리스, 누클리오^{Nuclio} 같은 오픈 소스 솔루션은 카프카, 펄사, NATS 등의 다양한 이벤트 브로커에서 쓸 수 있는 다양한 트리거 플러그인을 제공합니다. 아파치 카프카 커넥트는 서드파티 FaaS 프레임워크[3] 함수를 트리거할 수 있게 지원합니다. 카프카 커넥트는 FaaS 프레임워크 밖에서 실행되므로 결국 [그림 9-2]와 같은 이벤트 스트림 리스너 역할을 합니다.

그림 9-2 카프카 커넥트로 구현한 외부 이벤트 스트림 리스너 애플리케이션

---

3 https://oreil.ly/y6zYz

함수 결과는 데이터 출력뿐만 아니라 함수의 성공을 추적하는 용도로 자신의 이벤트 스트림에 출력할 수 있습니다.

동기식으로 트리거하려면 함수가 다음 이벤트를 발행하기 전에 완료되어야 합니다. 처리 순서를 유지하려면 반드시 그렇게 처리해야 하므로 이벤트 스트림을 병렬 처리하는 데 제약이 따릅니다. 반대로 비동기 트리거를 사용하면 여러 함수에 여러 이벤트를 전달할 수 있고 각 함수는 작업을 마친 후 다시 결과를 보고합니다. 하지만 이렇게 하면 처리 순서는 유지되지 않기 때문에 비즈니스 로직상 처리 순서가 별로 중요하지 않은 경우에만 사용해야 합니다.

배치 크기batch size와 배치 윈도batch window는 스트림 리스너 트리거에서 중요한 속성입니다. 배치 크기는 최대 몇 개의 이벤트를 처리하라고 보낼 것인가, 배치 윈도는 함수를 바로 트리거하지 않고 추가 이벤트를 최대 얼마나 오랫동안 기다릴 것인가를 각각 의미합니다. 두 매개변수는 함수를 시작하는 오버헤드를 여러 레코드에 분산시켜 비용을 줄이기 위해 사용합니다.

다음 코드는 스트림 리스너 트리거가 실행하는 함수 예제입니다.

```
public int myEventfunction(Event[] events, Context context) {
  for(Event event: events)
    try {
      println (event.key + ", " + event.value);
    } catch (Exception e) {
      println ("error printing " + event.toString);
    }
  //배치 처리가 완료됐음을 FaaS 프레임워크에 알림
  context.success();
  return 0;
}
```

TIP 컨테이너형 마이크로서비스와 마찬가지로 이벤트 스트림 리스너 패턴에서 트리거는 스트림의 최신 오프셋, 초기 오프셋, 아니면 그 중간 어디서든 이벤트 처리를 시작하도록 설정할 수 있습니다.

9.5.2 컨슈머 그룹 랙에 반응해 트리거

컨슈머 그룹의 랙 메트릭도 함수를 트리거하는 또 다른 수단입니다. 애플리케이션의 컨슈머 그룹 오프셋을 주기적으로 폴링해서 현재 컨슈머 오프셋과 스트림의 헤드 오프셋 간의 차이를 계산하면 랙을 감지할 수 있습니다(랙 모니터링에 관한 자세한 내용은 14.10절의 '컨슈머 오프셋 랙 모니터링' 참고). 스트림 리스너 트리거처럼 랙 모니터링 역시 비FaaS 마이크로서비스를 확장하는 용도로 쓰입니다.

랙 메트릭을 계산해서 여러분이 선택한 모니터링 프레임워크에 보고하면 모니터링 프레임워크는 FaaS 프레임워크를 호출해서 이벤트 스트림에 등록된 함수를 시작하라고 전달합니다. 랙이 크면 부하를 더 빨리 처리해야 하므로 여러 함수 인스턴스를 시작해야 하지만, 반대로 랙이 작으면 하나의 함수 인스턴스로도 백로그를 처리할 수 있을 것입니다. 각 마이크로서비스마다 랙 크기와 함수 시작 간의 관계를 잘 조정해서 SLA를 준수하면 됩니다.

좀 전의 이벤트 스트림 리스너 트리거와 중요한 차이점은 랙으로 트리거할 경우 함수는 자신이 시작될 때까지 이벤트를 소비하지 않는다는 점입니다. 랙으로 트리거되어 시작된 함수는 이벤트 브로커와 클라이언트 간 연결, 이벤트 소비, 오프셋 업데이트 커밋 등 알아서 챙겨야 할 일들이 많습니다. 수명은 한정되어 있으나 기본 프로듀서/컨슈머 클라이언트에 좀 더 가까운 랙을 사용해 함수를 트리거하는 것입니다. 다음은 이런 워크플로를 예시한 함수 코드입니다.

```java
public int myLagConsumerfunction(Context context) {
  String consumerGroup = context.consumerGroup;
  String streamName = context.streamName;

  EventBrokerClient client = new EventBrokerClient(consumerGroup, ...);

  Event[] events = client.consumeBatch(streamName, ...);

  for(Event event: events) {
    //이벤트 처리 수행
    doWork(event);
  }

  //이벤트 브로커에 오프셋 커밋
  client.commitOffsets();

  //함수 실행이 성공했음을 FaaS 프레임워크에 알림
  context.success();

  //랙-트리거 시스템이 성공했음을 인지할 수 있도록 0을 반환
  return 0;
}
```

컨슈머 그룹과 스트림 이름을 context 매개변수에 담아 전달하면 클라이언트가 생성되고 이벤트를 소비/처리한 이후에는 이벤트 브로커에 오프셋을 커밋합니다. FaaS 프레임워크에 성공 결과를 반환하는 것으로 함수는 종료됩니다.

랙 트리거가 함수를 너무 자주 트리거한다면 마지막 실행 이후로 아직 함수가 웜한 상태일 가능성이 높습니다. 이벤트 브로커 클라이언트에 연결하는 오버헤드는 원인이 아닐 것입니다. 물론 클라이언트 및 이벤트 브로커에 설정된 타임아웃에 따라 상황은 달라집니다. 함수가 아무 일도 안 하는 시간이 길어질수록 컨슈머 그룹 리밸런스와 클라이언트의 콜드 스타트 때문에 함수 인스턴스가 처리하는 작업량은 조금씩 줄어들 것입니다.

9.5.3 스케줄에 따라 트리거

일정 주기마다, 그리고 지정된 날짜에 함수가 시작되도록 스케줄링할 수도 있습니다. 이렇게 스케줄링된 함수는 주기적으로 시작되고 소스 이벤트 스트림을 폴링해서 새 이벤트를 가져오며, 요건에 따라 이벤트를 처리하거나 그대로 종료시킵니다. SLA를 유지하려면 폴링 주기는 짧아야 하지만 폴링을 너무 자주 하면 FaaS 프레임워크, 이벤트 브로커 모두 과도한 부담이 될 수 있습니다.

시간 기반 트리거를 응용한 클라이언트 코드는 컨슈머 그룹 랙 트리거 예제와 똑같습니다.

9.5.4 웹훅에 반응해 트리거

당연히 함수를 직접 호출해서 트리거할 수도 있습니다. 이렇게 하면 모니터링 프레임워크, 스케줄러, 기타 서드파티 애플리케이션과 맞춤 연계가 가능할 것입니다.

9.5.5 리소스 이벤트에 반응해 트리거

리소스 변경 역시 트리거의 원인이 될 수 있습니다. 이를테면 데이터 저장소에서 로우 하나를 생성, 수정, 삭제하는 것처럼 파일 시스템에서 파일 하나를 생성, 수정, 삭제해도 함수를 트리거할 수 있겠죠. 이벤트 기반 마이크로서비스에서 이벤트는 대부분 이벤트 스트림을 거쳐 생성되므로 비즈니스 워크플로에서 특정 리소스에 트리거를 걸어둘 일은 많지 않겠지만, 외부 데이터 소스와 연계할 때 FTP 또는 다른 파일 서비스로 파일을 집어넣어야 할 경우에는 아주 요긴합니다.

9.6 비즈니스 업무를 함수로 처리

FaaS 접근 방식은 필요한 만큼 유연하게 리소스를 프로비저닝하는 솔루션에 잘 맞습니다. 상태를 저장하지 않고, 여러 이벤트 스트림을 확정적으로 처리할 필요가 없고, 큐 방식으로 처리하는 경우처럼 확장의 폭이 매우 넓은 단순한 토폴로지가 알맞을 가능성이 높습니다. 뭔가 그양이 매우 가변적인 경우에는 필요할 때마다 수평 확장이 가능하고 컴퓨팅 리소스를 신속하게 프로비저닝하고 해제할 수 있는 FaaS 솔루션이 여러모로 이점이 많을 것입니다.

특히, FaaS 솔루션은 동시성^{concurrency}과 확정성^{determinism}이 관심사가 아닌 경우에 아주 잘 동작합니다. 하지만 어떤 식으로는 확정성이 문제가 된다면 이벤트 스트림 처리의 정확성과 일관성을 고민해야 합니다. 다음 장에서 이야기할 기본 컨슈머 솔루션도 마찬가지로 FaaS 솔루션도 일관된 처리 결과를 얻으려면 이벤트 스케줄러를 제공해야 합니다. 코파티션된 데이터는 한 번에 하나의 함수로만 성공적이고 일관되게 처리할 수 있습니다. 완전한 기능을 갖춘 경량/대용량 프레임워크에서 오직 하나의 스레드만 사용해야 하는 것과 비슷한 원리입니다.

9.7 상태 관리

함수는 수명이 짧아서 대부분의 상태 저장 FaaS 기반 솔루션에는 외부 상태 저장 서비스가 필요합니다. 대다수 FaaS 공급사의 목표는 데이터 위치와 상관없이 빠르고 확장성 높은 처리 파워를 제공하는 것입니다. 이전 실행의 로컬 상태가 필요한 함수를 사용하면 해당 상태가 위치한 노드에서만 현재 실행을 할 수 있겠죠. 그러면 FaaS 공급사의 유연성이 아주 나빠지기 때문에 일반적으로 '무 로컬 상태$^{no\ local\ state}$' 정책을 적용하고 상태 정보는 모두 실행자 외부에 저장하도록 강제합니다.

윔 상태에서 시작된 함수는 이전 로컬 상태를 사용할 수 있지만 반드시 그렇게 된다는 보장은 없습니다. 함수는 여느 클라이언트와 마찬가지로 외부 상태 저장소에 접속해 지정된 API로 상태를 사용합니다. 어떤 상태든지 상태는 함수가 명시적으로 저장하고 조회해야 합니다.

> **TIP** 해당 경계 콘텍스트 외에는 어떤 것도 접근하지 못하게 여러분이 작성한 함수의 상태 접근 권한을 엄격하게 관리하세요.

마이크로소프트 애저의 듀러블 함수^{Durable Function}[4]처럼 견고한 상태 저장 함수 지원 기능이 추가된 FaaS 프레임워크도 있습니다. 이 프레임워크는 상태 관리를 추상화하고 로컬 메모리를 사용해 외부 상태 저장소에 상태를 자동 저장하는 기능을 제공합니다. 덕분에 개발자는 상태를 저장/조회하는 코드를 따로 작성하지 않아도 함수를 일시 중지시켰다가 다시 살릴 수 있고, 상태 저장 워크플로가 아주 단순해져서 함수 구현체 전반에 걸쳐 상태 관리를 표준화할 수 있습니다.

FaaS 프레임워크는 앞으로 계속 발전하면서 새로운 추가될 전망입니다. 상태 관리 간소화는 함수 기반 솔루션의 공통 요건이므로 여러분이 선택한 FaaS 프레임워크는 어떤 식으로 상태 처리 방법을 개선하는지 동향을 잘 지켜보세요.

9.8 함수에서 다른 함수 호출

함수가 다른 함수를 실행하는 것은 흔한 일이며, 코레오그래피, 오케스트레이션 워크플로에서도 마찬가지입니다. 함수 간에는 이벤트를 주고받는 비동기 통신, 요청–응답 호출, 또는 이 둘을 조합한 방법으로 통신합니다. 구현 방법은 FaaS 프레임워크와 경계 콘텍스트의 문제 공간에 따라 선택하면 됩니다. 다중 함수 솔루션을 구현할 때에는 흔히 코레오그래피/오케스트레이션 디자인 패턴을 사용합니다.

> **TIP** 비순차 처리 문제를 방지하려면 다음 이벤트를 처리하기 전에 현재 이벤트를 반드시 처리 완료해야 합니다.

---

[4] https://oreil.ly/ShsMl

9.8.1 이벤트 기반 통신 패턴

한 함수의 출력을 이벤트 스트림에 넣어 다른 함수가 소비하게 만들 수도 있습니다. 경계 콘텍스트는 여러 함수와 내부 이벤트 스트림으로 구성되며 함수마다 구현된 트리거와 확장 로직은 다양합니다. 각 함수는 자기 페이스에 맞게 이벤트를 받아 처리하고 주어진 작업을 실행하면서 그에 맞는 결과를 출력합니다(그림 9-3).

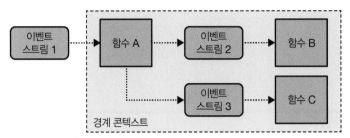

그림 9-3 여러 함수로 구성된 이벤트 기반의 FaaS 토폴로지가 하나의 마이크로서비스를 나타낸다.

[그림 9-3]에서 함수 A는 함수 B, C와 독립적으로 트리거됩니다. 스트림 2, 3은 이 경계 콘텍스트 외부에 있는 함수는 접근 불가한 내부 이벤트 스트림입니다. 함수 B, C는 같은 경계 콘텍스트에 배치되어 있으므로 동일한 컨슈머 그룹을 사용하여 소스 스트림에 있는 이벤트를 소비합니다. 이처럼 함수는 다른 비FaaS 마이크로서비스와 사실상 작동 방식이 같습니다.

이벤트 기반 통신 패턴은 여러모로 장점이 많습니다. 우선, 토폴로지 안에 있는 함수는 각각 작업이 끝나면 오프셋을 커밋해서 자신의 컨슈머 그룹 오프셋을 관리할 수 있습니다. 또 이벤트 스트림 처리 외에는 함수 간에 별다른 조정이 필요 없고 [그림 9-3]의 코레오그래피 패턴은 물론 오케스트레이션 패턴도 적용할 수 있습니다. 이벤트 처리 중 실패해도 이벤트 브로커에 이벤트가 남아 있기 때문에 그 다음 함수 인스턴스가 재처리하면 되므로 데이터 손실이 발생할 일도 없습니다.

9.8.2 직접 호출 패턴

함수가 자기 코드에서 직접 다른 함수를 호출하는 패턴입니다. '파이어 앤 포겟fire-and-forget(쌔 버리고 잊어버리는 – 옮긴이)' 방식으로 타 함수를 직접 비동기 호출하거나, 동기 호출을 한 다음 반환값을 기다리는 방식으로 작동됩니다.

코레오그래피와 비동기 함수 호출

비동기 직접 호출은 코레오그래피 기반 FaaS 솔루션으로 넘어갑니다. 함수는 그냥 비즈니스 로직에 따라 다음 함수를 호출하고 실패, 오류 등 다음 단계를 처리할 책임은 다음 함수와 FaaS 프레임워크에게 맡깁니다. 비동기 함수 직접 호출 체계를 구축하면 함수 호출을 간단히 연쇄chaining(체이닝)할 수 있습니다(그림 9-4).

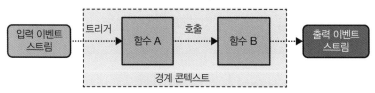

그림 9-4 경계 콘텍스트 내부의 코레오그래피 비동기 함수 호출

함수 A는 이벤트 배치를 처리하면서 함수 B를 호출하고 작업이 끝나면 자신의 컨슈머 오프셋을 업데이트한 뒤 종료합니다. 한편, 함수 B는 처리를 계속하면서 출력 이벤트 스트림에 결과를 생산합니다.

비동기 직접 호출의 중요한 단점은, 처리가 성공할 경우에만 컨슈머 오프셋 업데이트가 확실히 보장된다는 점입니다. [그림 9-4]에서도 함수 B는 함수 A에 아무런 피드백을 하지 않기 때문에 함수 A에서 에러가 발생할 경우에만 컨슈머 그룹 오프셋이 잘못 커밋되는 일을 막을 수 있습니다. 그러나 이벤트 손실이 그리 대수롭지 않은 워크플로라면 간단히 무시하고 넘어갈 수 있겠죠.

함수 B를 여러 번 호출하면 이벤트가 순서가 어긋날 수 있는 이슈도 있습니다. 다음 함수 A 코드를 봅시다.

```
public int functionA(Event[] events, Context context) {
  for(Event event: events) {
    //A 함수의 처리 작업 수행
    //이벤트마다 B 함수를 비동기 호출
    //반환값을 기다리지 않음
    asyncfunctionB(event);
  }
  context.success();
  return 0;
}
```

함수 B는 함수 A 코드 안에서 호출됩니다. 이렇게 하면 FaaS 프레임워크에 따라 각각 독립적으로 실행되는 함수 B 인스턴스가 여러 개 생성될 수 있고 그중 한 인스턴스는 다른 인스턴스보다 먼저 실행이 끝나서 이벤트 순서가 꼬여버리는 경합 조건이 발생할 수 있습니다.

코드를 다음과 같이 바꾸어도 순서 문제는 해결되지 않습니다. 함수 A는 배치 안에 포함된 이벤트에 대해 함수 B보다 먼저 실행되므로 순서가 뒤바뀌는 문제는 여전할 것입니다.

```
public int functionA(Event[] events, Context context) {
  for(Event event: events) {
    //A 함수의 처리 작업 수행
  }
  //전체 이벤트 배치에 대해 함수 B를 호출
  asyncFunctionB(events);

  context.success()
  return 0;
}
```

순서에 맞게 처리하려면 각 이벤트마다 그 다음 이벤트를 처리하기 전에 무조건 함수 A를 함수 B보다 먼저 실행해야 합니다. 모든 이벤트가 한 함수에서 처리 완료된 이후에만 그 다음 이벤트를 시작하도록 강제하지 않으면 결국 비확정적인 결과가 초래될 것입니다. 특히, 함수 A가 쓴 데이터에 함수 B가 의존하고 두 함수 모두 동일한 외부 데이터 저장소에서 작동된다면 더욱 그렇겠죠.

비동기 호출은 경계 콘텍스트의 요건을 충족하지 못하는 경우가 많기 때문에 동기 호출을 오케스트레이션 방식으로 사용하는 방안도 함께 고려해보세요.

오케스트레이션과 동기 함수 호출

함수를 동기 호출하면 다른 함수를 호출하고 그 결과를 기다린 뒤 나머지 비즈니스 로직을 수행할 수 있습니다. 8장에서 배운 오케스트레이션 패턴을 구현할 수 있겠죠.

이벤트 스트림 – 트리거를 걸어 처리

파티셔닝된 이벤트 스트림에 새 이벤트가 도착하면 하나의 오케스트레이션 함수가 트리거된다고 합시다. 함수가 시작되면 입력 이벤트 배치를 처리하기 시작하고 각 함수에 맞는 이벤트를 차례로 발송합니다. [그림 9-5]는 단일 경계 콘텍스트 내부에 구축한 함수 기반의 오케스트레이션 예입니다.

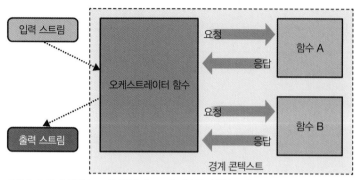

그림 9-5 경계 콘텍스트 내부의 오케스트레이션 동기 함수 호출

오케스트레이션 코드는 다음과 같이 작성합니다.

```java
public int orchestrationFunction(Event[] events, Context context) {
  for(Event event: events) {
    //동기식 함수 호출
    Result resultFromA = invokeFunctionA(event);
    Result resultFromB = invokeFunctionB(event, resultFromA);
    Output output = composeOutputEvent(resultFromA, resultFromB);
    //출력 스트림에 쓰기
    producer.produce("Output Stream", output);
  }
  //컨슈머 오프셋을 업데이트하라고 FaaS 프레임워크에 알림
  context.success();
  return 0;
}
```

오케스트레이션 함수는 함수 A, B를 차례로 호출하고 각 함수의 결과를 기다립니다. 물론 필요시 함수 A의 출력을 함수 B의 입력으로 보낼 수도 있습니다. 각각의 이벤트는 다음 이벤트가 시작되기 전에 처리가 완료되므로 오프셋 순서는 확실히 보장됩니다. 컨슈머 함수는 이벤트 배치를 전부 다 처리한 후 FaaS 프레임워크에 오프셋을 업데이트하라고 알린 다음 성공 메시지를 반환합니다.

큐로 트리거를 걸어 이벤트 처리

개별 커밋 기능을 지닌 큐에서는 트리거 메커니즘을 이용해 각 이벤트마다 고유한 오케스트레이션 함수를 트리거할 수 있습니다. 오케스트레이터는 작업 완료 후 처리 확인 사실을 다시 큐에 커밋합니다. 작업 도중 실패하면 그 다음 오케스트레이터 인스턴스가 생성돼서 작업을 픽업할 것입니다.

9.9 종료 및 중단

함수는 작업을 마치거나 자신에게 할당된 (일반적으로 5~10분 정도의) 수명이 끝나면 종료됩니다. 함수 인스턴스는 일시 중지 후 동면 상태에 빠지고 다시 곧바로 되살아나 활동하기도 합니다. 일시 중지된 함수 중에는 리소스나 시간 제약 때문에 결국 동면 상태에서 추방되는 것들도 있습니다.

함수가 종료되기 전에 함수에 할당된 리소스와 오픈된 커넥션은 어떻게 처리할지 결정해야 합니다. 컨슈머 클라이언트라면 함수 인스턴스에 특정 이벤트 스트림 파티션이 할당될 것입니다. 그런데 이런 리소스를 회수하지 않고 함수 인스턴스를 끝내버리면 타임아웃될 때까지 컨슈머 그룹 소유권이 재할당되지 않아 처리가 지연될 수도 있습니다. 이런 파티션에 들어있는 이벤트는 컨슈머 그룹 리밸런스가 일어나거나, 종료된 함수 인스턴스가 다시 온라인 상태로 돌아와 처리를 재개할 때까지 하나도 처리가 안 됩니다.

함수가 거의 항상 온라인 상태에서 이벤트를 처리한다면 군이 연결을 끊고 컨슈머 그룹을 리밸런스할 필요는 없습니다. 함수는 수명이 끝나면 일시 중지되어 잠시 겨울잠을 자고 있다가 즉시 런타임에 복귀할 가능성이 높습니다. 반대로 가끔씩 실행되는 컨슈머 함수라면 모든 연결을 끊고 이벤트 스트림 파티션을 할당하지 않는 게 최선입니다. 다음 함수 인스턴스는 콜드/웜 스타트 상관없이 다시 연결을 해야 하겠죠. 뭔가 의심스럽다면 연결을 깔끔히 정리하는 게 좋습니다. 그래야 외부 데이터 저장소와 이벤트 브로커의 부하를 덜어주고 일시 중지된 함수가 파티션 소유권을 주장할 가능성을 낮출 수 있습니다.

9.10 함수 튜닝

함수는 자신의 워크로드에 맞는 특정한 니즈를 갖고 있습니다. 함수가 실행 도중 사용하는 리소스를 최적화하면 성능은 높이고 비용은 낮출 수 있겠죠. 리소스를 정하고 함수 매개변수를 튜닝할 때 고려해야 할 항목들을 몇 가지 짚어보겠습니다.

9.10.1 넉넉한 리소스 할당

함수마다 CPU, 메모리를 따로 할당할 수 있으므로 함수 요건에 맞게 매개변수를 튜닝하는 작업이 중요합니다. 리소스를 너무 많이 할당하면 비용이 많이 들고 너무 적게 할당하면 함수가 멎거나 처리 시간이 길어지겠죠.

함수의 최대 실행 시간도 한정해야 합니다. 함수가 이벤트를 처리하는 시간과 처리할 이벤트 수는 평균적으로 거의 비례하기 때문에 이 매개변수는 배치 크기와 밀접한 연관이 있습니다. 최대 실행 시간은 주어진 이벤트 배치 크기를 처리하는 데 소요되는 예상 최대 시간보다 높게 설정하여 불필요한 함수 타임아웃 에러를 예방하는 게 좋습니다.

함수 기반 솔루션의 경계 콘텍스트 내부에 속하는 상태 저장소의 외부 I/O도 고려해야 합니다. 함수 워크로드는 입력 이벤트의 흐름에 따라 가변적입니다. 외부 상태에 거의 일정한 I/O를 일으키는 워크로드도 있고 산발적인^{sporadic} I/O만 필요한 워크로드도 있겠죠. I/O 리소스가 충분하지 않으면 처리량과 성능이 저하될 공산이 큽니다.

9.10.2 배치 이벤트 처리 매개변수

함수에 할당된 이벤트 배치를 다 처리할 수 없을 때에는 함수 실행이 실패한 것으로 간주해서 해당 배치를 재처리해야 합니다. 하지만 함수에 할당된 실행 시간이나 입력 이벤트 배치의 크기를 바꾸지 않으면 또 다시 실패할 확률이 높기 때문에 다음 두 가지 중 하나는 조치해야 합니다.

- 함수의 최대 실행 시간을 늘린다.
- 함수가 처리할 이벤트의 최대 배치 크기를 줄인다.

TIP 자체적으로 이벤트 브로커에 연결해서 이벤트를 소비하는 함수는 실행 도중 오프셋을 주기적으로 커밋할 수 있기 때문에 일부 배치만 부분 완료할 수 있습니다. 하지만 함수에 소비된 이벤트 배치를 전달할 경우에는 처리 중 컨슈머 오프셋을 업데이트할 방법이 없기 때문에 불가능합니다.

(아마존, 마이크로서비스 등이 제공하는) 이벤트 리스너 트리거 시스템을 활용하여 실패 시 배치 크기를 자동으로 둘로 나누어 실패한 함수를 재실행하는 방법도 있습니다. 에러가 나면 입력 배치를 이등분해서 함수가 제시간에 처리를 마칠 수 있을 때까지 계속 재실행하는 것입니다.

9.11 FaaS 솔루션 확장

FaaS 솔루션은 작업의 병렬화, 특히 처리 순서가 중요하지 않은 데이터의 큐와 이벤트 스트림에서 진가를 발휘합니다. 파티셔닝된 이벤트 스트림에서 이벤트의 순서가 중요하다면 (다른 모든 마이크로서비스 구현체와 마찬가지로) 최대 이벤트 스트림의 파티션 수까지만 병렬화가 가능합니다.

확장 정책은 FaaS 프레임워크의 고유 영역이니 사용 가능한 옵션은 프레임워크 문서를 참조하세요. 일반적으로 컨슈머 입력 랙, 시간대, 처리량, 성능 특성에 기반한 옵션이 제공됩니다.

이벤트 브로커에 스스로 접속해서 실행되는 함수의 경우, 컨슈머가 컨슈머 그룹에 가입/탈퇴할 때 발생하는 파티션 할당 리밸런스의 영향도를 잘 살펴야 합니다. 컨슈머가 너무 자주 컨슈머 그룹에 가입/탈퇴하게 되면 컨슈머 그룹은 거의 항상 리밸런스 상태에 빠져서 작업 진행이 제대로 안 될 공산이 큽니다. 최악의 경우 가상의 리밸런스 교착rebalance deadlock 상태에 빠져버려 함수들이 파티션을 할당받았다가 도로 빼앗기면서 수명을 다 써버리게 될 수도 있습니다. 이런 문제는 컨슈머 배치 크기가 작은 단명short-lived 함수를 많이 사용할 때 자주 생기고 지연에 너무 민감한 확장 정책 때문에 더 악화되기도 합니다. 확장 정책을 단계적으로 수립하거나 이력 루프hysteresis loop를 사용하면(과거에 관찰됐던 모습이 되풀이되는 현상을 일반화하면 – 옮긴이) 컨슈머 그룹을 과도한 리밸런스의 늪에 빠뜨리지 않고도 확장 응답성을 충분히 확보할 수 있습니다.

파티션을 정적으로 할당하면static partition assignment 동적 할당된 컨슈머 그룹에서 발생 가능한 리밸런스 오버헤드를 제거할 수 있고 이벤트 스트림을 코파티션하는 용도로도 쓸 수 있습니다.

함수 자신이 어느 파티션을 소비할지 미리 알고 시작하기 때문에 리밸런스는 전혀 일어나지 않고 함수가 트리거될 때마다 이벤트를 그냥 소비하면 그만입니다. 단, 개발자는 각 파티션이 잘소비되고 있는지, 본인이 작성한 함수는 잘 작동되고 있는지 더 주의 깊게 살펴야 합니다.

> **WARNING_** 스레싱 트리거thrashing trigger[5]와 확장 정책에 유의하세요. 파티션 할당을 너무 자주 리밸런스하면 이벤트 브로커 비용이 많이 들 수 있습니다. 몇 분마다 한 개 정도로 함수 개수를 늘리거나 줄여보세요.

9.12 마치며

FaaS는 빠르게 성장하고 있는 클라우드 컴퓨팅 분야입니다. FaaS 프레임워크는 대부분 함수를 사용하여 마이크로서비스를 구축할 수 있도록 다양한 함수 개발, 관리, 배포, 트리거, 테스트, 확장 도구를 제공합니다. 함수는 이벤트 스트림의 새 이벤트, 컨슈머 그룹 랙 상태, 월클럭시간, 또는 맞춤 로직에 의해 트리거됩니다.

함수 기반 솔루션은 이벤트 스케줄링이 필요 없는 상태 비저장, 또는 상태를 저장하지만 단순한 비즈니스 문제를 처리할 때 특히 유용합니다. 오케스트레이션 패턴을 이용하면 정확한 순서대로 여러 함수를 호출할 수 있고 이벤트 스트림의 이벤트 순서 역시 보장됩니다. FaaS 프레임워크는 빠르게 성장/발전하고 있기 때문에 여러분이 관심 있는 플랫폼의 최신 동향을 계속 지켜보는 게 중요합니다.

---

5 옮긴이_ 너무 자주 발생하여 메모리 등의 컴퓨팅 리소스가 과도하게 사용되고 다른 프로그램에도 각종 오류를 일으키는 트리거

CHAPTER 10

기본 프로듀서/컨슈머 마이크로서비스

기본 프로듀서/컨슈머basic producer and consumer(BPC)는 하나 이상의 이벤트 스트림에서 이벤트를 받아 필요한 비즈니스 로직을 적용해 가공하고 필요시 출력 이벤트 스트림에 이벤트를 내보내는 마이크로서비스입니다. 동기식 요청–응답 I/O도 이 워크플로의 일부가 될 수 있지만 자세한 내용은 13장에서 다루기로 하고, 이 장에서는 이벤트 기반 컴포넌트만 중점적으로 살펴보겠습니다.

BPC 마이크로서비스는 기본적인 프로듀서/컨슈머 클라이언트를 사용하는 것이 특징입니다. 기본적인 컨슈머 클라이언트는 이벤트 스케줄링, 워터마크, 구체화 메커니즘, 체인지로그, 로컬 상태 저장소를 이용한 처리 인스턴스의 수평적 확장 등의 작업은 하지 않습니다. 이런 기능은 보통 더 완전한 기능을 갖춘full-featured 프레임워크에서 제공됩니다(자세한 내용은 11, 12장 참고). 물론 직접 라이브러리를 개발해서 이러한 기능을 구현할 수도 있지만 그 전에 BPC 패턴만으로도 여러분의 비즈니스 요건이 충족되는지 먼저 잘 살펴보세요.

프로듀서/컨슈머 클라이언트는 가장 널리 쓰이는 언어로 쉽게 구현할 수 있으므로 이벤트 기반 마이크로서비스를 처음 시작하는 사람의 인지 오버헤드cognitive overhead[1]가 비교적 낮습니다. 경계 콘텍스트의 전체 워크플로가 하나의 마이크로서비스 코드 안에 포함되어 있어 작동 로직이 로컬화되어 있고 이해하기 쉽습니다. 또 (구현 복잡도에 따라) 워크플로를 하나 이상의 컨테이너로 손쉽게 래핑해서 마이크로서비스 CMS 솔루션으로 배포/실행할 수 있습니다.

---

1 옮긴이_ 새로운 학습을 해야 하고 과제를 해결해야 하기 때문에 사람이 받게 되는 인지적 부하량(load)

10.1 BPC의 알맞은 용도는?

BPC 마이크로서비스는 완전한 기능을 갖춘 프레임워크에 내장된 컴포넌트는 제공하지 않지만 폭넓은 비즈니스 요건을 충족할 수 있습니다. 확정적 이벤트 스케줄링이 필요 없는 상태 저장 패턴이나 상태 비저장 변환 같은 단순한 패턴은 구현하기 쉽습니다.

BPC 구현체는 일반적으로 내부 상태 저장소보다 외부 상태 저장소를 더 많이 씁니다. 여러 인스턴스 간의 로컬 상태를 확장하고 인스턴스 실패로부터 복구하는 작업은 완전한 기능을 갖춘 스트리밍 프레임워크가 아니면 어렵기 때문입니다. 외부 상태 저장소를 사용하면 여러 마이크로서비스 인스턴스에 데이터 백업/복구 메커니즘과 균일한 접근 권한을 제공할 수 있습니다.

BPC 구현체가 진가를 드러낼 만한 유스 케이스를 몇 가지 들어보겠습니다.

10.1.1 기존 레거시 시스템과 통합

기본 프로듀서/컨슈머 클라이언트를 코드베이스에 통합하는 식으로 레거시 시스템을 이벤트 기반 아키텍처에 도입할 수 있습니다. 이런 통합 작업은 대개 이벤트 기반 마이크로서비스를 도입하는 초기에 일찌감치 시작되며, 레거시 시스템을 이벤트 기반 체계로 전환하는 전략의 일부가 되기도 합니다(4장 참고). 레거시 시스템은 이벤트 브로커의 단일 진실 공급원에 필요한 만큼 자신의 데이터를 생산하고 자신이 필요한 이벤트는 다른 이벤트 스트림에서 가져와서 소비합니다.

이벤트 스트림에서 데이터를 생산/소비하도록 레거시 코드베이스를 안전하게 수정할 수 없는 경우도 있습니다. 이럴 때에는 소스 코드베이스에 영향을 미치지 않고도 일부 이벤트 기반 기능을 적용할 수 있는 사이드카 패턴sidecar pattern을 활용합니다.

예시: 사이드카 패턴

어떤 쇼핑몰에 전체 재고 및 상품 데이터를 표시하는 프런트엔드frontend가 있다고 합시다. 과거에는 프런트엔드 서비스가 스케줄링 배치 작업 후 읽기 전용 하위 데이터 저장소와 동기화하는 식으로 전체 데이터를 소싱했습니다(그림 10-1).

그림 10-1 모놀리스 간에 스케줄링된 배치

지금은 상품 정보가 담긴 이벤트 스트림, 재고 정보가 담긴 이벤트 스트림을 따로 두고, 사이드카 구현체로 데이터를 데이터 저장소에 싱크하면 BPC가 이벤트를 받아 해당 데이터 세트로 업서트합니다. 이렇게 하면 프런트엔드는 시스템 코드를 변경하지 않아도 실시간에 가깝게 제품 업데이트를 받을 수 있습니다(그림 10-2).

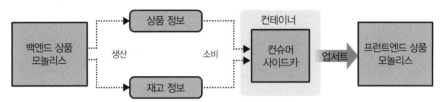

그림 10-2 사이드카로 프런트엔드 데이터 저장소에 데이터를 업서트

사이드카는 자체 컨테이너에 두지만 프런트엔드 서비스의 단일 배포체^{deployable}의 일부분이 되어야 하며, 통합된 사이드카가 잘 작동하는지 반드시 별도 테스트를 통해 확인해야 합니다. 이렇게 사이드카 패턴을 잘 활용하면 레거시 코드베이스를 많이 고치지 않고도 시스템에 신기능을 추가할 수 있습니다.

10.1.2 이벤트 순서와 무관한 상태 저장 비즈니스 로직

많은 비즈니스 프로세스는 이벤트가 도착하는 순서에 대해 특별한 요건이 없지만 최종적으로^{eventually} 필요한 모든 이벤트가 도착해야 한다는 요건은 있습니다. 이것을 게이팅 패턴^{gating pattern}[2]이라고 합니다. BPC로 구현하기 딱 좋은 패턴이죠.

---

2 옮긴이_ 게이팅(gating)은 우리말로 '여닫이'입니다. 모든 이벤트가 도착해야 열리는 '여닫이 문(gate)'을 생각하면 이해하기 쉽습니다.

예시: 도서 출판

어느 도서 출판사가 있다고 합시다. 이 출판사는 인쇄소에 도서를 넘기기 전에 반드시 세 가지 일을 합니다. 세 이벤트가 발생하는 순서는 아무래도 상관없지만 적어도 인쇄소에 도서를 전달하기 전에 일어나야 합니다.

콘텐츠

도서 콘텐츠(원고)는 당연히 작성돼야 합니다.

표지

표지 그림도 만들어 넣어야 합니다.

단가

지역, 출판 포맷에 따라 단가도 책정돼야 합니다.

위 세 이벤트는 제각기 로직을 일으키는 역할을 합니다. 세 스트림 중 하나로 새 이벤트가 들어오면 일단 해당 테이블에 구체화한 뒤 다른 두 테이블을 하나씩 검사해서 나머지 두 이벤트가 있는지 확인합니다(그림 10-3).

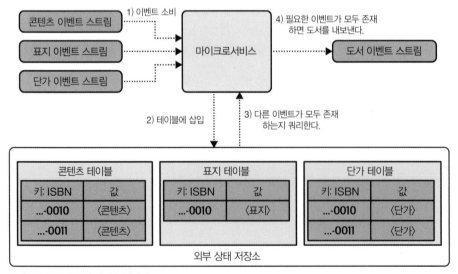

그림 10-3 도서 준비 상태를 게이팅

[그림 10-3]에서 ISBN이 0010으로 끝나는 도서는 이미 도서 이벤트의 출력 스트림에 발행됐지만, ISBN이 0011로 끝나는 도서는 현재 표지가 덜 되어 대기 중이므로 아직 출력 스트림에 발행되지는 않았습니다.

TIP 게이팅 패턴에서 사람이 명시적으로 승인하는 단계가 필요할 수도 있습니다. 자세한 내용은 13.5절의 '예: 신문 발행 워크플로(승인 패턴)'에서 살펴보겠습니다.

10.1.3 데이터 레이어가 너무 많은 일을 하는 경우

BPC는 지리공간 데이터 저장소, 자유 텍스트 검색, 머신러닝, AI, 신경 네트워크 애플리케이션 등 대부분의 비즈니스 로직이 하부 데이터 레이어에서 처리될 때에도 적합합니다. 가령, 쇼핑몰 웹사이트에서 스크랩한 신제품이 인입되어 BPC 마이크로서비스로 분류하고 백엔드 데이터 레이어를 배치 훈련된batch-trained 머신러닝 분류기로 사용할 수 있겠죠. 또는 애플리케이션을 오픈하는 등의 사용자 행위 이벤트를 지리공간 데이터와 연관지어 어느 소매점이 광고를 표시할 가장 가까운 위치에 있는지 결정할 수도 있습니다. 이런 시나리오에서 이벤트를 처리하는 복잡한 작업은 전적으로 하부 데이터 레이어에서 처리되며 프로듀서/컨슈머 컴포넌트는 단순한 통합 메커니즘의 역할을 합니다.

10.1.4 독립적으로 처리 및 데이터 레이어 확장

마이크로서비스의 처리 수요와 데이터 스토리지 수요가 항상 비례하는 것은 아닙니다. 예를 들어 마이크로서비스가 처리해야 할 이벤트량이 시간대별로 다른 경우가 있습니다. 낮에는 활동이 집중되지만 밤에는 매우 뜸한, 수면/기상sleep/wake 이 반복되는 로컬 적재는 가장 전형적인 부하 패턴입니다. 이해를 돕기 위해 예를 하나 들어보겠습니다.

예제: 이벤트 데이터를 집계하여 사용자 이용 프로파일을 구축

사용자 행동 이벤트를 24시간 세션으로 집계하는 시스템이 있다고 합시다. 세션에서 수집한 데이터는 최근 어떤 제품이 가장 인기 있는지 알아내 판촉 광고를 제작하는 데 사용됩니다. 24시간 집계 세션이 완료되면 데이터 저장소에서 방출되어flushed 출력 이벤트 스트림으로 전달되고 그만큼 저장 공간은 다시 확보됩니다. 각 사용자마다 외부 데이터 저장소에 보관하는 집계 데이터는 다음 표와 같습니다.

키	값
userId, timestamp	List(productId)

서비스 처리 수요는 제품 사용자의 수면/기상 주기에 따라 왔다 갔다 합니다. 사용자가 대부분 잠자리에 드는 밤에는 낮보다 처리 파워가 거의 필요 없기 때문에 비용 절감 차원에서 서비스 규모를 낮추어 처리 능력을 아끼는 게 현명하겠죠.

파티션 어사이너를 이용하면 입력 이벤트 스트림 파티션을 단일 처리기 인스턴스에 재할당할 수 있으므로 모든 사용자 이벤트의 소비/처리를 조정할 수 있습니다. 단, 이벤트량이 줄어도 잠재적인 사용자 영역은 일정하므로 서비스는 모든 사용자 집계에 완전히 접근할 수 있는 권한이 필요합니다. 처리 규모를 줄여도 서비스가 유지해야 할 상태 크기에는 아무런 영향을 미치지 않는 것입니다.

낮에는 처리 인스턴스를 추가해서 늘어난 이벤트 부하를 처리하면 됩니다. 물론 데이터 저장소를 조회하는 비율도 함께 증가하겠지만 캐싱, 파티셔닝, 배칭 등의 기법을 이용하면 처리 요건 자체가 선형적으로 증가하는 것에 비해 부하를 가볍게 유지할 수 있습니다.

> **TIP** 구글, 아마존, 마이크로소프트 같은 서비스 공급사는 이런 패턴에 딱 맞는, 확장성 좋은 유료 읽기/쓰기[pay-per-read/write] 데이터 저장소를 제공합니다.

10.2 하이브리드 BPC 애플리케이션으로 외부 스트리밍을 처리

BPC 마이크로서비스는 외부 스트림 처리 시스템을 활용해서 로컬에서 처리하기 어려운 작업을 수행할 수 있습니다. 이는 BPC와 외부 스트림 처리 프레임워크 사이에 비즈니스 로직이 흩어져 있는 일종의 하이브리드 애플리케이션 패턴입니다. 다음 장에서 이야기할 대용량 프레임워크는 간단한 통합만으로도 대규모 스트림 처리를 지원하므로 이런 패턴과 아주 잘 맞습니다.

BPC 구현체는 필요한 언어 기능과 라이브러리에 계속 접근할 수 있고 다른 방법으로는 도저히 불가능한 작업들을 수행할 수 있습니다. 가령, BPC 마이크로서비스에서 로컬 데이터 저장소에 결과를 적재하고 요청-응답 쿼리를 서비스하고, 외부 스트림 처리 프레임워크를 응용해 여러 이벤트 스트림에서 복잡한 집계 작업을 수행할 수 있습니다.

10.2.1 예제: 외부 스트림 처리 프레임워크를 이용해 이벤트 스트림 조인

대용량 구체화 이벤트 스트림을 조인하는 데 특화된 스트림 처리 프레임워크의 조인 기능을 이용하는 BPC 서비스가 있다고 합시다. 외부 스트림 처리기는 단순히 이벤트 스트림을 테이블로 구체화해서 키가 같은 로우를 서로 조인시키는 역할을 합니다(그림 10-4).

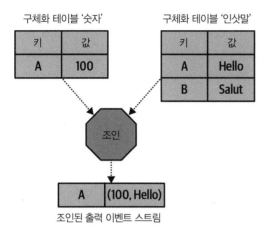

그림 10-4 스트림 처리 프레임워크를 이용해 대규모로 수행되는 아웃소싱 가능한 작업

하이브리드 BPC는 호환되는 클라이언트를 이용해 외부 스트림 처리 프레임워크에서 작업을 시작해야 합니다. 클라이언트가 프레임워크가 이해할 수 있는 명령어^{instruction}로 코드를 변환하면 프레임워크는 이벤트를 소비하고 조인해서 조인된 출력 이벤트 스트림으로 이벤트를 생산합니다. 이벤트 스트림 포맷으로 결과를 반환하는 외부 처리 서비스에 작업을 아웃소싱하도록 설계하는 것입니다(그림 10-5).

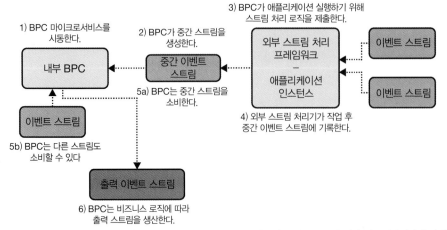

그림 10-5 중간 이벤트 스트림을 통해 결과를 다시 BPC로 돌려보내는 외부 스트림 처리 애플리케이션의 하이브리드 워크플로

> **TIP** BPC는 외부 스트림 처리 작업을 실행하기 위해 클라이언트를 인스턴스화instantiate합니다. BPC가 종료되면 좀비 프로세스zombie process가 남지 않도록 외부 스트림 처리 인스턴스도 함께 종료해야 합니다.

이 패턴의 가장 큰 장점은 다른 방법으로는 어려운 스트림 처리 기능을 마이크로서비스에서 활용할 수 있는 점입니다. 물론 해당 스트림 처리 클라이언트에 맞는 언어만 사용할 수 있고 언어마다 지원되지 않는 기능도 일부 있겠죠. 이 패턴은 경량/대용량 프레임워크 양쪽에서 자주 쓰입니다. 예를 들어 컨플루언트 KSQL³처럼 SQL 기반의 스트림 작업은 이 패턴의 주요한 유스케이스 중 하나입니다. 이러한 기술 옵션은 BPC가 제공하는 기능을 강화하여augment 다른 방법으로는 달성하기 어려운 강력한 스트림 처리 수단을 사용할 수 있게 해줍니다.

하지만 복잡도가 증가하는 단점도 있습니다. 외부 스트림 처리 프레임워크를 테스트 환경에 통합할 방법을 찾아야 하므로 애플리케이션 테스트가 훨씬 더 복잡해집니다(15장 참고). 스트리밍 프레임워크를 도입하면 가동부가 늘어나고 오류가 날 가능성이 높아지기 때문에 디버깅과 개발 복잡도 역시 증가합니다. 마이크로서비스의 경계 콘텍스트를 처리하기도 더 어려워지므로 하이브리드 애플리케이션의 배포, 롤백, 작업을 쉽게 관리할 수 있는 방안을 강구해야 합니다.

---

3 https://oreil.ly/iSLYt

10.3 마치며

BPC 패턴은 단순하지만 강력하며 상태 저장/상태 비저장 이벤트에 기반한 수많은 마이크로서비스 패턴의 근간입니다. BPC 패턴을 잘 활용하면 상태 비저장 스트리밍과 간단한 상태 저장 애플리케이션을 쉽게 개발할 수 있습니다.

BPC 패턴은 유연합니다. 대부분의 비즈니스 처리 작업이 데이터 스토리지 레이어에서 처리되는 구현체와 궁합이 잘 맞습니다. 또 이벤트 스트림과 레거시 시스템 간의 인터페이스 레이어로 사용할 수 있고 그 기능을 확장해서 외부 스트림 처리 시스템으로도 활용할 수 있습니다.

그러나 이 패턴은 워낙 기본적인 속성만 갖고 있어서 간단한 형태의 상태 구체화, 이벤트 스케줄링, 타임스탬프 기반의 의사결정 등의 메커니즘이 필요한 경우에는 관련 라이브러리에 투자해야 합니다. 이런 컴포넌트들은 11, 12장에서 소개할 것들과 중첩되므로 용도가 특화된 솔루션을 도입하는 것과 견주어 사내 개발을 어느 정도까지 추진할지 결정할 필요가 있습니다.

대용량 프레임워크 마이크로서비스

11, 12장에서는 이벤트 기반 처리에서 가장 일반적으로 사용되는, 완전한 기능을 갖춘full-featured 프레임워크를 살펴보겠습니다. 대개 스트리밍 프레임워크streaming framework라고 불리는 이런 프레임워크들은 데이터 스트림을 처리하는 메커니즘과 API를 제공하며 이벤트 브로커에 (서) 이벤트를 생산/소비하는 용도로 많이 쓰입니다. 스트리밍 프레임워크는 크게 대용량 프레임워크heavyweight framework(11장)와 경량 프레임워크lightweight framework(12장)로 분류됩니다. 필자는 세세한 기술을 비교하기 보다는 이들 프레임워크의 작동 원리를 일반화하여 훑어보고자 합니다. 프레임워크에 종속된 기능, 특히 마이크로서비스 방식으로 애플리케이션을 구현하는 방법도 일부 소개하겠습니다. 먼저 11장에서는 아파치 스파크[1], 아파치 플링크[2], 아파치 스톰[3], 아파치 헤론[4], 아파치 빔 모델[5] 등의 대용량 프레임워크에서 일반적으로 제공되는 기술과 기능을 예로 들어 설명하겠습니다.

대용량 스트리밍 프레임워크의 첫 번째 특징은, 작업을 수행하는 처리 리소스의 독립적인 클러스터가 필요하다는 점입니다. 이 클러스터는 보통 스케줄링과 조정 역할을 맡은 마스터 노드master node와 공유 가능한shareable 다수의 워커 노드worker node로 구성됩니다. 또 주요 아파치 솔루션은 대부분 아파치 주키퍼라는 또 다른 클러스터 서비스를 이용해서 고가용성을 지원하며 클러

---

1 https://spark.apache.org

2 https://flink.apache.org

3 https://storm.apache.org

4 https://heron.apache.org

5 https://beam.apache.org

스터의 리더를 선출합니다. 주키퍼가 프로덕션 수준의 대용량 클러스터에 절대적으로 필요한 것은 아니므로 여러분이 직접 클러스터를 구성할 때 주키퍼가 정말 필요한지 잘 살펴보세요.

두 번째 특징은 장애 처리, 복구, 리소스 할당, 작업 분배, 데이터 스토리지, 통신, 처리 인스턴스와 태스크 간의 조정 등의 메커니즘을 내부에 갖고 있습니다. 경량 프레임워크, FaaS, BPC 구현체는 이런 기능을 컨테이너 관리 시스템(CMS)과 이벤트 브로커에 전적으로 의존하므로 뚜렷히 대비됩니다.

이 두 가지 특징이 '대용량' 프레임워크라고 부르는 주된 이유입니다. 클러스터로 묶은 별도의 프레임워크를 이벤트 브로커, CMS와 독립적으로 관리/유지하는 것은 결코 만만찮은 일이 아닙니다.

TIP 대용량 프레임워크 중에는 경량 실행 모드로 이동 중인 것들도 있습니다. 경량 실행 모드는 다른 마이크로서비스 구현체를 작동시키는 CMS와 잘 연계됩니다.

아마 지금쯤이면 CMS, 이벤트 브로커가 이미 처리해왔던 많은 일들을 대용량 프레임워크가 도맡아 한다는 사실을 눈치채셨을 것입니다. CMS는 리소스 할당, 장애 복구, 시스템 확장을 관리하고 이벤트 브로커는 마이크로서비스 인스턴스 간의 이벤트 기반 통신을 제공하는데, 대용량 프레임워크는 이 두 시스템이 제공하는 기능을 통합한 단일 솔루션인 셈입니다. 이 부분은 12장에서 경량 프레임워크 이야기를 할 때 더 자세히 이야기하겠습니다.

11.1 대용량 프레임워크의 간략한 역사

대용량 스트림 처리 프레임워크의 전신은 대용량 배치 처리 프레임워크입니다. 그중 2006년 릴리스된 아파치 하둡Apache Hadoop은 누구나 사용 가능한 오픈 소스 빅데이터 기술로 널리 보급되었습니다. 하둡은 수많은 기술을 한데 모아 대규모 병렬 처리, 장애 복구, 데이터 저장, 노드 간 통신 등 다양한 기능을 제공하므로 사용자는 수천 개 노드(또는 그 이상)가 필요한 문제를 비교적 저렴하고 손쉽게 해결할 수 있습니다.

맵리듀스MapReduce는 매우 규모가 큰 데이터 배치(즉, 빅데이터big data)를 처리하는, 최초로 널리 알려진 강력한 도구 중 하나였지만 요즘 등장한 많은 기술과 비교하면 실행 속도가 느립니다.

빅데이터 크기는 시간에 따라 꾸준히 증가하는 특징이 있어서 처음에는 워크로드가 수백~수천 기가바이트(GB) 정도에 불과했지만 요즘은 테라바이트(TB), 페타바이트(PB) 단위까지 늘어났습니다. 이렇게 데이터 세트가 점점 커지면서 처리 속도가 더 빠르고, 실행 옵션이 더 간단하면서도 강력하고, 실시간에 가까운 스트림 처리 기능을 제공하는 솔루션에 대한 수요가 폭증했습니다.

스파크, 플링크, 스톰, 헤론, 빔은 배치 기반의 맵리듀스 작업보다 훨씬 더 빠르게 데이터 스트림을 처리하고 실행 가능한 결과를 제공하기 위해 개발된 솔루션들입니다. 스톰, 헤론은 스트리밍 전용 기술이라 아직도 배치 처리는 지원하지 않지만 스파크, 플링크 등은 배치와 스트리밍 처리를 단일 솔루션으로 병합했습니다.

이런 기술은 빅데이터 광팬들에게는 당연히 익숙한 것들이고 이미 많은 조직의 데이터 과학이나 분석팀에서 널리 사용되고 있습니다. 사실 많은 회사들이 이렇게 기존 배치 기반 잡을 스트리밍 기반의 파이프라인으로 전환하는 과정에서 이벤트 기반 처리를 처음 시작하게 된 것입니다.

11.2 대용량 프레임워크의 내부 작동 원리

앞서 나열한 대용량 오픈 소스 아파치 프레임워크는 모두 작동 방식이 유사합니다. 구글 데이터플로^{Dataflow}처럼 아파치 빔 API로 작성된 애플리케이션을 실행하는 상용 솔루션도 소스가 공개되어 있지 않고 백엔드에 관한 자세한 설명이 없으니 자세히는 알 수 없지만 작동 방식은 비슷할 것입니다. 대용량 프레임워크는 각자 나름대로 고유한 운영/설계 철학을 갖고 있고 이 책에서 일일이 전부 다 살펴보기는 어렵기 때문에 자세한 내용은 생략하겠습니다.

TIP 여러분이 선택한 대용량 프레임워크의 작동 방식이 자세히 기술된 문서를 반드시 정독하시기 바랍니다.

대용량 스트림 처리 클러스터는 전용 처리/저장 리소스를 그룹핑한 것으로, 역할은 크게 두 가지로 나뉩니다. 첫째, 마스터 노드입니다. 워커 노드에 실행기와 태스크^{task}(작업)를 할당하고 우선순위를 부여합니다. 둘째, 실행기^{executor}입니다. 각 워커 노드에 가용한 처리 능력, 메모리, 로컬/원격 디스크를 사용해 태스크를 완료합니다. 이벤트 기반 처리에서 태스크는 이벤트 브로커에 접속해서 이벤트 스트림에 있는 이벤트를 소비합니다(그림 11-1).

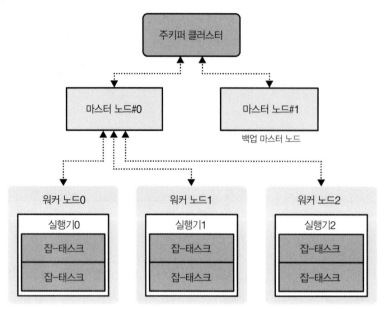

그림 11-1 대용량 스트림 처리 프레임워크의 일반적인 구성도

[그림 11-1]을 보면 스트리밍 클러스터를 지원하는 아파치 주키퍼가 등장합니다. 주키퍼는 매우 믿음직한 분산 조정자distributed coordinator로서 (워커든, 마스터든, 주커퍼든 노드 장애는 언제라도 일어날 수 있으므로) 어떤 노드가 마스터인지 정해줍니다. 마스터 노드가 실패하면 주키퍼는 작업이 끊어지지 않도록 나머지 노드 중 하나를 새로운 리더로 선출합니다.

> **NOTE_** 주키퍼는 예전부터 대용량 분산 프레임워크를 조율하는 주요 컴포넌트였지만, 최근에는 주키퍼를 사용하지 않는 프레임워크들도 있습니다. 어쨌든 분산된 워크로드를 안정적으로 실행하려면 분산 조정 기능이 꼭 필요합니다.

잡job은 어떤 경계 콘텍스트의 문제를 해결하기 위해 프레임워크에서 제공된 소프트웨어 개발 키트software development kit (SDK)를 이용해서 구축한 스트림 처리 토폴로지입니다. 이 책에서 설명한 다른 마이크로서비스처럼 잡 역시 클러스터에서 무한 실행되며 이벤트가 도착하는 대로 처리합니다.

스트림 처리 토폴로지는 클러스터에 접수되는 즉시 여러 태스크로 나뉘어 워커 노드에 할당됩니다. 태스크 관리자task manager는 태스크를 모니터링하면서 완료 여부를 체크하고 도중에 오류가 발생하면 남은 실행기 중 한곳에서 작업을 재시작합니다. 태스크 관리자는 자신이 실행 중인 노드가 실패할 경우 즉시 백업이 넘겨받아 실행 중인 잡이 하나라도 실패하지 않도록 고가용성(HA) 설정을 합니다.

[그림 11-2]에서 마스터 노드 1을 통해 클러스터에 잡이 제출되면 곧바로 태스크로 바뀌어 실행기에서 처리됩니다. 실행 시간이 긴 태스크는 이벤트 브로커와 접속을 맺고 이벤트 스트림에서 이벤트를 받아 소비하기 시작합니다.

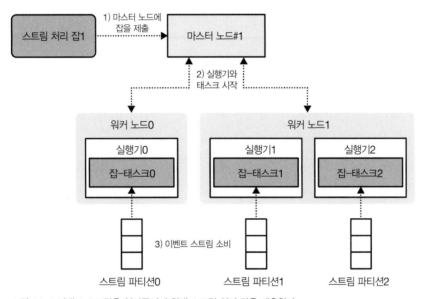

그림 11-2 이벤트 스트림을 읽어들이기 위해 스트림 처리 잡을 제출한다.

[그림 11-2]에서는 태스크와 스트림 파티션이 1:1 매핑되지만 필요시 애플리케이션에서 병렬 처리를 하도록 구성하는 방법도 있습니다. 큐와 마찬가지로 한 태스크가 모든 파티션에서 이벤트를 받아 소비하거나, 많은 태스크가 동일한 파티션에서 이벤트를 받아 소비할 수 있습니다.

11.3 장점 및 제약

이 장에서 다루는 대용량 프레임워크는 주로 분석 기술$^{analytical\ technology}$입니다. 대용량 이벤트를 실시간에 가깝게 분석해서 의사결정을 신속하게 내릴 수 있게 해주는 중요한 역할을 합니다. 이 프레임워크의 가장 일반적인 용도는 다음과 같습니다.

- 데이터 추출하고 변환해서 새로운 데이터 저장소에 적재(ETL$^{extract,\ transform,\ load}$)

- 세션/윈도 기반 분석 수행

- 이상 동작 패턴 감지

- 스트림 집계 및 상태 관리

- 모든 종류의 상태 비저장 스트리밍 작업

대용량 프레임워크는 기능이 강력하고 이미 성숙한 상태라서 많은 회사가 사용하고 있고 많은 사람들이 소스 코드에 다시 기여하고 있습니다. 다양한 도서와 블로그 게시물, 잘 정리된 문서, 바로 실습 가능한 샘플 애플리케이션 등 자료는 무궁무진합니다.

그러나 대용량 프레임워크를 기반으로 마이크로서비스 애플리케이션을 개발하는 데 (완전히 불가능할 정도는 아니지만) 몇 가지 중요한 제약을 받는 단점이 있습니다.

첫째, 대용량 프레임워크는 원래 마이크로서비스 스타일의 배포를 감안한 프레임워크가 아닙니다. 대용량 프레임워크 기반의 애플리케이션을 배포하려면 이벤트 브로커, CMS를 능가하는 전용 리소스 클러스터가 필요한데, 수많은 애플리케이션을 대규모로 관리해야 하므로 그만큼 더 복잡해질 수밖에 없습니다. 물론 새로운 배포 기술과 더불어 이러한 복잡도를 낮추는 방법은 있습니다(그중 몇 가지 방법은 이 장 뒷부분에서 다시 자세히 다룹니다).

둘째, 대용량 프레임워크는 대부분 자바 가상 머신$^{Java\ virtual\ machine}$(JVM) 기반이라서 마이크로서비스 애플리케이션 개발에 사용 가능한 구현 언어가 한정됩니다. 그래서 일반적인 우회책으로, 다른 언어로 개발된 다른 단독형 애플리케이션이 변환된 상태 저장소에서 비즈니스 기능을 제공하면서 대용량 프레임워크를 이용해 자체 단독형 애플리케이션으로 변환합니다.

셋째, 엔티티 스트림을 무한 보존되는 테이블로 구체화하는 기능이 모든 프레임워크에서 바로 지원되지 않습니다. 이로 인해 테이블-테이블 조인, 스트림-테이블 조인을 생성할 수 없고

[그림 10-3]의 게이팅 패턴 같은 패턴을 구현할 수 없습니다.

심지어 스트림 구체화와 조인을 지원하는 대용량 프레임워크조차 공식 문서에 명쾌하게 기술되어 있지 않은 경우가 많습니다. 이런 대다수 프레임워크의 각종 예제들, 블로그 게시글, 광고를 보면 제한된 윈도 크기 기반의 시계열 분석[time-series analysis] 위주의 시간 기반 집계[time-based aggregation]에 편중되어 있습니다. 사실 조금만 자세히 뜯어보면 주요 프레임워크에 내장된 전역 윈도[global window]를 이용해서 이벤트 스트림을 구체화할 수 있다는 것을 알 수 있습니다. 이를 토대로 여러분도 스스로 조인 기능을 맞춤 구현할 수는 있지만, 필자는 조직에서 대규모 이벤트 스트림을 처리하는 중요성에 비해 문서화가 덜 되어 있고 필요한 정보를 찾기도 힘들다는 사실을 경험으로 알게 됐습니다.

지금까지 언급한 대용량 프레임워크의 단점만 보아도 프레임워크를 처음 설계/구현한 사람들이 어떤 종류의 분석 워크로드를 의도했는지 분명히 알 수 있습니다. 어쨌든 개별 구현체의 기술적 진보와 구현 독립적인 공통 API에 대한 투자(예: 아파치 빔[6]) 덕분에 대용량 프레임워크 분야도 지속적인 변화가 일어나고 있는 중이므로 새 릴리스에는 어떤 신기능이 있는지 잘 지켜볼 필요가 있습니다.

11.4 클러스터 구성 옵션과 실행 모드

대용량 스트림 처리 클러스터는 여러 가지 방법으로 구축/관리할 수 있는데, 각각 일장일단이 있습니다.

11.4.1 호스티드 서비스 활용

첫째, 가장 간단한 방법으로 클러스터를 관리하는 다른 이에게 비용을 지불하는 것입니다. 수많은 컴퓨팅 서비스 공급사가 있으니 대부분의 필수 운영 요건을 충족하는 호스팅 업체에게 맡기면 간편하겠죠. 직접 자체 클러스터를 꾸리는 것보다 예산은 제일 많이 들지만 운영 오버헤드가 거의 없고 사내 전문가를 고용할 필요가 없습니다. 아마존은 플링크와 스파크, 구글은 데

---

6 https://beam.apache.org

이터브릭스^{Databricks}**7**, 마이크로소프트는 자체 번들링한 스파크를 관리형 서비스^{managed service}로 제공합니다. 구글은 아파치 빔 러너^{runner}(실행기)를 자체 구현한 데이터플로를 제공합니다.

그런데 이런 서비스들이 모든 물리적 클러스터의 실체가 구독자에게 전혀 보이지 않는, 점점 완전한 서버리스 스타일^{full serverless-style}로 전환하고 있다는 점은 눈여겨 볼 대목입니다. 이런 부분이 여러분의 보안, 성능, 데이터 격리 요건에 따라 수용할 수 없는 경우도 있기 때문에 서비스 공급사가 제공하는 것, 제공하지 않는 것을 잘 살펴봐야 합니다. 독립적으로 운영되는 클러스터의 모든 기능이 다 포함된 것이 아닐 수도 있기 때문입니다.

11.4.2 나만의 클러스터 구축

대용량 프레임워크는 CMS에 독립적으로 확장 가능한 자체 전용 리소스 클러스터를 갖고 있습니다. 이는 원래 하둡의 분산 모델에 가까운 배포 형태로, 대용량 클러스터에서는 전통적인 표준입니다. (수백~수천 개 정도의) 워커 노드가 아주 많이 필요한 서비스에서 대용량 프레임워크를 사용하는 경우에 일반적입니다.

11.4.3 CMS와 연계하여 클러스터 생성

CMS와 연계하여 클러스터를 생성할 수도 있습니다. CMS가 프로비저닝한 리소스에 클러스터를 배포할 수 있고 CMS를 하나의 잡 확장/배포 수단으로 활용하는 방법도 있습니다. 클러스터를 CMS에 배포하면 CMS에 내장된 모니터링, 로깅, 리소스 관리 기능을 사용할 수 있기 때문에 편리합니다. 나중에 클러스터를 확장할 때에는 필요한 노드 타입을 추가/삭제하면 됩니다.

CMS로 클러스터 배포, 실행

대용량 클러스터를 CMS로 배포하면 여러모로 장점이 많습니다. 우선 마스터 노드, 워커 노드, 주키퍼(사용할 경우)가 각자 자신의 컨테이너/VM에서 가동되므로 다른 컨테이너/VM처럼 모니터링할 수 있습니다. 또한 인스턴스를 자동 재시작하는 도구로서 효용이 크며 장애를 바로 감지할 수 있는 가시성을 제공합니다.

---

7 https://databricks.com

TIP 고가용성이 필요한 마스터 노드와 여타 서비스를 정적 할당static assignment할 수도 있습니다. CMS가 하부 컴퓨팅 리소스를 확장하면서 이런 노드를 함부로 섞어버리지 못하게 만드는 것입니다. 이렇게 하면 누락된 마스터 노드에 대한 클러스터 모니터링 시스템의 과도한 알림을 방지할 수 있습니다.

CMS로 단일 잡에 대한 리소스 지정

대용량 클러스터는 제출된 각 애플리케이션의 리소스를 할당/관리하는 기능을 제공해왔습니다. CMS는 이런 기능은 물론 다른 모든 마이크로서비스를 관리하는 기능까지 제공합니다. 대용량 클러스터가 확장을 위해 더 많은 리소스를 필요로 할 경우 일단 CMS에 리소스를 요청해서 가져온 다음 클러스터 리소스 풀에 추가해서 필요한 만큼 애플리케이션에 할당하면 됩니다.

스파크, 플링크를 이용하면 직접 쿠버네티스를 써서 원본 전용 클러스터에 구성된 것 이상으로 확장 가능한 애플리케이션을 배포할 수 있습니다. 즉, 각 애플리케이션이 자기만의 전용 워커 노드를 보유하게 됩니다. 실제로 아파치 플링크는 쿠버네티스를 이용해 자체 격리된 세션 클러스터[8] 안에서 독립적으로 애플리케이션을 실행합니다. 아파치 스파크[9] 역시 이와 비슷하게 쿠버네티스가 마스터 노드 역할을 하면서 각 애플리케이션마다 격리된 워커 리소스를 할당합니다. [그림 11-3]은 그 기본 작동 원리를 나타낸 것입니다.

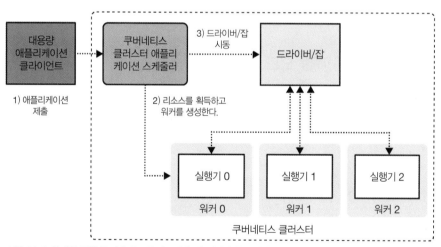

그림 11-3 하나의 잡을 쿠버네티스 클러스터에 배포/관리하는 과정

---

8 https://oreil.ly/bAydL
9 https://oreil.ly/sQGkQ

TIP 이런 배포 패턴은 경량 배포 전략과 BPC 배포 전략을 병합한 것으로, 비대용량$^{non-heavyweight}$ 마이크로서비스를 배포하는 방법과 거의 같습니다.

이 배포 패턴은 다음과 같은 장점이 있습니다.

- CMS 리소스 획득 모델을 이용해 확장이 가능합니다.

- 잡이 서로 완전히 분리됩니다.

- 다른 버전의 다른 프레임워크를 사용할 수 있습니다.

- 대용량 스트리밍 애플리케이션을 마이크로서비스처럼 취급해서 배포 프로세스를 동일하게 사용할 수 있습니다.

물론 다음과 같은 단점도 있습니다.

- 모든 주요 대용량 스트리밍 프레임워크가 이 배포 패턴을 지원하는 건 아닙니다.

- 모든 주요 CMS에 대해 연계가 가능한 것은 아닙니다.

- 완전한 클러스터 모드에서 사용 가능한 기능(예: 자동확장)이 지원되지 않을 수도 있습니다.

11.5 애플리케이션 제출 모드

애플리케이션을 대용량 클러스터에 제출해서 처리를 요청하는 방법은 드라이버, 클러스터 두 가지 모드로 나뉩니다.

11.5.1 드라이버 모드

스파크, 플링크에서 지원되는 모드입니다. 드라이버^{driver}는 애플리케이션을 조정/실행하는 하나의 로컬 단독형 애플리케이션입니다. 이 애플리케이션 역시 자체 클러스터 리소스 안에서 실행됩니다. 드라이버는 클러스터와 연동되어 애플리케이션을 관장하며 에러 보고, 로깅 등의 작업도 수행합니다. 드라이버가 종료되면 애플리케이션도 함께 종료되므로 대용량 스트리밍 애플리케이션을 간단히 배포/종료하는 수단으로 유용합니다. 애플리케이션 드라이버는 CMS를 통해 마이크로서비스에 배포하고 워커 리소스는 대용량 클러스터에서 획득합니다. 드라이버를 종료하려면 여느 마이크로서비스처럼 그냥 정지시키면 됩니다.

11.5.2 클러스터 모드

클러스터 모드는 스파크, 플링크에서 지원되며 스톰, 헤론에서는 기본 잡 배포 모드입니다. 이 모드에서는 전체 애플리케이션을 실행/관리하기 위해 클러스터에 제출하면 고유한 ID가 호출부 함수로 반환됩니다. 클러스터 API를 통해 애플리케이션을 식별하고 어떤 명령을 내리려면 이 ID가 꼭 필요합니다. 클러스터 모드에서는 클러스터에 직접 명령을 내려 애플리케이션을 배포/정지시키는데, 이런 점이 마이크로서비스 배포 파이프라인과 잘 안 맞을 수도 있습니다.

11.6 상태 처리와 체크포인트 활용

상태 저장 작업stateful operation은 내부 상태, 외부 상태 중 하나로 저장할 수 있지만(7장 참고), 성능과 확장성을 중시하는 대용량 프레임워크는 내부 상태를 선호하는 편입니다. 상태 저장 레코드는 신속한 액세스를 위해 메모리에 유지하며 상태가 점점 늘어나 가용 메모리를 초과하면 디스크에 기록하여 데이터를 보존합니다. 내부 상태를 사용할 경우에는 디스크 고장으로 인한 상태 유실, 노드 장애, 그리고 CMS가 공격적으로 확장을 시도하는 과정에서 일시적으로 상태가 중단되는 등의 위험이 따르지만, 성능 향상으로 얻는 이점이 이러한 잠재적 리스크보다 훨씬 크기 때문에 계획을 잘 세우면 슬기롭게 해결할 수 있습니다.

체크포인트checkpoint는 현재 애플리케이션의 내부 상태를 찍은 스냅샷입니다. 확장 또는 노드 실패 후 상태를 재구성하는 데 쓰이며 데이터 손실을 방지하기 위해 애플리케이션 워커 노드 밖에 있는 영구 스토리지에 보관합니다. 하둡 분산 파일 시스템Hadoop Distributed File System (HDFS) 등 프레임워크와 호환되는 어떤 종류의 고가용성 외부 데이터 저장소를 사용해도 체크포인팅이 가능합니다. 파티셔닝된 각 상태 저장소는 체크포인트를 이용해 자체 복구가 가능하며 애플리케이션 전체가 실패한 경우에도 완전 복구가 가능한 기능, 확장 및 워커 노드 장애 시 부분 복구를 하는 기능도 지원됩니다.

체크포인트로 파티셔닝된 이벤트 스트림을 소비/처리할 때에는 다음 두 가지 상태를 반드시 고려해야 합니다.

오퍼레이터 상태(operator state)

〈파티션 ID, 오프셋〉 쌍. 체크포인트는 내부 키 상태를 파티션별 컨슈머 오프셋과 똑같이 맞추어야 합니다. 파티션 ID는 전체 입력 토픽을 통틀어 유일한 값입니다.

키 상태(key state)

〈키, 상태〉 쌍. 집계aggregation, 축약reduction, 윈도잉windowing, 조인 등의 상태 저장 작업과 같이 키 있는 엔티티에 해당하는 상태입니다.

오퍼레이터 상태, 키 상태 모두 반드시 기록을 동기화해서 오퍼레이터 상태가 소비한 것으로 표시된 모든 이벤트의 처리를 키 상태가 정확하게 반영하도록 해야 합니다. 안 그러면 이벤트가 전혀 처리되지 않거나 여러 번 처리될 수 있겠죠. [그림 11-4]는 체크포인트에 기록한 상태 예시입니다.

오퍼레이터 상태		키 상태	
키(ID)	값(오프셋)	키(ID)	값(오프셋)
PartitionA_0	3122	User-Jacques	<user-info>
PartitionA_1	3344	User-Adam	<user-info>
PartitionB_0	121	User-Gustav	<user-info>
PartitionB_1	423	User-Felicity	<user-info>
		...	...

체크포인트

그림 11-4 체크포인트에 기록된 오퍼레이터/키 상태

TIP 체크포인트를 이용해 복구하는 작업은 스냅샷을 이용하여 외부 상태 저장소를 복구하는 작업과 기능면에서 동일합니다(7.4절의 '스냅샷 사용' 참고).

새 데이터를 처리하려면 그 전에 애플리케이션 태스크와 연관된 상태를 체크포인트에서 완전히 읽어들여야 합니다. 대용량 프레임워크는 태스크별 오퍼레이터 상태와 키 상태가 일치하는

지 확인해서 파티션을 태스크마다 정확하게 할당합니다. 이 장을 처음 시작하면서 열거했던 주요 대용량 프레임워크는 체크포인팅 구현 방식이 조금씩 다르므로 자세한 내용은 해당 문서를 참조하세요.

11.7 애플리케이션 확장과 이벤트 스트림 파티션 처리

대용량 애플리케이션의 병렬도는 5장에서 설명한 것과 동일한 이유 때문에 제약을 받습니다. 전형적인 상태 저장 스트림 처리기는 파티셔닝이 가장 덜 된 스트림의 입력 개수로 한정될 것입니다. 대용량 처리 프레임워크는 사용자가 생성한 대량 데이터를 계산하는 용도로 특화되어 있기 때문에 낮에는 계산량이 아주 많고 밤에는 그 정반대인 패턴을 보이는 경우가 많습니다 (그림 11-5).

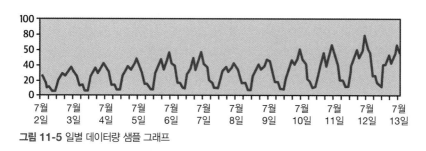

그림 11-5 일별 데이터량 샘플 그래프

따라서 처리할 데이터의 증감에 따라 애플리케이션 규모를 확장/축소할 수 있다면 아주 큰 효과를 볼 수 있습니다. 그때그때 수요에 맞게 적절히 규모를 변경하면 애플리케이션을 지나치게 프로비저닝하여 리소스가 낭비되는 일을 막고 모든 이벤트를 적시에 처리할 용량을 충분히 확보할 수 있겠죠. 이벤트를 받는 시점과 처리 완료한 시점 사이의 지연을 가능한 한 최소화하는 게 좋겠지만, 많은 애플리케이션은 일시적으로 지연이 증가하는 현상에 그렇게 민감하지 않습니다.

> **WARNING_** 애플리케이션 확장과 클러스터 확장은 전혀 별개의 문제입니다. 이 책에서는 편의상 애플리케이션 병렬도를 늘릴 만큼 클러스터 리소스가 충분하다고 가정합니다. 클러스터 리소스 확장에 대해서는 프레임워크 문서를 참조하세요.

상태 비저장 스트리밍 애플리케이션은 규모를 확장/축소하기가 아주 쉽습니다. 처리 리소스가 컨슈머 그룹에(서) 가입/탈퇴하는 것만으로도 리밸런스가 일어나 파티션이 재할당되고 스트리밍이 재개됩니다. 상태 저장 애플리케이션은 애플리케이션에 할당된 워커에 상태를 로드해야 할뿐만 아니라 그렇게 로드된 상태를 입력 이벤트 스트림의 파티션 할당과 맞추어야 하므로 처리하기가 더 어렵습니다.

지금부터 상태 저장 애플리케이션을 확장하는 두 가지 주요 전략을 살펴보겠습니다. 세부 기술 사양은 다르지만 애플리케이션 다운타임을 최소화한다는 목표는 같습니다.

11.7.1 애플리케이션 실행 중 확장

첫 번째 전략은 애플리케이션을 멈추거나 처리 정확도에 영향을 주지 않고 애플리케이션의 인스턴스를 추가, 삭제, 재할당하는 것입니다. 상태와 셔플된 이벤트 모두 정교하게 잘 처리해야 하므로 일부 대용량 스트리밍 프레임워크에서만 가능한 작업입니다. 인스턴스를 추가/삭제하려면 할당된 스트림 파티션을 전부 재배포하고 최종 체크포인트 다음부터 상태를 다시 로드해야 합니다. [그림 11-6]은 다운스트림의 reduce 작업이 업스트림의 groupByKey 작업 결과 셔플된 이벤트를 소싱하는 일반적인 셔플입니다. 업스트림 인스턴스 중 하나라도 갑자기 멎으면 다운스트림 노드는 셔플된 이벤트를 어디서 소싱해야 할지 알 수 없기 때문에 치명적인 오류가 발생합니다.

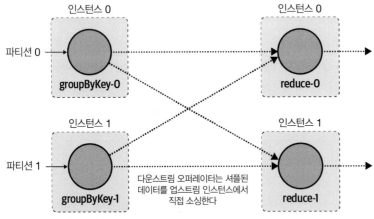

그림 11-6 일반 셔플의 논리적 흐름

스파크는 이 전략에 따라 동적으로 리소스를 할당합니다.[10] 다만 클러스터 배포 시 대단위coarse-grained 모드를 사용해야 하고 외부 셔플 서비스external shuffle service(ESS)라는 격리 레이어isolation layer가 필요합니다. ESS는 업스트림 인스턴스에서 셔플된 이벤트를 받아 다운스트림 인스턴스가 소비할 수 있도록 보관합니다(그림 11-7). 다운스트림 컨슈머는 자신에게 할당된 데이터를 ESS에 요청하여 이벤트를 받아갑니다.

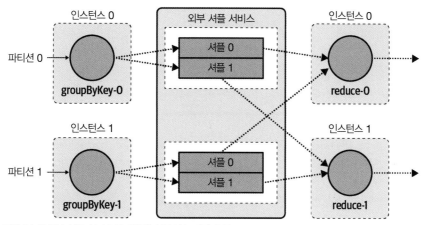

그림 11-7 외부 셔플 서비스를 이용한 셔플의 논리적 흐름

이렇게 하면 다운스트림 작업이 특정 업스트림 인스턴스에 종속되지 않으므로 태스크 실행기/인스턴스를 종료할 수 있습니다. 셔플된 데이터는 ESS 안에 그대로 남아 있고 몸집이 작아진 업스트림 서비스는 처리를 재개하면 됩니다(그림 11-8). 즉, 인스턴스 0 하나만 남아 두 파티션을 모두 맡아 처리하며 다운스트림 인스턴스는 ESS와 통신하면서 끊김 없이 계속 처리합니다.

---

10 https://oreil.ly/RvBg2

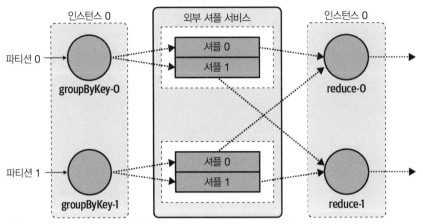

그림 11-8 외부 셔플 서비스를 이용해 규모를 축소한 애플리케이션(인스턴스 1이 사라졌다!)

> **TIP** 실시간 이벤트 스트림에서 셔플은 아직도 대용량 프레임워크의 개발이 이루어지고 있는 분야입니다. 경량 프레임워크에서 이벤트 브로커를 외부 셔플 서비스처럼 활용하는 방법은 다음 장에서 살펴보겠습니다.

구글 데이터플로는 빔 API를 이용해 개발된 애플리케이션을 실행하며 리소스와 워커 인스턴스 모두 확장하는 기능이 내장되어 있습니다.[11] 헤론은 토폴로지를 스스로 제어하고self-regulating 동적으로 만들어 주는 헬스 매니저Health Manager[12]를 제공합니다. 이 기능은 아직 개발 단계지만 토폴로지를 상태 저장 형태로 실시간 확장할 수 있습니다.

대용량 프레임워크는 계속 발전하고 있습니다

이 책이 출간되기 직전에 아파치 스파크 3.0.1 버전이 출시됐고 ESS 없이 인스턴스 개수를 동적 확장하는 기능이 주요 변경 사항으로 추가됐습니다.

이 모드는 셔플 파일을 생성하는 단계를 추적하고 이 파일을 사용하는 다운스트림 태스크가 작업 중인 동안 데이터를 생성하는 실행기를 유지합니다. 어찌보면 소스가 그 자체로 외부 셔플 서비스처럼 동작하는 셈입니다. 덕분에 소스는 모든 다운스트림 잡에서 자신의 셔플 파일이 필요 없을 때 스스로 알아서 정리할 수 있게 됐습니다.

---

11 https://oreil.ly/T_rsI
12 https://oreil.ly/-E6bm

ESS만의 영구 스토리지를 따로 두면 가용성을 보장하기 위해 전용 리소스를 충분히 할당해야 하므로 CMS가 잡을 완전히 확장할 수 없습니다. 스파크의 새로운 동적 확장 옵션 덕분에 대용량 프레임워크를 쿠버네티스 같은 CMS와 연계하기가 더 쉬워진 것입니다. 사실 이것은 해당 지라 Jira 티켓에서 언급된 주요 유스 케이스 중 하나입니다.[13]

11.7.2 애플리케이션 재시동 후 확장

두 번째 전략은 애플리케이션을 재시작해서 확장하는 것으로, 모든 대용량 스트리밍 프레임워크에서 지원됩니다. 스트림 소비를 잠깐 중지했다가 애플리케이션을 체크포인팅한 후 내립니다. 그런 다음, 애플리케이션에 새로운 병렬도와 리소스를 부여한 뒤 다시 초기화하고 필요한 만큼 체크포인트에서 상태 데이터를 재로드합니다. 플링크는 이런 용도로 알맞은 간단한 REST 메커니즘[14]을, 스톰은 자체 리밸런스 명령어[15]를 각각 제공합니다.

11.7.3 애플리케이션 자동확장

자동확장autoscaling은 처리 지연, 컨슈머 랙, 메모리 사용량, CPU 사용량 등 특정 메트릭에 따라 애플리케이션을 자동확장하는 프로세스입니다. 구글의 데이터플로 엔진, 헤론의 헬스 매니저, 스파크 스트리밍의 동적 할당 등 프레임워크에는 자동확장 기능이 내장되어 있습니다. 14.10절의 '컨슈머 오프셋 랙 모니터링' 랙 모니터링 도구처럼 성능 및 리소스 사용 메트릭을 별도로 수집해서 프레임워크의 확장 메커니즘에 연결하는 경우도 있습니다.

---

13 https:///oreil.ly/Bvygj
14 https://oreil.ly/ivlYe
15 https://oreil.ly/g6Q3y

11.8 실패 복구

대용량 클러스터는 실행 시간이 긴 잡이 불가피하게 실패할 경우에도 가용성을 최대한 확보하는 방향으로 설계되어 있습니다. 덕분에 마스터 노드, 워커 노드, 주키퍼 노드(해당 시)가 실패해도 애플리케이션은 끊김 없이 실행시킬 수 있습니다. 이런 장애 허용fault-tolerance 장치는 클러스터 프레임워크에 내장되어 있지만 클러스터를 배포할 때 추가적인 단계 설정이 필요할 수도 있습니다.

워커 노드가 실패하면 이 노드에서 실행 중인 작업을 다른 가용한 워커로 옮기고 필요한 내부 상태는 파티션을 할당하고 최근 체크포인트에서 다시 로드합니다. 만약 마스터 노드가 실패하면 이미 실행 중인 애플리케이션에 영향이 없도록 투명하게 처리해야 하지만, 클러스터 설정에 따라서 마스터 노드가 중단된 도중에는 잡을 새로 배포할 수 없는 경우도 있습니다. 주키퍼(또는 이와 비슷한 기술)에서 지원되는 고가용성 모드를 활용하면 마스터 노드의 손실을 방지할 수 있습니다.

> **TIP** 마스터/워커 노드가 정상적으로 모니터링되면서 알림이 제대로 전송되고 있는지 꼭 확인하세요. 클러스터 노드가 하나 고장났다고 처리가 중단되는 건 아니지만 애플리케이션을 복구해도 다시 연속적으로 장애가 발생하거나 성능이 떨어지는 원인이 될 수 있습니다.

11.9 멀티테넌시 이슈

클러스터에 배포한 애플리케이션이 늘어날수록 클러스터 관리 오버헤드 외에도 멀티테넌시 문제를 신경 쓰지 않을 수 없습니다. 좀 더 구체적으로는, 리소스 획득의 우선순위, 예비 리소스와 사용 리소스의 비율, 애플리케이션이 리소스를 더 요구하는(즉, 확장시키는) 속도를 고려해야 합니다. 이를테면 입력 토픽에 가장 먼저 쌓인 메시지부터 처리하는, 새로 배포된 스트리밍 애플리케이션이 가용한 클러스터의 리소스를 대부분 차지해버리면 기존 실행 중인 다른 애플리케이션들이 리소스 부족에 허덕이겠죠. 그래서 애플리케이션이 서비스 수준 목표service-level objective(SLO)를 충족하지 못하고 다운스트림 비즈니스에 문제가 불거질 공산이 큽니다.

이 문제는 다음과 같은 방법으로 해결할 수 있습니다.

더 작은 클러스터를 여러 개 실행한다

팀별, 부서별로 자체 클러스터를 두고 서로 완전히 분리해서 운영하는 것입니다. 운영 오버
헤드를 낮게 유지하기 위해 사내에서 개발하거나 서드파티 업체의 도움을 받아 프로그램으
로 클러스터를 요청할 수 있는 환경을 구축하면 가장 효과적입니다. 노드(예: 마스터 노드,
주키퍼 노드) 조정과 클러스터 모니터링/관리 측면에서는 클러스터 운영 오버헤드가 증가
하므로 비용은 더 많이 들 수 있습니다.

네임스페이스를 둔다

하나의 클러스터는 제각기 리소스가 할당된 여러 네임스페이스로 나눌 수 있으니 팀별, 부
서별로 네임스페이스를 만들어 그 한도 내에서 리소스를 할당합니다. 애플리케이션은 자신
이 실행 중인 네임스페이스의 리소스만 획득할 수 있으므로 공격적으로 리소스를 가져가 네
임스페이스 외부의 애플리케이션까지 굶주리게 만들 일이 없습니다. 다만, 필요 없을 때에
도 각 네임스페이스에 예비 리소스를 할당해야 하므로 불용unused 리소스가 여기저기 흩어지
게 될 수 있습니다.

11.10 언어 및 구문

대용량 스트림 처리 프레임워크는 가장 대중적인 프로그래밍 언어인 자바와 그 이후 등장한 스
칼라 같은 JVM 언어에 기반합니다. 파이썬은 이 프레임워크의 전통적인 사용자층인 데이터 과
학자, 머신러닝 전문가들이 많이 쓰는 언어입니다. 보통 데이터 세트에 대한 불변 연산immutable
operation 작업이 서로 연쇄된 맵리듀스형 API를 많이 쓰지만 대용량 프레임워크는 이런 API를
지원하는 언어가 상당히 제한적입니다.

유사 SQLSQL-like 언어도 점점 많이 사용하는 추세입니다. 유사 SQL 언어를 쓰면 토폴로지를
SQL 변환으로 나타낼 수 있어서 새로운 프레임워크에서 정해진 API를 학습하는 인지 오버헤

드를 경감할 수 있습니다. 스파크[16], 플링크[17], 스톰[18], 빔[19]은 모두 유사 SQL 언어를 제공하지만 기능과 구문이 제각각이고 모든 연산이 다 지원되는 것은 아닙니다.

11.11 프레임워크 선택

대용량 스트림 처리 프레임워크를 선택하는 기준은 CMS, 이벤트 브로커를 선택하는 기준과 크게 다르지 않습니다. 조직에서 얼마만큼의 운영 오버헤드를 수용할 의사가 있는지, 전체 대규모 프로덕션 클러스터를 운영할 정도로 충분한 지원이 되는지 판단해야 합니다. 여기서 운영 오버헤드란 모니터링, 확장, 트러블슈팅troubleshooting, 디버깅, 비용 할당 등 실제 애플리케이션을 구현/배포하는 관점에서 주변적인, 일상 운영 업무를 말합니다.

이런 플랫폼을 서비스 형태로 제공하는 소프트웨어 서비스 공급사도 있지만 그 선택의 폭은 CMS와 이벤트 브로커 업체보다 좁은 편입니다. 여러분에게 가용한 옵션을 잘 따져보고 그에 알맞게 선택하세요.

끝으로 프레임워크의 입소문도 의사결정에 한몫합니다. 스파크는 매우 인기가 좋은 편이고 플링크, 스톰은 예전만은 못하지만 아직도 활발히 사용 중입니다. 아파치 빔[20]을 통해 대용량 프레임워크의 런타임 실행과 독립적으로 애플리케이션을 개발하는 방법도 있지만 여러분의 조직에는 해당되지 않거나 관심사가 아닐 수도 있습니다. 헤론은 더 고급 기능이 탑재된 스톰의 개정판이지만 반응은 제일 별로입니다. 대용량 프레임워크를 취사선택할 때에는 CMS, 이벤트 브로커를 선택할 때와 동일한 고민을 해야 합니다.

> **WARNING_** 대용량 스트리밍 프레임워크라고 해서 모든 이벤트 기반 마이크로서비스를 구현할 수 있는 건 아닙니다. 결론을 내리기 전에 여러분의 문제 공간에 정확히 알맞은 솔루션인지 심사숙고하세요.

----

16 https://spark.apache.org/sql
17 https://oreil.ly/jskNu
18 https://oreil.ly/kKg_M
19 https://oreil.ly/ijfYX
20 https://oreil.ly/-_HDF

11.12 예제: 클릭 및 뷰의 세션 윈도잉

가상의 온라인 광고사를 예로 들어봅시다. 이 회사는 인터넷에 있는 광고 지면을^{ad space} 구매해서 고객에게 재판매하는 일을 합니다. 본인의 투자수익률^{return on investment}(ROI)이 궁금한 고객에게는 광고에 노출된 사용자 클릭률^{click-through rate}을 계산한 수치를 제공합니다. 비용은 세션 단위로 과금되며 유휴 시간이 30분을 넘지 않은 연속적인 사용자 활동을 한 세션으로 정의합니다.

이벤트 스트림은 사용자 광고 뷰^{user advertisement view}와 사용자 광고 클릭^{user advertisement click}, 두 가지입니다. 두 스트림을 세션 윈도^{session window}로 집계하고 사용자가 새로운 액션을 취하지 않는 상태로 30분의 이벤트 시간^{event time}(월클럭 시간 아님)이 지나면 이벤트를 방출합니다(스트림 시간과 워터마크는 6장 참고).

이처럼 사용자 행위 기반의 이벤트를 수집할 때에는 광고가 게시된 위치, 사용자 웹 브라우저 또는 기기 정보를 비롯한 다양한 콘텍스트나 메타데이터 등의 추가 정보를 값 필드로 받아보게 될 것입니다. 이 예제는 편의상 뷰와 클릭 이벤트 스트림의 스키마 포맷을 다음과 같이 단순화했습니다.

키	값	
String userId	Long advertisementId	Long createdEventTime
		(이벤트가 생성된 로컬 시간)

이제 다음과 같은 작업을 수행해야 합니다.

1. 사용자별 이벤트를 모두 처리 인스턴스에 로컬화할 수 있게 모든 키를 그룹핑한다.

2. 30분 제한 윈도를 적용해 이벤트를 집계한다.

3. 30분 제한에 걸리면 이벤트 윈도를 내보낸다.

출력 스트림은 다음과 같은 포맷입니다.

키	값
<Window windowId, String userId>	Action[] sequentialUserActions

Window 객체는 윈도의 시작/종료 시간을 의미합니다. 시간이 지남에 따라 사용자는 여러 세

션 윈도를 가지게 되고 세션 윈도는 사용자끼리 중복될 수 있으므로 시작/종료 시간을 복합 키 composite key로 정하면 유일성이 보장됩니다. 값에 있는 **Action** 객체 배열은 액션을 순서대로 저장하는 데 사용됩니다. 사용자가 어느 광고를 보고 과금 대상 클릭을 했는지 이 배열을 이용하면 쉽게 계산할 수 있습니다. **Action** 클래스는 다음 코드와 같습니다.

```
Action {
  Long eventTime;
  Long advertisementId;
  Enum action; //Click 아니면 View
}
```

다음은 맵리듀스형 API로 작성한 아파치 플링크 소스 코드를 축약한 것입니다.

```
DataStream clickStream = ... //클릭 이벤트 스트림 생성
DataStream viewStream = ...  //뷰 이벤트 스트림 생성

clickStream
  .union(viewStream)
  .keyBy(<키 셀렉터>)
  .window(EventTimeSessionWindows.withGap(Time.minutes(30)))
  .aggregate(<집계 함수>)
  .addSink(<출력 스트림에 쓰는 프로듀서>)
```

[그림 11-9]는 병렬도가 2인 토폴로지를 나타낸 것입니다(인스턴스는 2개 있음).

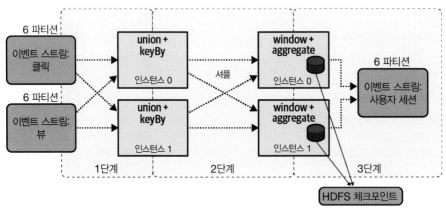

그림 11-9 사용자 뷰와 클릭을 입력받아 세션을 생성 처리하는 토폴로지

1단계

각 인스턴스의 실행기에 태스크가 할당되고 처리할 입력 이벤트 스트림 파티션이 할당됩니다. 클릭 스트림, 뷰 스트림 모두 하나의 논리적인 스트림으로 union(결합)한 다음 userId 키로 그룹핑합니다.

2단계

keyBy는 다운스트림의 window + aggregate와 함께 이제는 병합된 이벤트를 올바른 다운 스트림 인스턴스로 셔플합니다. 키가 같은 이벤트는 모두 같은 인스턴스가 소비하므로 나머지 작업에 대해 데이터 지역성이 보장됩니다.

3단계

사용자별 이벤트가 하나의 인스턴스에 로컬로 존재하므로 사용자마다 세션 윈도를 생성할 수 있습니다. 유휴 시간이 30분 이상 지날 때까지 타임스탬프 순서대로 각 이벤트에 aggregate 연산을 한 다음 로컬 상태 저장소에 추가합니다. 완료된 세션은 이벤트 저장소가 내쫓고evict <windowId,userId> 키/값은 메모리에서 없앱니다.

> **TIP** 윈도와 시간 기반 집계를 더 정교하게 제어할 수 있는 프레임워크도 있습니다. 가령, 지각 이벤트를 받아 출력 스트림에 업데이트를 내보낼 수 있도록 일정 시간 닫혀있던 세션 및 윈도를 계속 유지할 수 있습니다. 자세한 내용은 프레임워크 문서를 참고하세요.

[그림 11-10]은 규모를 줄여 병렬도를 1로 바꾼 모습입니다. 동적 확장이 없다는 가정 하에 새 병렬도 설정을 적용하려면 스트림 처리기를 체크포인트에서 복구하기 전에 먼저 중단시켜야 합니다. 서비스가 재시작되면 최종 정상 체크포인트에서 키 있는 상태 저장 데이터를 읽어 할당된 파티션에 오퍼레이터 상태를 복구합니다. 복구가 끝나면 비로소 서비스는 스트림 처리를 재개할 수 있습니다.

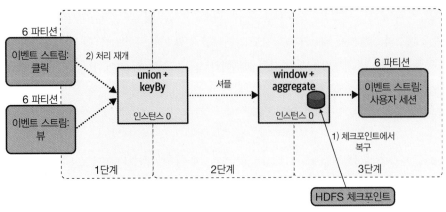

그림 11-10 병렬도가 없는 세션 생성 처리 토폴로지

1단계는 예전처럼 동작하지만 이제 모든 파티션은 인스턴스 0의 태스크가 소비하도록 할당됩니다. 그룹핑과 셔플링도 계속 되지만 출발지와 목적지가 2단계와 동일한 인스턴스로 유지됩니다. 인스턴스 0에서 실행되는 개별 태스크는 반드시 각자 자신에게 할당된 셔플링된 이벤트를 소비해야 하지만, 여기서 모든 통신은 완전히 로컬 기반이라는 사실을 잊지 마세요. 마지막 3단계는 이벤트를 정상적으로 window + aggregate 처리합니다.

11.13 마치며

대용량 스트림 처리 프레임워크란 무엇인지 소개하고 간략한 개발 역사 및 프레임워크를 탄생시킨 계기가 된 문제들을 알아봤습니다. 이 프레임워크를 기반으로 구축된 시스템은 확장성이 뛰어나고 다양한 분석 패턴에 따라 스트림을 처리할 수 있지만, 일부 상태를 저장하는 이벤트 기반 마이크로서비스 애플리케이션 패턴 입장에서는 불충분할 수도 있습니다.

대용량 프레임워크는 중앙 집중식 리소스 클러스터를 사용해서 운영하므로 마이크로서비스 프레임워크와 성공적으로 통합하려면 추가적인 운영 오버헤드, 모니터링, 조정이 필요할 수 있습니다. 최근 클러스터 및 애플리케이션 배포 모델의 혁신 덕분에 쿠버네티스 같은 CMS와 더 수월하게 연계할 수 있게 됐습니다. 덕분에 이제는 완전히 독립적인 마이크로서비스 수준으로 대용량 스트림 프로세서를 보다 잘게 나누어 배포할 수 있습니다.

CHAPTER 12

경량 프레임워크 마이크로서비스

경량 프레임워크^{lightweight framework}는 대용량 프레임워크와 기능 자체는 비슷하지만 이벤트 브로커와 CMS를 많이 활용합니다. 또 특정한 리소스를 관리하는 전용 리소스 클러스터가 따로 없고 수평 확장, 상태 관리, 장애 복구는 이벤트 브로커와 CMS가 처리하는 차이점이 있습니다. 애플리케이션은 BPC 마이크로서비스처럼 개별 마이크로서비스로 배포되며 병렬도는 컨슈머 그룹 멤버십과 파티션 소유권으로 조정합니다. 새로운 애플리케이션 인스턴스가 컨슈머 그룹에 가입/탈퇴하면 파티션은 다시 할당됩니다.

12.1 장점 및 제약

경량 프레임워크는 대용량 프레임워크 못지않은 스트림 처리 기능을 제공하며 외려 능가하는 경우도 많습니다. 스트림을 간편하게 조인하고 테이블로 구체화할 수 있어서 어쩔 수 없이 쌓이는 관계형 데이터와 스트림을 손쉽게 처리할 수 있습니다. 테이블 구체화는 경량 프레임워크만의 기능은 아니지만 이미 프레임워크에 내장되어 있고 사용하기 쉬워서 복잡한 상태 저장 문제를 간편하게 해결할 수 있습니다.

경량 프레임워크는 이벤트 브로커를 적극 활용하여 내부 이벤트 스트림을 통한 데이터 지역성 및 코파티션 메커니즘을 제공합니다. 이벤트 브로커는 체인지로그를 사용해 마이크로서비스의 내부 상태를 보관하는 저장소 역할도 합니다(7.2절의 '체인지로그 이벤트 스트림에 상태 기록'

참고). CMS를 이용하면 다른 이벤트 기반 애플리케이션처럼 경량 마이크로서비스를 배포할 수 있고 인스턴스 추가/삭제만으로 애플리케이션 병렬도를 간편하게 조정할 수 있기 때문에 확장/장애 관리 장치로 활용하는 것도 가능합니다. [그림 12-1]은 내부 이벤트 스트림을 인스턴스 간 통신 수단으로 사용한 기본적인 경량 프레임워크 모델입니다.

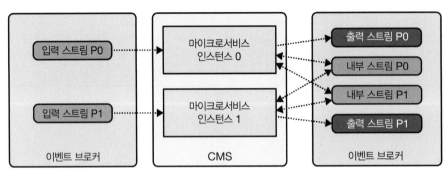

그림 12-1 내부 이벤트 스트림으로 데이터를 리파티션하는 경량 프레임워크 모델 예

그러나 경량 프레임워크의 가장 큰 한계는 현재 가용한 옵션이 그리 많지 않다는 점입니다.

12.2 경량 처리

경량 프레임워크는 개별 인스턴스가 토폴로지에 따라 이벤트를 처리하고 이벤트 브로커는 여러 인스턴스 간의 통신 레이어를 제공하는 대용량 프레임워크의 처리 방법론을 거의 그대로 옮겨놓은 듯합니다.

join/groupByKey 한 다음에 reduce/aggregation하는 것처럼 키 기반의 작업을 할 때에는 키가 같은 데이터가 반드시 해당 처리 인스턴스의 로컬에 있어야 합니다. 내부 이벤트 스트림을 통해 이벤트를 전송하면서 인스턴스끼리 직접 통신하지 않고 키가 같은 이벤트를 어느 한 파티션에만 쓰는 것입니다(5.3절의 '이벤트 스트림 코파티션' 참조).

경량 프레임워크에서는 이러한 통신 경로를 이벤트 브로커가 제공하고 이벤트 브로커와 경량 애플리케이션이 더욱 긴밀하게 통합됩니다. 노드 간 조정을 직접 해주어야 셔플링이 가능한 대용량 프레임워크와는 이런 점에서 다릅니다. CMS 본연의 애플리케이션 관리 기능을 경량 프레임워크와 잘 버무리면 요즘 마이크로서비스에 필요한 애플리케이션 배포/관리 기능은 대용량 프레임워크보다 오히려 더 낫습니다.

12.3 상태 처리와 체인지로그 활용

경량 프레임워크의 기본 작동 모드는 이벤트 브로커에 저장된 체인지로그를 기반으로 내부 상태를 사용하는 것입니다. 내부 상태를 이용하면 각 마이크로서비스가 배포 구성에 따라 획득한 리소스를 스스로 제어할 수 있습니다.

> **TIP** 경량 애플리케이션은 각자 완전히 독립적으로 움직입니다. 필요에 따라 고성능 로컬 디스크에서 인스턴스를 실행할 수도 있고, 속도는 느리지만 용량이 매우 큰 하드 디스크 드라이브에서 인스턴스를 실행할 수도 있습니다.

다양한 스토리지 엔진도 끼워넣을 수 있어서 모델과 쿼리 엔진이 다른 외부 상태 저장소를 이용할 수 있습니다. 경량 프레임워크가 가진 모든 이점을 충분히 누리면서 그래프 데이터베이스graph database[1], 문서 저장소document store 같은 옵션도 동시에 사용할 수 있습니다.

대용량 프레임워크의 체크포인트 모델과 달리, 경량 프레임워크는 내부 상태 저장소를 사용하며 이벤트 브로커를 이용해서 체인지로그를 저장합니다. 체인지로그는 확장 및 장애 복구에 필요한 보존성을 제공합니다.

12.4 애플리케이션 확장과 실패 복구

마이크로서비스를 확장하는 것과 장애 복구를 하는 것은 사실 동일한 프로세스입니다. 실행 시간이 긴 프로세스를 의도적으로 확장하거나 실패한 인스턴스를 복구할 목적으로 애플리케이션 인스턴스를 추가하려면 파티션과 그에 알맞은 상태를 정확하게 할당해야 합니다. 마찬가지로 고의든 실패든 원인에 상관없이 인스턴스를 제거하려면 파티션과 상태를 다른 가용 인스턴스에 재할당해서 처리가 끊김 없이 이어지게 해야 합니다.

---

1 옮긴이_ 시맨틱 쿼리를 위해 노드, 엣지 함께 그래프 구조를 사용하여 데이터를 표현하고 저장하는 데이터베이스입니다. 국내에는 Neo4j가 가장 많이 알려져 있습니다(출처: 위키백과).

경량 프레임워크의 가장 중요한 이점은 애플리케이션이 실행 중인 상태에서도 동적 확장이 가능하다는 점입니다. 컨슈머 그룹을 리밸런스하고 상태를 체인지로그에서 다시 구체화하는 과정에서 다소 처리가 지연되겠지만 병렬도를 변경하려고 애플리케이션을 재시작할 필요는 없습니다. [그림 12-2]는 애플리케이션을 확장하는 과정입니다. (내부 스트림을 포함해서) 할당된 입력 파티션은 리밸런스되고 체인지로그에서 상태를 복구한 뒤 작업을 계속 진행합니다.

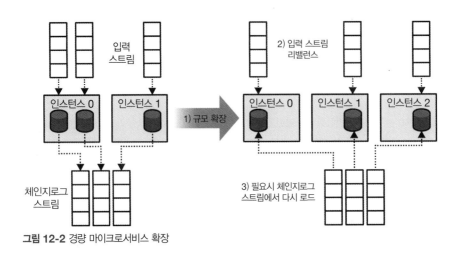

그림 12-2 경량 마이크로서비스 확장

경량 애플리케이션을 확장할 때 고려해야 할 중요한 항목들을 하나씩 살펴보겠습니다.

12.4.1 이벤트 셔플링

경량 프레임워크는 다운스트림에서 소비할 수 있도록 이벤트를 내부 이벤트 스트림으로 리파티션하므로 경량 마이크로서비스에서 이벤트 셔플링 작업이 단순합니다. 이 내부 이벤트 스트림은 셔플된 이벤트를 생성하는 업스트림 인스턴스와 이벤트를 소비하는 다운스트림 인스턴스를 서로 분리하며 동적 확장을 위해 대용량 프레임워크에서 필요했던 것과 유사한 셔플 서비스 역할을 합니다. 덕분에 프로듀서와 무관하게 컨슈머를 내부 이벤트 스트림에 재할당하기만 하면 얼마든지 동적 확장이 가능합니다.

12.4.2 상태 할당

확장 시 새로운 내부 상태를 할당받은 인스턴스는 새 이벤트를 처리하기 전에 반드시 체인지로그에 있는 데이터를 로드해야 합니다. 이 과정은 대용량 프레임워크가 영구 저장소에서 체크포인트를 로드하는 것과 비슷합니다. 전체 이벤트 스트림 파티션의 오퍼레이터 상태(`<partitionId, offset>` 매핑)와 각 애플리케이션의 컨슈머 그룹 내부에 저장되고 키 있는 상태(`<key, state>` 쌍)는 애플리케이션에 있는 각 상태 저장소별 체인지로그 내부에 저장됩니다.

체인지로그에서 상태를 재로드할 때 애플리케이션 인스턴스는 새 이벤트를 처리하기 전에 먼저 모든 내부 상태 저장 데이터의 소비/로드 우선순위를 정해야 합니다. 이는 상태 복구 단계라서 상태가 완전히 복구되기 전에 이벤트가 처리되면 비확정적 결과가 초래될 위험이 있습니다. 애플리케이션 토폴로지 내부의 각 상태 저장소마다 완전히 상태가 복구되면 다시 입력/내부 스트림을 안전하게 소비할 수 있습니다.

12.4.3 상태 복제와 핫 레플리카

핫 레플리카hot replica는 체인지로그에서 구체화된 상태 저장소의 사본입니다(7.3절의 '핫 레플리카 사용' 참고). 핫 레플리카는 데이터를 서비스하는 메인 인스턴스가 실패할 경우를 대비한 장치지만 상태 저장 애플리케이션의 규모를 우아하게gracefully 축소하는 쓰임새도 있습니다. 인스턴스 종료 후 컨슈머 그룹이 리밸런스되면 파티션이 할당되고 핫 레플리카의 상태를 활용해서 중단 없이 처리를 이어가게 됩니다. 덕분에 확장 및 실패 중에도 고가용성을 유지할 수 있지만 디스크 및 프로세서 비용은 추가로 들어갑니다.

마찬가지로 핫 레플리카를 이용하면 새 노드의 상태를 재구체화할 때에도 처리를 일시 중지시키지 않고 끊김 없이 인스턴스 수를 늘릴 수 있습니다. 현재 경량 프레임워크가 맞닥뜨린 한 가지 문제점은 인스턴스 규모를 확장할 때 다음과 같은 절차를 거친다는 점입니다.

1. 새 인스턴스를 시작한다.

2. 컨슈머 그룹에 조인하고 파티션 소유권을 리밸런스한다.

3. 체인지로그에서 상태를 구체화하는 동안 일시 중지한다(다소 시간이 걸릴 수 있음).

4. 처리를 재개한다.

한 가지 해결 방법은 새 인스턴스에 상태 레플리카를 채워넣고 체인지로그 헤드에 도달할 때까지 기다린 다음 리밸런스를 해서 입력 파티션의 소유권을 할당하는 것입니다. 이렇게 하면 체인지로그 스트림을 구체화하는 도중에 중단 시간을 줄일 수 있으며 필요한 만큼 이벤트 브로커 대역폭을 추가하기만 하면 됩니다. 이 기능은 현재 카프카 스트림즈[2]에서 개발 중입니다.

12.5 경량 프레임워크 선택

현재 경량 프레임워크 모델에는 크게 두 가지 옵션이 있습니다. 둘 다 아파치 카프카를 이벤트 브로커로 사용하며 고수준 API에서 무한 보존되는 구체화 스트림과 PK/FK 조인 같은 잠금 해제 옵션을 제공합니다. 이러한 조인 패턴 덕분에 관계형 데이터를 외부 상태 저장소에 구체화할 필요 없이 처리할 수 있고 조인 기반의 애플리케이션을 개발하는 인지 오버헤드가 적습니다.

12.5.1 아파치 카프카 스트림즈

카프카 스트림즈Kafka Streams는 각 애플리케이션에 임베드된 기능이 풍성한 스트림 처리 라이브러리로서 입력 이벤트, 출력 이벤트가 모두 카프카 클러스터에 저장됩니다. 표준 JVM 기반 애플리케이션을 개발/배포하는 단순성, 그리고 카프카 클러스터 기반의 강력한 스트림 처리 프레임워크가 맞닿은 기술입니다.

12.5.2 아파치 삼자: 임베디드 모드

삼자Samza는 카프카 스트림즈와 기능은 비슷하지만 독립적인 배포 부문에서는 조금 뒤떨어져 있습니다. 카프카 스트림즈보다 먼저 등장했고 처음부터 배포 모델이 대용량 클러스터 사용을 전제로 하기 때문입니다. 삼자가 카프카 스트림즈의 애플리케이션 개발, 배포, 관리 절차가 거의 그대로 반영된 임베디드 모드를 릴리스한 것도 비교적 최근의 일입니다.

---

2 https://oreil.ly/pGqFs

삼자의 임베디드 모드를 사용하면 여느 자바 라이브러리처럼 각 애플리케이션[3]에 이 기능을 탑재할 수 있습니다. 이 배포 모드 덕분에 전용 대용량 클러스터를 둘 필요는 없어졌지만 앞 절에서 설명한 경량 프레임워크 모델에 의존하게 됐습니다. 기본적으로 삼자는 아파치 주키퍼를 매개로 각 인스턴스를 조정하지만 쿠버네티스 같은 다른 조정 장치를 사용할 수도 있습니다.

> **WARNING_** 아파치 삼자의 임베디드 모드가 클러스터 모드의 모든 기능을 제공하는 건 아닙니다.

경량 프레임워크는 BCP 패턴을 구현한 컨슈머/프로듀서 라이브러리나 대용량 프레임워크만큼 보편적이지는 않습니다. 이벤트 브로커에 많은 부분을 의존하기 때문에 다른 이벤트 브로커로 이식하는 데 걸림돌이 되지만, 경량 프레임워크는 아직 상대적으로 젊고 활달한 기술 분야라서 이벤트 기반 마이크로서비스가 성숙해질수록 앞으로의 성장과 발전이 기대됩니다.

12.6 언어 및 구문

카프카 스트림, 삼자 모두 자바 기반이므로 JVM 기반 언어만 사용할 수 있습니다. 고수준 API는 대용량 프레임워크 언어와 마찬가지로 맵리듀스 구문 형태라서 함수형 프로그래밍 또는 앞 장에서 설명한 대용량 프레임워크 중 하나라도 경험이 있는 분들에게는 아주 친숙하게 느껴질 것입니다.

아파치 삼자는 유사 SQL 언어[4]를 지원하지만 아직은 단순한 상태 비저장 쿼리 정도만 가능합니다. 카프카 스트림즈는 SQL을 직접 지원하지 않지만 엔터프라이즈 제휴사인 컨플루언트[5]가 개발한 KSQL을 커뮤니티 라이선스로 사용할 수 있습니다. 이런 SQL 솔루션은 대용량 솔루션과 아주 비슷한, 하부 스트림 라이브러리를 감싼 형태고 스트림 라이브러리의 모든 기능을 전부 다 지원하지는 않습니다.

---

3 https://oreil.ly/Dv60v
4 https://oreil.ly/qeLIK
5 https://oreil.ly/LJV0v

12.7 스트림-테이블-테이블 조인: 강화 패턴

대규모 온라인 광고사 예제(11.12절의 '예제: 클릭 및 뷰의 세션 윈도잉')로 돌아가 이번에는 세션 윈도의 다운스트림 컨슈머 관점에서 살펴보겠습니다. 윈도잉된 세션 이벤트의 포맷은 [표 12-1]과 같습니다.

표 12-1 Advertisement-Sessions 스트림 키/값 정의

키	값
WindowKey<Window windowId, String userId>	Action[] sequentialUserActions

Action 클래스는 다음 코드와 같습니다.

```
Action {
  Long eventTime;
  Long advertisementId;
  Enum action; //Click 아니면 View
}
```

목표는 Advertisement-Sessions 스트림을 받아 다음과 같이 작업하는 것입니다.

1. 각 광고 뷰 액션마다 클릭이 수반됐는지 확인합니다. 뷰-클릭 쌍 각각을 더해서 [표 12-2] 포맷의 광고 변환 이벤트를 출력합니다.

표 12-2 Advertisement-Conversions 스트림 키/값 정의

키	값
Long advertisementId	Long conversionSum

2. 모든 광고 변환 이벤트를 advertisementId로 그룹핑 후 값을 더해 총합을 계산합니다.

3. 어느 광고주에게 과금할지 서비스가 결정할 수 있도록 모든 광고 변환 이벤트를 구체화 광고 엔티티 스트림과 advertisementId 기준으로 조인합니다(표 12-3).

표 12-3 광고 엔티티 스트림 키/값 정의

키	값
Long advertisementId	Advertisement<String name, String address, …>

다음은 이런 작업을 하는 전형적인 카프카 스트림즈 소스 코드 일부입니다. KStream은 광고 엔티티 스트림을, KTable은 이 스트림을 구체화하여 생성한 테이블을 고수준으로 추상화한 객체입니다.

```
KStream<WindowKey,Actions> userSessions = ...

//1개의 userSession을 1~N개 변환 이벤트로 바꾸고 AdvertisementId에 따라 키를 재배정
KTable<AdvertisementId,Long> conversions = userSessions
    .transform(...)    //userSessions을 변환 이벤트로 바꾼다
    .groupByKey()
    .aggregate(...)    //집계 KTable을 생성한다

//광고 엔티티 구체화
KTable<AdvertisementId,Advertisement> advertisements = ...

//토폴로지에 join 연산이 포함되어 있으므로
//테이블은 자동으로 코파티션됨
conversions
    .join(advertisements, joinFunc) //더 자세한 내용은 4단계 참고
    .to("AdvertisementEngagements")
```

[그림 12-3]은 이 코드의 전체 토폴로지입니다.

1a, 2a단계

Advertisement-Sessions 스트림에는 인스턴스 하나로 처리하기에 너무 많은 이벤트가 있기 때문에 여러 인스턴스가 병렬 처리하도록 코딩해야 합니다. 이 예제는 최대 병렬도를 Advertisements 엔티티 스트림의 파티션 개수인 3으로 설정합니다. 사용량이 적은 시간대에는 한두 개 인스턴스로 충분하지만 사용량이 집중되는 시간대에는 애플리케이션이 뒤처지게 되겠죠.

다행히 Advertisements 엔티티 스트림은 12개 파티션에 딱 맞게 내부 스트림으로 리파티션할 수 있습니다. 이벤트를 그냥 소비해서 12개 파티션을 가진 새로운 내부 스트림으로 찍는 것입니다. 광고 엔티티는 1b, 2b단계에서 들어온 변환 이벤트와 advertisementId 기준으로 같은 장소에 배치됩니다.

1b, 2b단계

Advertisement-Sessions 이벤트 스트림에서 이벤트를 소비한 다음 변환 이벤트를 만들어 내보냅니다(키 = Long advertisementId, 값 = Long conversionSum). 이 때 advertisementId당 뷰-클릭 이벤트 쌍마다 변환 이벤트가 여러 개 생성될 수 있습니다. 이들 이벤트는 1a, 2a단계에서 들어온 광고 엔티티와 advertisementId를 기준으로 같은 장소에 배치됩니다.

3단계

비즈니스 측면에서는 Advertisement 엔티티별 사용자 참여 정보를 무한 보존하는 것이 중요하므로 Advertisement-Conversions 이벤트를 [표 12-4]와 같은 구체화 테이블 포맷으로 집계해야 합니다. 즉, 각 advertisementId의 모든 값을 그냥 더하는 것입니다.

표 12-4 Total-Advertisement-Conversions 스트림 키/값 정의

Long advertisementId	Long conversionSum
AdKey1	402
AdKey2	600
AdKey3	38

따라서 aggregate 연산 결과 키가 (AdKey1, 15)인 Advertisement-Conversions 이벤트는 AdKey1의 내부 상태 저장소 값이 402에서 417로 증가합니다.

4단계

마지막으로 3단계에서 생성된 구체화 Total-Advertisement-Conversions 테이블과 리파티션된 Advertisement 엔티티 스트림을 조인하는 일만 남았습니다. 이미 2a, 2b단계에서 입력 스트림을 코파티션했기 때문에 이 조인의 기초 공사는 마무리된 셈이고 모든 데이터는 advertisementId별로 해당 처리 인스턴스에 로컬로 존재합니다. Advertisement 스트림에 있는 엔티티는 자신의 파티션에 로컬인 상태 저장소에 구체화되고 이어서 Total-Advertisement-Conversions과 조인됩니다.

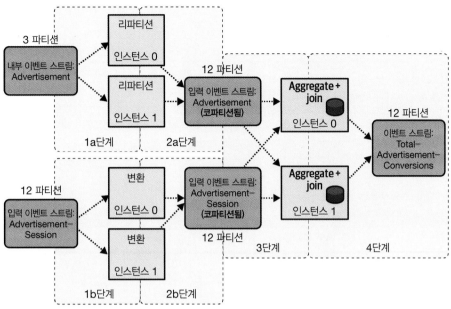

그림 12-3 광고 이용 세션을 처리하는 토폴로지

조인 함수[join function]은 애플리케이션에서 필요한 필드만 SQL select문으로 선택하듯이 조인해서 원하는 결과를 지정하기 위해 사용합니다. 다음은 이 예제에 맞게 구현한 조인 함수의 자바 코드입니다.

```
public EnrichedAd joinFunction (Long sum, Advertisement ad) {
  if (sum != null || ad != null)
    return new EnrichedAd(sum, ad.name, ad.type);
  else
  //두 입력값 중의 하나가 null이면
  //삭제를 의미하므로 툼스톤을 반환한다
  return null;
}
```

joinFunction이 두 입력 매개변수 중 하나가 null이라고 가정하는 것은 해당 이벤트가 업스트림에서 삭제됐음을 나타냅니다. 따라서 툼스톤[tombstone]을 다운스트림 컨슈머에 출력하는 코드를 짜야 하는데, 참 고맙게도 대부분의 (경량/대용량 모두) 프레임워크는 이너[inner], 레프트[left], 라이트[right], FK 조인을 구분해서 처리합니다. 또 여러분이 작성한 조인 함수를 통해 툼스톤이 전파되지 않도록 알아서 내부적으로 처리합니다. 그러나 원칙적으로 툼스톤 이벤트가 해당 마이크로서비스 토폴로지에서 어떤 영향을 끼치는지 잘 살펴보아야 합니다. 카프카 스트림즈 토폴로지와 joinFunction은 SQL select 구문과 표현이 동일합니다.

```
SELECT adConversionSumTable.sum, adTable.name, adTable.type
FROM adConversionSumTable FULL OUTER JOIN adTable
ON adConversionSumTable.id = adTable.id
```

Enriched-Advertising-Engagements 이벤트 스트림의 구체화 뷰는 [표 12-5]와 같습니다.

표 12-5 Enriched-Advertising-Engagements 스트림 키/값 정의

광고 ID(키)	강화된 광고(값)
AdKey1	sum=402, name="Josh's Gerbils", type="Pets"
AdKey2	sum=600, name="David's Ducks", type="Pets"
AdKey3	sum=38, name="Andrew's Anvils", type="Metalworking"
AdKey4	sum=10, name="Gary's Grahams", type="Food"
AdKey5	sum=10, name=null, type=null

[표 12-5]를 보면 3단계에서 Advertising 엔티티 데이터와 조인한 집계 결과가 예상대로 잘 반영됐습니다. AdKey4, AdKey5는 각각 풀 아우터 조인[full outer join]한 결과입니다. AdKey4는 변환이 없고 AdKey5에는 광고 엔티티 데이터가 없습니다.

> **TIP** 어떤 종류의 조인 기능이 지원되는지 프레임워크 문서를 참조하세요. 카프카 스트림즈는 FK 기반으로 테이블-테이블 조인을 지원하는데, 관계형 이벤트 데이터를 처리할 때 정말로 유용합니다.

12.8 마치며

경량 스트림 처리 프레임워크를 소개하고, 주요 이점과 트레이드오프를 살펴보았습니다. 경량 스트림 처리 프레임워크는 대용량 데이터를 처리하기 위해 이벤트 브로커에 전적으로 의존하므로 확장성이 매우 우수합니다. 또 CMS와 잘 연계되기 때문에 각각의 마이크로서비스를 자유자재로 확장할 수 있습니다. 경량 프레임워크는 아직 대용량 프레임워크에 비하면 상대적으로 젊은 편이지만 독립적으로 오래 실행되는 상태 저장 마이크로서비스를 구축하기에 알맞은 기능을 제공하니 여러분의 비즈니스 유스 케이스에도 적합한지 잘 살펴보세요.

CHAPTER 13

이벤트 기반 마이크로서비스와 요청-응답 마이크로서비스의 통합

이벤트 기반 마이크로서비스 패턴은 강력하지만 모든 조직의 비즈니스 요건을 충족시키는 건 아닙니다. 다음과 같이 중요한 데이터는 아직도 요청-응답 엔드포인트를 이용해 실시간으로 제공해야 하는 경우가 많습니다.

- 사용자 휴대폰, 사물인터넷(IoT) 기기에 설치된 애플리케이션 등의 외부 소스에서 메트릭 수집

- 기존 요청-응답 애플리케이션과의 연계 (특히, 조직 외부의 서드파티 애플리케이션과 연계할 때)

- 웹, 모바일 기기 사용자에게 실시간 콘텐츠 제공

- 위치, 시간, 날씨 등의 실시간 정보 서비스

이벤트 기반 패턴은 이런 영역에서도 중요한 역할을 하므로 요청-응답 솔루션과 통합하면 두 마리 토끼를 다 잡는 데 큰 도움이 될 것입니다.

> **NOTE_** 이 장에서 등장하는 요청-응답 서비스^{request-reponse services}라는 용어는 동기 API를 통해 서로 직접 통신하는 서비스(예: HTTP로 통신하는 두 서비스)를 가리킵니다.

13.1 외부 이벤트 처리

역사, 선례, 익숙함, 편리함, 그밖에 다른 여러 가지 사유로 인해 외부 이벤트는 주로 요청-응답 API를 통해 전달됩니다. 이벤트 브로커와 그 스트림을 외부 클라이언트에 표출할 수도 있지만, 액세스 및 보안 등 해결할 이슈가 너무 많아 대체로 바람직하지 않습니다. 하지만 요청-응답 API는 과거 수십 년 동안 그랬듯이 이런 상황에서도 훌륭하게 동작합니다. 외부(에서) 생성(된) 이벤트externally generated event는 크게 두 종류로 나뉩니다.

13.1.1 자율적으로 생성된 이벤트

첫째, 제품에 의해 자율적으로autonomously 클라이언트에서 서버로 전송되는 이벤트입니다. 대부분 주기적인 상태 측정이나 센서가 읽어들인 값 또는 사용자가 하고 있는 일에 관한 정보를 메트릭 형태로 수집한 이벤트들입니다. 이렇게 제품이 하는 일에 관한 측정값과 팩트(예: 실제로 3.3절의 '예제: 이벤트 정의 오버로딩'에서 설명한 이벤트)를 나타내는 이벤트를 뭉뚱그려 분석 이벤트analytical events라고 합니다. 고객 휴대폰에 설치된 애플리케이션은 대표적인 외부 이벤트 소스입니다. 넷플릭스 같은 미디어 스트리밍 서비스는 가입자가 어떤 영화를 보기 시작했는지, 얼마나 오래 보았는지 등을 측정하기 위해 분석 이벤트를 독립적으로 수집합니다.

자, 그렇다면 그 다음 60개 개봉작 영화 데이터를 로드하는 요청은 외부 생성 이벤트일까요? 네, 외부 생성 이벤트 맞습니다. 그러나 '이런 이벤트를 자체 이벤트 스트림에 넣어 부가적인 처리를 해야 할 정도로 비즈니스적으로 중요한 이벤트인가?'를 먼저 질문해야 합니다. 대부분 그 대답은 '아니오'일 것입니다. 굳이 이런 이벤트를 수집해서 이벤트 스트림에 보관할 필요는 없겠죠. 하지만 대답이 '예'인 경우라면 요청을 이벤트로 파싱해서 해당 이벤트 스트림으로 보내면 됩니다.

13.1.2 반응하여 생성된 이벤트

둘째, 어떤 서비스의 요청에 반응하여reactive 생성된 이벤트입니다. 서비스는 요청을 만들어 엔드포인트로 보낸 다음 응답을 기다립니다. 경우에 따라 클라이언트 입장에서는 요청이 수신됐다는 사실만 중요할 뿐 요청한 자세한 응답 내용은 필요하지 않을 수도 있습니다. 예를 들어 판촉 이메일을 보내달라는 요청을 이벤트로 전환할 경우 실제로 메일을 보내는 서드파티 서비스로부터 응답을 취합할 필요는 없겠죠. 일단 요청이 성공적으로 전송되면(HTTP 202 응답을 받으면) 뒷일은 서드파티 이메일 애플리케이션이 알아서 처리할 것입니다. 결과를 받아 특별히 뭔가 해야 할 일이 없다면 굳이 응답을 취합해서 이벤트로 변환할 이유가 없습니다.

반면에 비즈니스 요건상 요청을 보내고 받은 응답에서 중요한 세부 정보를 받아 처리하는 경우도 있습니다. 서드파티 전자 결제payment gateway(PG) 서비스가 좋은 예입니다. 고객이 지불할 금액이 명시된 입력 이벤트가 전송되면 서드파티 API는 결제 성공 여부, 실패 시 오류 메시지, 기타 결제 정보를 가리키는 추적 가능한 고유 번호 등을 응답 페이로드에 담아 반환합니다. 수취한 금액은 나중에 다운스트림 회계 서비스에서 수납 계정으로 정산해야 하므로 이런 중요한 데이터는 이벤트 스트림에 넣어야 합니다.

13.2 자율적으로 생성된 분석 이벤트 처리

분석 이벤트는 한데 모아 주기적으로 한꺼번에 전송하거나 발생 즉시 전송합니다. 어느 쪽이든 모두 요청-응답 API로 전송되고 여기서 다시 해당 이벤트 스트림으로 전달됩니다(그림 13-1). 외부 클라이언트 애플리케이션은 분석 이벤트를 이벤트 수신기 서비스로 보내고 이 서비스는 다시 해당 출력 이벤트 스트림으로 이벤트를 전달합니다.

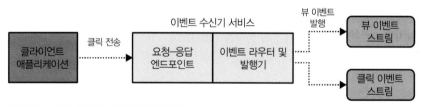

그림 13-1 외부 소스에서 분석 이벤트를 취합

> **TIP** 클라이언트 쪽에서는 이벤트를 생성할 때 스키마로 이벤트를 인코딩해야 합니다. 그래야 프로듀서에게 상세한 이벤트 생성/적재 요건을 전달할 수 있고 다운스트림 컨슈머가 오해하지 않도록 신뢰성 높은 출처를 보장할 수 있습니다.

대규모 분석 이벤트를 소비하려면 스키마화 이벤트schematized event가 꼭 필요합니다. 스키마에는 어떤 정보가 수집됐는지 명시되어 있어서 나중에 사용자가 이벤트를 올바르게 이해할 수 있습니다. 또 스키마는 버전 제어 및 진화 메커니즘을 제공하며 이벤트를 채워넣고, 검증하고, 테스트하는 책임을 컨슈머(백엔드 수신자와 분석자)가 아니라 데이터를 생산한 프로듀서(애플리케이션 개발자)에게 지웁니다. 이벤트를 만들 때에 스키마를 준수하도록 함으로써 수신하는 서비스는 (그냥 평범한 텍스트 포맷의 데이터를 받은 것처럼) 이벤트를 따로 해석하고 파싱할 필요가 없습니다.

버전이 여럿인 코드가 실행되는 기기에서는 분석 이벤트를 수집할 때 갖가지 제약이 따릅니다. 특히, 최종 사용자의 모바일 기기에서 실행되는 애플리케이션이 그렇습니다. 새 필드를 추가해서 새로운 데이터를 수집하거나, 옛 데이터를 그만 수집하도록 바꾸는 것은 충분히 가능한 일입니다. 하지만 사용자로 하여금 구버전을 쓰지 못하게 업그레이드를 강제할 수 있다 하더라도 작은 변경을 할 때마다 일일이 그렇게 하기란 현실적으로 어렵습니다. 따라서 분석 이벤트가 여러 버전일 경우의 처리 계획을 수립하세요(그림 13-2).

그림 13-2 외부 소스가 버전이 다른 분석 이벤트를 생성

TIP 외부 이벤트 소스를 마이크로서비스 인스턴스 세트라고 생각하세요. 각 인스턴스는 이벤트 수신기 서비스를 통해 스키마화 이벤트를 이벤트 스트림에 생산합니다.

마지막으로 인입된 이벤트를 스키마와 이벤트 정의에 따라 정해진 이벤트 스트림으로 분류하는 일이 중요합니다. 다른 마이크로서비스의 이벤트 스트림처럼 비즈니스 용도와 목적에 맞게 이벤트를 분리하세요.

13.3 서드파티 요청–응답 API 연계

이벤트 기반 마이크로서비스는 요청–응답 프로토콜을 통해 서드파티 API와 통신을 해야 할일이 많습니다. 요청–응답 패턴은 요청과 응답을 단순히 원격 함수 호출remote function call처럼 처리하기 때문에 이벤트 기반 처리와 잘 맞습니다. 마이크로서비스는 이벤트 기반의 로직에 따라 API를 호출한 뒤 응답을 기다리고 응답이 도착하면 파싱해서 해당 스키마를 준수하는지 확인한 다음, 여느 이벤트 처리와 마찬가지로 비즈니스 로직을 적용합니다. [그림 13–3]은 이런 프로세스를 일반화한 예입니다.

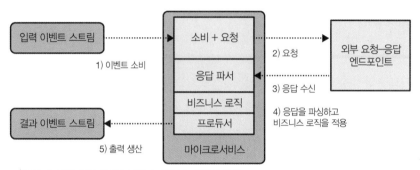

그림 13-3 요청–응답 API를 이벤트 기반 워크플로와 통합

다음은 블로킹 호출blocking call을 하는 마이크로서비스의 로직을 나타낸 소스 코드입니다.

```
while (true) { //무한 처리 루프
  Event[] eventsToProcess = Consumer.consume("input-event-stream");
  for (Event event: eventsToProcess) {
    //현재 이벤트에 비즈니스 로직을 적용해서
    //요청에 필요한 것이라면 무엇이든 생성
    Request request = generateRequest(event, ...);

    //외부 엔드포인트에 요청을 한다
    //타임아웃, 재시도 등을 표시한다
    //이 코드는 블로킹 호출을 하여 응답을 기다린다
    Response response =
      RequestService.makeBlockingRequest(request, timeout, retries, ...);

    //HTTP 응답. 성공 시 응답을 파싱하여 비즈니스 로직을 적용
    if (response.code == 200) {
      //응답을 파싱하여 이 애플리케이션에서 사용할 객체로 보관
```

```
    <Class Type> parsedObj = parseResponseToObject(response);

    //필요시 추가 비즈니스 로직 적용
    OutputEvent outEvent = applyBusinessLogic(parsedObj, event, ...);
    //결과를 출력 이벤트 스트림에 쏜다
    Producer.produce("output-stream-name", outEvent);
  } else {
    //응답 코드가 200이 아니다
    //이 경우 어떻게 처리할지 결정해야 한다
    //(재시도, 실패, 로깅, 생략 등)
  }
}
  //처리 결과가 정상인 경우에만 오프셋 커밋
  consumer.commitOffsets();
}
```

이 패턴은 여러모로 장점이 많습니다. 첫째, 비즈니스 로직을 적용하는 동안 요청-응답 API와 이벤트 처리를 혼합할 수 있습니다. 둘째, 서비스는 필요한 모든 외부 API를 호출할 수 있습니다. 엔드포인트에 수많은 논블로킹 요청nonblocking request을 해서 이벤트를 병렬 처리할 수도 있습니다. 서비스는 각 요청이 전송된 경우에만 결과를 기다리고 일단 결과를 손에 넣으면 오프셋을 업데이트한 뒤 그 다음 이벤트 배치를 진행합니다. 병렬 처리는 처리 순서가 유지되지 않으므로 큐 스타일의 스트림에서만 유효합니다.

물론 단점도 적지 않습니다. 6장에서도 설명했지만 외부 서비스에 요청을 하면 결국 워크플로에 비확정적인 요소가 스며들어 실패한 이벤트를 재처리하면 처음에 호출했던 것과는 결과가 달라질 수 있습니다. 애플리케이션을 설계할 때 이 부분을 신중하게 고려하세요. 조직 외부의 서드파티가 요청-응답 엔드포인트를 제어하는 구조에서는 API나 응답 포맷을 바꾸는 즉시 마이크로서비스가 실패할 수도 있습니다.

끝으로 엔드포인트를 얼마나 자주 요청할지도 따져보세요. 가령, 여러분의 마이크로서비스에 버그가 발견되어 입력 스트림을 되감아 재처리한다고 합시다. 이벤트 기반 마이크로서비스는 이벤트를 받아 가능한 한 신속하게 처리하기 때문에 외부 API로 나가는 요청이 엄청나게 늘어날 수 있습니다. 결국 원격 서비스에 장애가 발생하거나 여러분 IP 주소에서 들어온 트래픽이 차단되어 실패한 요청 수가 급증하고 이로 인해 마이크로서비스는 하염없이 재시도를 되풀이할 것입니다. 이 문제는 쿼터(14.4절의 '쿼터' 참고)를 할당해 소비/처리 속도를 제한하면 어느 정도 해결할 수 있지만 요청을 처리하는 마이크로서비스 자체적으로 스로틀링throttling[1]을 잘 해야 합니다. 조직이 마음대로 할 수 없는 외부 API라면 여러분이 직접 마이크로서비스에 스로틀링을 로직을 구현해서 챙겨야 합니다. 특히, 일부 로깅 및 메트릭 서비스가 그렇듯이 일시적으로 폭주하는 대용량 데이터를 서비스할 능력은 갖고 있지만 기준치를 초과하는 양에 대해서는 무리하게 과금하는 외부 API도 많습니다.

13.4 상태 저장 데이터 처리 및 서비스

지금까지 이 책에서 설명한 이벤트 기반 마이크로서비스 원칙에 따라 상태를 랜덤 액세스하는 요청-응답 엔드포인트를 제공하는 이벤트 기반 마이크로서비스를 구축하는 방법도 있습니다. 마이크로서비스는 입력 이벤트 스트림에서 이벤트를 소비/처리하고, 비즈니스 로직을 적용하고, 애플리케이션 요건에 맞게 내부 또는 외부 저장소에 상태를 저장합니다. 이런 하부 상태 저장소는 대부분 애플리케이션 내부에 포함된 요청-응답 API(더 자세한 내용은 이 장 뒷부분에서 다룹니다)를 통해 접근할 수 있습니다. 이 방법은 내부 상태 저장소에서 상태를 처리하는 것과 외부 상태 저장소에서 상태를 처리하는 것, 두 부분으로 나뉩니다.

13.4.1 내부 상태 저장소를 이용해 실시간 요청 처리

마이크로서비스는 자신의 내부 상태에서 소싱한 결과를 제공할 수 있습니다(그림 13-4). 클라이언트 요청이 로드 밸런서load balancer(부하 분산기)로 전달되면 로드 밸런서는 이 요청을 하부 마이크로서비스 인스턴스 중 한 곳으로 흘려보냅니다. [그림 13-4]를 보면 마이크로서비스 인스턴스가 하나뿐이고 애플리케이션의 모든 상태 데이터를 이 인스턴스가 구체화하기 때문에 해당 인스턴스 안에서는 모든 애플리케이션 데이터를 사용할 수 있습니다. 이 상태는 두 입력 이벤트 스트림(A, B)을 소비함으로써 구체화되고 체인지로그는 이벤트 브로커에 백업됩니다.

---

1 옮긴이_ 애플리케이션의 처리 속도를 정적 또는 동적으로 조절하는 행위를 말합니다.

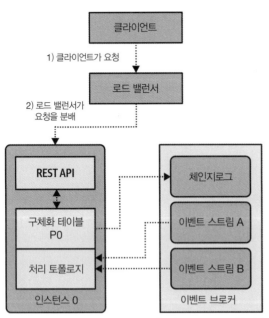

그림 13-4 클라이언트에게 콘텐츠를 제공하고 REST API를 지닌 이벤트 기반 마이크로서비스

마이크로서비스는 부하를 처리하는 인스턴스가 여러 개 필요할 때가 많고 인스턴스 간에 내부 상태가 분할되는 것이 일반적입니다. 마이크로서비스 인스턴스를 여럿 사용할 경우에는 상태에 관한 요청을 해당 데이터를 호스팅하고 있는 인스턴스로 정확하게 보내야 합니다. 따라서 모든 내부 상태는 키에 따라 샤딩되며 키 있는 값은 오직 하나의 파티션에만 할당됩니다. [그림 13-5]는 클라이언트 요청이 상태가 위치한 해당 인스턴스로 전달되는 흐름입니다.

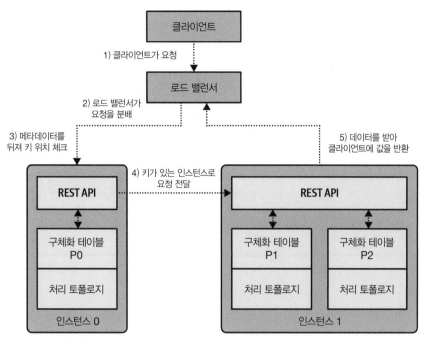

그림 13-5 파티션을 할당해서 주어진 키의 구체화된 상태가 있는 곳을 결정

TIP (프레임워크에서 지원될 경우) 직접 호출 요청을 상태 저장소의 핫 레플리카로 처리할 수 있습니다(7.3절의 '핫 레플리카 사용' 참고). 단, 핫 레플리카 데이터는 주 상태 저장소와 복제 간극이 커질수록 김빠진 데이터가 될 가능성이 있으므로 주의해야 합니다.

주어진 키/값 쌍이 어느 인스턴스에 있는지는 다음 두 가지 이벤트 기반 처리 속성으로 결정됩니다.

- 키는 단일 파티션에만 매핑된다(5.2절의 '이벤트 스트림 리파티션' 참고).

- 파티션은 하나의 컨슈머 인스턴스에만 할당된다(2.8절의 '이벤트 스트림으로 소비' 참고).

컨슈머 그룹에 속한 마이크로서비스 인스턴스는 자신에게 할당된 파티션과 다른 동료 인스턴스들의 파티션을 알고 있습니다. 이벤트 스트림을 구체화하려면 모든 이벤트가 키별로 한 파티션에 있어야 하며, 마이크로서비스에서 요청한 키에 파티셔너^{partitioner} 로직을 적용하면 키에 따른 파티션 ID를 할당할 수 있습니다. 그런 다음 파티션 ID를 컨슈머 그룹의 파티션 할당과 상호 참조cross-reference하면 (키에 해당하는 데이터가 존재할 경우) 해당 키와 연관된 구체화 데이터가 어느 인스턴스에 있는지 알아낼 수 있습니다.

[그림 13-6]은 파티셔너 로직을 이용해 REST GET 요청을 처리하는 과정입니다.

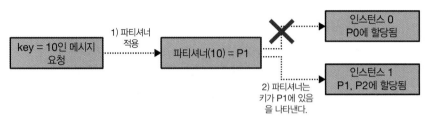

그림 13-6 요청을 해당 인스턴스로 정확하게 전달하는 워크플로

파티셔너로 키 10인 이벤트가 P1에 있음을 알 수 있고 P1은 인스턴스 1에 할당돼 있습니다. 여기서 새 인스턴스가 추가되어 파티션이 리밸런스되면 그 이후에는 다른 인스턴스로 라우팅될 수 있겠죠. 이렇듯 컨슈머 그룹 할당은 파티션 할당의 위치를 결정하는 중요한 역할을 합니다.

샤딩된 내부 상태를 제공하는 방법은 마이크로서비스 인스턴스 개수가 증가할수록 상태가 각 인스턴스에 더 많이 흩어지는 단점이 있습니다. 따라서 요청이 리다이렉트redirect되지 않고 처음 한번에 정확한 인스턴스에 히트hit할 확률도 떨어지게 됩니다. 로드 밸런서가 단순히 라운드 로빈round-robin 방식으로 분산시키고 키가 고르게 분포되어 있다고 가정하면 첫 번째 시도에서 요청이 히트할 확률은 다음과 같습니다.

성공률 = 1 / 인스턴스 수

실제로는 거의 모든 요청이 일단 미스miss한 다음 리디렉트되기 때문에 (각 요청마다 1번이 아닌 2번 네트워크 호출을 해서 처리해야 하므로) 응답 지연이 발생하고 애플리케이션 부하가 증가합니다. 다행히 초기 요청을 마이크로서비스에 보내기 전에 라우팅 로직을 수행하는 스마트 로드 밸런서smart load balancer가 있습니다(그림 13-7).

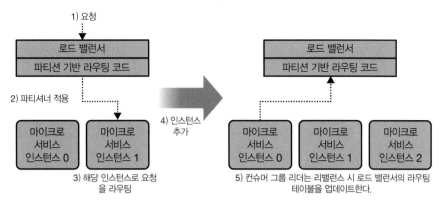

그림 13-7 로드 밸런서를 이용해서 컨슈머 그룹 소유권 및 파티셔너 로직에 따라 요청을 올바르게 전달한다.

스마트 로드 밸런서는 파티셔너 로직을 적용해 파티션 ID를 얻고 이를 컨슈머 그룹 할당 내부 테이블과 대조한 결과에 따라 요청을 전달합니다. 파티션 할당은 내부 리파티션 스트림이나 주어진 상태 저장소의 체인지로그 스트림을 보고 추론할infer 수 있습니다. 그러나 이 방법은 로드 밸런서와 애플리케이션 로직을 복잡하게 만들기 때문에 상태 저장소를 개명하거나rename 토폴로지를 변경하면 전달 자체가 실패할 수도 있습니다. 가급적 이런 오류는 프로덕션 배포 전에 걸러내야 하므로 스마트 로드 밸런서를 마이크로서비스의 단일 배포체 및 테스트 프로세스의 일부로 구성하는 것이 좋습니다.

> **WARNING_** 스마트 로드 밸런서는 지연을 줄이기 위한 최선의 방책일 뿐입니다. 경합 조건 및 내부 상태 저장소의 동적 리밸런스 때문에 잘못 전달된 요청을 리디렉트하는 기능은 각 마이크로서비스 인스턴스에 여전히 필요합니다.

13.4.2 외부 상태 저장소를 이용해 실시간 요청 처리

내부 상태 저장소 대신 외부 상태 저장소를 이용하면 두 가지 장점이 있습니다. 첫째, 각 인스턴스가 모든 상태를 사용할 수 있습니다. 다시 말해, 내부 스토리지 모델에 따라 데이터를 호스팅하는 마이크로서비스로 요청을 전달할 필요가 없습니다. 둘째, 모든 상태는 인스턴스 외부에 유지되므로 컨슈머 그룹 리밸런스가 일어나도 마이크로서비스가 새 인스턴스에 내부 상태를 다시 구체화할 필요가 없습니다. 그래서 내부 상태 저장소로는 어려운, 끊김 없는 확장 및 무중단zero-downtime 가동이 가능합니다.

> **WARNING_** 상태는 마이크로서비스의 요청–응답 API를 통해 접근해야 합니다. 상태 저장소와 직접 결합해서 접근하면 안 됩니다. 이렇게 하지 않으면 데이터 저장소를 공유하게 되어 서비스들이 서로 결합되고 나중에 변경을 하기도 곤란해집니다.

이벤트 기반 마이크로서비스를 구체화하여 요청 처리

각 마이크로서비스 인스턴스는 입력 이벤트 스트림에서 이벤트를 소비/처리 후 외부 상태 저장소에 데이터를 구체화합니다. 구체화 데이터를 요청한 클라이언트에게 돌려주는 요청–응답 API는 각 인스턴스마다 제공합니다. 사실 이런 패턴은 내부 상태 저장소에서 상태를 제공하는 것과 거의 같습니다. [그림 13-8]에서 인스턴스 0, 1은 외부 상태 저장소의 키 있는 전체 데이터를 제공할 수 있으므로 어떤 요청이라도 처리할 수 있습니다.

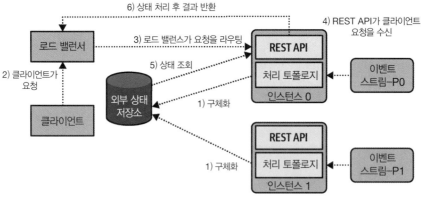

그림 13-8 외부 상태 저장소에서 모든 처리를 수행하는 올인원(all-in-one) 마이크로서비스(두 인스턴스 모두 요청을 처리할 수 있다!)

입력 이벤트 스트림을 처리하고 요청–응답 서비스를 제공하는 능력capacity은 내부 상태 저장소의 경우와 마찬가지로 인스턴스 수를 조절함으로써 규모를 늘리고 줄일 수 있습니다. 인스턴스 수는 이벤트 스트림의 파티션 수보다 더 많이 늘릴 수 있는데, 그 결과 처리할 파티션이 할당되지 않은 잉여 인스턴스로 요청–응답 API를 통해 인입된 외부 요청을 처리하면 됩니다. 물론 다른 인스턴스가 사라질 경우 파티션을 할당할 대체 인스턴스로도 활용이 가능합니다.

이 패턴의 가장 중요한 장점은 배포를 조정할 때 별다른 요건이 필요 없다는 것입니다. 현재 인스턴스 수와 상관없이 외부 상태 저장소에서 상태를 계속 제공할 수 있는, 일종의 올인원all-in-one 마이크로서비스인 셈입니다.

별도 마이크로서비스를 통해 요청 처리

상태를 외부 저장소에 구체화하는 이벤트 기반 마이크로서비스와 요청-응답 API를 완전히 분리한 패턴입니다. 요청-응답 API는 이벤트 처리기와 독립적으로 작동되지만 둘 다 같은 경계 콘텍스트에 있고 배포 패턴도 동일합니다. [그림 13-9]을 보면 상태 요청은 단일 REST API 엔드포인트가 처리하고 이벤트 처리 인스턴스 2개가 이벤트를 처리합니다.

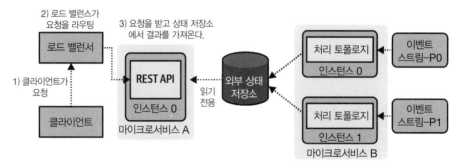

그림 13-9 별도 실행부로 구성된 마이크로서비스(한쪽은 요청을 처리, 다른 쪽은 이벤트를 처리)

> **NOTE_** 두 마이크로서비스가 하나의 상태 저장소를 기반으로 작동되지만 경계 콘텍스트는 하나밖에 없습니다. 따라서 두 서비스는 하나의 복합 서비스composite service로 취급하며 코드 리포지터리code repository도 같고 테스트, 개발, 배포도 함께 수행합니다.

이 패턴은 요청-응답 API와 이벤트 처리기가 서로 완전히 독립적이라서 구현 언어 및 확장 니즈 역시 독립적으로 선택 가능한 장점이 있습니다. 가령, 상태를 구체화하여 적재하는 작업은 경량 스트림 프레임워크를 사용하고 프런트엔드 쪽은 이미 조직에서 많이 쓰는 언어와 관련 라이브러리로 구현해서 고객에게 일관된 웹 경험을 제공할 수 있습니다. 물론 코드베이스에서 여러 컴포넌트를 관리하는 추가 오버헤드는 발생하지만 각기 다른 두 세계에서 최고의 장점만 취할 수 있죠.

또 요청–응답 처리 애플리케이션에서 발생한 이벤트 처리 로직의 오류를 격리할 수 있는 중요한 장점도 있습니다. 덕분에 이벤트 처리 코드에 잠재된 버그나 각종 데이터 문제 때문에 요청–응답 처리 인스턴스가 중단되지 않게 할 수 있고 다운타임도 줄일 수 있습니다(다운타임이 길어지면 김빠진 상태가 되겠죠).

물론 그만큼 복잡하고 위험도 따릅니다. 데이터 구조, 토폴로지, 요청 패턴을 변경하면 양쪽 서비스 모두 변경을 해야 하므로 뭐 하나 바꾸기가 쉽지 않습니다. 또 이렇게 서비스가 결합되는 모양새는 공통 데이터 저장소를 통해 상태를 공유하지 않고 경계 콘텍스트마다 단일 배포체를 사용한다는 이벤트 기반 마이크로서비스 원칙에도 위배됩니다.

그럼에도 불구하고 이 패턴은 데이터를 실시간으로 제공하는 용도로 유용하며 실제로 프로덕션에서 성공적으로 활용되고 있습니다. 무엇보다 이 패턴은 꼼꼼한 배포 관리과 종합적인 통합 테스트가 중요합니다.

13.5 이벤트 기반 워크플로 내에서 요청 처리

요청–응답 API는 많은 시스템의 기본 통신 수단이므로 이벤트 기반의 마이크로서비스 원칙에 맞게 애플리케이션이 입력된 데이터를 처리하도록 개발해야 합니다. 비이벤트 기반 시스템에서 하던 것처럼 요청을 받아 어떤 작업을 수행한 뒤 바로 클라이언트에게 응답을 반환할 수도 있습니다. 아니면 요청을 이벤트로 바꾸어 이벤트 스트림에 넣은 다음 여느 이벤트처럼 처리하는 방법도 생각해볼 수 있겠죠. 비즈니스에 중요한 요청만 (경계 콘텍스트 외부에서 공유할 수 있는) 이벤트로 바꾸는 식으로 적절히 혼용할 수도 있을 것입니다(그림 13-10). 관련 내용은 13.5절의 '예: 신문 발행 워크플로(승인 패턴)'에서 자세히 살펴보겠습니다.

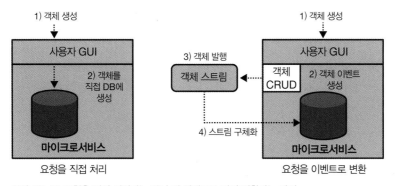

그림 13-10 요청을 직접 처리하는 방식 대 이벤트로 먼저 변환하는 방식

[그림 13-10]의 왼쪽 그림은 객체를 생성하고 DB에 직접 기록하는 전통적인 방식입니다. 오른쪽 그림은 먼저 요청을 이벤트로 파싱하여 해당 이벤트 스트림에 발행한 다음, 이벤트 기반 워크플로가 이벤트를 소비하기 전에 비즈니스 로직을 적용해서 DB에 저장하는 이벤트 우선 event-first 방식입니다.

이벤트를 우선 이벤트 스트림에 기록하면 이벤트는 계속 보존되므로 모든 서비스가 이 데이터를 구체화하여 쓸 수 있는 큰 장점이 있습니다. 그러나 그만큼 지연이 발생하고 서비스가 결과를 사용하려면 데이터 저장소에 구체화될 때까지 기다려야 하는 단점도 있습니다(최종 일관적인 쓰기 후 읽기eventually-consistent read-after-write). 값을 객체 스트림에 성공적으로 기록한 다음에 애플리케이션이 처리할 때 사용할 수 있도록 값을 메모리에 유지하면 어느 정도 지연을 줄일 수 있겠지만, 반드시 이벤트를 먼저 구체화해야 하는 제약 때문에 사전에 어떤 데이터가 DB에 존재해야 하는 가능한 작업(예: 조인)은 처리할 수 없습니다.

13.5.1 UI 이벤트 처리

사용자 인터페이스user interface(UI)는 사용자가 서비스의 경계 콘텍스트와 상호작용하는 수단입니다. 요청-응답 프레임워크는 UI 애플리케이션에서 매우 일반적이며 사용자 니즈에 부합하도록 여러 가지 옵션과 언어가 사용됩니다. 이런 프레임워크를 이벤트 기반 영역으로 통합하는 일은 각자 본연의 가치를 십분 활용한다는 측면에서 중요합니다.

하지만 사용자 입력을 이벤트 스트림으로 처리하려면 해결해야 할 문제가 많습니다. 요청을 이벤트로 처리하는 애플리케이션은 반드시 비동기 UI를 포함하도록 설계해야 하며 사용자가 기대한 대로 애플리케이션이 작동하도록 만들어야 합니다. 예를 들어 동기 시스템 화면에서는 사용자가 버튼 클릭 시 100ms 이하의 아주 짧은 시간 이내에 성공/실패 응답을 받을 거라 예상하지만, 비동기 이벤트 처리 시스템에서는 (특히, 이벤트 스트림에 처리할 레코드가 아주 많은 경우) 서비스가 처리 후 응답할 때까지 100ms 이상 소요될 가능성이 있습니다.

TIP 사용자 입력을 이벤트로 처리하는 경우 비동기 UI의 모범 사례가 있는지 찾아보고 구현하세요. UI를 올바르게 설계해야 사용자가 비동기 결과를 예상하도록 준비할 수 있습니다.

사용자가 결과를 예상할 수 있게 해주는 유용한 비동기 UI 기술이 있습니다. 가령 사용자가 요청한 내용이 전송됐음을 알리기 위해 UI 화면을 업데이트하고 처리가 완료될 때까지 사용자가 다른 액션을 하지 못하게 막는 식입니다. 항공사 예약 사이트, 자동차 렌탈 사이트를 보면 모래시계 아이콘과 함께 '잠시 기다려주세요'라는 메시지가 표시되고 사용자 입력 폼이 있는 다른 웹 페이지 영역이 가려지는 모습을 흔히 볼 수 있습니다. 백엔드 서비스가 아직 이벤트를 처리하는 중이니 완료되기 전에는 다른 일을 할 수 없음을 사용자에게 알리는 것입니다.

또 한 가지 생각해야 할 점은, 사용자의 추가 입력을 기다리는 와중에도 계속 유입되는 비사용자 이벤트를 마이크로서비스가 처리해야 한다는 사실입니다. 업데이트를 UI에 푸시하려면 이벤트 처리가 충분히 진행됐는지 여부를 판단해야 합니다. 사실, 대부분의 이벤트 기반 마이크로서비스는 지속적으로 업데이트를 하면서 동시에 초기 이벤트 처리가 현재 어느 지점까지 도달했는지도 파악해야 합니다.

인터페이스를 업데이트하는 시점에 대해서는 딱히 이렇다 할 규칙은 없습니다. 주로 현재 상태를 기반으로 의사결정을 내리는 사용자에 어떤 영향을 미치는지 생각하면 경계 콘텍스트의 비즈니스 규칙에 따라 방향을 잡을 수 있을 것입니다. 언제, 어떻게 UI를 업데이트하는 게 좋을지 고민이라면 다음 질문을 스스로에게 던져보세요.

- 사용자가 김빠진 상태를 토대로 의사결정을 하면 어떤 영향이 있는가?
- UI 업데이트를 푸시하면 사용자 경험 및 성능에 어떤 영향을 미치는가?

WARNING_ 간헐적으로 네트워크 장애가 발생하여 재시도를 하게 되면 중복 이벤트가 발생할 수 있습니다. 7.6절의 '중복 이벤트 생성'에서 설명했듯이 컨슈머가 중복 이벤트를 멱등적으로 처리할 수 있게 구현하세요.

요청을 처리하기 전에 이벤트로 바꾸면 어떤 점이 좋은지 한 가지 예를 들겠습니다.

예: 신문 발행 워크플로(승인 패턴)

어느 신문사에서 조판을 관리하는 애플리케이션을 운영하고 있다고 합시다. 맞춤 가능한 템플 릿으로 기사를 어디에, 어떻게 배치할지 결정하면 조판이 완성됩니다.

디자이너는 그래픽 사용자 인터페이스graphic user interface(GUI) 화면에서 정해진 비즈니스 로직에 따라 기사를 배치합니다. 지면은 기사 중요도에 따라 달라지며 보통 가장 중요한 뉴스가 1면에 크게 실립니다. 광고 또한 나름대로 배치 규칙이 있어서 광고주와 계약한 크기, 콘텐츠, 예산, 위치에 따라 결정됩니다. 예를 들어 어떤 광고주는 특정한 부류의 기사 근처에는 자사 광고를 싣지 말아 달라고 요구할 수 있습니다(예: 어린이 완구 광고가 납치 사건 기사와 나란히 게재 되는 것을 원하는 회사는 없겠죠).

디자이너는 배치 템플릿에 맞게 기사와 광고를 배치하는 일을 담당합니다. 편집자는 구성이 전 체적으로 산만하지 않은지, 카테고리별로 기사가 잘 나열되고 독자의 시선을 끌 만한지, 광고 가 계약에 따라 잘 배치됐는지 확인합니다. 디자이너가 작업한 내용을 편집자가 승인해야 인쇄 가 가능하고 승인 요청이 반려되면 디자이너는 재작업을 해야 합니다(그림 13-11).

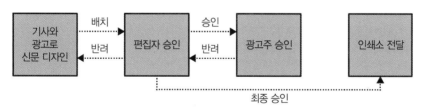

그림 13-11 편집자, 광고주의 승인에 따라 게이팅해서 신문을 완성해가는 워크플로

편집자, 광고주 모두 견본을 반려할 권한이 있고 편집자가 먼저 조판을 승인한 이후에만 광고 주에게 넘어갑니다. 그런데 이 신문사는 광고비로 수익을 많이 창출할 수 있는 주요 광고주의 승인을 얻는 데에만 관심이 있습니다.

신문의 디자인과 승인은 각각의 비즈니스 기능과 연관된, 개별적인 2개의 경계 콘텍스트입니 다. 따라서 [그림 13-12]처럼 마이크로서비스 2개로 나누어 설계하면 됩니다(편의상 계정 관 리, 인증, 로그인처럼 상세한 기능은 그림에서 생략했습니다).

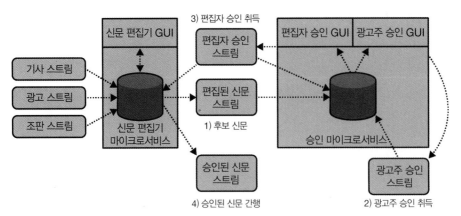

3) 편집자 승인 취득

신문 편집기 GUI

편집자 승인 GUI · 광고주 승인 GUI

기사 스트림

광고 스트림

조판 스트림

신문 편집기 마이크로서비스

편집자 승인 스트림

편집된 신문 스트림

1) 후보 신문

승인 마이크로서비스

승인된 신문 스트림

4) 승인된 신문 간행

광고주 승인 스트림

2) 광고주 승인 취득

그림 13-12 마이크로서비스로서의 신문 설계와 승인 워크플로

설명할 내용이 많으니 신문 편집기 마이크로서비스부터 살펴봅시다. 이 서비스는 조판, 광고, 기사 스트림을 받아 관계형 DB에 넣습니다. 조판 담당자가 작업을 마치고 신문을 승인 요청할 준비가 되면 편집된 신문을 PDF 파일로 만들어 외부 저장소에 저장한 뒤 편집된 신문 스트림에 생산합니다. 다음은 편집된 신문 이벤트의 포맷입니다.

```
//편집된 신문 이벤트
Key: String pn_key        //편집된 신문 키
Value: {
  String pdf_uri          //저장된 PDF 위치
  int version             //편집된 신문 버전
  Pages[] page_metadata   //각 페이지 내용의 메타데이터
    - int page_number
    - Enum content        //광고/기사
    - String id           //광고/기사 ID
}
```

TIP PDF는 이벤트로 저장하기에는 파일이 너무 커서 URI를 통해 접근 가능한 외부 파일 저장소에 저장합니다 (3.3절의 '이벤트 크기 최소화' 참고).

이 마이크로서비스는 왜 신문을 편집하는 GUI 화면에서 사람이 상호 작용한 결과는 이벤트로 바꾸지 않는 걸까요? '사람의 상호 작용을 이벤트화'하는 것이 이 예제의 중요한 화두인 건 맞지만 그렇다고 모든 사람의 상호 작용을 이벤트로 변환할 필요는 없습니다. 이 예제의 경우 경

계 콘텍스트는 최종 편집된 신문 이벤트의 생산에만 관심 있을 뿐, 그 과정에 대해서는 별로 관심이 없습니다. 이렇게 책임을 캡슐화하면 모놀리식 프레임워크에 동기식 GUI 패턴을 곁들여 마이크로서비스를 구축할 수 있고 여러분 또는 주변 개발자들이 이미 익숙한 패턴과 소프트웨어 기술을 그대로 활용할 수 있습니다.

> **WARNING_** 편집된 신문 스트림과 신문 편집 마이크로서비스 내부의 상태는 동기화되지 않을 수 있습니다. 모놀리스에서 이벤트를 원자적으로 생산하는 방법, 특히 아웃박스 테이블 패턴 또는 CDC 로그를 활용하는 자세한 내용은 4.2절의 '데이터 해방 패턴'을 참고하세요.

승인은 별개의 마이크로서비스가 처리합니다. 편집자가 검토/승인할 수 있도록 편집된 신문 이벤트가 로드되면 편집자는 필요시 PDF 사본에 의견을 달고[mark up] 다음 광고주 승인 단계로 넘어가도록 일단 승인합니다. 물론 편집자는 광고주 검토를 받기 이전/이후, 또는 그 도중 언제라도 반려할 수 있습니다. 다음은 편집자 승인 이벤트의 포맷입니다.

```
//편집자 승인 이벤트
Key: String pn_key          //편집된 신문 키
Value: {
  String marked_up_pdf_uri  //마크업 PDF URI(옵션)
  int version               //편집된 신문 버전
  Enum status               //승인 대기, 승인됨, 반려됨
  String editor_id
  String editor_comments
  RejectedAdvertisements[] rejectedAds //반려된 경우(옵션)
    - int page_number
    - String advertisement_id
    - String advertiser_id
    - String advertiser_comments
}
```

광고주는 광고 크기와 배치를 승인하는 UI 화면을 사용합니다. 이 서비스는 승인이 필요한 광고와 필요 없는 광고를 구분해서 광고주가 확인하기 편하게 PDF를 적당히 잘게 나눕니다. 뉴스 기사 또는 경쟁사 광고에 관한 정보는 새어나가지 않도록 조심해야 합니다. 승인 이벤트는 편집자 승인 스트림과 마찬가지로 광고주 승인 스트림에 기록됩니다.

```
//광고주 승인 이벤트
Key: String pn_key          //편집된 신문 키
Value: {
  String advertiser_pdf_uri //광고주가 확인하는 PDF 조각 URI
  int version               //편집된 신문 버전
  int page_number
  boolean approved          //승인, 반려
  String advertisement_id
  String advertiser_id      //승인자 ID
  String advertiser_comments
}
```

광고주 승인 이벤트를 보면 키가 **pn_key**라서 신문마다 키가 동일한 광고주 이벤트는 여럿 존재할 수 있습니다. 여기서 광고주 승인은 '엔티티entity'가 아니라 '이벤트event'로 취급하며 이는 곧 신문 광고주의 최종 승인에 관한 이벤트들을 '집계한 것aggregate'입니다. 즉, 모든 광고주가 UI 화면에 접속해서 광고를 승인하고 모두 응답을 주기 전에는 (제때 응답을 받지 못하는 경우도 있겠죠) 최종 승인 단계로 넘어갈 수 없습니다. 실제로 편집자 승인 이벤트 정의를 다시 보면 반려된 이벤트 집합을 RejectedAdvertisements라는 객체의 배열에 할당합니다.

이처럼 신문, 편집자 승인, 광고주 승인을 이벤트로 취급하면 신문, 반려, 코멘트, 승인을 정해진 이야기canonical narrative 형식으로 나타낼 수 있는 장점이 있습니다. 이런 데이터는 언제라도 감사audit를 통해 제출하거나 승인 이력을 조회할 수 있고 뭐가 어디서부터 잘못됐는지 정확하게 진단할 수 있습니다. 또 승인 마이크로서비스에서 아파치 카프카, 삼자 같은 순수 스트림 처리 라이브러리를 사용해서 애플리케이션이 시작될 때마다 이벤트 스트림에서 상태를 직접 구체화할 수 있습니다. 데이터를 관리하겠다고 외부 상태 저장소를 만들 필요가 전혀 없습니다.

편집자 승인 서비스와 광고주 승인 서비스를 각각 분리

편집자 승인 서비스와 광고주 승인 서비스는 분리해야 한다는 비즈니스 요건이 생겼습니다. 각 서비스는 서로 떨어져 있지만 비즈니스 콘텍스트는 연결되어 있습니다. 현재 결합된 서비스의 광고주 컴포넌트는 다음과 같은 일들을 합니다.

- 어느 광고주에게 승인을 요청할지 결정한다.

- PDF 파일을 보기 좋은 크기로 분할한다.

- 광고주가 사용할 컴포넌트, 컨트롤, 브랜딩을 관리한다.

- 외부 인터넷을 통해 노출되는 부분, 특히 보안, 소프트웨어 패치 등을 처리한다.

편집자 컴포넌트는 다음과 같은 일들을 수행하는데 이미지, 브랜딩, 보안 등의 외부 관심사는 신경 쓰지 않아도 됩니다.

- 전체 조판, 디자인을 승인한다.

- 광고주 의견을 요약한 자료를 검토한다(개별적으로 일일이 검토하는 것이 아님).

- 광고주 반려 시 어떻게 조치할지 신문 디자이너에게 의견을 전달한다.

[그림 13-13]은 새로운 마이크로서비스의 목업mock-up 레이아웃입니다.

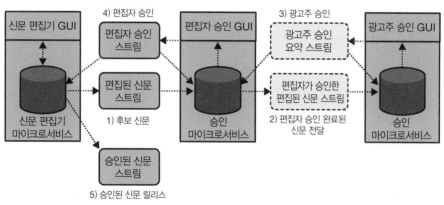

그림 13-13 편집자 승인 서비스와 광고주 승인 서비스는 서로 독립적이다.

점선으로 표시한 부분에 새로운 이벤트 스트림이 2개 있습니다. 첫째, 2단계의 편집자가 승인한 편집된 신문 스트림입니다. 이 스트림은 편집된 신문 스트림과 포맷은 같지만 편집자가 전체적으로 신문을 검토/승인한 후 광고주 승인 단계까지 진행된 이후에만 이벤트가 생산됩니다.

> **NOTE_** 편집된 신문 스트림은 모든 후보 신문candidate newspaper에 관한 유일한 진실 공급원입니다. 편집자가 승인한 편집된 신문 스트림은 (편집자 시스템의 로직에 따라 걸러진) 광고주 검토를 받도록 승인된 신문에 대해서만 유일한 진실 공급원입니다. 따라서 두 이벤트 스트림의 비즈니스 의미는 동일하지 않습니다.

이렇게 설계하면 가장 좋은 점은 모든 편집자 게이팅 로직을 편집자 승인 서비스 내부에 둘 수 있다는 점입니다. 즉, 편집된 신문 스트림에 업데이트가 발생하면 자동으로 전달되는 것이 아니라 일단 편집자의 승인을 받고나서야 다음 단계로 진행됩니다. 동일한 신문의 여러 버전(pn_key)이 모두 편집자 서비스 안에 포함돼 있으니 편집자는 어느 버전의 신문을 광고주 승인 검토 단계로 보낼지 조정할 수 있고 초기에 광고주가 피드백한 내용이 충족될 때까지 후속 버전을 게이팅할 수 있습니다.

둘째, 3단계에 있는 광고 승인 요약 스트림입니다. 광고주 승인 서비스에서 넘겨받은 결과 요약본이 포함된 이 스트림은 해당 신문에 대한 광고주별 현재 응답 상태와 이력 데이터를 제공합니다. 편집자 승인 서비스는 광고주 승인 서비스와 완전히 별개라서 어느 광고주에게 광고를 승인하라고 안내했는지 전혀 알 길이 없습니다. 광고주의 검토 결과 요약본은 편집자와 주고받을 수 있지만 어디까지나 이 정보는 광고 승인 시스템 영역에 있습니다. 다음은 광고 승인 요약 이벤트의 포맷입니다.

```
//광고 승인 요약 이벤트
Key: String pn_key
Value: {
  int version              //편집된 신문 버전
  AdApprovalStatus[] ad_app_status
    - Enum status          //대기, 승인, 반려, 타임아웃
    - int page_number
    - String advertisement_id
    - String advertiser_id
    - String advertiser_comments
}
```

광고 승인 요약 이벤트 정의를 보면 광고주 승인 상태가 광고주 승인 서비스 안에 캡슐화되어 있습니다. 편집자는 광고주 승인 결과를 얻기 위해 뭔가 직접 처리하거나 관여할 필요 없이 광고 승인 요약 이벤트의 상태를 기준으로 신문의 최종 승인 여부를 결정하면 됩니다.

13.6 요청–응답 애플리케이션과 마이크로프런트엔드

프런트엔드/백엔드 서비스는 크게 세 가지 방식으로 사용자에게 비즈니스 가치를 제공합니다 (그림 13-14). 첫째, 모놀리식 백엔드는 조직의 규모에 상관없이 일반적입니다. 둘째, 마이크로서비스 백엔드는 동기식 이벤트 기반의 마이크로서비스를 점점 더 많이 사용하면서 인기를 얻고 있습니다. 프런트엔드 서비스, 백엔드 서비스는 각각 개별 팀이 소유/운영하고 종단간 비즈니스 기능은 팀 경계를 넘나듭니다. 셋째, 마이크로프런트엔드microfrontend는 백엔드부터 프런트엔드까지 모든 구현을 완전히 비즈니스 관심사에 맞춥니다.

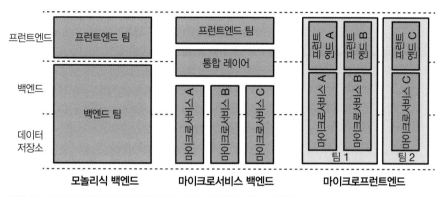

그림 13-14 고객 대면 콘텐츠를 위해 팀과 제품을 구성하는 세 가지 방법

모놀리식 백엔드는 적어도 소프트웨어 개발자라면 어느 정도 익숙한 개념입니다. 보통 아주 규모가 큰 모놀리스에 여러 부속팀으로 구성된 전담 백엔드 팀이 거의 모든 작업을 모놀리스에서 수행합니다. 모놀리스 규모가 커지면 더 많은 인력이 필요합니다.

백엔드와 완전히 분리된 프런트엔드 팀은 요청–응답 API를 통해 사용자 UI를 렌더링하기 위해 필요한 데이터를 가져옵니다. 이런 아키텍처를 기반으로 구축된 시스템은 어떤 기능을 전달하려면 팀 간 조율이 필요하고 기술 구현체 전반을 통틀어 영향도를 살펴야 하므로 공수와 비용이 많이 들 수밖에 없습니다.

마이크로서비스 백엔드 방식은 마이크로서비스로 전환하는 많은 팀들이 싫든 좋든 결국 머무르게 되는 종착역입니다. 이 방식의 가장 큰 장점은, 각 마이크로서비스(또는 제품을 지원하는 마이크로서비스들)를 한 팀이 독립적으로 소유해서 제품 위주의product-focused 독립적인 마이크로서비스로 백엔드를 구성할 수 있다는 점입니다. 각 마이크로서비스는 필요한 데이터를 구체화하고, 비즈니스 로직을 수행하며, 필요한 요청─응답 API와 이벤트 스트림을 통합 레이어$_{aggregation\ layer}$에 표출합니다.

그러나 갖가지 문제가 불거져 나올 수 있는 통합 레이어에 너무 많이 의존하는 구조가 마이크로서비스 백엔드 방식의 가장 큰 단점입니다. 제품 경계 문제를 해결하거나 다른 제품의 기능을 병합해서 '즉각적인 성과$_{quick\ win}$'를 내려고 하는 과정에서 비즈니스 로직이 이 레이어에 스며들게 됩니다. 통합 레이어는 모든 사람들이 믿고 의지하지만 책임지는 사람은 아무도 없으니 흔히 공통이라는 이유로 비극의 주인공이 되기 쉽습니다. 관리 모델을 엄격하게 세워 적용하면 어느 정도 해결할 수 있겠지만 사소하고 무해한 것처럼 보이는 변경 사항이 누적되어도 터무니없이 많은 양의 비즈니스 로직이 유출될 소지가 있습니다.

마이크로프런트엔드 방식은 모놀리식 프런트엔드를 일련의 독립적인 컴포넌트들로 나누고 각각 전용 백엔드 마이크로서비스를 만들어 지원하는 구조입니다.

13.7 마이크로프런트엔드의 장점

마이크로프런트엔드 패턴은 이벤트 기반 마이크로서비스 백엔드와 아주 잘 어울리며 모듈성, 비즈니스 관심사 분리, 자율적인 팀, 배포/언어/코드베이스의 독립성 등 많은 장점을 계승합니다.

마이크로프런트에서 눈여겨 볼 만한 장점들을 소개합니다.

13.7.1 조합형 마이크로서비스

마이크로프런트엔드는 일종의 조합형 패턴$_{compositional\ pattern}$이라서 기존 UI에 필요한 만큼 서비스를 추가할 수 있습니다. 이벤트 기반의 백엔드 역시 본질적으로는 조합형인지라 마이크로프런트엔드와 찰떡궁합입니다. 이벤트 스트림 덕분에 마이크로서비스는 백엔드 경계 콘텍스트를 지원하는 데 필요한 이벤트, 엔티티를 가져올 수 있고 백엔드 서비스는 필요한 상태를 구축하고 마이크로프런트엔드가 제공하는 제품의 비즈니스 요건에 알맞게 비즈니스 로직을 적용할 수 있습니다. 상태 저장소 구현체는 상세 서비스 요건에 알맞는 것을 선택하면 됩니다. 이런 식으로 조합을 해서 구성하므로 프런트엔드 서비스를 아주 유연하게 구축할 수 있습니다(13.8절의 '예제: 경험 검색 및 리뷰 애플리케이션'에서 다시 설명합니다).

13.7.2 비즈니스 요건에 맞추기 쉽다

백엔드에서 작동되는 다른 마이크로서비스처럼 마이크로프런트엔드를 비즈니스 경계 콘텍스트에 정확하게 맞추면 비즈니스 요건을 직접 구현체 단위로 추적할 수 있습니다. 이런 식으로 기존 코어 서비스의 코드베이스에 부정적인 영향을 끼치지 않고도 시험 단계의 제품을 쉽게 애플리케이션에 주입할 수 있습니다. 그 결과 성능이 좋지 않거나 사용자 경험이 별로라면 그냥 간단히 제거해버리면 됩니다. 자유롭게 떼었다 붙였다 할 수 있으므로 다양한 워크플로의 제품 요건을 서로 충돌하지 않게 잘 맞출 수 있습니다.

13.8 마이크로프런트엔드의 단점

마이크로프런트엔드를 사용하면 비즈니스 관심사는 분리할 수 있지만 UI 엘리먼트의 일관성, 각 엘리먼트 배치의 종합적인 제어 등 모놀리식 프런트엔드에서 당연시했던 기능들을 따로 고려해야 합니다. 또 코드 중복 가능성, 마이크로서비스 관리/배포 등 마이크로서비스에서 일반적인 문제점도 마이크로프런트엔드가 물려받게 됩니다. 마이크로프런트엔드를 도입할 때에는 어떤 부분을 고려해야 할지 알아보겠습니다.

13.8.1 UI 엘리먼트와 스타일의 일관성이 어긋날 수 있다

애플리케이션은 시각적인 스타일의 일관성이 중요한데, 다수의 독립적인 마이크로프런트엔드로 구성된 환경에서는 이런 일관성을 유지하기가 어려울 수 있습니다. 각 마이크로프런트엔드는 또 다른 잠재적인 실패 지점이므로 UI 설계가 원하는 사용자 경험과 맞지 않을 가능성도 있습니다. 이런 문제를 해결하는 한 가지 방법은 각 마이크로프런트에서 사용되는 공통 UI 엘리먼트를 라이브러리로 묶어 엄격한 스타일 가이드를 적용하는 것입니다.

하지만 스타일 가이드와 엘리먼트의 소유권을 유지/관리하는 일도 부담입니다. 엘리먼트를 새로 추가하거나 기존 엘리먼트를 수정하려면 엘리먼트 라이브러리를 사용하는 팀 전체적으로 조율이 필요하므로 쉽지 않은 일입니다. 많이 쓰는 오픈 소스 프로젝트와 비슷한 관리 모델을 채택하여 자산을 관리하면 신중하게 변경을 수행하는 데 도움이 될 것입니다. 어쨌든 그러려면 자산 사용자 간의 참여와 대화가 필요하고 결과적으로 오버헤드 비용이 듭니다.

TIP 경계 콘텍스트에 종속된 비즈니스 로직이 공통 UI 엘리먼트 라이브러리에 없는지 확인하세요. 모든 비즈니스 로직은 적절한 경계 콘텍스트에 따로 캡슐화해야 합니다.

마지막으로 애플리케이션의 공통 UI 엘리먼트를 변경하려면 각 마이크로프런트엔드를 다시 컴파일해서 재배포해야 하므로 적잖은 운영 비용이 들 수 있습니다. 마이크로프런트엔드 팀마다 애플리케이션을 업데이트하고 새로운 요건에 UI가 부합하는지 테스트한 다음, UI 레이어에 예상대로 잘 통합되는지 확인을 해야 하기 때문입니다. UI를 전면 개편하는 빈도를 줄이면 이런 비용은 어느 정도 낮출 수 있습니다.

13.8.2 들쑥날쑥한 마이크로프런트엔드 성능

마이크로프런트엔드는 복합적인 프레임워크의 조각들이라서 문제가 될 때가 많습니다. 프런트엔드마다 로딩 속도가 제각각인 데다 만약 장애가 발생하면 아예 아무것도 로드되지 않을지도 모릅니다. 복합적인 프런트엔드가 이런 상황에서도 우아하게 처리하는지, 여전히 작동 중인 부분에 대해서 사용자에게 일관된 경험을 제공하는지 확인해야 합니다. 예를 들어 느려터진 마이크로프런트엔드의 결과를 기다리는 엘리먼트가 있다면 움직이는 '로딩 중' 이미지를 사용하면 좋겠죠. 마이크로프런트엔드를 빈틈없이 잘 엮어야 바람직한 UI를 설계할 수 있겠지만 워낙 방대한 주제인 데다 이 책의 범위를 벗어나므로 생략하겠습니다.

13.8.3 예제: 경험 검색 및 리뷰 애플리케이션

'경험experience이란 당신이 결코 잊을 수 없는 것입니다!' 여행자들에게 로컬 가이드, 관광지, 유흥지, 식도락 정보를 제공하는 어느 애플리케이션 제작사의 광고 카피입니다. 사용자는 이 애플리케이션에서 현지 경험을 검색하고, 자세한 정보와 연락처를 얻고, 리뷰를 남길 수 있습니다.

이 애플리케이션의 1버전은 경험 엔티티와 고객 리뷰를 모두 단일 엔드포인트로 구체화한 하나의 서비스입니다. 사용자가 도시명을 입력하면 그 지역에 해당하는 경험 리스트가 조회되고 옵션을 선택하면 경험 정보와 연관된 리뷰 리스트가 나란히 표시됩니다. 간단히 목업 화면을 그려보면 [그림 13-15]와 같습니다.

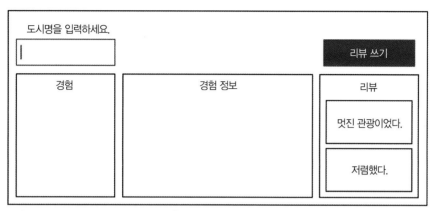

그림 13-15 경험/리뷰 검색 애플리케이션(모놀리식 프런트엔드 방식의 GUI 목업 1버전)

1버전은 검색 기능이 다소 제한적이고 데이터는 기본적인 키/값 상태 저장소에 저장됩니다. 사용자 위치에 따라 검색할 수 있게 해달라는 요청은 계속 들어오고 있지만 아직 사용할 수 없습니다. 일단 리뷰는 비즈니스 책임이 충분히 명확하게 구분되어 있으니 버전 2에서는 리뷰를 별도 마이크로서비스로 분리해서 자체 경계 콘텍스트로 만듭시다. 그리고 제품 마이크로프런트엔드를 만들어 경험 검색 마이크로프런트엔드와 리뷰 마이크로프런트엔드를 함께 연결하고 이들 비즈니스 서비스의 통합 레이어로 활용하면 좋겠습니다. 세 마이크로프런트엔드는 팀을 따로 두거나 같은 팀이 소유/운영해도 됩니다. 어쨌든 이렇게 관심사를 분리하면 백엔드 마이크로서비스의 경우처럼 소유권을 확장할 수 있습니다. [그림 13-16]은 프런트엔드 책임을 분리하여 다시 그린 GUI 목업입니다.

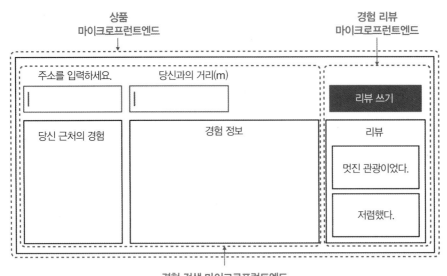

그림 13-16 경험/리뷰 검색 애플리케이션(마이크로프런트엔드 방식의 GUI 목업 2버전)

이제 경험 검색, 리뷰 두 마이크로프런트엔드는 제품 마이크로프런트엔드로 캡슐화했고 두 서비스를 함께 연결하는 데 필요한 로직은 모두 포함되어 있지만 두 서비스 각자에만 해당되는 비즈니스 로직은 전혀 들어있지 않습니다. 이제 이렇게 업데이트한 UI에 지리 위치 검색 기능을 추가해야 합니다. 사용자 주소는 위도/경도 좌표로 변환돼서 근처 경험까지의 거리를 계산하는 데 사용됩니다. 리뷰 마이크로프런트엔드가 하는 일은 이전과 그대로지만 지금은 더 이상 검색 서비스에 매여 있지 않습니다(그림 13-17).

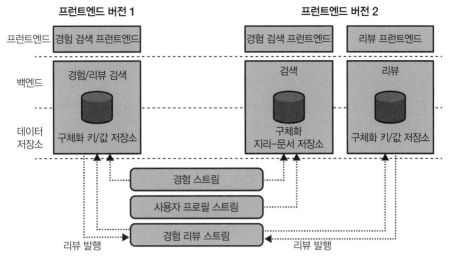

그림 13-17 백엔드 이벤트 기반 마이크로서비스와 결합된 마이크로프런트엔드의 유연함

[그림 13-17]에서 몇 가지 주목할 부분이 있습니다. 첫째, 이 장 앞부분에서 말했듯이 리뷰는 '먼저' 리뷰 이벤트 스트림에 이벤트로 발행된 '다음' 데이터 저장소로 인입됩니다. 이는 버전 1, 2 서비스 모두 마찬가지며 핵심 비즈니스 데이터를 구현체 외부에 유지하는 일이 얼마나 중요한지 알 수 있습니다. 이런 식으로 데이터 동기화 때문에 에러도 잘 나고 불필요한 작업을 하지 않아도 리뷰 서비스를 자체 마이크로서비스로 쉽게 분리할 수 있습니다.

리뷰가 버전 1 데이터 저장소 내부에 보관된 경우, 버전 2에서 사용할 목적으로 리뷰 데이터를 해방한 다음(4장 참고) 이벤트 스트림에 장기 저장하는 마이그레이션 계획을 마련해야 합니다.

TIP 서비스에 필요한 비즈니스 이벤트를 구체화하고 소비할 수 있어서 이벤트 기반 마이크로서비스 백엔드는 마이크로프런트와 아주 궁합이 잘 맞습니다.

둘째, 리뷰 서비스는 자체 마이크로서비스로 나뉘어져 경계 콘텍스트와 구현체가 검색 서비스로부터 완전히 분리됐습니다. 셋째, 검색 서비스는 일반 텍스트 검색과 지리 위치 검색 모두 가능한 저장소로 상태 저장소를 대체했습니다. 검색 서비스의 비즈니스 요건을 지원하고자 이렇게 바꾼 것입니다. 이제 앞으로 리뷰 서비스의 비즈니스 요건과는 완전히 별개로 요건을 관리할 수 있게 됐습니다. 개발팀이 조합형 백엔드를 활용해서 마이크로프런트엔드 제품을 지원하는 최고의 도구를 얼마나 유연하게 잘 사용할 수 있는지 보여주는 사례입니다.

버전 2 검색 마이크로서비스는 사용자 프로파일 엔티티 스트림의 이벤트를 사용해서 검색 결과를 개인화personalize합니다. 물론 버전 1 백엔드 서비스도 이 데이터를 사용할 수 있지만 버전 2 서비스에서는 데이터가 더 세분화돼서 사용자 데이터를 사용하는 비즈니스 기능이 명확해졌습니다. 덕분에 경계 콘텍스트의 입력 스트림만 봐도 프런트엔드 각 부분에 어느 스트림이 소비/사용 중인지 금세 파악할 수 있습니다. 반대로 버전 1에서는 코드를 뜯어보지 않고 사용자 이벤트만 봐서는 검색 부분인지, 리뷰 부분인지 알 수가 없습니다.

끝으로 1, 2버전 모두 필요한 데이터는 정확히 동일한 이벤트 스트림에서 소싱합니다. 이 이벤트 스트림은 단일 진실 공급원이므로 특정 상태 저장소 구현체를 유지하거나 데이터 마이그레이션 문제를 고민할 필요 없이 애플리케이션 백엔드를 변경할 수 있습니다. DB가 데이터 통신 레이어 역할을 겸하고 쉽사리 교체할 수 없는 모놀리식 백엔드와는 완전히 다르죠. 마이크로프런트엔드와 이벤트 기반 백엔드의 조합은 사용 가능한 이벤트 데이터의 세분성과 상세 내용의 제약만 받을 뿐입니다.

13.9 마치며

이벤트 기반 마이크로서비스와 요청-응답 API를 통합하는 방법을 알아보았습니다. 외부 시스템은 거의 대부분 요청-응답 API로 통신하는데, 사람이든 기계든 그 요청과 응답을 이벤트로 바꿔야 할 때가 있습니다. 기계가 입력한 데이터를 사전에 스키마화하면 서버측에서 요청-응답 API로 수집 가능한 이벤트를 발생시킬 수 있습니다. 서드파티 API는 응답을 이벤트 정의에 맞게 파싱/래핑해야 하고 변경을 자주하면 취약해지는 경향이 있습니다.

사람의 상호작용 또한 이벤트로 바꾸어 이를 소비하는 이벤트 기반 마이크로서비스가 비동기 처리할 수 있습니다. 단, 사용자의 요청이 비동기 처리 중이라는 사실을 UI로 적절하게 나타낼 수 있도록 통합된 설계가 필요합니다. 필수 사용자 입력을 모두 이벤트의 스트림으로 처리하면 경계 콘텍스트 구현은 사용자 데이터에서 확실히 분리됩니다. 덕분에 아키텍처 설계가 유연하게 진화할 수 있고 큰 어려움 없이 컴포넌트를 변경할 수 있습니다.

끝으로 마이크로프런트엔드는 이벤트 기반 마이크로서비스에 근거한 제품을 풀스택 개발할 수 있는 아키텍처를 제공합니다. 백엔드 이벤트 기반의 마이크로서비스는 본질적으로 조합성이 있어서 이벤트와 엔티티를 함께 모아 비즈니스 로직을 적용합니다. 하나의 거대한 모놀리스 애플리케이션을 사용자가 경험하게 하는 대신 이런 패턴을 프런트엔드로 확장시켜서 목적에 맞게 구축한 다수의 마이크로프런트엔드로 구성할 수 있습니다. 다양한 애플리케이션을 함께 엮기 위해 각 마이크로프런트엔드는 전체적인 구성 레이어와 특정한 비즈니스 로직 및 기능을 제공합니다. 마이크로프런트엔드 아키텍처 스타일은 백엔드 마이크로서비스의 자율성과 배포 패턴을 반영하며 맞춤 UX의 실험, 세분화, 전달에 필요한 유연한 프런트엔드 옵션을 제공합니다.

CHAPTER 14

지원 도구

대규모 이벤트 기반 마이크로서비스를 효율적으로 관리하려면 도구가 필요합니다. 관리자가 CLI에서 직접 커맨드를 실행하는 도구는 기본 제공되지만, 비즈니스 구조를 확장 가능하고 탄력적으로 유지하려면 필수 데브옵스 기능이 탑재된 다양한 자가 서비스 도구self-serve tool를 사용하는 것이 좋습니다. 이 장에서는 필자와 주변 동료들이 경험상 유용하다고 생각하는 도구들을 소개합니다. 책에 없는 좋은 도구들도 많으니 여러분의 유스 케이스에 가장 알맞은 도구를 잘 골라쓰세요.

아쉽게도 이벤트 기반 마이크로서비스를 관리하는 용도로 무료 사용이 가능한 오픈 소스 도구는 아직 많이 부족합니다. 이 책의 내용에 해당되는 구현체를 나열하긴 했지만 대부분 필자가 회사에서 업무를 하려고 개인적으로 개발한 것들입니다. 자신만의 도구를 스스로 개발해야 할 때도 있겠지만 가급적 오픈 소스 활용을 권장합니다. 사정이 허락하는 분들은 프로젝트 기여자contributor로 활동해보시기 바랍니다.

14.1 마이크로서비스–팀 배정 시스템

시스템 규모가 작은 회사는 부족 지식이나 비공식 채널을 통해서 누가 어떤 시스템을 소유하고 있는지 쉽게 추적할 수 있습니다. 하지만 마이크로서비스 세상에서는 마이크로서비스 구현체와 이벤트 스트림의 소유권을 명확하게 추적하는 일이 중요합니다. 단일 작성자 원칙(2.6절의

'마이크로서비스 단일 작성자 원칙' 참고)에 따라 이벤트 스트림의 소유권은 쓰기 권한을 마이크로서비스가 가집니다.

간단한 마이크로서비스를 사내에서 개발해 사람, 팀, 마이크로서비스 간의 모든 의존 관계를 추적/관리할 수도 있습니다. 이런 시스템은 이 장에서 소개할 다른 많은 도구들의 근간이 되므로 필자는 여러분이 직접 연구/개발해볼 것을 강력히 권장합니다. 마이크로서비스 소유권을 이런 식으로 배정하면 데브옵스 권한을 세분화하여 그것을 필요로 하는 팀에 정확히 할당하는 데 큰 도움이 됩니다.

14.2 이벤트 스트림 생성/변경

팀은 새 이벤트 스트림을 생성하고 필요에 따라 수정할 수 있어야 합니다. 마이크로서비스는 자신의 내부 이벤트 스트림을 자동생성할 권한을 갖고 있어야 하며 파티션 수, 보존 정책, 복제 계수 등의 주요 속성을 완전히 제어할 수 있어야 합니다.

예를 들어 어떤 상황에서도 절대 소실되면 안 되는 정말 중요하고 민감한 데이터가 담긴 스트림은 보존 기간을 무기한으로, 복제 계수는 아주 높게 설정합니다. 반면 개별적으로는 중요하지 않은 업데이트가 아주 많이 쌓이는 스트림은 파티션 수는 많이, 복제 계수는 낮게, 보존 기간은 짧게 설정합니다. 이벤트 스트림을 생성할 때 그 소유권은 보통 특정 마이크로서비스나 외부 시스템에 할당합니다.

14.3 이벤트 스트림 메타데이터 태깅

소유권을 할당하는 한 가지 훌륭한 기법은 스트림에 메타데이터를 태깅tagging하는 것입니다. 이 메타데이터 태그는 스트림 생산 권한을 가진 팀만 추가, 수정, 제거할 수 있습니다. 몇 가지 유용한 메타데이터를 예로 들어보겠습니다.

스트림 소유자(서비스)

스트림을 소유한 서비스. 변경 요청을 전달하거나 어느 스트림이 어느 서비스에 속하는지 감사할 때 많이 쓰입니다. 조직 내 마이크로서비스나 이벤트 스트림의 소유권과 비즈니스 통신 구조를 더 명확히 밝힐 수 있습니다.

개인 식별 정보(personally identifiable information, PII)

사용자를 직간접적으로 식별할 수 있기 때문에 보안상 더 엄격하게 처리해야 하는 정보. 주로 데이터를 소유한 팀이 명시적으로 승인하지 않는 한 PII로 표시된 이벤트 스트림의 접근을 제한할 용도로 사용됩니다.

재무 정보

금액, 과금, 기타 수익을 창출하는 중요한 이벤트에 관련된 모든 정보. PII와 유사하나 동일하지는 않습니다.

네임스페이스

비즈니스의 중첩된 경계 콘텍스트 구조에 관한 기술자descriptor. 네임스페이스가 할당된 스트림은 그 네임스페이스 외부 서비스에서는 볼 수 없지만 네임스페이스 내부 서비스는 사용할 수 있습니다. 덕분에 사용 가능한 이벤트 스트림을 검색하는 사용자가 접근 불가한 이벤트 스트림을 볼 수 없도록 감춰서 데이터 검색 과부하를 줄일 수 있습니다.

사용 중단

스트림이 오래됐거나 어떤 사유로 인해 대체되었음을 알리는 방법. 이벤트 스트림을 사용 중단된deprecated 것으로 태깅하면 신규 마이크로서비스의 구독 요청을 차단할 수 있고 한물 간 시스템도 병행 사용할 수 있습니다. 이 태그는 주로 기존 이벤트 스트림의 데이터 포맷을 바꿀 때 사용합니다. 새 이벤트는 새 스트림에 넣고 옛 스트림은 의존하는 마이크로서비스를 완전히 이전할 때까지 그대로 두는 거죠. 나중에 사용 중단된 이벤트 스트림을 구독하는 컨슈머가 하나도 없을 때 해당 스트림의 소유자는 이 사실을 통보받고 안전하게 삭제하면 됩니다.

맞춤 태그

그 밖에 비즈니스에 해당되는 메타데이터는 맞춤 태그에 넣어 추적합니다. 여러분의 조직에서 사용 가능한 태그는 어떤 것들이 있고 중요한 태그는 무엇인지 확인해보세요.

14.4 쿼터

쿼터는 대개 보편적인 수준으로 이벤트 브로커에 설정합니다. 예를 들어 어느 한 프로듀서나 컨슈머 그룹이 CPU 처리 시간의 20%까지만 사용하도록 정할 수 있습니다. 이렇게 할당하면 갑자기 많은 메시지를 쏟아내는 프로듀서나 매우 큰 이벤트 스트림을 처음부터 읽는, 병렬도 높은 컨슈머 그룹 때문에 예기치 않게 서비스가 포화되는 불상사를 막을 수 있습니다. 적어도 한 서비스가 요청한 I/O 때문에 전체 클러스터가 먹통이 되는 일은 없어야겠죠. 프로듀서/컨슈머가 사용 가능한 리소스 수를 제한하면 결과적으로 스로틀링이 가능해집니다.

정상 상태steady-state의 컨슈머는 최소한의 처리 파워와 네트워크 I/O를 보장하고 폭주하기 쉬운 surge-prone 시스템은 스로틀링되지 않게 쿼터를 더 세세히 설정할 필요가 있습니다. 이벤트 브로커 클러스터 외부의 소스에서 데이터를 생성하는 프로듀서는 쿼터를 다르게 설정하거나 완전히 제거해야 할 수도 있습니다. 가령, 서드파티 입력 스트림이나 외부 동기 요청을 기반으로 이벤트를 발행하는 프로듀서에서 메시지 생산율이 인입율보다 낮게 스로틀링되어 있으면 데이터가 삭제되거나 충돌이 일어날 수 있습니다.

14.5 스키마 레지스트리

명시적인 스키마는 이벤트를 모델링하는 강력한 프레임워크입니다. 이름, 타입, 기본값, 문서화 등 데이터를 정확하게 정의하면 이벤트 프로듀서/컨슈머 모두 명료해집니다. 스키마 레지스트리가 있으면 프로듀서가 이벤트를 기록하는 데 사용한 스키마를 등록할 수 있으며 다음과 같이 차별화된 이점이 있습니다.

- 스키마 ID를 사용하므로 이벤트 스키마를 이벤트와 함께 전송할 필요가 없습니다. 따라서 대역폭 사용량을 상당히 줄일 수 있습니다.

- 이벤트 스키마를 가져올 때 스키마 레지스트리 한 곳만 참조하면 됩니다.

- 스키마가 있으면 데이터 검색, 특히 자유 텍스트 검색free-text search이 가능합니다.

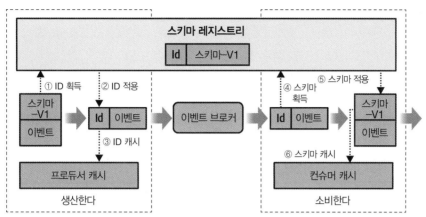

그림 14-1 이벤트를 생산/소비하는 스키마 레지스트리 워크플로

프로듀서는 이벤트를 생산하기 전에 직렬화하고 스키마 레지스트리에 스키마를 등록해 스키마 ID를 얻습니다(①). 그리고 이 스키마 ID를 직렬화한 이벤트에 추가한 다음(②), 똑같은 스키마를 레지스트리에서 다시 쿼리하지 않도록 프로듀서 캐시에 넣습니다(③). 프로듀서는 매 이벤트마다 이 과정을 완료해야 하므로 알려진 이벤트 포맷에 대한 외부 쿼리를 제거하는 일이 중요합니다.

컨슈머는 이벤트를 받고 캐시 또는 스키마 레지스트리에서 주어진 스키마 ID에 해당하는 스키마를 얻습니다(④). 그런 다음 스키마를 적용하여 이벤트를 알려진 포맷으로 역직렬화합니다(⑤). 이 때 새로운 스키마라면 컨슈머 캐시에 넣습니다(⑥). 이제 컨슈머는 역직렬화한 이벤트를 비즈니스 로직에서 사용할 수 있고 이 단계에서 이벤트에 스키마 진화를 적용할 수도 있습니다.

컨플루언트는 아주 훌륭한 아파치 카프카용 스키마 레지스트리[1] 구현체를 제공합니다. 이 제품은 아파치 아브로, 프로토콜 버퍼, JSON 포맷을 지원하고 프로덕션에서도 무료로 사용할 수 있습니다.

---

1 https://oreil.ly/5HT00

14.6 스키마 생성/변경 알림

이벤트 스트림 스키마는 통신 표준화 측면에서 중요합니다. 특히, 이벤트 스트림이 많을 때에는 자신이 의존하고 있는 스키마가 진화됐음(또는 조만간 그렇게 될 거라는 사실)을 다른 팀에 알려주기가 쉽지 않을 것입니다. 그래서 스키마 생성/변경 알림 기능이 필요합니다.

알림 시스템의 목표는 입력 스키마가 진화할 경우 컨슈머에게 그 사실을 알리는 것입니다. 이 장 뒷부분에서 설명할 접근 통제 리스트access control list(ACL)를 사용하면 어느 마이크로서비스가 어느 이벤트 스트림을 소비하는지, 또 그와 관련해서 어느 스키마에 의존하는지 효과적으로 파악할 수 있습니다.

스키마 업데이트는 (컨플루언트 스키마 레지스트리를 사용할 경우) 스키마 스트림에서 소비할 수 있고 그와 연관된 이벤트 스트림도 상호 참조할 수 있습니다. 여기서 ACL은 어느 서비스가 어느 이벤트 스트림을 소비하는지 관련 정보를 제공하고 마이크로서비스-팀 배정microservice-to-team assignment 시스템을 통해 서비스를 소유한 팀에 이 사실을 통보합니다.

알림 시스템은 여러모로 이점이 많습니다. 모든 컨슈머가 모든 업스트림의 스키마 변경을 완벽하게 감지할 수 있다면 가장 좋겠지만, 그것이 불가능하더라도 알림 시스템은 갑자기 위기에 봉착하기 전에 부정적인 영향을 끼칠 만한 변경을 걸러내는 안전망 구실을 합니다. 또 컨슈머는 회사에서 공개적으로 사용 가능한 모든 스키마 변경 사항을 추적함으로써 새로운 이벤트 스트림이 가동되는 시점에 데이터에 관한 더 많은 정보를 확보하는 것이 바람직합니다.

14.7 오프셋 관리

이벤트 기반 마이크로서비스는 데이터를 계속 처리하기 전에 오프셋을 관리해야 합니다. 정상적인 상황이라면 마이크로서비스가 메시지를 처리하면서 컨슈머 오프셋을 전진시키지만 사람이 수동으로 오프셋을 조정해야 할 때도 있습니다.

애플리케이션 리셋: 오프셋 리셋

마이크로서비스 로직을 변경하면 이전에 쌓인 이벤트부터 재처리가 불가피한 경우가 있습니다. 재처리는 보통 스트림의 처음부터 시작하지만 서비스 요건에 따라 다른 시점을 선택할 수도 있습니다.

애플리케이션 리셋: 오프셋 전진

옛 데이터는 필요 없고 최근 데이터만 소비한다면 최초^{earliest} 대신, 최종^{latest} 오프셋으로 애플리케이션 오프셋을 리셋합니다.

애플리케이션 복구: 오프셋 지정

오프셋을 특정 시점으로 되돌려야 할 때도 있습니다. 가령, 멀티클러스터^{multicluster} 환경에서 페일오버^{failover}(장애 극복)를 할 때 메시지는 하나라도 누락되면 안 되지만 그렇다고 처음부터 시작하고 싶지는 않을 때가 있겠죠. 장애 발생 n분 전으로 오프셋을 리셋하고 복제된 메시지를 하나도 빠짐없이 처리하면 될 것입니다.

프로덕션 수준의 데스옵스라면 오프셋을 수정하기 위해 해당 팀이 마이크로서비스를 반드시 소유해야 하는데, 이런 기능은 마이크로서비스-팀 배정 시스템이 제공합니다.

14.8 이벤트 스트림 권한과 ACL

데이터 접근 통제는, 비즈니스 보안 측면에서는 물론 단일 작성자 원칙을 준수하는 수단으로도 중요합니다. 권한 및 ACL은 각 경계 콘텍스트가 자신의 경계를 벗어나지 않도록 강제합니다. 어떤 이벤트 스트림의 접근 권한은 프로듀서 쪽 마이크로서비스를 소유한 팀에만 부여해야 하는데, 이런 제약은 마이크로서비스-팀 배정 시스템으로 강제할 수 있습니다. 권한은 대개 (이벤트 브로커 구현체마다 조금씩 다르지만) READ, WRITE, CREATE, DELETE, MODIFY, DESCRIBE 등의 일반적인 범주에 속합니다.

> **WARNING_** ACL은 프로듀서/컨슈머 각각의 개별 신원identification에 의존합니다. 이벤트 브로커와 서비스의 신원을 가능한 한 빨리(가급적 첫날부터) 활성화하고 강제하세요. 나중에 신원을 추가하려면 이벤트 브로커에 접속하는 모든 서비스를 일일이 검토하고 업데이트해야 하는데 몹시 고된 작업입니다.

ACL은 경계 콘텍스트를 강제합니다. 가령, 한 마이크로서비스는 자신의 내부 이벤트 스트림, 체인지로그 이벤트 스트림에 대해 CREATE, WRITE, READ 권한을 가진 유일한 소유자여야 합니다. 무슨 일이 있어도 한 마이크로서비스가 다른 마이크로서비스의 내부 이벤트 스트림과 엮이면 안 됩니다. 또 단일 작성자 원칙에 따라 이 마이크로서비스는 출력 스트림의 WRITE 권한을 가진 유일한 서비스여야 합니다. 출력 스트림은 다른 시스템이 데이터를 소비할 수 있도록 공개할 수 있지만 재무 또는 PII처럼 데이터가 민감하거나 중첩된 경계 콘텍스트의 일부라면 접근을 제한할 수도 있습니다.

마이크로서비스는 대부분 [표 14-1]의 포맷에 따라 권한 세트가 따로따로 할당됩니다.

표 14-1 마이크로서비스에 부여하는 일반적인 이벤트 스트림 권한

컴포넌트	마이크로서비스 권한
입력 이벤트 스트림	READ
출력 이벤트 스트림	CREATE, WRITE(그리고 내부 사용 시 READ)
내부 이벤트 스트림, 체인지로그 이벤트 스트림	CREATE, WRITE, READ

특정 마이크로서비스에 대한 컨슈머 접근을 요청하는 수단을 각 팀에 제공함으로써 접근 통제를 강제할 책임을 팀별로 알아서 챙기게 하는 방법도 좋습니다. 아니면 비즈니스 요건과 메타데이터 태그에 따라 민감 정보에 접근 요청을 할 때마다 모든 팀이 보안 검토를 거치도록 프로세스를 중앙화할 수도 있습니다. 권한 부여/회수를 자체 이벤트 스트림에 보관해서 데이터 접근을 영구불변 상태로 저장하면 나중에 감사 용도로 활용할 수 있습니다.

> **고아 스트림과 마이크로서비스 검색**
>
> 정상적인 비즈니스 성장 과정에서는 새로운 마이크로서비스와 스트림이 생기고 쓰지 않는 마이크로서비스는 제거될 것입니다. 이 과정에서 접근 권한 리스트를 기존 스트림 및 마이크로서비스와 대조해보면 고아orphan가 된 스트림과 마이크로서비스를 쉽게 발견할 수 있습니다. 즉, 컨슈머가 하나도 없는 스트림, 어떤 이벤트 스트림의 컨슈머 소비가 활성화한 상태에서도 해당 스트림에 데이터를 전혀 생산하지 않는 프로듀서 마이크로서비스는 삭제 표시를 해서 제거하는 것입니다. 이런 식으로 권한 리스트를 잘 활용하면 이벤트 스트림과 비즈니스 토폴로지를 최신 상태로 유지하는 데 아주 유용합니다.

14.9 상태 관리와 애플리케이션 리셋

상태 저장 애플리케이션의 코드를 변경할 때에는 보통 애플리케이션의 내부 상태를 리셋합니다. 토폴로지 워크플로를 바꿀 때와 마찬가지로 내부 이벤트 스트림, 체인지로그 이벤트 스트림에 저장된 데이터 구조를 변경하려면 새로운 애플리케이션에 맞게 스트림을 삭제한 다음 다시 생성해야 합니다.

7장에서 설명한 상태 저장 마이크로서비스 패턴 중에도 처리 노드 외부에 있는 상태 저장소를 사용하는 패턴이 있습니다. 여러분 회사의 마이크로서비스 플랫폼 팀에서 지원하는지 여부에 따라 달라지겠지만, 마이크로서비스 소유자가 요청하면 외부 상태 저장소를 리셋할 수 있습니다(그리고 그렇게 하는 것을 권장합니다). 예를 들어 마이크로서비스에서 AWS 다이나모DB^DynamoDB나 구글 빅테이블Bigtable 같은 외부 상태 저장소를 사용 중이라면 애플리케이션을 리셋할 때 그와 연관된 상태를 깨끗이 청소하는 게 최선입니다. 그래야 운영 오버헤드가 줄고 오류가 있거나 김빠진 데이터는 알아서 제거되겠죠. '공식적으로 지원되는' 범주를 벗어난 외부 상태 저장 서비스는 수동으로 리셋하면 됩니다.

그러나 이런 도구는 자가 서비스 용도로만 사용하되 다른 팀이 소유한 이벤트 스트림과 상태는 어떤 일이 있어도 삭제하면 안 됩니다. 필자는 이 장에서 소개한 마이크로서비스-팀 배정 시스템을 이용해 애플리케이션 소유자나 관리자만 리셋할 수 있게 제한할 것을 권장합니다.

이 도구의 용도를 요약하면 다음과 이렇습니다.

- 마이크로서비스의 내부 스트림과 체인지로그 스트림을 모두 삭제

- 외부 저장소에 구체화한 상태를 모두 삭제(해당 시)

- 컨슈머 그룹 오프셋을 각 입력 스트림의 최초 시점으로 리셋

14.10 컨슈머 오프셋 랙 모니터링

컨슈머 랙은 이벤트 기반 마이크로서비스의 확장 필요성을 가장 잘 나타내는 지표입니다. 컨슈머 그룹의 랙을 주기적으로 계산하는 도구를 이용해서 컨슈머 랙을 모니터링하는 것입니다. 브로커 구현체마다 메커니즘은 조금씩 다르지만 마이크로서비스 컨슈머 그룹의 최근 이벤트와 최종 처리된 이벤트 간의 이벤트 개수 차이로 랙을 계산하는 로직은 동일합니다. 임계치^{threshold} 측정처럼 기본적인 랙 측정은 아주 간단하고 구현하기도 쉽습니다. 예컨대, 컨슈머의 오프셋 랙이 M분 동안 N개 이벤트보다 크면 컨슈머 처리기를 2배 늘리고 리밸런스를 일으키는 트리거를 작동시킵니다. 그렇게 해서 랙은 해소됐지만 최소 필요한 개수보다 더 많은 처리기가 실행 중이면 처리기 수를 줄이면 됩니다.

버로우^{Burrow} 같은 아파치 카프카용 모니터링 시스템은 랙 상태를 계산할 때 오프셋 랙의 이력까지 고려합니다. 이런 접근법은 스트림에 이벤트가 대량 유입될 때 유용한데, 다음 이벤트가 도착하기 전까지 아주 짧은 시간 동안은 랙은 계속 0입니다. 랙은 본래 일정 주기마다 측정하므로 전통적인 방식으로 측정한다면 시스템이 항상 뒤처지는 것처럼 보일 것입니다. 따라서 시스템이 뒤처지고 있는지, 아니면 따라잡고 있는지는 지금까지의 평균적인 수준에서 얼마나 벗어났는지를 기준으로 판단하는 것이 옳습니다.

마이크로서비스는 필요한 만큼 자유롭게 규모를 늘리거나 줄일 수 있어야 합니다. 그러나 시스템이 한도 끝도 없이 확장되고 축소되는 것을 방지하기 위해 보통 히스테리시스^{hysteresis}(허용 임계치)[2]를 사용합니다. 히스테리시스는 신호를 평가하는 로직의 일부로서 AWS 클라우드워

---

2 옮긴이_ 이력 현상(履歷現象)이라고도 하며, 물질이 거쳐 온 과거가 현재 상태에 영향을 주는 현상으로 어떤 물리량이 그 때의 물리 조건만으로 결정되지 않고 이전에 그 물질이 경과해 온 과정에 의존(history-dependent)하는 특성을 말한다(출처: 위키백과). 본문에서 사용한 의미도 물리학에서 사용하는 의미과 일맥상통하는 부분이 있으니 함께 이해하시면 도움이 될 것입니다.

치CloudWatch, 구글 클라우드 오퍼레이션Google Cloud Operations(기존 스택드라이버Stackdriver) 등 대부분의 최신 클라우드 플랫폼에서 사용할 수 있습니다.

14.11 마이크로서비스 생성 프로세스 간소화

마이크로서비스 환경에서는 새로운 비즈니스 요건을 구현할 코드 리포지터리를 자주 생성합니다. 이런 작업을 자동화, 간소화하면 만사가 착착 잘 맞물려 돌아가고 기술팀이 제공한 공통 도구를 사용할 수 있게 통합할 수 있습니다.

일반적으로 마이크로서비스를 생성하는 과정은 이렇습니다.

1. 리포지터리를 생성한다.

2. 지속적 통합 파이프라인(16.2절의 '지속적 통합, 전달, 배포 시스템')과 연계한다.

3. 웹훅webhook[3] 또는 다른 디펜던시를 구성한다.

4. 마이크로서비스-팀 배정 시스템을 이용해 팀에 소유권을 할당한다.

5. 입력 스트림의 접근 권한을 등록한다.

6. 출력 스트림을 생성하고 소유 권한을 적용한다.

7. 템플릿이나 코드 생성기로 마이크로서비스 스켈레톤skeleton[4]을 생성할 수 있는 수단을 제공한다.

위와 같은 과정은 팀에서 계속 반복되므로 절차를 간소화하면 그만큼 시간과 노력을 아낄 수 있습니다. 새로 자동화한 워크플로에는 최신 템플릿과 코드 생성기를 주입하는 지점도 포함되어 있으므로 단순히 이전 프로젝트를 복사하는 게 아니라 최신 지원 코드와 도구 역시 새 프로젝트에 함께 포함됩니다.

---

3 옮긴이_ 클라이언트 애플리케이션에서 관심 있는 이벤트가 서버에서 발생할 때 서버 애플리케이션이 클라이언트 애플리케이션에 이벤트를 전달하는 메커니즘입니다.

4 옮긴이_ 실제 비즈니스 로직이나 데이터는 없는, 마이크로서비스 개발을 시작할 수 있는 빈 템플릿 코드

14.12 컨테이너 관리 서비스

컨테이너 관리는 2장에서 언급했듯이 CMS로 처리합니다. 필자는 팀이 자체 데브옵스 기능을 제공할 수 있도록 다음과 같은 CMS 기능을 표출할 것을 권장합니다.

- 마이크로서비스의 환경 변수 세팅

- 마이크로서비스를 어느 클러스터(예: 테스트, 통합, 프로덕션)에서 실행할지 지정

- 서비스 수를 수동으로, 또는 SLA 및 처리 랙에 따라 늘리고 줄임

- CPU, 메모리, 디스크 자동확장

개발자에게 표출할 컨테이너 관리 옵션과 전담 운영팀이 직접 관리할 컨테이너 관리 옵션의 가짓수는 비즈니스 차원에서 결정해야 하는데, 일반적으로 조직 내 데브옵스 문화에 좌우됩니다.

14.13 클러스터 생성과 관리

회사가 시스템을 이벤트 기반 마이크로서비스 중심으로 확장하다 보면 클러스터 생성/관리 문제가 대두됩니다. 중소 기업이라면 이벤트 브로커 클러스터가 하나만 있어도 웬만한 서비스 요건은 모두 충족할 수 있지만, 대기업에서는 갖가지 기술적, 법적 이유 때문에 어쩔 수 없이 멀티클러스터를 마련하는 경우가 많습니다. 또 글로벌 기업은 특정 데이터를 그 출처에 해당하는 국가에 보관해야 할 수도 있습니다. 요즘 이벤트 브로커는 수평 확장 품질이 아주 뛰어난 편이지만 데이터가 너무 커지면 클러스터 하나에 전부 담을 수 없습니다. 회사의 여러 사업 부서가 다른 부서와 격리할 목적으로 자체 클러스터가 필요하다고 주장할 수도 있습니다. 전체 클러스터가 중단되는 사고를 대비하여 리던던시^{redundancy}(중복성)를 제공하기 위해 여러 지역에 여러 클러스터를 두고 데이터를 복제하는 일도 드물지 않습니다.

동적 교차 지역 통신^{dynamic cross-region communication}, 재해 복구 등의 멀티클러스터 관리 방법은 책 한 권을 쓸 수 있을 정도로 복잡한 주제입니다. 또 현재 사용 중인 서비스와 예방/복구 전략에

크게 의존하는 부분도 있습니다. 캐피털 원Capital One[5] 같은 회사는 아파치 카프카 구현체를 중심으로 엄청나게 많은 맞춤 라이브러리와 코드를 개발해서 네이티브 멀티클러스터의 복제를 수행하고 있습니다. 아무래도 이 회사는 은행이다보니 어떤 금융 거래 이벤트도 소실되어서는 안될 것입니다. 이처럼 회사마다 요건이 제각각이므로 멀티클러스터 서비스와 데이터 관리 전략에 대해서는 더 이상 언급하지 않겠습니다.

14.13.1 이벤트 브로커를 프로그래밍으로 가져오기

이벤트 브로커 클러스터를 관리하는 팀은 새로운 클러스터를 생성/관리하는 도구 역시 필요합니다. 상용 클라우드 업체도 그래서 이 분야에 관심을 가지기 시작했습니다. AWS(2018년 11월 기준)에서는 아파치 카프카 클러스터를 온디맨드 방식으로 즉시 생성할 수 있습니다. 이벤트 브로커 기술마다 기술 지원에 필요한 작업량은 천차만별이므로 도메인 전문가와 함께 꼼꼼하게 잘 따져볼 필요가 있습니다. 어쨌든 목표는 전사적으로 사용 가능한 이벤트 브로커 클러스터 관리 도구를 확보해 이벤트 브로커를 쉽게 생성/확장하는 것입니다.

14.13.2 컴퓨팅 리소스를 프로그래밍으로 가져오기

다른 리소스와 독립적인 컴퓨팅 리소스를 가져와야 할 때도 많습니다. 기존 CMS는 여러 네임스페이스를 제공하므로 항상 완전히 새로운 CMS를 생성할 필요는 없습니다. 구글과 아마존의 쿠버네티스 솔루션처럼 클라우드 컴퓨팅 업체는 온디맨드 방식으로 사용 가능한 호스티드 서비스를 제공합니다.

이벤트 브로커에 적용한 기술적/법적 요건은 컴퓨팅 리소스에도 똑같이 확장 적용됩니다. 데이터 센터 전체적으로 처리를 분산시켜 지역 장애를 방지하고, 해당 국가를 벗어날 수 없을 경우 데이터를 로컬 처리하고, 계산 집약적인 워크로드는 더 저렴한 서비스 업체로 다이내믹하게 갈아탐으로써 비용을 절감할 수 있습니다.

이런 작업은 동일한 CI/CD 도구를 이용해서 수행할 수는 있지만 마이크로서비스를 배포할 위치를 결정하는 선택 메커니즘은 필요합니다. 또 컴퓨팅 리소스에서 필요한 이벤트 데이터를

---

5 옮긴이_ 신용 카드, 자동차 대출, 은행 및 저축 계좌를 전문으로하는 미국 은행 지주 회사로, 버지니아 주 맥린에 본사를 두고 있으며 주로 미국에서 사업을 운영하고 있습니다(출처: 위키백과).

사용할 수 있어야 하므로 동일한 지역이나 가용 영역^{availability zone}(AZ)에 함께 두는^{colocate} 경우가 많습니다. 물론 상이한 지역 간에도 통신은 가능하지만 비용이 많이 들고 속도가 느린 편입니다.

14.13.3 클러스터 간 이벤트 데이터 복제

재해 복구, 클러스터 간 정기 통신, 프로그래밍으로 생성하는 테스트 환경 구축 등 단일 클러스터의 한계를 벗어나 이벤트 기반 마이크로서비스를 확장하려면 클러스터 간 이벤트 데이터 복제가 중요합니다.

클러스터 간 데이터 복제 스펙은 이벤트 브로커 및 복제 도구 구현체마다 상이하므로 다음 사항을 고려해서 적절한 복제 도구를 선택하세요.

- 새로 추가된 이벤트 스트림을 자동으로 복제하는가?

- 삭제 또는 수정된 이벤트 스트림은 복제를 어떻게 처리하나?

- 데이터를 복제할 때 오프셋, 파티션, 타임스탬프까지 똑같이 맞추는가? 아니면 비슷하게 맞추는가?

- 복제 지연 시간은 얼마나 걸리나? 그 수치가 비즈니스 요건상 합당한가?

- 성능 특성은 무엇인가? 비즈니스 니즈에 따라 확장할 수 있나?

14.13.4 도구를 프로그래밍으로 가져오기

마지막으로 지금까지 살펴본 것과 동일한 도구를 새 클러스터에서도 프로그래밍으로 가져와 쓸 수 있어야 합니다. 그래야 이벤트 브로커가 아닌 어떤 데이터 저장소에도 의존하지 않는, 모든 클러스터에 배포 가능한 공통 도구 세트가 마련되며 이는 여러모로 장점이 많습니다. 첫째, 도구를 더 자주 사용하게 돼서 버그나 추가해야 할 기능을 파악하는 데 도움이 됩니다. 둘째, 사용자가 이미 도구 인터페이스에 익숙하므로 새 클러스터 사용에 대한 진입 장벽이 낮습니다. 셋째, 클러스터가 종료되면 도구 역시 따로 정리할 필요 없이 함께 종료시킬 수 있습니다.

14.14 디펜던시 추적과 토폴로지 시각화

마이크로서비스 간의 데이터 의존성을 추적하면 이벤트 기반 마이크로서비스 조직을 운영할 때 아주 유용합니다. 어떤 마이크로서비스가 어떤 이벤트 스트림을(에) 읽고 쓰는지 알기만 하면 됩니다. 컨슈머/프로듀서가 자신의 소비/생산 패턴을 알아서 보고하는 시스템을 떠올려 볼 수 있지만, 이런 부류의 자가 보고 솔루션은 자율에 맡기는 체제라서 보고를 잊어버리거나, 그냥 보고를 하지 않거나, 심지어 보고 자체를 꺼리는 팀이 항상 존재하는 문제점이 있습니다. 완전한 컴플라이언스compliance[6]가 전제되지 않은 디펜던시 결정은 통신 구조와 불완전한 토폴로지의 간극 때문에 시야가 좁아져 별로 쓸모가 없습니다. 이 장 앞부분에서 설명한 권한 구조와 ACL이 필요한 이유도 바로 이 때문입니다.

권한 구조를 활용하여 디펜던시를 결정하면 두 가지가 보장됩니다. 첫째, 권한 요건을 등록하지 않으면 마이크로서비스는 어떤 이벤트 스트림(에)도 읽거나 쓸 수 없기 때문에 작동되지 않습니다. 둘째, 권한 구조를 바꿀 일이 생기면 디펜던시를 결정하는 데 연관된 권한과 토폴로지 세대 역시 함께 업데이트됩니다. 올바른 디펜던시 추적을 위해 그밖에 다른 변경은 필요하지 않습니다.

이런 도구의 용례를 몇 가지 소개합니다.

데이터 계통 파악

데이터 과학자, 데이터 엔지니어는 데이터가 어디서, 어떤 경로로 왔는지 어떻게 파악할 것인가, 하는 문제에 늘 부딪힙니다. 전체 권한 구조 그래프를 그려보면 주어진 이벤트의 각 상위 서비스와 이벤트의 스트림을 식별할 수 있고 이로써 버그와 결함을 소스까지 거슬러 추적하면 주어진 데이터 변환과 관련된 모든 서비스를 파악할 수 있습니다. 권한 이벤트 스트림과 마이크로서비스–팀 배정 이벤트 스트림에서 시간을 되돌려 당시의 토폴로지 뷰를 생성할 수도 있습니다. 오래된 데이터를 감사할 때 아주 유용합니다.

팀 경계 오버레이(overlay)

마이크로서비스와 스트림을 소유한 팀을 토폴로지에 매핑할 수 있습니다. 적절한 시각화 도

---

6 옮긴이_ 통상 법규준수/준법감시/내부통제 등의 의미로서, 컴플라이언스 프로그램(compliance program)이란 '사업 추진 과정에서 기업이 자발적으로 관련 법규를 준수하도록 하기 위한 일련의 시스템'을 말합니다(출처: 위키백과).

구로 렌더링하면 어느 팀이 어떤 서비스를 직접 담당하는지 토폴로지에 명확하게 드러납니다.

데이터 출처 발견

시각화 도구는 데이터 발견data discovery에도 유용합니다. 미래의 컨슈머는 어느 스트림을 사용할 수 있고 그 스트림의 프로듀서/컨슈머가 누구인지 알 수 있습니다. 스트림 데이터에 관한 더 자세한 정보는 해당 프로듀서에게 연락해서 물어보면 됩니다.

상호 연결성과 복잡도 측정

응집도가 높고 느슨하게 결합된 마이크로서비스가 이상적인 것처럼 팀 역시 그렇습니다. 도구를 잘 활용하면 마이크로서비스 간 내부 접속 수와 마이크로서비스 간 교차 경계 접속 수를 팀 단위로 측정할 수 있습니다. 외부 접속은 가급적 적을수록 좋지만 단순 접속 수는 아주 기본적인 메트릭에 불과합니다. 그러나 아무리 기본적인 메트릭이라도 일관되게 적용하면 팀 간의 상대적 의존도를 밝혀낼 수 있습니다.

비즈니스 요건을 마이크로서비스에 매핑

비즈니스 요건에 따라 마이크로서비스를 조정하면 비즈니스 요건을 구현체에 매핑할 수 있습니다. 이 때 리포지터리 README나 마이크로서비스 메타데이터 저장소에 각 마이크로서비스의 비즈니스 요건을 코드와 함께 명시하는 게 좋습니다. 결국 마이크로서비스를 소유한 팀들까지 매핑되겠죠.

사업주는 이 오버레이를 보면서 '이런 구현체 구조가 팀이 지향하는 목표와 우선순위에 부합하는가?'라고 질문할 수 있을 것입니다. 이는 기술팀을 비즈니스 통신 구조에 맞게 조정하기 위해 회사 전체적으로 갖추어야 할 가장 중요한 도구 중 하나입니다.

14.14.1 토폴로지 예제

[그림 14-2]는 총 4개 팀 소유의 25개 마이크로서비스로 구성된 토폴로지입니다. 이해를 돕기 위해 데이터를 이벤트 스트림에 생산하는 방향과 소비 프로세스가 소비하는 방향까지 각각의

화살표로 나타냈습니다. 예를 들어 [그림 14-2]에서 마이크로서비스 3은 마이크로서비스 4가 생산한 데이터 스트림을 소비합니다.

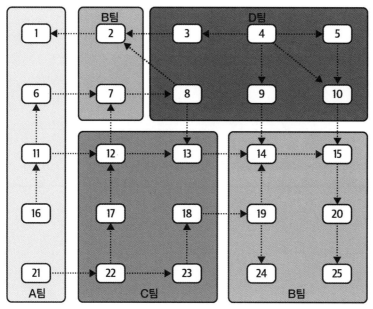

그림 14-2 서비스 연결 토폴로지 맵

B팀은 메인 경계 콘텍스트(우측 하단)에 속하지 않는 마이크로서비스 2와 7을 담당합니다. 만약 B팀의 비즈니스 목표가 이 두 마이크로서비스가 수행하는 기능과 부합하지 않으면 문제가 될 수 있습니다. 마이크로서비스 2와 7은 A, C, D팀에 의존 관계가 많기 때문에 B팀이 외부 세계로 노출한 '표면적surface area'이 넓습니다. [표 14-2]는 상호 연결성interconnectedness을 측정한 결과입니다.

표 14-2 상호 연결성 측정 결과

	인입 스트림	인출 스트림	인입 팀 연결	인출 팀 연결	소유한 서비스 수
A팀	1	3	1 (B팀)	2 (B, C팀)	5
B팀	8	2	3 (A, C, D팀)	2 (A, D팀)	8
C팀	3	3	2 (A, D팀)	1 (A팀)	6
D팀	1	5	1 (A팀)	2 (B, C팀)	8

그럼, 여기서 팀 경계를 넘나드는 스트림의 수와 팀 간 연결 수를 줄이면 어떻게 될까요? 마이

크로서비스 2, 7은 토폴로지 구조상 소유권이 섬 모양이므로 재배정을 통해 팀 간 의존도를 낮추기에 제격입니다. 마이크로서비스 7은 A팀(또는 B팀)에, 마이크로서비스 2는 D팀에 배정합니다. 마이크로서비스 1도 D팀에 배정하면 확실히 교차 경계 통신cross-boundary communication을 더 줄일 수 있습니다. [그림 14-3], [표 14-3]은 이렇게 수정한 결과입니다.

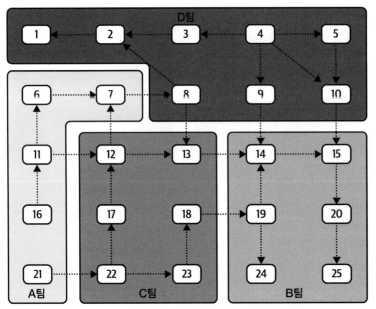

그림 14-3 마이크로서비스 재배정 후 서비스 연결 토폴로지 맵

표 14-3 다시 측정한 상호 연결성(괄호 안은 증감)

	입인 스트림	인출 스트림	인입 팀 연결	인출 팀 연결	소유한 서비스 개수
A팀	1	3	1 (B팀)	1 (C팀) (−1)	5
B팀	4 (−4)	0 (−2)	2 (C, D팀) (−1)	0 (−2)	6 (−2)
C팀	3	3	2 (A, D팀)	2 (A, B팀) (+1)	6
D팀	1	3 (−2)	1 (A팀)	2 (C, D팀)	8 (+2)

교차 경계 디펜던시를 계산해보니 팀 경계를 넘나드는 스트림 수가 줄었고 팀 간 연결 수가 3개 감소했습니다. 교차 경계 연결 수를 최소화하면 마이크로서비스−팀 배정 최적화에 도움이 되지만, 이것뿐만 아니라 팀 인원수, 전문 분야, 구현체 복잡도 등 다양한 요소 역시 함께 고려해서 결정해야 합니다.

무엇보다 마이크로서비스가 어떤 비즈니스 기능을 하는지 잘 살펴봐야 합니다. 어느 한 팀이 다양한 외부 소스에서 사용하는 수많은 이벤트 데이터를 생성한다고 합시다. 이 팀은 단순히 데이터를 소싱해서 이벤트로 구성할 뿐, 비즈니스 로직은 다른 팀의 다운스트림 컨슈머가 수행합니다. 분명 이 팀은 많은 팀과 많은 스트림 연결에 연결되어 있을 텐데, 이런 경우에 팀이 소유한 마이크로서비스와 연관된 비즈니스 기능을 들여다볼 수 있다면 정말 유용할 것입니다.

앞서 예시한 토폴로지에서는 여러 가지 질문을 던져봄 직합니다. 마이크로서비스 2의 비즈니스 기능 구현체가 B팀이나 D팀의 목표에 더 부합하나? 마이크로서비스 7은 B팀보다 A팀의 목표에 더 어울리는가? 그렇다면 대체로 어떤 서비스가 어느 팀에 가장 잘 맞는가? 이런 질문에 대한 답은 정성적qualitative일 수밖에 없으므로 팀 목표에 따라 신중하게 평가해야 합니다. 비즈니스 니즈가 발전하면 당연히 팀 목표도 바뀌어야 하며 그런 팀에 할당된 마이크로서비스를 중요한 비즈니스 목표에 맞추는 일도 중요합니다. 도구를 잘 활용하면 이런 배정을 어떻게 하는 게 가장 좋을지 넓은 시야로 바라볼 수 있고 사업주에게 명확한 의사결정 자료를 제출하는 데에도 도움이 됩니다.

14.15 마치며

자율적인 서비스를 다수 운용하려면 시스템을 어떻게 관리할 것인지 잘 생각해야 합니다. 이 장에서는 여러분의 조직에서 자사 서비스를 관리하는 데 유용하게 설계된 도구들을 살펴보았습니다.

서비스 수가 늘어나면 모든 시스템이 어떻게 돌아가는지 한 사람이 다 파악해서 각 서비스와 스트림에 알맞은 큰 그림을 그릴 수 없습니다. 서비스와 스트림 소유권, 스키마, 메타데이터 같은 속성을 명확하게 추적하면 조직 차원에서 시간 경과에 따른 변화를 구성하고 추적할 수 있습니다. 조직 차원에서는 단순 스트림이나 서비스 속성을 공식 문서화하고 부족 지식을 줄이는 행위가 우선시되어야 합니다. 결국, 서비스나 스트림 속성에 관한 모호함은 인스턴스를 추가 생성할 때마다 점점 더 증폭될 것입니다.

팀 서비스에 대한 자율과 통제는 대규모 마이크로서비스를 관리하는 데 있어 매우 중요한 요소입니다. 데브옵스 원칙에 따라 컨슈머 그룹 오프셋과 마이크로서비스 상태 저장소를 리셋할 수 있어야 합니다.

스키마를 활용하면 여러 사람이 이벤트의 의미를 동일하게 이해할 수 있습니다. 스키마 레지스트리는 스키마를 능률적으로 관리할 수 있게 하며 특정 스키마가 변경됐음을 이해 관계자들에게 알리는 도구로 쓰입니다.

CHAPTER 15

이벤트 기반 마이크로서비스 테스트

이벤트 기반 마이크로서비스의 가장 큰 장점 중 하나는 모듈화가 아주 잘 되어 있다는 점입니다. 이벤트 스트림 또는 요청–응답 API를 통해 입력 이벤트가 서비스에 전달되고 상태는 독립적인 상태 저장소에 구체화되며 출력 이벤트는 서비스 출력 스트림에 기록되지요. 마이크로서비스는 크기가 작고 용도가 정해져 있기 때문에 복잡한 대규모 서비스보다 테스트하기가 훨씬 쉽습니다. 가동부가 많지 않아 입출력과 상태를 처리하는 비교적 표준화된 방법론이 있고 테스트 도구를 다른 마이크로서비스에도 재활용할 수 있는 여지가 많습니다. 이 장에서는 단위 테스트, 통합 테스트, 성능 테스트 등의 테스트 원칙과 전략을 살펴보겠습니다.

15.1 일반 테스트 원칙

이벤트 기반 마이크로서비스는 모든 애플리케이션에 공통적인 테스트 모범 사례를 공유합니다. 단위, 통합, 시스템, 회귀 테스트 같은 기능 테스트^{functional test}는 마이크로서비스가 어떤 일을 해야 하고 어떤 일은 하지 말아야 할지 규정합니다. 성능, 부하, 스트레스, 장애 복구 테스트 같은 비기능 테스트^{nonfunctional test}은 다양한 상황에서도 마이크로서비스가 잘 작동하는지 확인합니다.

이 장은 여러분이 테스트의 원칙과 방법에 관한 포괄적인 자료로 참고하시기 바랍니다. 시중 테스트 관련 도서나 블로그, 문서 있는 내용을 이 책에 모두 다룰 수는 없으니 주로 이벤트 기반 테스트의 방법론과 원칙, 그리고 어떻게 이런 것들이 전체적인 테스트 그림을 구성하는지 알아보겠습니다. 언어마다 다른 테스트 프레임워크와 모범 사례는 스스로 찾아보고 지식을 습득하세요.

15.2 단위 테스트 토폴로지 함수

단위 테스트unit test는 가장 작은 애플리케이션 코드 조각이 잘 작동하는지 시험하는 테스트입니다. 더 고수준의 애플리케이션 기능을 확인하기 위해 작성하는 더 크고 포괄적인 테스트의 기반을 제공합니다. 이벤트 기반 토폴로지에서는 보통 이벤트에 변환, 집계, 매핑, 축약 함수를 많이 적용하므로 이런 함수들이 단위 테스트를 하기에 좋은 대상입니다.

> **NOTE_** 본인이 작성한 함수마다 null, 최대값 같은 경계 조건boundary condition을 테스트하세요.

15.2.1 상태 비저장 함수

상태 비저장 함수는 이전 함수 호출의 상태를 필요로 하지 않기 때문에 테스트를 독립적으로 수행하기가 쉽습니다. 이벤트 기반 마이크로서비스 토폴로지에서는 다음과 같은 맵리듀스형 코드를 흔히 볼 수 있습니다.

```
myInputStream
  .filter(myFilterFunction)
  .map(myMapFunction)
  .to(outputStream)
```

myMapFunction과 myFilterFunction은 모두 상태를 저장하지 않는 독립적인 함수들입니다. 이런 함수는 각각 단위 테스트를 통해 예상 범위의 입력 데이터를 잘 처리하는지, 특히 코너 케이스corner case[1]를 문제없이 처리하는지 확인해야 합니다.

---

1 옮긴이_ 정상 작동하는 매개변수 외부에서 발생하는 문제나 상황을 말합니다. 특히 각 매개변수가 해당 매개변수에 대해 지정된 범위 내에 있더라도 여러 환경 변수 또는 조건이 동시에 극심한 수준에 있을 때 나타나는 문제 또는 상황입니다(출처: 위키백과).

15.2.2 상태 저장 함수

상태는 시간과 입력 이벤트에 따라 가변적이므로 상태 저장 함수는 아무래도 상태 비저장 함수보다 테스트하기가 더 복잡합니다. 또 상태 저장에 관한 코너 케이스를 전부 다 테스트해야 합니다. 모킹한 외부 데이터 저장소든, 임시 내부 데이터 저장소든, 어떤 형태로든 테스트 도중에저장된 상태를 사용할 수 있는 저장소도 필요합니다.

다음 코드는 기본 프로듀서/컨슈머 구현체의 상태 저장 집계 함수 예제입니다.

```
public Long addValueToAggregation(String key, Long eventValue) {
    //단위 테스트 환경에서 데이터 저장소를 사용할 수 있어야 한다
    Long storedValue = datastore.getOrElse(key, 0L);
    //값을 더해 상태 저장소에 다시 로드한다
    Long sum = storedValue + eventValue;
    datastore.upsert(key, sum);
    return sum;
}
```

각 키마다 eventValue의 총합을 구하는 함수입니다. 엔드포인트를 모킹하는 것은 테스트하는동안 신뢰할 만한 데이터 저장소를 사용하는 한 가지 방법입니다. 로컬에서 사용 가능한 형태로 데이터 저장소를 생성할 수도 있지만 이것은 곧이어 설명할 통합 테스트에 더 가깝습니다. 어쨌든 이 데이터 저장소가 무슨 일을 해야 하는지, 런타임에 쓰이는 실제 구현체와는 어떻게연관되는지 잘 살펴봐야 합니다. 모킹을 하면 완전한 데이터 저장소를 가동시켜야 하는 부담없이 아주 성능이 높은 단위 테스트를 효과적으로 수행할 수 있습니다.

15.3 토폴로지 테스트

모든 기능을 갖춘 경량/대용량 프레임워크는 전체 토폴로지를 로컬에서 테스트해볼 수 있는기능을 제공합니다. 프레임워크에 없다면 그런 기능을 구현한 서드파티 옵션을 사용자 커뮤니티에서 제공하는 경우가 많습니다(강력한 커뮤니티가 형성된 프레임워크를 선택하는 것도 이때문이죠). 예를 들어 아파치 스파크는 자체 MemoryStream 클래스[2]를 통해 스트림 입출력을

---

2 https://oreil.ly/5Ao0U

세부적으로 제어할 수 있고 **StreamingSuiteBase**[3], **spark-fast-test**[4]를 단위 테스트용 서드파티 옵션으로 제공합니다. 아파치 플링크[5], 아파치 빔[6] 역시 토폴로지를 테스트하는 옵션을 제공하며 경량 스트림 프레임워크인 카프카 스트림즈는 **TopologyTestDriver**[7]라는 토폴로지 테스트 장치를 제공하여 전체 이벤트 브로커를 설정하지 않아도 프레임워크 기능을 모킹할 수 있습니다.

토폴로지 테스트는 개별 단위 테스트보다 더 복잡하고 비즈니스 로직에 지정된 전체 토폴로지를 대상으로 합니다. 토폴로지는 많은 부분이 서로 맞물려 돌아가는, 하나의 거대하고 복잡한 함수라고 볼 수 있습니다. 토폴로지 테스트 프레임워크를 사용하면 입력 스트림에 언제, 어떤 이벤트를 생산할지 완전히 제어할 수 있습니다. 주어진 값을 지닌 이벤트, 비순차 이벤트, 데이터 또는 타임스탬프가 무효한 이벤트 등 코너 케이스에 해당하는 이벤트를 얼마든지 만들어낼 수 있어서 시간 기반 집계, 이벤트 스케줄링, 상태 저장 함수 같은 작업이 제대로 작동되는지 알 수 있습니다. 예를 들어 다음과 같은 맵리듀스형 토폴로지가 있다고 합시다.

```
myInputStream
  .map(myMapFunction)
  .groupByKey()
  .reduce(myReduceFunction)
```

입력 스트림 **myInputStream**에서 이벤트를 받아 매핑 함수를 적용한 결과를 키별로 그룹핑한 뒤 마지막에 키당 하나의 이벤트로 축약하는 로직입니다. **myMapFunction**, **myReduceFunction** 함수에 대해 단위 테스트를 구현할 수는 있지만 **map**, **groupByKey**, **reduce** 등의 연산은 프레임워크의 일부라서 재연하기가 쉽지 않습니다.

그래서 토폴로지 테스트가 필요한 것입니다. 스트림 프레임워크마다 토폴로지 테스트를 지원하는 수준이 제각각이니 여러분에게 가장 적합한 옵션을 잘 찾아보세요. 이런 테스트 프레임워크를 잘 활용하면 입력 이벤트를 보관할 이벤트 브로커를 생성하거나, 대용량 프레임워크 클러스터를 설정해서 처리하지 않아도 되니 아주 간편합니다.

----

3 https://oreil.ly/1e4lr
4 https://oreil.ly/jkoI5
5 https://oreil.ly/dHZb5
6 https://oreil.ly/hnMRJ
7 https://oreil.ly/R0fg9

15.4 스키마 진화와 호환성 테스트

이벤트 스트림의 스키마 진화 규칙에 따라 모든 출력 스키마가 그 이전의 스키마와 호환되게 하려면(3.1절의 '완전한 스키마 진화' 참고) 코드 제출code submission의 한 과정으로 스키마 레지스트리에서 스키마를 가져와 진화 규칙에 부합하는지 체크하면 됩니다. 스키마 생성 도구를 사용해 컴파일 타임에 코드에 정의된 클래스나 구조체에서 스키마를 자동생성하면 이전 스키마 버전과 비교 가능한, 프로그램으로 생성된 스키마가 만들어지는 애플리케이션도 개발할 수 있습니다.

15.5 이벤트 기반 마이크로서비스의 통합 테스트

마이크로서비스 통합 테스트는 프로덕션 환경을 로컬화한 레플리카에서 수행하는 로컬 통합 테스트local integration test와 로컬 시스템 외부 환경에서 마이크로서비스를 실행하는 원격 통합 테스트remote integration test 두 가지가 있습니다. 이 둘을 조합한 하이브리드 형태로, 마이크로서비스의 특정 부분과 그 테스트 환경을 따로 호스팅해서 로컬에서 실행하고 다른 부분은 원격으로 실행하는 방법도 있습니다. 방법마다 일장일단이 있고 모든 경우의 수를 따져보는 것은 기술적으로 불가능하므로 여기서는 주요한 두 가지 사례만 살펴보겠습니다.

이 장의 나머지 부분을 읽으면서 다음 질문을 꼭 스스로에게 던져보시기 바랍니다.

- 통합 테스트를 해서 무엇을 얻고자 하는가? '이게 실행은 되나?' 정도의 단순한 목적인가? 프로덕션 데이터를 가지고 리허설 테스트를 하려는 것인가? 아니면 더 복잡한 워크플로를 테스트해보려는 의도인가?

- 버그 때문에 전체 데이터가 소실되거나 재처리를 해야 할 경우, 입력 스트림 처음부터 재처리하는 기능을 마이크로서비스에서 지원해야 하나? 만약 그렇다면, 그런 기능이 제대로 동작하는지 테스트하려면 무엇을 알아야 할까? 입력 이벤트 스트림이 이런 요건을 지원할 수 있는지부터 확인해봐야 할 지도 모릅니다.

- 성공/실패 여부를 판정하려면 어떤 데이터가 필요한가? 손으로 조작한 이벤트 데이터라도 괜찮나, 아니면 프로그램을 짜서 만들어야 하나? 진짜 프로덕션 데이터가 필요한가?

만약 그렇다면 얼마나 많은 데이터가 필요한가?

- 성능, 부하, 처리량, 확장도 테스트를 해야 하나?
- 완전한 통합 테스트용 솔루션을 자체 개발하지 않고도 내가 작성한 마이크로서비스를 통합 테스트하고 싶으면 어떻게 해야 하나?

여러분이 이런 질문에 스스로 답을 찾기 위해 필요한 지식을 다음 절부터 하나씩 살펴보겠습니다.

15.6 로컬 통합 테스트

로컬 통합 테스트local integration test는 광범위한 기능/비기능 테스트를 할 수 있습니다. 이 테스트는 마이크로서비스를 배포할 프로덕션 환경의 로컬 레플리카를 주로 사용합니다. 이 말은 적어도 이벤트 브로커, 스키마 레지스트리, 마이크로서비스별 데이터 저장소, 마이크로서비스 자체, 그밖의 대용량 프레임워크나 FaaS 사용 시 필요한 모든 처리 프레임워크를 전부 생성함을 의미합니다. 컨테이너화containerization, 로깅, CMS도 도입할 수 있지만 마이크로서비스의 비즈니스 로직과 크게 연관성은 없으므로 반드시 필요한 것은 아닙니다.

로컬에서 제어할 수 있는 자체 환경을 구축하면 각 시스템을 독립적으로 제어할 수 있는 큰 장점이 있습니다. 간헐적 장애, 비순차 이벤트, 네트워크 차단 등 실제 프로덕션 상황을 프로그래밍 방식으로 그대로 옮겨놓은 셈이라서 비즈니스 로직과 프레임워크가 제대로 연계되는지 시험할 수 있습니다. 또 로컬 통합 테스트는 코파티션 및 상태와 연관된 기본적인 수평 확장 기능도 테스트해볼 수 있습니다.

동일한 워크플로에서 이벤트 기반 로직과 요청-응답 로직을 동시에 효과적으로 테스트할 수 있는 장점도 매우 큽니다. 입력 스트림에 이벤트를 언제 주입할지 완전히 제어할 수 있고 이벤트 처리 전후나 도중 언제라도 요청을 발행할 수 있습니다. 요청-응답 API는 마이크로서비스를 테스트할 목적으로 만든 별도의 이벤트 소스라고 생각하면 이해가 빠릅니다.

다음은 시스템 컴포넌트가 제공하는 일부 옵션들입니다.

이벤트 브로커

- 이벤트 스트림의 생성/삭제

- 입력 스트림에 선택적으로 이벤트 순서를 적용해서 시간 기반 로직, 비순차 이벤트, 업스트림 프로듀서 실패를 일으킴

- 파티션 수 변경

- 브로커 장애 및 복구 유발

- 이벤트 스트림 장애 및 복구 유발

스키마 레지스트리

- 주어진 이벤트 스트림에 진화가 호환되는^{evolutionary-compatible} 스키마를 발행하고 이 스키마로 입력 이벤트 생산

- 장애 및 복구 유발

데이터 저장소

- 기존 테이블의 스키마 변경(해당 시)

- 저장 프로시저^{stored procedure} 변경(해당 시)

- 애플리케이션 인스턴스 수 변경 시 내부 상태 재구성(해당 시)

- 장애 및 복구 유발

처리 프레임워크(해당 시)

애플리케이션과 처리 프레임워크는 대개 밀접하게 연관되어 있으므로 FaaS, 대용량 프레임워크 솔루션처럼 완전한 테스트용 프레임워크 구현체가 필요한 경우도 있습니다. 이런 프레임워크는 다음과 같은 기능을 제공합니다.

- 적절한 코파티션과 데이터 지역성을 보장하기 위해 내부 이벤트 스트림(경량)이나 셔플 메커니즘(대용량)으로 셔플링

- 체크포인팅, 장애, 복구

- 워커 인스턴스 장애를 일으켜 애플리케이션 인스턴스가 유실되는 상황을 모킹(대용량)

애플리케이션

애플리케이션 수준에서는 거의 대부분 특정 시간에 실행되는 인스턴스 수를 관리하는 방식으로 제어합니다. 통합 테스트에 인스턴스 수를 (지원된다면 동적으로) 확장하는 테스트를 포함시켜 다음과 같은 사항을 확인합니다.

- 리밸런스가 예상대로 일어나는가?

- 체크포인트 또는 체인지로그 스트림에서 내부 상태가 복구되는가? 데이터 지역성은 유지되는가?

- 외부 상태 접근에 영향이 없나?

- 애플리케이션 인스턴스 수를 변경해도 상태 저장 데이터에 대한 요청—응답 접근에 별다른 영향이 없는가?

이렇게 모든 시스템을 완벽하게 제어하면 마이크로서비스가 별의별 장애 상황이나 불리한 조건, 그리고 처리 능력이 가변적인 경우에도 잘 동작하게 만들 수 있습니다.

로컬 통합 테스트는 크게 두 가지 방법으로 수행합니다. 첫째, 여러분이 작성한 코드에 테스트 라이브러리를 임베드합니다. 언어와 프레임워크 모두 지원이 돼야 가능한 방법이므로 모든 마이크로서비스에 적용 가능한 것은 아닙니다. 둘째, 필요한 각 컴포넌트를 설치하고 원하는 대로 제어 가능한 로컬 환경을 구축합니다. 이 두 가지 방법을 하나씩 살펴본 다음, 이어서 호스티드 서비스 기반으로 마이크로서비스를 테스트하는 방법을 설명하겠습니다.

15.6.1 테스트 코드 런타임 내부에 임시 환경 만들기

애플리케이션과 동일한 코드 내부에서 테스트 코드가 필요한 컴포넌트를 실행하는, 가장 적용 범위가 좁은 방법입니다. 클라이언트, 브로커, 프레임워크의 기반 프로그래밍 언어가 서로 호환된다는 전제 하에 테스트 라이브러리를 코드 안에 삽입하면 매끄럽게 잘 작동됩니다.

예를 들면 카프카 스트림즈 애플리케이션의 테스트 코드는 카프카 브로커, 스키마 레지스트리,

마이크로서비스 토폴로지 인스턴스를 기동한 후, 토폴로지 인스턴스 시작/중지, 이벤트 발행, 응답 대기, 브로커 장애 및 다른 실패 상황 유발 등을 일으킬 수 있습니다. 테스트가 끝나면 모든 컴포넌트가 곧바로 종료되고 상태는 깨끗이 정리됩니다. 다음 이런 작업을 하는 의사 코드 예입니다(편의상 선언문과 인스턴스화 문은 생략합니다).

```
broker.start(brokerUrl, brokerPort, ...);
schemaRegistry.start(schemaRegistryUrl, srPort, ...);
//첫 번째 마이크로서비스 인스턴스
topologyOne.start(brokerUrl, schemaRegistryUrl,
  inputStreamOne, inputStreamTwo ...);

//동일한 마이크로서비스의 두 번째 인스턴스
topologyTwo.start(brokerUrl, schemaRegistryUrl,
  inputStream, inputStreamTwo, ...);

//입력 스트림 1에 테스트 데이터 발행
producer.publish(inputStreamOne, ...);
//입력 스트림 2에 테스트 데이터 발행
producer.publish(inputStreamTwo, ...);
//잠시 대기한다, 꼭 이렇게 할 이유는 없지만 생각할 여유가 생긴다
Thread.sleep(5000);

//topologyOne이 실패한 상황을 연출
topologyOne.stop();

//출력 토픽에서 출력을 체크한다. 별 문제없는가?
event = consumer.consume(outputTopic, ...)

//더 이상 수행할 테스트가 없으면 남은 컴포넌트를 닫는다
topologyTwo.stop()
schemaRegistry.stop()
broker.stop()

if (event ...) //컨슈머 출력 확인
  //올바르면 테스트 성공
else
  //테스트 실패
```

특히, 카프카 스트림즈는 이 방법의 한정된 속성을 보여주는 좋은 사례입니다. 애플리케이션 코드, 이벤트 브로커, 컨플루언트 스키마 레지스트리는 모두 JVM 기반이므로 동일한 런타임

내부에서 프로그래밍으로 제어하려면 JVM 기반 애플리케이션이 필요합니다. 마스터 인스턴스와 워커 인스턴스를 모두 생성하는 추가 오버헤드는 발생하지만 여타 오픈 소스 대용량 프레임워크도 잘 작동됩니다. 이런 대용량 프레임워크도 거의 다 JVM 기반이라서 사실상 이 글을 쓰는 현재로서는 JVM 전용 접근법입니다. 비JVM 기반 애플리케이션도 우회하여 테스트하는 방법은 있지만 그 과정이 결코 간단하지 않습니다.

15.6.2 테스트 코드 외부에 임시 환경 만들기

필요한 모든 시스템을 로컬에 설치/구성하는 방법입니다. 이제 막 마이크로서비스를 시작하는 단계에서는 오버헤드를 낮출 수 있지만 모든 팀원들이 다 똑같이 그렇게 하면 각자 조금씩 다른 버전을 실행하게 돼서 나중에 디버깅하기 복잡하고 비용도 많이 듭니다. 대부분의 마이크로서비스가 그렇듯이 중복 단계를 피하고 오버헤드를 없애는 지원 도구를 제공하는 것이 최선입니다.

필요한 컴포넌트가 모두 설치/구성된 단일 컨테이너를 생성하는 좀 더 유연한 방법도 있습니다. 이렇게 생성된 컨테이너는 애플리케이션을 테스트하는 모든 팀이 사용할 수 있습니다. (조직 내부에서 쓸 거라 해도) 오픈 소스 모델open source model[8]로 관리해서 오류 조치, 업데이트, 신기능 추가를 하면 모든 팀이 혜택을 볼 수 있겠죠. 이 모델은 매우 유연해서 어떤 프로그래밍 언어라도 사용할 수 있지만 컨테이너에서 시스템 컴포넌트와 쉽게 통신을 할 수 있는 프로그래밍 방식의 API를 사용하는 게 훨씬 간단합니다. [그림 15-1]은 스키마 레지스트리, 이벤트 브로커, 그리고 컨테이너 내부에 필수 토픽을 생성하여 구성한 경량 프레임워크의 예입니다. 마이크로서비스 인스턴스 자체는 컨테이너 외부에서 실행되고 테스트 구성 파일에 있는 브로커 및 스키마 레지스트리 주소를 참조합니다.

---

8 옮긴이_ 개방형 협업을 장려하는 탈중앙 방식의 소프트웨어 개발 모델입니다. 오픈 소스 소프트웨어 개발의 주된 원칙은 대중이 자유로이 이용할 수 있는 소스 코드, 청사진, 문서 등 제품의 동료 생산입니다(출처: 위키백과).

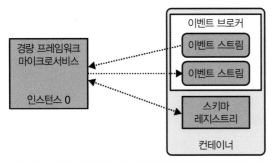

그림 15-1 로컬 통합 테스트를 수행하기 위해 컨테이너형 테스트 디펜던시를 사용한 경량 마이크로서비스

15.6.3 모킹 및 시뮬레이터를 이용해 호스티드 서비스 통합

이벤트 브로커, 대용량 프레임워크, FaaS 플랫폼 등의 호스티드 서비스가 로컬 통합 테스트 환경에 필요한 경우도 있습니다. 오픈 소스로 대체 가능한 서비스(예: 호스티드 카프카 대신 아파치 카프카)도 있지만 모든 호스티드 서비스가 그렇게 할 수 있는 것은 아닙니다. 가령, 마이크로소프트 이벤트 허브Event Hubs, 구글 펍섭PubSub, 아마존 키네시스Kinesis는 모두 폐쇄적인 상용 서비스라서 전체 구현체를 내려받을 수 없습니다. 이런 경우에는 해당 업체가 쓸 만한 에뮬레이터emulator나 라이브러리, 컴포넌트, 아니면 오픈 소스라도 제공하는지 알아보고 사용하는 것이 좋습니다.

예를 들면 구글 펍섭은 로컬스택LocalStack[9]에서 제공하는 오픈 소스 버전의 키네시스(및 기타 여러 AWS 서비스)만큼 충분한 로컬 테스트 기능을 갖춘 에뮬레이터[10]를 제공합니다. 아쉽게도 현재 마이크로소프트 애저의 이벤트 허브는 에뮬레이터를 제공하지 않고 오픈 소스 쪽에서도 구현체를 구할 수가 없습니다. 물론 애저 이벤트 허브 클라이언트에서 아파치 카프카를 사용[11]할 수는 있지만 모든 기능이 다 지원되는 것은 아닙니다.

FaaS 플랫폼 기반의 애플리케이션은 호스팅 서비스가 제공한 로컬 테스트 라이브러리를 사용하면 됩니다. 구글 클라우드 함수Cloud function[12]는 아마존 람다 함수Lambda function[13], 마이크로소프

---

9 https://oreil.ly/PqA9b

10 https://oreil.ly/pC5GC

11 https://oreil.ly/Mkx2b

12 https://oreil.ly/sNCP4

13 https://oreil.ly/PmNyT

트 애저 함수[14]처럼 로컬에서 테스트가 가능합니다. 오픈위스크OpenWhisk, 오픈FaaSOpenFaaS, 큐블리스Kubless도 9장에서 언급했듯이 이와 비슷한 테스트 메커니즘을 제공하며 웹에서 바로 정보를 찾아볼 수 있는 오픈 소스 솔루션입니다. 이런 솔루션을 적절히 잘 활용하면 전체 FaaS 환경을 로컬에 구성하고 프로덕션과 최대한 유사한 플랫폼에서 테스트를 할 수 있습니다.

대용량 프레임워크 기반의 애플리케이션 통합 테스트 환경도 구축하는 과정은 FaaS 프레임워크와 크게 다르지 않습니다. 각각 프레임워크를 설치/구성하고 애플리케이션은 처리 잡을 직접 프레임워크에 제출해야 합니다. 대용량 프레임워크에서 컨테이너를 하나 설치하려면 이벤트 브로커 및 여타 디펜던시와 함께 마스터/워커 인스턴스를 나란히 실행하면 됩니다. 대용량 프레임워크 구성이 끝나면 마스터 인스턴스에 처리 잡을 제출하고 출력 이벤트 스트림에서 테스트 결과를 기다리는 일만 남습니다. [그림 15-2]는 개발자 간에 배포를 간소화하기 위해 전체 디펜던시를 컨테이너화한 예입니다.

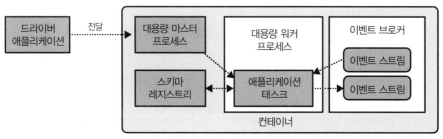

그림 15-2 로컬 통합 테스트를 수행하기 위해 컨테이너형 테스트 디펜던시를 사용한 대용량 마이크로서비스

15.6.4 로컬 옵션이 없는 원격 서비스 통합

프로덕션 서비스 중에는 로컬에서 사용할 수 없는 것들도 있는데, 이는 개발 및 통합 테스트에 모두 불리한 조건입니다. 이를테면 마이크로소프트 애저의 이벤트 허브는 에뮬레이터가 전무한 실정입니다. 로컬에서 사용 가능한 구현체가 없다는 말은 애플리케이션 통합 테스트 환경 외에도 각 개발자가 알아서 원격 환경을 프로비저닝해야 한다는 뜻입니다. 또 이 시점까지의 통합 테스트는 주로 일회성의 관리하기 쉬운 로컬 환경에서 단일 애플리케이션 인스턴스를 격리하는 것이라서 자칫 경계선이 흐려지기 시작할 공산이 큽니다. 이런 시나리오에서 발생하는

----

14 https://oreil.ly/G-MZz

오버헤드는 독립적인 개발 및 통합 테스트 수행에 적잖은 장애물이 될 수 있으니 진행하기 전에 신중하게 숙고할 필요가 있습니다.

문제를 어떻게든 최소화하려면 인프라 팀과 긴밀하게 협의해서 ACL을 통해 독립적인 테스트 환경을 독립적으로 프로비저닝하거나, 모두가 사용할 수 있는 대규모 공통 환경을 구축하는 방안을 모색해야 합니다(잠시 후 이 장에서 다시 얘기하겠지만 이 방법도 문제가 있습니다). 개발자가 로컬 스테이징 환경을 원격 리소스에 연결할 경우 보안 문제도 불거질 수 있고 원격 스테이징 환경을 정리/관리하는 것도 일입니다. 이러한 난관은 여러 가지 방법으로 극복할 수 있지만, 상황마다 내재된 문제가 너무 다양해서 이 책에서 포괄적으로 살펴보기는 어렵습니다.

그나마 다행히도 대부분의 메이저 폐쇄형 클라우드 서비스 업체가 로컬 개발/테스트 옵션을 제공하기 위해 상당한 노력을 기울이고 있으므로 언젠가는 모든 기능을 갖춘 서비스가 등장하게 될 전망입니다. 일단 그 전까지는 서비스 선정에 심사숙고해서 로컬에서 개발/통합 테스트가 가능한지 잘 살펴보세요.

15.7 완전 원격 통합 테스트

로컬 환경에서 곤란한 테스트는 완전 원격 통합 테스트^{full remote integration test}로 수행합니다. 가령, 테스트 대상 마이크로서비스가 서비스 수준의 목표를 충족하는지 확인하려면 성능 테스트, 부하 테스트가 꼭 필요합니다. 이벤트 처리량, 요청-응답 지연, 인스턴스 확장, 장애 복구 역시 완전 통합 테스트로 수행할 수 있습니다.

> **TIP** 완전 통합 테스트의 목표는 이벤트 스트림, 이벤트 데이터량, 이벤트 스키마, 요청-응답 패턴(해당 시) 등 애플리케이션의 실행 환경을 가능한 한 프로덕션 환경에 가깝게 맞추는 것입니다.

완전 통합 테스트는 보통 세 가지 방법 중 하나로 수행합니다. 첫째, 임시 통합 환경을 사용하고 테스트가 끝나면 폐기합니다. 둘째, 공통 테스트 환경을 만들어 여러 팀이 여러 번 통합 테스트를 진행합니다. 셋째, 프로덕션 환경 자체를 이용합니다.

15.7.1 프로그래밍으로 임시 통합 테스트 환경 만들기

프로그래밍으로 생성한 이벤트 브로커와 컴퓨팅 리소스 관리자의 장점에 대해서는 앞서 14.13절의 '클러스터 생성과 관리'에서 언급했습니다. 이런 도구들을 잘 활용하면 통합 테스트 전용 임시 환경을 만들 수 있습니다. 컴퓨팅 리소스를 별도로 할당받고 브로커 세트를 따로 생성해서 테스트 대상 마이크로서비스를 컨테이너에 담아 실행하는 것입니다. 이런 식으로 통합 테스트를 수행하면 새로운 브로커 및 컴퓨팅 환경의 생성 프로세스를 정기적으로 반복할 수 있다는 장점이 있습니다. 또 스크립트 실행 문제나 설정 오류가 다음 통합 테스트를 하기 전에 먼저 드러나 조치할 수 있습니다.

새로 마련된 환경에서는 마이크로서비스 테스트에 꼭 필요한 이벤트 스트림과 이벤트 데이터가 절대 부족하다는 점이 문제가 될 수 있습니다. 이벤트 스트림의 이름은 직접 담당자에게 물어보거나 개발 도구로 마이크로서비스 코드베이스의 내부 구성 파일을 뒤져보면 알아낼 수 있습니다. 마이크로서비스 확장, 코파티션, 리파티션 로직이 올바르게 작동되려면 파티션 수는 프로덕션 시스템과 동일하게 설정해야 합니다.

이벤트 스트림이 생성되면 그 다음에는 이벤트로 채웁니다. 프로덕션 데이터로 채우면 되지만 따로 구성한 테스트 데이터 세트나 프로그래밍으로 생성한 데이터, 또는 애드혹$^{ad\ hoc}$ 데이터를 사용해도 됩니다.

프로덕션에 있는 이벤트로 채우기

프로덕션 클러스터에 있는 이벤트를 새로 생성한 테스트 클러스터의 이벤트 스트림으로 복사합니다. 이 때 프로덕션 클러스터의 특정 이벤트 스트림을 복제하여 이벤트를 로드할 수 있는 복제 도구(14.13절의 '클러스터 간 이벤트 데이터 복제' 참고)가 요긴하게 쓰입니다. 물론 보안이나 접근 통제 등 프로덕션에서 데이터를 취득할 때 걸림돌이 될 만한 요소는 없는지 미리 살펴봐야 합니다.

장점

- 프로덕션 데이터가 정확하게 반영됩니다.

- 원하는 수량만큼, 아니면 필요한 일부 데이터만 복사할 수 있습니다.

- 환경이 완전 격리되어 있어서 다른 테스트 대상 마이크로서비스가 테스트에 부정적인 영향을 끼칠 일이 없습니다.

단점

- 브로커 쿼터를 신중하게 설정하지 않으면 데이터를 복사하는 도중에 프로덕션 성능에 영향을 끼칠 수 있습니다.

- 어마어마한 양의 데이터(특히, 오래 존속되는 엔티티라면)를 복사해야 할 수도 있습니다.

- 민감 정보가 포함된 이벤트 스트림은 따로 잘 관리해야 합니다.

- 사용 장벽을 낮추려면 생성/복사 과정을 간소화하는 데 상당한 투자가 필요합니다.

- 민감한 프로덕션 이벤트가 노출될 소지가 있습니다.

별도 구성한 테스트 이벤트로 채우기

별도 구성한 이벤트를 사용하면 특정 프로퍼티, 값, 그리고 다른 이벤트와 연관된 이벤트를 통합 테스트에 사용할 수 있습니다. 이런 이벤트는 실수로 덮어 쓰거나, 손상되거나, 유실되지 않도록 안전한 위치에 보관해야 합니다. 이 방법은 보통 단일 공유 테스트 환경single shared testing environment에서 쓰이지만 (프로덕션에서 이벤트를 복사하는 것처럼) 영구 데이터 저장소에서 이벤트를 추출해 사용자가 지정한 스트림에 로드하는 경우에도 사용할 수 있습니다.

장점

- 소량의 데이터 세트만 포함됩니다.

- 별도로 구성된 이벤트라서 값과 관계를 특정할 수 있습니다.

- 프로덕션에 아무런 영향을 끼치지 않습니다.

단점

- 관리 오버헤드가 상당합니다.

- 김빠진 데이터가 될 수 있습니다.

- 새 이벤트 스트림을 처리해야 합니다.

- 스키마 변경을 처리해야 합니다.

- 덜 사용하는 이벤트 스트림은 사용하지 못하게 될 수 있습니다.

운영 프로세스를 엄격하게 정립하면 이 방법의 단점은 대부분 극복할 수 있지만 결국 많은 조직에서 문서화 작업을 할 때와 똑같은 전철을 밟게 될 공산이 큽니다. 의도는 좋지만 구식이고 반드시 필요한 것도 아니며 언제나 다른 작업보다 우선순위가 낮아 보입니다.

스키마를 이용해 목 이벤트 생성

프로그래밍으로 목 이벤트를 생성해서 이벤트 스트림을 채우는 방법입니다. 스키마 레지스트리에서 스키마를 가져와 그에 맞게 이벤트를 생성하는 것입니다. 이전 스키마 버전을 가져와 구버전의 이벤트를 생성할 수도 있습니다.

이 방법은 이벤트 간의 관계가 적절한지 확인해야 하므로 복잡한 편입니다. 특히, 어느 한 서비스가 상이한 타입의 이벤트를 집계하거나 스트림 간 조인을 하는 경우가 그렇습니다. 여러 이벤트를 함께 조인하는 마이크로서비스에서는 PK/FK가 일치하는 이벤트를 조인 로직을 수행하기 알맞게 만들어야 합니다. 마이크로서비스 코드가 비즈니스 로직에 필요한 관계를 표현하고 있기 때문에 대개 심각한 문제는 아니지만 모든 데이터가 적절한 범위 내에 속하는지 여부는 데이터를 생성하는 사람이 책임지고 확인해야 합니다.

장점

- 프로덕션 클러스터에서 데이터를 가져올 필요가 없으므로 프로덕션 성능에 부정적인 영향을 미치지 않습니다.

- 퍼징fuzzing[15] 도구를 활용하면 이벤트 데이터, 테스트 경계 조건, 그밖에 포맷이 잘못됐거나 반쪽짜리 필드 같은 것들을 만들 수 있습니다.

- 프로덕션 데이터로는 불가능한 특수한 테스트 케이스를 만들어 코너 케이스를 처리할 수 있습니다.

---

15 옮긴이_ 컴퓨터 프로그램에 유효한, 예상치 않은 무작위 데이터를 입력하는 소프트웨어 테스트 기법입니다(출처: 위키백과).

- 서드파티 도구로 프로그램을 작성하여 테스트 데이터를 생성할 수 있습니다(예: 컨플루언트 아브로 도구[16]).

단점

- 다른 방법에 비해 리얼한 데이터를 만들기가 까다롭습니다.

- 생성된 데이터를 프로덕션 데이터와 비교하면 여전히 불완전합니다. 예를 들어 프로덕션 데이터는 목 데이터로는 잘 드러나지 않는 키 분포 때문에 데이터량이 상당히 차이날 수 있습니다.

- 생성된 데이터가 특정 필드를 부정확하게 나타낼 수 있습니다. 예를 들면 어떤 비즈니스 작업을 위해 특정한 방법으로 생성된 테스트 데이터의 문자열 필드를 파싱하면 문제가 없지만 프로덕션 데이터의 일부를 갖고 테스트하면 실패하는 경우가 있습니다.

15.7.2 공유 환경에서 테스트

동일한 이벤트 브로커 안에 있는 이벤트 스트림을 공유 풀shared pool로 만들어 하나의 공유 테스트 환경을 구축하는 방법입니다. 이 이벤트 스트림은 프로덕션 데이터를 반영한 테스트 데이터, 또는 앞서 설명한 것처럼 별도로 신중하게 마련한 테스트 데이터로 채웁니다. 테스트 환경을 구축하는 오버헤드는 적지만 이벤트 스트림 및 데이터를 관리하는 부담은 오롯이 개발자가 져야 합니다.

장점

- 시작하기 쉽습니다.

- 하나의 테스트 환경만 잘 관리하면 됩니다.

- 프로덕션 워크로드와 격리됩니다.

---

16 https:///oreil.ly/HTQhX

단점

- '공유지의 비극tragedy of the commons'[17]이 재현될 수 있습니다. 파편화되어fragmented 버려진 이벤트 스트림 때문에 어떤 스트림이 테스트 입력으로 유효한지, 어떤 스트림이 정리가 안 된 이전 테스트의 출력인지 모호해질 가능성이 있습니다.

- 테스트 대상 시스템이 100% 격리되지 않습니다. 따라서 여러 서비스가 대규모 성능 테스트를 동시에 수행하면 다른 서비스 결과에 영향을 미칠 수 있습니다.

- 비호환 이벤트가 다른 서비스의 입력 이벤트 스트림에 생산될 수 있습니다.

- 이벤트 스트림 데이터가 어쩔 수 없이 김빠지게 되어 최신 이벤트로 업데이트해야 합니다.

- 프로덕션에서 검색한 전체 범위의 이벤트가 부정확하게 나타납니다.

> **WARNING_** 결국 이벤트 브로커는 이벤트 스트림과 깨진 데이터가 뒤섞여 아수라장이 될 테니 이 방법은 가용성 측면에서는 최악입니다.

특히, 한 마이크로서비스의 출력 스트림은 보통 다른 서비스의 입력 스트림이므로 다른 애플리케이션 테스트에서 격리하기가 사실상 어렵습니다. 데이터 스트림을 신중하게 관리하고 엄격한 명명 규칙을 적용하고 이벤트 스트림 쓰기를 제한하면 어느 정도 해결하는 데 도움은 되겠지만, 테스트 환경 관리자나 사용자의 부지런함과 준법 정신이 아주아주 많이 필요하겠죠.

15.7.3 프로덕션 환경에서 테스트

아예 (위험하지만) 프로덕션 환경에서 마이크로서비스를 테스트하는 방법도 있습니다. 마이크로서비스를 기동 후 입력 이벤트 스트림에서 이벤트를 받아 비즈니스 로직을 적용해 출력하는 것입니다. 일반적으로 마이크로서비스가 기존 프로덕션 시스템에 영향을 미치지 않도록 자체 배정된 출력 이벤트 스트림과 상태 저장소를 사용합니다. 동일한 마이크로서비스의 이전 버전을 테스트 중인 새 버전의 마이크로서비스와 함께 실행할 경우 특히 중요합니다.

---

17 옮긴이_ 미국 UCSB 생물학과 교수인 개릿 하딘(Garrett Hardin)에 의해 만들어진 개념으로 사이언스(Science)지에 실렸던 논문 제목이기도 합니다. '지하자원, 초원, 공기, 호수에 있는 고기와 같이 공동체의 모두가 사용해야 할 자원은 사적 이익을 주장하는 시장의 기능에 맡겨 두면 이를 당세대에서 남용하여 자원이 고갈될 위험이 있다'는 내용입니다(출처: 위키백과).

장점

- 생산 이벤트에 완전한 접근 권한을 가집니다.

- 프로덕션 보안 모델을 활용해서 적절한 접근 프로토콜을 적용할 수 있습니다.

- 애플리케이션을 스모크 테스트smoke-test[18]하기에 제격입니다.

- 테스트 환경을 별도로 관리할 필요가 없습니다.

단점

- (특히, 워크로드가 높은 경우) 생산 능력에 영향을 미칠 위험이 있습니다. 성능/부하 테스트 용도로는 적합하지 않습니다.

- 이벤트 스트림, 컨슈머 그룹, 접근 제어 권한, 상태 저장소 등 테스트 도중 생성된 리소스를 잊지말고 잘 정리해야 합니다. 공통 테스트 환경의 요건과 비슷합니다.

- 장기간에 걸쳐 테스트를 진행할 경우 '진짜 프로덕션' 마이크로서비스와 구분해서 마이크로서비스 및 이벤트 스트림을 테스트할 수 있는 별도의 도구가 필요합니다. 마이크로서비스를 관리/배포하는 데 사용되는 리소스도 여기에 포함됩니다. 프로덕션 환경을 관리하는 운영자 입장에서는 어느 서비스가 진짜 이벤트를 생산하는 서비스인지, 어느 서비스가 테스트 대상인지 식별할 수 있어야 합니다.

15.8 완전 원격 통합 테스트 전략 선택

마이크로서비스는 모듈성이라는 장점이 있으므로 테스트를 한 가지 방법으로만 수행할 필요는 없습니다. 프로젝트마다 다른 방법으로 바꿀 수 있고 요건이 바뀌면 테스트 방법 자체를 업데이트할 수도 있습니다. 멀티클러스터 이벤트 브로커 및 이벤트 복사 기능을 지원하는 도구에 얼마나 투자할지에 따라서도 테스트 방법이 달라지겠죠.

쓸 만한 도구가 빈약한 상황에서는 결국 수많은 팀과 시스템이 뱉어낸 잡다한 이벤트 스트림이

---

18 옮긴이_ 본격적인 테스트 수행에 앞서 시스템, 컴포넌트, 소프트웨어 프로그램 등 테스트 대상이나 제품의 빌드가 구축된 테스트 환경에서 테스트 가능 여부를 판단하기 위해 주요 모듈 또는 시스템을 간단하게 테스트하는 것입니다(출처: 위키백과).

뒤섞인, 단일 공유 테스트 이벤트 브로커가 될 공산이 큽니다. 테스트에 사용할 만한 '좋은' 이벤트 스트림과 '-testing-01', '-testing-02', '-testing-02-final', '-testing-02-final v2' 등의 접미사가 붙은 이벤트 스트림이 섞여 있을 것입니다. 이벤트 데이터는 신뢰하기 어렵고 최신 데이터인지도 모르겠고 스키마 포맷이 잘못된 경우도 있을 것입니다. 부족 지식은 여기서도 적잖은 비중을 차지하는데, 테스트에 서비스 프로덕션 환경이 제대로 반영되지 못할 가능성이 큽니다. 그리고 성능 테스트, 대량 데이터 적재, 무기한 보존되는 이벤트 저장소를 제공하기위해 연속적으로 사용 가능한 스테이징 클러스터를 구축하는 비용이 만만치 않습니다.

도구에 적절히 투자를 하면 각 마이크로서비스가 자체 전용 클러스터를 불러와 이벤트 스트림을 채운 다음 일부 프로덕션 데이터를 복사하는 식으로 프로덕션과 거의 동일한 환경에서 테스트를 진행할 수 있습니다. 테스트가 끝나면 클러스터를 해체하거나 공유 클러스터에 남아 있는 테스트 찌꺼기를 제거합니다. 이 정도 수준까지 도달하려면 상당한 오버헤드가 필연적으로 따르겠지만 온전한 멀티클러스터, 리던던시, 재해 복구 체계를 갖추려면 그만한 투자는 필요합니다(자세한 내용은 14장 참조).

단일 공유 테스트 클러스터가 본질적으로 나쁘다는 뜻은 아닙니다. 사용하지 않는 테스트 아티팩트를 지우는 것처럼 소스 스트림을 깔끔하게 잘 정리하려는 부지런함이 중요합니다. 책임을 체계적으로 정립해서 할당하면 프로덕션 이벤트 데이터를 소유한 팀이 스테이징 이벤트 데이터의 신뢰성을 어느 정도 이상은 보장할 수 있을 것입니다. 팀 간에는 서로의 결과에 영향을 주지 않도록 성능/부하 테스트를 잘 조율해야 합니다. 멀티클러스터 및 이벤트 복사 도구를 개선하면 동적 생성된 자체 테스트 클러스터로 옮아가는 데 도움이 될 것입니다.

15.9 마치며

이벤트 기반 마이크로서비스는 주로 이벤트 스트림에서 입력 데이터를 소싱하며 이벤트 스트림은 다양한 방법으로 생성/적재할 수 있습니다. 이를테면 프로덕션에서 데이터를 복사하거나 특정 데이터 세트를 큐레이션한다든지, 아니면 스키마 기반으로 이벤트를 자동생성해서 스트림을 채울 수 있습니다. 각각의 방법마다 장단점은 있지만 이벤트 스트림을 생성, 적재, 관리하려면 지원 도구에 의존할 수밖에 없다는 공통점이 있습니다.

마이크로서비스 테스트 환경은 모두가 힘을 합쳐 구축해야 합니다. 여러분이 다니는 회사의 개발자, 엔지니어 모두 공통 테스트 플랫폼을 구축하면 두고두고 혜택을 누릴 수 있으니, 테스트 프로세스를 간소화하기 위해 도구에 적극 투자하는 방안을 검토해보세요. 이벤트 스트림 적재를 비롯해 프로그래밍으로 환경을 구축하면 테스트 대상 마이크로서비스마다 환경을 설정하는 오버헤드를 크게 줄일 수 있습니다.

단일 공유 테스트 환경은 도구에 많은 투자를 할 수 없는 경우 채택하는 일반적인 전략입니다. 하지만 이벤트 데이터 관리, 유효성 검증, 소유권 명시 등을 하기가 어려운 단점이 있습니다. 일회용 환경은 테스트 대상 서비스만 따로 격리한 환경을 제공하고 멀티테넌시 문제로 인한 위험과 단점을 줄일 수 있는 바람직한 대안입니다. 이런 방법들은 공통 지원 도구에 더 많은 투자를 필요로 하지만 장기적으로는 상당한 시간과 노력을 아낄 수 있습니다. 또 프로그래밍 방식의 환경 세팅 및 이벤트 복사 도구를 잘 활용하면 조직 차원에서도 재해 복구에 만전을 기할 수 있습니다.

CHAPTER 16

이벤트 기반 마이크로서비스 배포

이벤트 기반 마이크로서비스를 배포하는 작업은 어려울 수 있기 때문에 마이크로서비스가 늘어날수록 표준화한 배포 프로세스를 정립하는 것이 중요합니다. 수십 개 정도 서비스만 관리하는 조직이라면 소수의 맞춤 배포 프로세스로도 충분하지만 이벤트 기반이든 아니든 상관없이 이미 마이크로서비스에 상당한 투자를 한 조직이라면 배포 프로세스를 표준화, 간소화하기 위해 노력해야 합니다.

16.1 마이크로서비스 배포 원칙

배포 프로세스에 관한 몇 가지 주요 원칙들을 열거하겠습니다.

팀별로 자율적으로 배포한다

팀마다 알아서 테스트 및 배포 프로세스를 관장하고 자율적으로 마이크로서비스를 배포할 수 있어야 합니다.

배포 프로세스를 표준화한다

배포 프로세스는 서비스 간에 일관되어야 하며 새 마이크로서비스는 이미 가용한 배포 프로세스를 이용해 생성해야 합니다. 보통 이런 작업은 지속적 통합^{continuous integration} (CI) 프레임워크를 기반으로 수행합니다.

필요한 도구를 제공한다

배포를 하려면 컨슈머 그룹 오프셋을 리셋하고, 상태 저장소를 비우고, 스키마 진화를 체크/업데이트하고, 내부 이벤트 스트림을 삭제하는 등 팀에서 알아서 해야 할 일들이 많습니다. 배포 자동화, 팀 자율성을 촉진하려면 이런 기능을 제공하는 도구가 지원되어야 합니다.

이벤트 스트림의 재처리 영향도를 고려한다

입력 이벤트 스트림을 재처리하는 작업이 오래 걸리면 다운스트림 컨슈머에게 김빠진 결과를 전달하게 될 수 있습니다. 또 그 이후에 마이크로서비스가 대량의 출력 이벤트를 생성해서 다운스트림 컨슈머에게 엄청난 부하를 줄 가능성도 있습니다. 이벤트 스트림이 아주 크고 무수히 많은 컨슈머가 달려 있다면 갑자기 처리 능력이 뚝 떨어지겠죠. 특히, 고객을 짜증나게 할 만한 부수 효과(예: 수년치 홍보 이메일을 다시 발송)도 반드시 고려해야 합니다.

SLA를 준수한다

배포는 다른 서비스에 지장을 줄 수 있습니다. 예를 들어 상태 저장소를 재구축하면 다운타임이 상당히 길어질 수 있고 입력 이벤트 스트림을 재처리하면 다량의 이벤트가 발생할 수 있습니다. 배포 프로세스 도중에 모든 SLA가 충족되는지 확인하세요.

종속적인 서비스 변경을 최소화한다

배포 전에 다른 서비스가 API나 데이터 모델을 변경해야 REST API가 연동되고 변경된 도메인 스키마를 반영할 수 있는 경우가 있습니다. 이런 변경은 가급적 최소화하는 게 좋습니다. 비즈니스 요건 변경에 따라 필요한 때에만 서비스를 배포하는 다른 팀의 자율성을 침해하기 때문입니다.

중대한 변경 사항은 다운스트림 컨슈머 측과 협의한다

중대한 변경이 불가피한 경우에는 새 이벤트 스트림을 생성하거나 다운스트림 컨슈머와의 데이터 계약을 다시 협의할 필요가 있습니다. 배포하기 전에 충분히 논의를 했는지, 컨슈머 마이그레이션 계획은 수립됐는지 꼭 확인하세요.

WARNING_ 마이크로서비스는 독립적인 배포가 가능해야 하며 그렇지 않은 경우라면 안티패턴입니다. 어떤 마이크로서비스를 정기 배포할 때 다른 마이크로서비스도 배포를 동기화해야 한다면 경계 콘텍스트가 잘못 정의되어 있으니 반드시 다시 검토해야 한다는 뜻입니다.

16.2 마이크로서비스 배포 아키텍처 컴포넌트

마이크로서비스 배포 아키텍처에는 크게 코드를 만들어 배포하기 위한 시스템과 마이크로서비스가 사용하는 컴퓨팅 리소스, 두 가지 컴포넌트가 핵심적인 역할을 합니다.

16.2.1 지속적 통합, 전달, 배포 시스템

지속적 통합, 전달, 배포 시스템은 리포지터리에 커밋된 코드 변경분을 반영하여 마이크로서비스를 빌드, 테스트, 배포합니다. 마이크로서비스를 성공적으로 관리하고 대규모로 배포하려면 반드시 치러야 할 마이크로서비스 세금의 일부입니다. 이런 시스템 덕분에 마이크로서비스 소유자는 자신의 마이크로서비스를 언제 배포할지 결정할 수 있는데, 이는 조직에서 사용 중인 마이크로서비스 수를 확장하는 데 있어 필수적인 기능입니다.

지속적 통합continuous integration(CI)은 여러 기여자가 변경한 코드를 자동으로 통합해서 하나의 소프트웨어 프로젝트를 완성하는 과정입니다. 변경 시점부터 프로덕션 배포 시점까지 걸리는 시간을 줄이기 위해 마이크로서비스를 관리하는 팀은 변경한 코드를 알아서 통합합니다. CI 프레임워크는 빌드, 단위 테스트, 통합 테스트 등 코드가 메인 브랜치main branch로 병합될 때 필요한 작업을 자동으로 실행합니다. 코드 스타일 검증, 스키마 진화 검증도 이런 자동화 작업의 일부입니다. CI 파이프라인의 최종 결과는 배포 준비가 된 컨테이너 또는 VM입니다.

지속적 전달continuous delivery은 코드베이스를 배포 가능한 상태로 유지하는 활동입니다. 지속적 전달 원칙에 입각한 마이크로서비스는 CI 파이프라인을 이용해 빌드 배포가 준비됐는지 확인합니다. 물론 배포 자체가 자동화된 것은 아니므로 서비스 소유자의 수작업도 약간 필요합니다.

지속적 배포continuous deployment는 자동화한 빌드 배포 체계입니다. 변경한 코드를 커밋하면 커밋된 코드가 CI 파이프라인을 통해 전달되고 전달 가능한 상태에 도달하면 배포 설정에 따라 프로덕션에 자동 배포됩니다. 코드 변경분을 프로덕션에 신속하게 반영할 수 있으므로 작업 소요 시간이 줄고 개발 주기도 짧아집니다.

그림 16-1 지속적 전달과 지속적 배포의 차이점을 알 수 있는 CI 파이프라인

> **WARNING_** 지속적 배포는 실제로 수행하기가 어렵습니다. 특히, 상태 저장 서비스는 상태 저장소를 재구축하고 이벤트 스트림을 재처리해야 가능하며 다른 서비스에도 영향을 미칠 수 있기 때문에 만만치 않습니다.

16.2.2 컨테이너 관리 시스템과 상용 하드웨어

컨테이너 관리 시스템(CMS)은 컨테이너형 애플리케이션이 사용하는 리소스를 관리, 배포, 제어하는 수단입니다(2.9절의 '컨테이너와 가상 머신 관리' 참고). CI 프로세스를 거쳐 빌드된 컨테이너는 리포지터리에 저장되어 CMS의 배포 지시가 떨어질 때까지 대기합니다. 배포 프로세스를 간소화하려면 CI 파이프라인과 CMS를 반드시 통합해야 하는데, 2장에서 설명했듯이 CMS 선두 업체는 이런 기능을 모두 제공합니다.

상용 하드웨어commodify hardware는 값은 저렴하지만 성능도 괜찮고 서비스를 수평 확장할 수 있어서 이벤트 기반 마이크로서비스를 배포하는 용도로도 종종 쓰입니다. 필요에 따라 리소스 풀에 (서) 하드웨어를 추가/삭제할 수 있고 실패한 인스턴스는 새 하드웨어에 다시 배포하면 바로 복구할 수 있습니다. 마이크로서비스를 구현하는 방법은 다양하지만 이벤트 기반 마이크로서비스는 대부분 특별한 하드웨어가 없어도 문제없이 작동됩니다. 그래서 연관된 마이크로서비스를 알맞게 배포할 수 있도록 특별한 리소스를 독립적인 자체 풀에 할당하기도 합니다. 예를 들어 캐시 용도로 사용하는 인스턴스에는 메모리를, 계산이 많아 처리 능력이 중요한 인스턴스에는 CPU 리소스를 집중적으로 할당합니다.

16.3 기본 풀-스톱 배포 패턴

기본 풀-스톱 배포^{basic full-stop deployment} 패턴은 다른 배포 패턴의 근본입니다(그림 16-1). 도메인 요건에 따라 파이프라인 단계가 늘어날 수 있지만 필자는 공간 절약을 위해 최대한 간결하게 유지하려고 합니다. 여러분의 도메인 지식과 감각을 발휘해서 유스 케이스에 알맞게 단계를 추가하세요.

1. **코드 커밋**: 최종 코드를 마스터 브랜치에 병합해서 CI 파이프라인을 개시합니다. 세부 절차는 리포지터리와 CI 파이프라인마다 조금씩 다르지만 보통 코드가 리포지터리에 커밋될 때 커밋 후크^{commit hook}로 임의의 로직을 실행합니다.

2. **자동화한 단위/통합 테스트 실행**: 커밋한 코드를 병합하기 전에 필요한 단위/통합 테스트를 모두 통과했는지 확인하는 단계입니다. 통합 테스트는 테스트 자체가 복잡해서 임시 환경을 구성하고 데이터를 채워넣어야 할 수도 있습니다. 이를 위해 각 서비스가 자체 통합 테스트 환경을 가져올 수 있도록 CI 파이프라인도 통합해야 합니다(15.6절의 '로컬 통합 테스트' 참고).

> **TIP** 다른 서비스와 분리해서 특정 서비스를 테스트하려면 독립적인 통합 테스트 환경을 구축하는 것이 가장 좋습니다. 그래야 통합 테스트 환경을 공유하거나 실행 시간이 길어질 때 발생할지 모를 멀티테넌시 이슈를 예방할 수 있습니다.

3. **사전 배포 검증 테스트**: 마이크로서비스를 정상 배포할 수 있도록 릴리스하기 전에 다음과 같이 자주 발생하는 문제점을 미리 확인합니다.

   • **이벤트 스트림 검증**: 입력 이벤트 스트림, 출력 이벤트 스트림이 각각 존재하는지(또는 자동생성이 활성화된 경우 스트림 생성이 가능한지), 마이크로서비스가 스트림에 접근할 수 있는 읽기/쓰기 권한을 갖고 있는지 확인합니다.

   • **스키마 검증**: 입출력 스키마 모두 스키마 진화 규칙을 준수하는지 확인합니다. 관례에 따라

특정 디렉터리 구조 내에 입출력 스키마를 넣고 스키마 대 이벤트 스트림 맵을 사용하면 간단히 해결됩니다. 이 파이프라인 단계에서 스키마를 가져와 비교하면 비호환성 여부를 체크할 수 있습니다.

4. **배포:** 새 마이크로서비스를 배포하려면 현재 배포된 마이크로서비스를 일단 중단시켜야 합니다. 이 과정은 두 단계로 나누어 실행합니다.

   - **배포하기 전에 인스턴스를 멈추고 정리:** 현재 마이크로서비스 인스턴스를 멈추고 필요한 상태 저장소 및(또는) 컨슈머 그룹을 리셋한 다음 내부 스트림을 전부 삭제합니다. 상태를 재구축하는 비용이 많이 드는 경우에는 상태, 컨슈머 그룹, 내부 토픽을 그냥 두고 새 서비스를 배포하면 실패 시 신속하게 롤백이 가능합니다.

   - **실제로 배포:** 컨테이너형 코드를 배포하고 필요한 수량만큼 마이크로서비스 인스턴스를 기동합니다. 부팅될 때까지 기다렸다가 신호가 떨어지면 다음 단계로 진행합니다. 실패할 경우 이 단계를 포기하고 이전 버전의 코드를 배포합니다.

5. **사후 배포 검증 테스트:** 마이크로서비스가 정상 동작하는지, 컨슈머 랙이 정상 범위로 회복됐는지, 로그에 에러는 없는지, 엔드포인트가 잘 작동하는지 확인합니다.

> **WARNING_** SLA, 다운타임, 스트림 처리 캐치업 시간, 출력 이벤트 로드, 새 이벤트 스트림, 중대한 스키마 변경 등 의존하는 모든 서비스에 관한 영향도를 잘 따져보고 서비스 소유자도 납득할 수 있도록 지속적으로 협의하세요.

16.4 롤링 업데이트 패턴

롤링 업데이트^{rolling update}는 서비스를 실행 중인 상태에서 마이크로서비스 인스턴스를 하나씩 업데이트하는 패턴입니다. 단, 다음과 같은 조건이 전제되어야 합니다.

- 상태 저장소와 내부 이벤트 스트림에 중대한 변경은 없다.

- 내부 마이크로서비스 토폴로지에 (특히, 경량 프레임워크를 사용한 구현체에) 중대한 변경은 없다.

이 배포 패턴은 다음과 같은 경우에 알맞습니다.

- 새 필드가 입력 이벤트에 추가되어 비즈니스 로직에 반영해야 한다.

- 새로운 입력 스트림을 소비해야 한다.

- 버그를 고쳐야 하지만 재처리는 하지 않아도 된다.

> **WARNING_** 내부 마이크로서비스 토폴로지를 별 생각 없이 변경하는 것은 이 배포 패턴을 사용하는 사람들이 가장 많이 저지르는 실수입니다. 토폴로지 변경은 중대한 변경이므로 롤링 업데이트가 아니라 전체 애플리케이션을 리셋해야 합니다.

롤링 업데이트 중에는 16.3절 '기본 풀-스톱 배포 패턴'의 4단계만 달라집니다. 각 인스턴스를 동시에 중지시키는 게 아니라 한번에 인스턴스 하나씩 중지시키고 업데이트 후 재기동하면 배포하는 도중에 새 인스턴스와 옛 인스턴스가 함께 실행됩니다. 롤링 업데이트란 말 자체가 짧은 시간 동안 옛 로직과 새 로직이 동시에 작동됨을 의미합니다.

TIP 릴리스 호환성을 체크해서 롤링 업데이트에 문제가 없는지 알려주는 테스트를 마이크로서비스에서 실행한다면 더 스마트하겠죠. 이런 작업을 수동으로 하는 건 오류가 발생하기 쉬우니 삼가는 것이 좋습니다.

롤링 업그레이드 패턴은 실시간에 가깝게, 무중단 서비스 업데이트가 가능한 장점은 있지만 제약이 많아 특정한 경우에만 사용 가능한 단점도 있습니다.

16.5 중대한 스키마 변경 패턴

가끔 중대한 스키마 변경이 불가피한 경우도 있습니다(3.1절의 '중대한 스키마 변경' 참고). 중대한 스키마 변경이 일어난 배포는 반드시 사전에 프로듀서/컨슈머의 역할 및 마이그레이션 작업 조율, 그리고 재처리 다운타임 등 많은 부분을 고려해야 합니다.

중대한 스키마 변경을 배포하는 것은 기술적으로는 어려운 부분이 없습니다. 그러나 이해 관계자들과 소통하면서 스키마 정의를 다시 논의하고 배포 및 마이그레이션 일정을 수립해야 하는 등 험난한 과정을 거쳐야 합니다. 각 단계마다 당사자 간에 의사를 명확하게 밝히고 작업 일정을 잘 수립해야 합니다.

중대한 스키마 변경의 영향도는 이벤트 종류마다 다릅니다. 엔티티 스키마 변경은 컨슈머 구체화를 위해 일관된 정의가 필요해서 비엔티티 이벤트의 스키마 변경보다 더 복잡한 편입니다. 또 엔티티는 본질적으로 컨슈머가 엔티티 스트림을 다시 구체화할 때마다 재사용되는 저장 데이터 단위이므로 새 비즈니스 로직과 새 스키마 정의를 모두 통합한 상태에서 엔티티 스트림을 다시 생성해야 합니다.

새 스트림에 엔티티를 재생성하려면 배치 소스나 자체 입력 이벤트 스트림과 상관없이 프로듀서에 필요한 소스 데이터를 다시 처리해야 합니다. 이 재처리 로직은 동일한 프로듀서에 모두 캡슐화해서 구현할 수도 있지만 프로듀서를 새로 만들어 배포하면 기존 프로듀서가 무중단 운영을 계속할 수 있고 다운스트림 컨슈머에 미치는 영향을 최소화할 수 있습니다(그림 16-2).

중대한 스키마 변경은 곧 엔티티나 이벤트 도메인이 근본적으로 바뀌었음을 의미합니다. 이런 일은 자주 발생하지 않지만 그렇게 바꾸어야 한다면 달라진 도메인의 비즈니스 의미가 컨슈머에 반영되므로 결코 가벼이 볼 문제가 아닙니다.

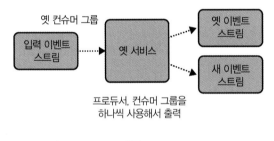

또는

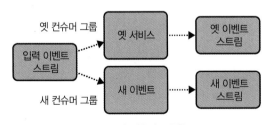

그림 16-2 중대한 스키마 변경 발생 시 프로듀서가 새 스키마에 맞게 이벤트를 다시 생성하는 두 가지 방법

비엔티티 이벤트는 중대한 스키마 변경이 일어나도 재처리가 꼭 필요한 것은 아닙니다. 대부분의 이벤트 스트리밍 애플리케이션은 서비스가 엔티티 스트림을 다시 구체화하는 것과 같은 방식으로 이벤트 스트림을 정기적으로 재처리하지 않기 때문입니다. 컨슈머는 새 이벤트 정의를 그냥 새 이벤트 스트림으로 추가하고 비즈니스 로직을 수정하면 옛 이벤트, 새 이벤트 모두 처리할 수 있습니다. 옛 이벤트가 이벤트 스트림에서 만료되면 어차피 비즈니스 로직에서 옛 이벤트 스트림은 떨어져 나가겠죠.

중대한 스키마 변경은 다음 두 가지 방법으로 마이그레이션할 수 있습니다.

- 옛 스키마를 가진 이벤트 스트림, 새 스키마를 가진 이벤트 스트림, 이렇게 이벤트 스트림 2개를 이용해 최종 일관적으로 마이그레이션eventual migration

- 옛 스키마를 가진 이벤트 스트림은 삭제하고 새로운 스트림으로 단일화/동기화하는 마이그레이션

16.5.1 이벤트 스트림 2개를 통해 최종 일관적으로 마이그레이션

이벤트 스트림을 이원화하여 최종 일관적으로 마이그레이션을 하려면 프로듀서가 옛 스키마, 새 스키마로 이벤트를 만들어 각각의 스트림에 기록해야 합니다. 옛 스트림은 사용하지 않는 것으로deprecated 표시하고 옛 스트림을 소비했던 컨슈머들은 알아서 새 스트림으로 이전하도록 놔둡니다. 언젠가 모든 컨슈머가 새 스트림으로 이전되면 옛 스트림은 삭제하거나 장기 데이터 저장소에 보관하면 됩니다.

이 마이그레이션 전략은 두 가지 전제 조건이 있습니다.

- 옛 스트림, 새 스트림 모두 이벤트를 생산할 수 있다: 프로듀서는 신구 포맷 이벤트 모두 생산하는 데 필요한 데이터를 갖고 있습니다. 생산된 이벤트의 도메인은 중대한 변경이 필요할 정도로 많이 바뀌겠지만 옛 포맷과 새 포맷이 1:1 매핑된다고 해도 좋을 만큼 충분히 유사합니다. 모든 중대한 스키마 변경이 이렇지는 않을 것입니다.

- 최종 일관적 마이그레이션이 다운스트림 정합성을 해치지는 않는다: 다운스트림 서비스는 정의가 다른 두 종류의 이벤트를 계속 소비하지만 별다른 영향이 없거나 있다 하더라도 제한적입니다. 중대한 스키마 변경이 일어났다는 것은 도메인 자체를 다시 정의해야

할 정도로 조직에 중대한 변경 사항이 발생했다는 뜻입니다. 비즈니스상 이 정도로 중대한 변경이 일어날 일은 드물지만 이벤트를 사용하는 컨슈머에게는 별로 중요하지 않습니다.

> **WARNING_** 최종 일관적 마이그레이션에서 한 가지 위험한 점이라면 마이그레이션이 완료되지 않은 채 비슷하지만 다른 데이터 스트림이 무기한 사용 중인 상황이 벌어질 수 있다는 점입니다. 또 마이그레이션 중에 생성된 새 서비스가 실수로 새 스트림이 아닌 옛 스트림의 컨슈머로 등록되는 경우도 있습니다. 스트림을 사용하지 않는 것으로 표시하고 마이그레이션 기간을 단축하려면 메타데이터 태깅을 하세요(14.3절 '이벤트 스트림 메타데이터 태깅' 참고).

16.5.2 새 이벤트 스트림으로 동기화하여 마이그레이션

프로듀서를 업데이트해서 새 포맷으로만 이벤트를 생성하고 옛 스트림은 더 이상 업데이트하지 않는 방법입니다. 두 이벤트 스트림을 유지하는 것보다 기술적으로 간단하지만 데이터 프로듀서와 컨슈머가 더 긴밀하게 통신해야 하며 컨슈머는 프로듀서가 일으킨 변경을 수용하기 위해 자신의 이벤트 정의를 업데이트해야 합니다.

이 전략에도 몇 가지 전제 조건이 있습니다.

- **옛 포맷을 더 이상 사용할 수 없을 정도로 이벤트 정의가 많이 변경된 것은 아니다:** 엔티티나 이벤트 도메인이 너무 많이 바뀌면 옛 포맷과 새 포맷을 동시에 관리할 수가 없습니다.

- **다운스트림 정합성을 맞추기 위해 마이그레이션을 동기화해야 한다:** 도메인이 아주 많이 변경되면 비즈니스 요건을 반영하기 위해 서비스를 업데이트해야 합니다. 그렇지 않으면 다운스트림 서비스에서 중요한 정합성이 깨져버리겠죠.

이 배포 전략에서 가장 위험한 점은 컨슈머가 새 이벤트 스트림으로 마이그레이션하는 데 실패할 경우 (최종 일관적 마이그레이션의 경우와 마찬가지로) 우아하게 옛 데이터 소스로 되돌아갈 수 없다는 점입니다. 프로그래밍으로 생성한 환경과 소스 데이터를 많이 사용하는 통합 테스트에서는 마이그레이션 프로세스를 완전히 수행할 수 있는 환경을 제공함으로써 어느 정도 리스크를 줄일 수는 있습니다. 프로덕션 환경에서 마이그레이션을 하기 전에 테스트 환경에서 프로듀서/컨슈머를 함께 만들어 등록하면 어느 정도 검증이 가능하겠죠.

NOTE_ 동기식 마이그레이션은 중대한 변경이 발생하거나 이전 도메인 모델을 파괴할 수도 있기 때문에 실제로는 거의 사용하지 않습니다. 핵심 비즈니스 엔티티는 아주 안정된 도메인 모델을 갖고 있지만 중요한 변경이 일어났을 때 동기식 마이그레이션이 불가피할 수도 있습니다.

16.6 블루–그린 배포 패턴

블루–그린 배포blue-green deployment의 목표는 새로운 기능을 배포하면서 무중단 운영을 실현하는 것입니다. 서비스 업데이트 도중에도 동기식 요청은 계속 처리되므로 동기식 요청–응답 마이크로서비스를 구축할 때 주로 사용하는 패턴입니다(그림 16-3).

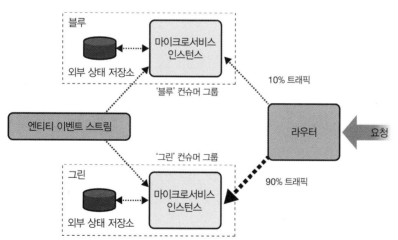

그림 16-3 블루–그린 배포 패턴

[그림 16-3]을 보면 새 마이크로서비스(블루)의 전체 사본을 옛 마이크로서비스(그린)와 나란히 가져옵니다. 블루 서비스는 외부 데이터 저장소, 이벤트 스트림 컨슈머 그룹, 원격 접속에 필요한 IP 주소를 따로 갖고 있는 완전히 분리된 인스턴스입니다. 블루 서비스를 모니터링한 결과 그린 서비스를 대체하기에 충분하다고 판단되는 시점에 이르면 그린 인스턴스로 향하던 트래픽을 블루 인스턴스로 보냅니다.

트래픽 조정은 서비스 앞에 있는 라우터가 수행합니다. 일단 소량의 트래픽을 새 블루 인스턴스로 흘려볼 수 있어서 실시간 배포 검증이 가능합니다. 배포 중 뭔가 이상한 동작이나 실패 등의 징후가 발견되지 않으면 그린 인스턴스로의 트래픽이 0이 될 때까지 점점 더 많은 트래픽을 블루 인스턴스로 틀어줍니다.

그린 인스턴스는 애플리케이션의 중요도와 예비 시스템을 신속하게 제공해야 하는 요건에 따라 즉시 끄거나 충분한 무사고 운영 시간에 이를 때까지 유휴 상태로 둡니다. 이런 휴지기 동안 급작스런 오류가 발생하면 다시 재빨리 그린 인스턴스로 다시 되돌리면 됩니다.

> **NOTE_** 모니터링 및 알림 기능(리소스 사용 메트릭, 컨슈머 그룹 지연, 자동확장 트리거, 시스템 경고 등)은 색깔 전환(블루 → 그린) 과정의 일부로 포함시켜야 합니다.

블루-그린 배포는 이벤트 스트림을 소비하는 마이크로서비스에 어울리는 배포 패턴입니다. 또 요청이 직접 이벤트로 변환되는 경우처럼 이벤트가 요청-응답 과정에서만 생산될 때에도 잘 작동됩니다(13.5절의 '이벤트 기반 워크플로 내에서 요청 처리' 참고).

> **WARNING_** 마이크로서비스가 입력 이벤트 스트림에 대한 반응으로 출력 스트림에 이벤트를 생산하는 경우에는 블루-그린 배포가 작동되지 않습니다. 엔티티 스트림에서는 두 마이크로서비스가 자신의 결과를 서로 덮어 쓰고 이벤트 스트림에서는 중복 이벤트를 생산하기 때문입니다. 이럴 때에는 롤링 업데이트, 기본 풀-스톱 등 다른 배포 패턴을 사용하세요.

16.7 마치며

마이크로서비스 배포 프로세스를 간소화하려면 조직 전체적으로 마이크로서비스 세금을 납부하고 필요한 배포 시스템 구축에 투자해야 합니다. 관리해야 할 마이크로서비스가 많기 때문에 마이크로서비스를 소유한 팀에게 배포 책임을 맡기는 게 최선입니다. 그러려면 팀별로 배포를 제어/관리할 수 있는 도구 지원이 필요합니다.

지속적 통합 파이프라인은 배포 프로세스의 핵심으로서 테스트 설정/실행, 빌드 검증, 그리고 컨테이너형 서비스를 프로덕션에 배포할 준비가 됐는지 확인 가능한 프레임워크를 제공합니다. CMS는 컨테이너를 컴퓨팅 클러스터로 배포하는 작업을 관리하고, 리소스를 할당하고, 컨테이너를 확장할 수 있게 해줍니다.

서비스를 배포하는 방법은 다양하지만 그중에서 가장 간단한 방법은 마이크로서비스를 완전히 멈추고 최신 코드를 재배포하는 것입니다. 그러나 다운타임이 꽤 오래 발생할 수 있으므로 SLA 조건에 맞지 않을지도 모릅니다. 그밖에도 각각 일장일단이 있는 여러 가지 배포 패턴들이 있습니다. 이 장에서 언급한 배포 패턴이 전부는 아니지만 여러분이 맡은 서비스의 니즈를 가늠하기에 좋은 출발점이 될 것입니다.

총정리

이벤트 기반 마이크로서비스 아키텍처는 비즈니스 문제를 해결하기 위해 강력하면서도 유연하고 명확한 접근 방식을 제공합니다. 마지막 장에서는 지금까지 살펴보았던 내용을 용어 위주로 간략히 복습하겠습니다.

17.1 통신 레이어

데이터 통신 구조는 조직 전체의 중요한 비즈니스 이벤트에 대한 공통적인 접근 채널 역할입니다. 이벤트 브로커는 데이터를 엄격하게 구성해서 실시간에 가깝게 업데이트를 전파할 수 있고 빅데이터 규모까지 운영할 수 있기 때문에 이런 요건에는 안성맞춤입니다. 또 데이터 통신은 데이터를 변환해서 사용하는 비즈니스 로직과 완전히 분리되어 있으므로 실제로 데이터를 처리하는 일은 각 경계 콘텍스트의 몫입니다. 이렇게 관심사를 분리함으로써 이벤트 브로커는 (읽기/쓰기 지원 이외의) 비즈니스 로직 요건과 무관하게 본연의 임무를 수행할 수 있고 컨슈머는 이벤트 데이터를 저장, 보존, 분산시키는 일에 집중할 수 있습니다.

성숙한 데이터 통신 레이어는 데이터를 접근/소비하는 행위와 데이터를 소유/생산하는 행위를 분리합니다. 애플리케이션은 내부 비즈니스 로직을 제공하는 동시에 다른 서비스에 외부 직접 접근 및 동기화 메커니즘을 제공하는 이중 작업을 더 이상 수행할 필요가 없습니다.

모든 서비스는 이벤트 브로커로 내부 상태의 체인지로그를 저장하는 서비스를 비롯해 이벤트 브로커의 보존성과 복원성을 활용하여 데이터 고가용성을 실현할 수 있습니다. 서비스 인스턴스의 실패는 데이터 접근이 더 이상 불가하다는 의미가 아니라 단순히 프로듀서가 다시 온라인 상태가 될 때까지 새 데이터가 지연됨을 의미합니다. 한편, 컨슈머는 프로듀서 가동이 중단된 동안에도 얼마든지 이벤트 브로커에서 이벤트를 받아 소비할 수 있어서 서비스 간의 장애 모드가 자연스럽게 분리됩니다.

17.2 비즈니스 도메인과 경계 콘텍스트

비즈니스는 특정 도메인에서 작동되며 이 도메인은 다시 여러 하위 도메인으로 나뉘어집니다. 경계 콘텍스트는 비즈니스 문제를 해결하는 단위로서 입력, 출력, 이벤트, 요건, 프로세스, 데이터 모델 등 하위 도메인에 해당되는 경계를 식별합니다.

마이크로서비스는 이런 경계 콘텍스트에 맞게 구현할 수 있습니다. 그래서 결국 서비스와 워크플로는 비즈니스 요건과 문제에 맞게 조정됩니다. 범용 데이터 통신 레이어를 사용하면 비즈니스 도메인과 그에 딸린 경계 콘텍스트에 마이크로서비스를 유연하게 맞춤으로써 더 용이하게 조정할 수 있습니다.

17.3 공용 도구와 인프라

대규모 이벤트 기반 마이크로서비스를 운영하려면 시스템과 도구에 아낌없이 투자(마이크로서비스 세금)해야 합니다. 이벤트 브로커는 서비스마다 자체 데이터 통신 솔루션을 관리해야하는 부담을 덜어주고 서비스 간에 기본적인 통신이 가능한 환경을 제공하는 시스템의 심장부입니다.

마이크로서비스 아키텍처는 애플리케이션 개발, 관리, 배포에 관한 갖가지 문제를 부각시키고 프로세스를 표준화, 간소화함으로써 더 많은 이점을 제공합니다. 새 마이크로서비스가 추가되면 이는 결국 오버헤드를 유발하므로 표준화가 안 된 마이크로서비스는 어떤 정해진 프로토콜을 따르는 것보다 훨씬 더 많은 비용을 지불해야 합니다. 따라서 마이크로서비스가 늘어날수록 표준화, 간소화의 장점이 매우 중요해집니다.

다음은 마이크로서비스 세금을 구성하는 필수 서비스들입니다.

- 이벤트 브로커

- 스키마 레지스트리와 데이터 탐색 서비스

- 컨테이너 관리 시스템

- 지속적 통합, 전달, 배포 서비스

- 모니터링 및 로깅 서비스

마이크로서비스 세금을 꼭 일시불로 지불할 필요는 없습니다. 대부분의 회사가 이벤트 브로커 서비스나 컨테이너 관리 시스템으로 시작해서 필요에 따라 다른 조각을 하나씩 추가하는 식으로 진행합니다. 구글, 마이크로소프트, 아마존 등 컴퓨팅 서비스 업체가 제공하는 서비스를 이용하면 오버헤드를 크게 줄일 수 있습니다. 이런 작업을 전문 서비스 업체에 아웃소싱할지, 자체 시스템을 사내에서 구축할지는 내부적으로 검토해서 결정할 문제입니다.

17.4 스키마화 이벤트

스키마는 이벤트의 의미를 주고받는 데 있어서 중심적인 역할을 합니다. 엄격한 타입strongly typed 이벤트는 프로듀서/컨슈머 모두 데이터의 사실성reality을 따져보게 합니다. 프로듀서는 스키마에 입각해 이벤트를 생성해야 하며 컨슈머는 소비한 이벤트의 타입, 범위, 정의를 잘 처리해야 합니다. 스키마를 엄격하게 정의하면 컨슈머가 이벤트를 잘못 해석할 가능성을 줄일 수 있고 차후 변경에 대한 규약으로도 활용할 수 있습니다.

스키마 진화는 새로운 비즈니스 요건에 대응하여 이벤트와 엔티티를 변경하는 메커니즘입니다. 프로듀서는 새로 추가된 필드, 수정된 기존 필드에 맞게 데이터를 생산하고 이러한 변경과 무관한 컨슈머는 계속 옛 스키마를 이용해 소비함으로써 불필요한 변경의 빈도와 위험이 크게 줄어듭니다. 한편, 최신 데이터 필드가 필요한 나머지 컨슈머는 독립적으로 자기 코드를 업그레이드해서 최신 스키마 포맷으로 이벤트를 처리하면 됩니다.

스키마는 코드 생성 및 데이터 검색에도 유용합니다. 코드 생성기를 이용하면 애플리케이션 생산, 소비에 관한 클래스 및 구조를 생성할 수 있습니다. 이렇게 엄격하게 클래스와 구조를 정의하면 컴파일 타임 또는 로컬 테스트 도중에도 생산, 소비에서 포맷 오류를 감지할 수 있어서 이벤트를 원활하게 생산, 소비하는 데 도움이 됩니다. 개발자는 이벤트를 처리하고 변환하는 비즈니스 로직에 전념할 수 있겠죠. 스키마 레지스트리를 활용하면 어느 데이터가 어느 이벤트 스트림에 대응되는지 알 수 있어서 스트림 콘텐츠를 더 쉽게 검색할 수 있습니다.

17.5 데이터 해방, 단일 진실 공급원

데이터 통신 레이어가 준비됐다면 비즈니스에 중요한 데이터를 흘려볼 차례입니다. 사내 다양한 서비스와 데이터 저장소에 있는 데이터를 해방시키려면 시간이 오래 걸리고 필요한 데이터를 전부 다 이벤트 브로커로 가져오려면 시간이 더 걸립니다. 이것은 시스템을 서로 분리하고 이벤트 기반 아키텍처로 나아가기 위해 어쩔 수 없이 거쳐야 하는 과정입니다. 데이터가 해당되면 데이터의 생산 및 소유권과 데이터를 사용하는 다운스트림 컨슈머의 접근을 분리할 수 있습니다.

가장 자주 쓰이고 조직의 다음 주요 목표에 가장 중요한 데이터부터 해방하기 시작하세요. 다양한 서비스와 데이터 저장소에서 정보를 추출하는 방법은 여러 가지가 있지만 각각 장단점이 있습니다. 해방된 이벤트 스트림에서 깁빠진 데이터, 스키마 부재, 내부 데이터 모델 노출 등의 위험 요소가 기존 서비스에 얼마나 영향을 미치는지 가늠해보는 일이 중요합니다.

> **TIP** 이벤트 스트림 형태로 쉽게 이용 가능한 비즈니스 데이터가 확보되면 이를 조합해서 서비스를 구성할 수 있습니다. 과거에는 데이터를 제공하는 기존 서비스에 새 서비스에 직접 연결했지만 이제는 이벤트 브로커를 통해 이벤트 스트림을 구독하면 그만입니다.

17.6 마이크로서비스

마이크로서비스는 경계 콘텍스트의 구현체로서 경계 콘텍스트의 비즈니스 문제를 해결하는 데 초점을 두고 그에 따라 조정됩니다. 마이크로서비스는 주로 비즈니스 요건 변경 때문에 업데이트가 발생하며 이와 무관한 다른 마이크로서비스는 변경되지 않습니다.

마이크로서비스를 기술 경계에 따라 구현하지 마세요. 단기적으로 여러 비즈니스 워크플로를 처리할 수 있는 최적화는 가능하지만 결국 각 워크플로와 단단히 결합됩니다. 이렇게 개발된 기술 마이크로서비스는 비즈니스 변화에 민감하고 연관성이 없는 다른 워크플로까지 함께 결합됩니다. 또 서비스 실패 또는 부주의한 코드 변경으로 인해 여러 비즈니스 워크플로가 중단될 수도 있습니다. 가급적 마이크로서비스를 기술 기반으로 개발하지 말고 비즈니스의 경계 콘텍스트를 완수하는 데 초점을 맞추세요.

마지막으로 모든 마이크로서비스가 '마이크로^{micro}'할(작을) 필요는 없습니다. 특히, 회사가 마이크로서비스 세금을 부분적으로 또는 아예 하나도 지불하지 않았다면 규모가 큰 서비스를 여러 개 사용하는 것이 더 합리적입니다. 이는 조직 아키텍처의 정상적인 진화 양상이기도 합니다. 이미 그런 대규모 서비스를 비즈니스에서 사용 중이라면 다음 원칙에 따라 더 작고 세분화된 서비스로 나눌 수 있습니다.

- 중요한 비즈니스 엔티티와 이벤트는 이벤트 브로커 내부에 둔다.

- 이벤트 브로커를 단일 진실 공급원으로 사용한다.

- 서비스 간 직접 호출을 삼가한다.

17.7 마이크로서비스 구현 옵션

이벤트 기반 마이크로서비스를 구축할 때에는 장단점을 고루 지닌 다양한 옵션들을 사용할 수 있습니다. 현재 경량 프레임워크는 기본 기능에 매우 충실한 편입니다. 스트림은 테이블로 구체화해서 무기한 보존할 수 있고 수많은 스트림 및 테이블과 조인(FK 조인 포함)할 수도 있습니다. 핫 레플리카, 영구 스토리지, 체인지로그는 탄력성과 확장성을 제공합니다.

대용량 프레임워크는 경량 프레임워크와 제공하는 기능은 비슷하지만 별도의 전용 리소스 클러스터가 필요하므로 처리 독립성 면에서는 조금 미흡합니다. 요즘은 대표적인 CMS인 쿠버네티스와 직접 통합되는 방식의 새로운 클러스터 관리 옵션이 점점 보편화되는 추세입니다. 대용량 프레임워크는 이미 대다수 중소 규모 이상의 회사에서 빅데이터 분석가들이 주로 사용하고 있습니다.

기본 프로듀서/컨슈머(BPC)와 FaaS 솔루션은 다양한 언어와 런타임을 사용할 수 있는 유연성을 자랑합니다. 두 기술 모두 기본적인 생산/소비 패턴으로 제한되며 이벤트 스케줄링 기능은 함께 제공되지 않기 때문에 확정적인 결과는 기대하기 어렵습니다. 복잡한 작업은 어쩔 수 없이 맞춤 라이브러리를 공들여 개발해서 써야 하니 가급적 단순한 유스 케이스에만 사용하세요.

17.8 테스트

이벤트 기반 마이크로서비스는 완전한 단위/통합 테스트에 매우 적합합니다. 이벤트 기반 마이크로서비스의 주요한 입력 포맷인 이벤트는 어떤 경우의 수도 포괄할 수 있도록 쉽게 구성할 수 있습니다. 이벤트 스키마는 테스트하는 값의 범위를 제한하며 입력 테스트 스트림의 구성에 필요한 틀을 제공합니다.

단위/통합 테스트는 모두 로컬에서 수행 가능합니다. 이 중 통합 테스트를 하려면 테스트 대상 서비스에 필요한 이벤트 브로커, 스키마 레지스트리, 기타 디펜던시를 동적으로 생성할 수 있어야 합니다. 예를 들어 이벤트 브로커는 수많은 다른 JVM 기반 솔루션들처럼 테스트와 동일한 실행 파일 내에서 실행하거나 테스트 대상 애플리케이션과 같은 컨테이너에서 실행시킬 수 있습니다. 이벤트 브로커를 완전히 제어할 수 있으면 타이밍 조건, 중단, 실패, 그밖의 브로커와 애플리케이션 간 상호 작용을 시뮬레이션할 수 있습니다.

프로덕션 통합 테스트는 임시 이벤트 브로커 클러스터를 동적 생성하고 프로덕션 이벤트 스트림과 이벤트 사본들로 채운 다음(정보 보안 문제는 제외) 애플리케이션을 실행하는 흐름으로 수행할 수 있습니다. 프로덕션 배포 전에 빠진 부분은 없는지 스모크 테스트로 체크할 수 있고 동일한 환경에서 단일 인스턴스의 성능과 애플리케이션의 수평 확장 능력을 알아보는 성능 테스트도 함께 돌려볼 수 있습니다. 이렇게 생성한 환경은 테스트가 끝나고 간단히 폐기하면 됩니다.

17.9 배포

마이크로서비스를 대규모로 배포하려면 서비스 소유자가 신속하고 어렵지 않게 서비스를 배포/롤백할 수 있어야 합니다. 이러한 자율성 덕분에 팀마다 독립적으로 움직일 수 있고 과거에 배포 담당자에게 전적으로 의지했기 때문에 유발됐던 병목을 제거할 수 있습니다. 수작업 단계와 사람의 개입을 줄이고 다른 마이크로서비스로 스케일 아웃이 가능한, 능률적이면서도 맞춤 가능한 배포 프로세스를 정착시키려면 지속적인 통합, 전달, 배포 파이프라인이 꼭 필요합니다. 여러분의 선택에 따라 컨테이너 관리 시스템으로 배포/롤백하는 추가 기능을 확보함으로써 프로세스를 더욱 단순화할 수도 있습니다.

배포 프로세스는 SLA, 상태 재구성, 입력 이벤트 스트림 재처리를 반드시 고려해야 합니다. SLA는 단순히 다운타임 문제뿐만 아니라 전체 다운스트림 컨슈머에 배포가 어떤 영향을 미치는지, 이벤트 브로커 서비스는 어떤 상태인지 고려해야 합니다. 마이크로서비스가 상태를 모조리 재구성하고 새로운 출력 이벤트를 전달하려면 이벤트 브로커에 상당한 부하가 집중될 뿐만 아니라 다운스트림 컨슈머를 더 많은 처리 인스턴스로 긴급히 확장시켜야 할 수도 있습니다. 재구성 서비스가 수백만, 수십억 개 이벤트를 단시간에 처리하는 경우도 드물지 않습니다. 쿼터를 할당하면 영향도를 조절할 수 있지만 다운스트림 서비스 요건에 따라 재구성 서비스가 허용할 수 없는 긴 시간 동안 일관성이 맞지 않은 상태가 지속될 수 있습니다.

SLA, 다운스트림 컨슈머에 미치는 영향, 이벤트 브로커에 미치는 여파, 모니터링 및 알림 프레임워크에 끼치는 영향 사이에는 언제나 트레이드오프가 존재합니다. 가령, 블루-그린 배포를 하려면 컨슈머 그룹이 2개 필요하고 자동확장을 비롯한 랙 기반의 모니터링 및 알림 기능을 고려해야 합니다. 이 배포 패턴을 수용하기 위해 필요한 작업을 수행할 수도 있지만 단순히 애플리케이션의 설계 자체를 변경하는 방법도 생각해볼 수 있습니다. 블루-그린 배포의 대안으로, 항상 작동되는^{always-on} 얇은 처리 레이어를 통해 동기식 요청을 처리하고 그러는 동안에 백엔드 이벤트 처리기를 교체하고 재처리하는 방법도 있습니다. 얼마간은 서비스 레이어가 김빠진 데이터를 갖다주겠지만 도구를 추가하거나 더 복잡한 교체 작업을 하지 않아도 SLA를 충족할 수 있을 것입니다.

맺음말

이벤트 기반 마이크로서비스를 도입하려면 실제로 데이터가 무엇인지, 서비스는 어떻게 데이터에 접근해서 사용할 것인지 다시금 잘 생각해보아야 합니다. 특정 도메인에 속한 데이터량은 매년 급증하고 있고 멈출 기미는 보이지 않습니다. 데이터는 점점 더 커져서 여기저기 널려 있고 이제 데이터를 하나의 대형 데이터 저장소에 밀어 넣어 다용도로 사용하는 시대는 지났습니다. 데이터 통신 레이어를 탄탄하게 잘 정의하면 이중 역할을 하는 서비스를 줄이고 그런 서비스가 (다른 경계 콘텍스트를 쿼리해서 데이터를 가져올 필요 없이) 자신의 비즈니스 기능만 처리하는 데 집중할 수 있는 토대가 형성됩니다.

이벤트 기반 마이크로서비스는 다양한 대용량 데이터 세트를 처리하는 자연스러운 컴퓨팅의 진화 과정일 뿐입니다. 이벤트 스트림의 구조적인 특성 덕분에 그 유연성은 타의 추종을 불허하며 각 단위 사업 부서는 그들의 목표를 달성하기 위해 필요한 모든 데이터를 사용하는 데에만 집중할 수 있습니다. 운영 중인 서비스가 얼마 안 되는 조직은 이벤트 브로커 기반으로 데이터 통신 레이어를 구축하면 큰 혜택을 볼 수 있습니다. 이는 과거의 비즈니스 요건과 구현체와는 완전히 분리해서 새 서비스를 구축하는 기반이 됩니다.

이벤트 기반 마이크로서비스의 미래가 어떻든 이것 한 가지는 분명합니다. 데이터 통신 레이어는 조직의 데이터 파워를 데이터를 필요로 하는 서비스나 팀으로 확장하고, 접근 경계를 없애고, 중요한 비즈니스 정보의 생산과 분산에 관한 불필요한 복잡도를 낮춰줍니다.

INDEX

INDEX

INDEX

INDEX

INDEX

INDEX

INDEX

INDEX

INDEX